翻译专业必读书系

2014年荣获第四届海南省高等学校优秀科研成果一等奖

"中西部高校提升综合实力工作资金项目" Hdzbjc1403

A New English
Simultaneous Interpretation

英语同声传译概论

（第二版）

曾传生　陈鸣芬　编著

北京大学出版社
PEKING UNIVERSITY PRESS

图书在版编目(CIP)数据

英语同声传译概论/曾传生,陈鸣芬编著.—2版.—北京:北京大学出版社,2015.1
(翻译专业必读书系)
ISBN 978-7-301-25294-9

Ⅰ.① 英… Ⅱ.① 曾…② 陈… Ⅲ.① 英语—口译—高等学校—教材 Ⅳ.① H315.9

中国版本图书馆CIP数据核字(2014)第303738号

书 名	英语同声传译概论(第二版)
著作责任者	曾传生 陈鸣芬 编著
责任编辑	刘 虹
标准书号	ISBN 978-7-301-25294-9/H·3626
出版发行	北京大学出版社
地 址	北京市海淀区成府路205号 100871
网 址	http://www.pup.cn 新浪官方微博:@北京大学出版社
电子信箱	zpup@pup.pku.edu.cn
电 话	邮购部 62752015 发行部 62750672 编辑部 62754382
印 刷 者	北京大学印刷厂
经 销 者	新华书店

787毫米×1092毫米 16开本 21.5印张 450千字
2010年10月第1版
2015年1月第2版 2015年1月第1次印刷

定 价 48.00元

"中西部高校提升综合实力
工作资金项目"
Hdzbjc1403

目　　录

第一章　绪论 ……………………………………………………………（1）

　第一节　同声传译起源 ………………………………………………（2）

　第二节　同声传译与教学 ……………………………………………（4）

　第三节　视译教学 ……………………………………………………（17）

　第四节　译员素质 ……………………………………………………（21）

第二章　同声传译语音 …………………………………………………（23）

　第一节　同声传译语音 ………………………………………………（24）

　第二节　英美英语发音的区别 ………………………………………（26）

　第三节　外国口音与同声传译 ………………………………………（34）

第三章　同声传译中的理解 ……………………………………………（43）

　第一节　同声传译源语的理解 ………………………………………（44）

　第二节　专业翻译文本的理解 ………………………………………（53）

　第三节　专业翻译文本的教学 ………………………………………（59）

第四章　翻译类型 ………………………………………………………（62）

　第一节　翻译分类 ……………………………………………………（63）

　第二节　同声传译与交替传译 ………………………………………（68）

　第三节　同传与交传的特点及差别 …………………………………（72）

第五章　同声传译与记忆 ………………………………………………（75）

　第一节　同声传译与工作记忆 ………………………………………（76）

　第二节　同声传译与记忆 ……………………………………………（88）

　第三节　工作记忆与同传处理模型 …………………………………（91）

第六章　同声传译质量 …………………………………………………（98）

　第一节　语用与同声传译质量 ………………………………………（99）

　第二节　语言水平与同传质量 ………………………………………（107）

　第三节　文本分类与翻译质量 ………………………………………（115）

　第四节　数的记忆与翻译质量 ………………………………………（120）

第七章　同声传译技巧 ·· （129）
　第一节　视译、有稿同传与同传注意力分配 ················ （130）
　第二节　精力分配模型与"走钢丝说" ························ （136）
　第三节　口译精力分配模式 ···································· （142）
　第四节　同声传译的省略、补充及纠错 ······················ （160）

第八章　同声传译与认知 ·· （163）
　第一节　心理语言学与同声传译 ······························ （164）
　第二节　口、笔译材料的使用 ·································· （169）
　第三节　同声传译认知模型 ···································· （176）
　第四节　口译战略 ·· （180）
　第五节　语篇翻译种类 ··· （181）

第九章　同声传译的特点 ·· （184）
　第一节　同声传译风格 ··· （185）
　第二节　同声传译语句比重 ···································· （206）
　第三节　译出语欠流畅 ··· （210）

第十章　同声传译质量评价 ·· （215）
　第一节　建立同声传译质量评价体系 ·························· （216）
　第二节　同声传译质量评价 ···································· （220）
　第三节　语言描述与社会评价 ·································· （228）

第十一章　同声传译与文化 ·· （237）
　第一节　同声传译的文化问题 ·································· （238）
　第二节　文化对翻译行为的影响 ······························ （243）

第十二章　联合国与同声传译 ·· （250）
　第一节　联合国工作语言与同声传译 ·························· （251）
　第二节　同源语的使用 ··· （258）

第十三章　通用英语与同声传译 ·· （264）
　第一节　论英语全球化 ··· （265）
　第二节　通用英语与同声传译 ·································· （272）
　第三节　英语多元化对译员的挑战 ···························· （278）

第十四章　同声传译发展趋势 ·· （284）
　第一节　国外同声传译现状与发展趋势 ······················ （285）

第二节 首届 Forli 口译研讨会 ·· （288）

第三节 解读新世纪翻译大师 ·· （291）

第十五章 机器与人工同声传译 ·· （296）

第一节 同声传译与大脑激活 ·· （297）

第二节 同传机器与人工翻译 ·· （300）

第三节 电话传译 ·· （308）

参考书目 ·· （316）

前　言

当今世界对同声传译的需求从来没有像今天这么迫切，也很少有像同声传译这样令人神往，又富有挑战性的职业。

早在古代，丝绸之路的商人就懂得如何借助翻译完成交易，他们深知沟通的重要性。他们不仅达成了交易，而且还建立了友谊。与其说是商品打开了丝绸之路，倒不如说是语言的沟通、情感的交流成就了丝绸之路。从1945年纽伦堡大审判开始，人们便借助翻译的力量声讨法西斯的罪行，弘扬正义，加强了全世界各民族的团结。今天，在全球经济一体化的大背景下，世界各地正在全力应对全球气候变化的挑战、摆脱经济危机，迎接经济复苏时刻的到来，我们同样需要借助翻译的力量，团结一致发出同一个声音。全球化使得国与国之间的界限日趋淡化，信息的高速传播使得洲与洲之间距离日益拉近。即便是在虚拟的世界里，信息也悄然地为我们架起了高速公路，渗透到每一个角落。今天，翻译的重要性远远超过了以往任何历史时期。2008年北京奥林匹克运动会的成功举办，令世人刮目相看；上海世博会的盛宴更是盛况空前，令世人为之倾倒，这一切无不与翻译有关。

在这些信息的传递过程中，传统的笔译和口译不能更充分地的满足当今社会的需求，作为翻译的媒介——同声传译，扮演了责无旁贷的角色，起到独特的作用，担当了历史的重任。它为缩短会期，提高工作效率，节省人力物力资源，提供了最快捷的交流方式。

可见，同声传译是时代的产物，它是当今信息时代不可缺少的一种职业，商务洽谈离不开的中介，也是公认的一种快捷、高效的翻译形式。因此，它越来越受到会议主办方的青睐。它能使各国与会代表用母语发言，使会议按计划进行。研究表明：一场用同声传译45分钟便可以完成的翻译工作，如果用传统的交替传译则不得不花费90分钟甚至更长的时间，由此便可以看出同声传译的优势。

同声传译的兴起使职业同声传译译员的作用越来越重要。本书正是在这种背景下应运而生，旨在抛砖引玉，为同声传译译员提供理论指导与实证研究。

在本书中，笔者将通过运用目前的"交际"语言学和认知心理学把同声传译作为一种认知表现来分析解读。笔者将专门探讨在专业状态下操作的会议同声传译，即译员坐在一个配备有耳机、控制台和麦克风并能通过玻璃直接看到整个会场的隔音室内，译员等发言几秒钟后，用不同语言来"现场同步"翻译发言，译员每过20至30分钟轮换一次或随发言人依次登台演讲而轮换。

同声传译发展至今已经历了近50个春秋。它主要借助现代听觉辅助手段进行操作，目前它已成为各国政府和非政府国际组织之间开展多语交流的标准媒介。在联合国，各国代表通过同声传译用6种不同语言进行交流，而欧盟通常在一次会议中使用20多种语言甚至是110种可能与之搭档的语言。同声传译译员是一种特殊的职业，要从事这门职业的同声传译爱好者需先通过交替传译的实践过程，即先学会借助笔记的帮助来翻译一段5至10分钟的讲话，然后再过渡到同声传译①。在我国，同声传译发展如雨后春笋，各类同声传译教材纷纷出现。然而，比较而言，同声传译理论的研究相对于教材的发展却远远滞后。

从事同声传译理论的研究是一项既光荣又艰巨的任务，绝非某个人或几个人能完成的历史使命。笔者在此仅仅是抛砖引玉，以便吸引更多的专家学者加入同声传译理论研究的行列，使我国同声传译理论研究蓬勃发展。很显然，由于缺乏前辈引领、指教，经验欠缺，加之受到同声传译专业知识本身的局限，资料的匮乏等诸多因素的影响，对于一些重要的理论笔者只能做到蜻蜓点水式的研究，有些术语有可能存在前后不太一致的地方，甚至在解释上有不尽如人意之处，或在不同的章节里出现雷同之嫌。由于不能详尽地列出文献的出处，敬请读者和专家学者不吝指正。如前所述，对理论研究、探索是一项长期、艰巨的任务，有时往往需要经过几代人的共同努力，才能日臻完善。但有一点需要强调，我们要有分析地学习西方的理论，以丰富思考，充实观察内容，审视论证手段的客观性和准确性，最终达到完善我国理论研究的目的。

《英语同声传译概论》于2014年荣获第四届海南省高等学校优秀科研成果一等奖。为了继承和发扬原著作的优秀品质，应"中西部高校提升综合实力工作资金项目"的需要，更进一步提高教辅书的质量，满足广大读者的要求，承蒙北大出版社领导一如既往的关怀和支持以及海南大学的鼎力相助，本书在保持《英语同声传译概论》风貌的基础上，进行了整合、扩充、浓缩，增加了新的内容，做了改版。在修订过程中，不仅对原作进行了过滤，而且在文字上也作了进一步加工。有些章节被更具时代感的内容替换。《英语同声传译概论》（第二版）有如下特点：

一、扩充了内容，增加了篇幅，篇章从原来的13章增至目前的15章。

二、与时俱进，所增的章节时代感强，囊括了同声传译领域的最新研究成果。

三、《英语同声传译概论》（第二版）主题新颖、务实、内容丰富、题材广泛，既有深度又有广度，既有共性又突出个性。

四、内容新颖，研究前沿。

五、《英语同声传译概论》（第二版）融理论与实践于一体，理论与实践交相辉映。

六、该书不仅是同声传译译员、理论工作者以及同声传译爱好者的良师益友，而且是MTI研究生不可多得的教科书。

最后，作为本书的作者，我由衷感谢北京大学出版社有关领导和该书的组稿编辑黄瑞明女士、责任编辑刘虹女士，她们的大力支持及其犀利过人的学术眼光让这本书焕发了青春，出版社对学术事业的无私囊助，无疑是本人继续从事同声传译研究的动力和源泉。

曾传生、陈鸣芬

2014年8月

---

① 交替传译曾是联合国采用的一种翻译模式，是同声传译的前身，是各成员国进行辩论的标准媒介，目前在小型的双语会议上以及在庄重的场合上仍继续使用

第一章

绪　论

第一节　同声传译起源

1945年欧洲反法西斯各战场接近尾声,盟军大举向德国腹地推进,为了保证进入德国的盟军战后的谈判、审讯等工作的顺利进行,对通晓德语和英语的语言学家的需求迫在眉睫。

战后的德国纽伦堡和当时诸多的重镇一样被盟军轰炸得面目全非,遍地残骸。德国的基础设施已经完全陷入瘫痪,整座城市处于盟军的掌控之中。

盟军对大审判做了规定,制定了章程。法官分别由英、法、俄、美盟国成员担任,公诉方代表分别由上述四国选派。德方被告的辩护律师是从德国知名律师中遴选出来的,他们参与了审判的全过程。

预审阶段使用的是交传,而且语言主要是德语与英语。开庭前被告被卫兵押送带进法庭,盟军首席法官负责审讯,出庭的还有翻译和速记员。审讯工作异常艰辛,常常从上午开始直到深夜才结束。

预审场面十分庄严,审讯阶段气氛异常紧张,紧张的气氛不亚于一场恶战的来临。不过这也是令人难以忘怀的时刻。因为这是战后首次对战败国的首脑进行公开审讯,审讯主要针对其在战争中犯下的滔天罪行。当时受审的是法西斯二号人物,大名鼎鼎、一度不可一世的 Hermann Goering(赫尔曼·戈林),此人身居高位统领三军将领,职位仅次于希特勒,一起受审的还有外交部长以及其他几名德国高级将领。

审判开幕式在紧锣密鼓地进行,如何解决语言问题摆到了组委会的议事日程之上来。经组委会决定,审判用英、法、俄、美四国语言频道转播,如此艰巨的审讯只靠交替传译显然行不通。因为如果用交传,审讯时间不得不延长一倍以上,这不仅耗时而且会令人感到枯燥乏味,会使得本来复杂的审判变得更加冗长,无休无止。正如所料,审判引起了世界各国的高度关注,各国政府纷纷转播全程报道实况。这从客观上对组委会提出了另一个挑战,究竟应该用何种形式才能迅速、高效地转播实况。由于战前国际联盟的工作语言只是法语和英语,法语便当仁不让地成了外交语言。应该说,法语也是19世纪和20世纪初主要的交际工具之一。同声传译是在这样的背景之下催生出来的,它是随着时代的召唤应运而生的。这使人们不由得想起那句名言"需要是发明之母"。国际联盟曾一度尝试过在英语和法语间使用同声传译,然而真正广泛地、大规模地运用它还是纽伦堡大审判之后。任何新生事物都不可能一帆风顺,同声传译也不例外。起初,有不少人持这样那样的怀疑态度,他们甚至诅咒同声传译,认为这一形式注定会失败。但是,由于准备充分,一切进展得非常顺利,同时也证明了同声传译高效、快捷的特点。Leon Dostert 上校,一位曾担任过艾森豪威尔将军的翻译,后来任 Georgetown University 法语教授,导演了整个会议同声传译的设计和实施。

显而易见,成功的同声传译离不开两个要素:一是人的因素,即具备一定的技能、能有效地担当同声传译任务的译员;二是技术或者技术设备因素,也就是通过何种方式使得这一过程能运转并顺利达到预期。IBM公司为此提供了技术支持,提供的设备有语言频道系统、耳机、电源装置等。

解决了技术设备问题,组委会面临的最棘手的还是译员问题。译员从何地招聘?有何措施保证他们一定能胜任如此艰巨而繁重的任务?组委会自然首先把目光投向了纽伦堡的交传工作者,以及从事笔译和整理文字材料的工作人员。这些人员人人都受过高等教育个个堪称一流的语言学家。但当组委会对他们进行测试时便惊讶地发现,他们过分追求完美,生怕出现丝毫差错,以至于翻译时除非理想的词出现,否则他们便一直沉默不语,无所适从。无奈之下,组委会不得不改变初衷转而寻找那些较为灵活的语言学家。为了确保翻译的流畅和有序进行,组委会鼓励他们随机应变,如万一找不到理想的词,允许他们变通,用目的语中的同义词或近义词来代替。与此同时,组委会对瑞士、巴黎、伦敦等地进行了考查,最后终于确定了一批高学历的语言学家。他们将遴选的36名译员分成了三组,每组12名。至此,译员问题告一段落。

虽然选手无一例外地均有在目的语国家生活、学习或者工作的经历,但是在进一步考核筛选过程中组委会发现,具备双语能力的选手仍然凤毛麟角。当时的关键问题是如何将德语译成英、法、俄三种语言,因为被告的供词举足轻重。译员在目的语国家的生活、工作经历有助于了解该国的方言土语。在预审阶段,技术人员测试了设备,进行了模拟翻译试验。当时没有任何标准可言,一切全凭直观感觉。

英、法、德、俄是四种主要语言。法庭一角安装了带玻璃的同声传译间,根据语言的不同分别又将它隔成了四个小间,每一间可容纳三名译员。比如,英语间的麦克风旁将有三位译员并列坐成一排,一名译员的任务是把德语译成英语,一名将法语译成英语,另一名则把俄语译成英语。德、法、俄语组以此类推。频道中有一个是原声道,该声道在特定的时间对法庭进行现场直播。发言人用俄语发言时,俄语间的译员此时可暂时歇息片刻,他们只听不译,而其他同声传译间的译员此时便忙得不可开交。现场所有的法官、法庭顾问、被告、证人以及观察员桌上都安装了频道转换装置,他们可根据需要随时来回切换所需的频道。如同交通指示灯一样,装置上安装了一个由监视器控制的橘黄色和红色系统,它能随时提醒法官和陪审团。在随后的小型审判中译员才恍然大悟,黄色信号表明译速需减慢,以避免双方同时抢占同一频道。红色信号使用率较低,只是在出现机械或者人为故障的情况下它才报警,它也是主审法官用来宣布休庭用的指示灯。

来自语言方面的挑战也不可低估。德语不同于英语,德语动词通常置于句末。众所周知,英语动词一般紧跟名词之后。如果译员要等待德语动词的出现,他将会远远落在句子后面,难以跟上发言人的速度。如何解决这个问题令人十分纠结。也许有人会问,虽然整句并没有完全出现,但译员可以借助预测机制从上下文来推测该动词,话虽说如此,但德语并非如此简单。实际上,猜测动词也会带来一定风险,承担相应的责任,毕竟这是一次史无前例的、意义深远的审判。为此译员们想出了一个办法来解决这一难题,他们先把动词前的句子分成若干小意群,然后根据意群输出译语。这样做听起来有些复杂,但它的确在当时被证明行之有效。

方言与专业术语是译员们面临的另一个难题。多数专业术语是与军事、政治、头衔和政府机构名称等有关。对于这些术语译员只能尽最大努力通过各种渠道，查找相关资料。在一次审讯中，被告曾经是一名德国医生，他参与了对集中营被关押的犹太人的化学试验。仅此一案，译员当时不得不查阅大量的医学方面的术语。这时的译员别无选择，只能尽其所能。不过好在他们发现医学拉丁语词根除发音不同外，意思基本相近，于是译员们便通过掉换位置来判断出它们的真实含义。这样一来译员如释重负，尽管有时并不真正知道它们真实的含义。

此外，德语常常模棱两可，尤其是希特勒故意在文件里、报告中使用一些模棱两可的词语以此来掩盖其罪恶行径。这里笔者不妨举一个例子便可见一斑：德语动词 Erfassen 在英语里有双重含义：一是 seize，该词用此含义时是贬义词，有挑衅、侵略的意思；另外它还有 register 的含义，而用作 register 时该词是中性词，无褒贬之分。The Jewish population was "seized" 或者 The Jewish population was "registered"，同样一句话，同样一个词，意思则完全两样。译员理应把这个词译成"seized"才与证人证词相符，符合当时的实际情况，而被告却厚颜无耻极力反驳，反对译员如此措词。

译员面临的另一个挑战是查阅文件。人们知道，借助文本有助于译员的翻译更加高效、快捷。反之，如果译员缺乏任何可以参照的文件资料，他会缺乏自信，甚至有理屈词穷之感。众所周知，即兴翻译/口头语翻译与文本/书面语翻译大相径庭。译员们每天要分别为法官、公诉人、辩护律师提供四种不同版本的完整的审问记录译文。这些工作必须及时，不允许任何形式的拖延，否则会影响下一步工作的部署。除此之外，译员还必须对翻译进行认真的校对。这绝非易事，不过好在一切进展井然有序。工作分为三步：整个审讯全程录音，这一切还在录音机广泛普及之前；四人组成的速记员按要求从头至尾分别审听英、法、俄、德语的审判录音，每隔20分钟换一次；然后分别回到各自的办公室再继续整理各自负责的录音稿，对照录音审核译文。由于时间紧，译员根本无暇顾及的推敲、措词、润色等程序。就这样，审讯一结束，译文必须整理就绪。

纽伦堡审判结束之时也标志着同声传译长足发展之日。如今同声传译不仅受到联合国的青睐，也是大型国际会议的首选。时下，同声传译已成为各大专院校的学位课程。今天，随着文化交流日益增多、伴随着经济一体化的深入和国与国之间的密切交往，贸易不断往来，越来越多的有识之士加入到了同声传译行业，这与1945年的情况形成了鲜明的反差。那时，要找到一名合格的同声传译译员几乎犹如大海捞针一般困难。

第二节　同声传译与教学

译员与技能

衡量一个译员能否为会议提供一流的服务，关键要看其是否真正做到了学以致用。它不仅影响与会双方的交流气氛，同时还影响会议的预期效果。一个合格的译员应具备良好的素质,高超的技能,这种技能能使与会代表犹如在一个没有任何语言障碍的环境下自由交流畅所欲言。他的精神状态和个人情绪自始至终都必须能保证交流的顺利进行。

译员的作用举足轻重,但会议期间他不可能享受任何特殊的待遇,也不可能指望别人会对他高看一眼。然而,一旦他的译出语出现了错误或翻译不到位,他便成了众矢之的,所有的目光犹如一把把锋利的剑投向他,唯独此时人们才会突然意识到他的存在。在日常生活中,担任翻译工作的不一定全是职业译员。比如,当人们出国访问、参观学习或只身一人来到异国他乡,苦于不懂当地语言,但又不得不与当地政府、警察、医务人员等打交道时,此时的沟通与交流就离不开译员。这些翻译工作者尽管精通双语,但未必是职业译员。场合不同,译员扮演的角色也不尽相同。在有些场合,译员的亲和力以及交际能力与他的语言能力同等重要(Wadensjø,1998)。

要想成为一名合格的或者优秀的译员除了具备必要的语言技能外,他还需掌握几门其他语言并同时做到驾轻就熟。语言技能固然重要,通晓目的语国家和地区的文化也同样不可小视。所谓文化无非是指政治、经济、社会、民族、行政区域划分、社会文化艺术等。而对目的国文化了解的最好方式莫过于在相关国家生活或学习,这对每个从事多文化或跨文化工作的译员来说是必不可少的阅历。口译工作需要具备心智技能,即高超的记忆力、高度集中的精力、积极主动的态度与超凡的承受力。但所有这些技能,尽管必不可少,却仍不足以使译员真正做到游刃有余。

人们不禁要问,职业译员究竟应该具备哪些具体的技能呢?他应如何学会随机应变?译员到底是否必须具备所谓的口译能力?口译能力如何界定?口译能力与其他翻译能力之间有何内在联系?

诚然,译员应该拥有卓越的语言技能,但这并不意味着他就能在实际工作中随心所欲。一个出色的译员不仅要掌握一般的交际用语,还需要掌握专业术语,如银行用语、医学用语、数据处理语言等。这些术语的运用、风格、语域、文化规范以及特异性在陈述和语义方面都有特定要求。一名合格的译员不仅要了解它们之间的差异,同时还要知道如何泰然处之。他应该知道一个术语是否翻译将完全取决于行规这个道理。这就是为什么有些译员即便擅长几门工作语言,却不能完全胜任具体工作的原因所在。他缺乏目的国的历史、社会文化、政治制度等必要的知识,而这些知识往往是制约译员驾驭工作语言运用能力的关键。

倘若一定要从理论层面对译员口译技能定义的话,那么可以说,所谓口译技能是指一个或几个译员在双语或多语的交际场合中,能够高质量、高水准地完成媒介认知任务。这种能力涉及所有从事同传、交传、视译、耳语以及陪同翻译人员。口译既可以用于双语中,也可以用于多语交流中。虽然工作环境不同,但对译员能力的要求并不会因为环境的不同而有所降低。他应具备渊博的知识、通晓交际技巧、熟悉专业技术知识以及对这些知识的思辨力与反应能力。此外,译员还要具备处理语言、文化、情景等程序性知识的能力。一旦遇到突发性事件,译员需要做到沉着冷静、应对自如。可见,这些"技能"要经得起实践的考验。会前,他必须具有足够的思想准备,对技能的运用做到胸有成竹。会后，他善于反思并审视自己的不足以便在今后的实践中扬长避短。这种特点体现了一个译员综合运用各种技能的能力。一般来说，译员的口译经历越丰富，他的口译技巧就越成熟、越精湛。

因此，人们可以将职业译员的技能定义为一种具备了借助语言媒介，在双语或多语交际场合中自如处理文本的能力。无论外部因素多么纷繁复杂，训练有素的译员都能做到遇事不惊、灵活应变。一旦他发现发言人的语速过快、对某个专业术语不能及时反应，听、译中不能很好地衔接时，能及时调整心态，排除干扰，变被动为主动。

文本处理能力

除了具备语言方面能力之外，译员还必须学会如何领会发言人的精神与兼顾听众诉求。因为发言稿带有浓厚的个人色彩，体现的是发言人的个人水平、反映的是个人意愿，同时也受自身客观条件的限制。而听众对发言稿所持的心态则是有的放矢，是根据自己的兴趣爱好与对发言内容的熟知程度有选择性地筛选吸收（Kohn & Kalina，1996）。可见，译员、发言人以及听众之间的诉求各有不同。译员不可掉以轻心，须着力去领会发言人讲话的精神实质。他无权凭借自己的兴趣爱好擅自删减或任意添加。

这与心理语言学和认知心理学无不息息相关。口译与心理语言学之所以有关联，是因为它摆正了交流者之间的关系。听众凭借译员的译出语采取相应的策略来了解发言内容，解读发言稿字里行间的意思并做出积极的回应：他可以对发言内容表示赞成或持反对意见，或者仅仅是有选择地吸收必要的信息。目标文本撰写的内容在实际操作过程中并非一成不变，有时文本与拟达到的目标不能如愿以偿，对此译员需要有心理准备。除了前面提到的种种制约因素外，还有其他一些同样能影响文本目标实现的因素，如发言人语速过快译员难以跟上其速度，听、译的质量与数量不对等，译员自始至终处于精力高度疲惫的状态之中等。正如Gile（1988，1991）在他的精力分配模型中所揭示的那样，一旦遇到这种状况，译员很难对他的精力进行有效分配，这将大大影响他对源语的理解。结果导致信息接听不完整、译出语输出不到位，无法进行必要的重组、不能及时理顺句子甚至译出语错误百出（Shlesinger，1994））。要想克服这些困难，达到文本的预期效果，要求译员在听、译中不仅善于发挥已有的策略，而且还要博采众长，多渠道地借鉴行之有效的文本理解与译出语策略并做到灵活运用。久而久之，译员便能做到对常用的策略得心应手，把有限的认知处理能力用于处理比较复杂的词句上。

策略是认知的，它能把文本处理置于不同的认知层面、不同的处理阶段。不仅听众拥有心智模式（Johnson-Laird 1981），译员同样也具备这种心智模式。这种策略不仅适用于专业会议口译，也适用于非专业会议口译甚至还适用于笔译。因此，人们对口译能力的评价不能只针对译员的理解情况，还要考虑到听众的理解水平。因为它还涉及到译员能否有效地运用他的记忆能力。译员不仅要善于记住细枝末节的微量信息，还要记住文本的结构、语境以及综合知识等宏观信息。不仅如此，译员还需具备合理运用修辞与公众演讲技巧的能力，并做到在工作中随心所用。此外，合格的译员还需具备有效管理与合理处理资源的能力，确保在特定的场合中取得最佳翻译效果。最后，译员应懂得遵守职业操守,工作恪尽职守,以饱满的热情投入工作。

就处理效果而言,文本处理策略的运用要比单语文本中的听、译策略要求高(Kali-na,1998)。它与笔译文本处理策略也不同。不过,与单语文本处理策略相比,笔译和口译策略却很相似。

借助应用语言学、翻译、认知心理语言学这些描述工具来解读口译特点,不仅有助于人们建立分支学科,更重要的是,它对教学更有针对性、更有指导意义。

总之,口译能力与文本处理策略的运用密不可分,而这些策略与单语处理则大相径庭。译员对文本处理策略的运用可根据不同的要求酌情调整,切忌教条呆板。理解策略涵盖信息分割、预测、推断、对大脑储存知识的提取、建立新旧信息的对接等多方面。简言之,就是建立心智模式。文本输出策略涉及重组、概括、信息的补充与删除,以及超音段或肢体语言的运用。全局策略则更具有广泛和综合性特点,它包括储存信息、心智模式的调整、纠错、监测译出语是否到位以及确保译出语的连贯性和流畅度。上述这些策略,无论是起主要作用还是起次要作用,在口译过程中都是相互交织、相互作用。这种口译特有的策略互动在同传中所起的作用要远远超过交传和笔译。

译员的培养

Harris & Sherwood(1978)认为,同传译员除了具备必要的天赋外,还应精通至少两门以上的语言,而非职业译员同样可以担任口译工作。与Harris等人持同样观点的人还有媒体。早在1973年,《泰晤士报》就引用了负责欧共体会议翻译首席译员Renee van Hoof的一句话,他的观点与Harris的观点如出一辙,他认为同传译员是"天生的、是与生俱来的"。于是乎,这种观念便深入人心,所有训练方法、科学措施一概被嗤之以鼻。人们不仅反对译员训练的必要性,甚至还认为学生译员只需深谙自己的工作语言,掌握一定交际技能便自然而然地会成为一名出色的译员。的确,有不少译员因个人特殊的生活环境,双语或多语的家庭背景进入了译界,勉强胜任了工作。不仅如此,早期的同传译员要么是笔译改行从事口译,要么就是凭借自己擅长两种语言的优势,外加对口译的好奇心转而从事这一职业的。更有甚者,早期的教育工作者身体力行就是最好的范例。他们的技能是通过反复实践和不断磨炼获得的,因此实践经验远比课堂训练重要(Paneth,1957:88)。由于当时缺乏更好的、行之有效的训练方法,这不失为一种权宜之策。

随着市场对译员需求的猛增,人们对译员能力的要求也成正比直线上升。以往一度在会场出尽风头,出神入化的翻译令听众拍手称道、赞不绝口的资深译员现如今远远不能满足当今时代的需要。正像Seleskovith(1968)指出的那样:时下,人们再也不能仅凭译员的语言天赋、技能、渊博的知识来作为选拔译员的标准,这表面上看似降低了对译员录用的门槛。其实,译员所谓的特质无论是过去还是现在都难以确切定义,今天知识渊博这一概念与过去相比有天壤之别。不少文学作品与诗歌仍令译员不寒而栗、步履维艰。今天日新月异的科学技术以及由此而催生的新概念、新词汇、爆炸式的新闻、影视剧等，这些早期鲜为人知而如今人人耳濡目染、家喻户晓的形式，成了大众生活必不可少的一部分。早期的同传译员犹如大牌明星，除非事先得到发言稿，请他照本宣科，否则他会拒绝接受。在他看来即兴翻译发言稿与翻译天书无异，它不是译员与生俱来的技能。

如今，翻译即兴演讲不但不会令译员谈虎色变，反而它使有些译员乐在其中（Chernov，1994），不过能胜任此类工作的译员毕竟为数不多。常见的是发言的形式大大超出了内容，如担任现场采访或电视节目的译员。虽然这些译员的翻译效果不尽如人意，但他们得到的锻炼是不言而喻的。这类翻译要求译员不能单纯追求句子表面的意思，所以，口译教学必须涵盖这类形式并制定出相应的应对策略。

时下，译员担任的口译形式可谓种类繁多，涉及各行各业如对话、社区、公共服务、警务、法庭、普通会议、可视电话同传、视频会议、远程会议，甚至包括电话口译服务等业务。虽然人们不敢妄言这些领域的口译服务质量已无可挑剔，但在当今信息时代大背景下，译员通宵达旦借助电脑为视频会议工作将成为常态。他们的工作面临着前人难以想象的复杂性，比如，会议文件内容繁多、专业术语晦涩难懂等。因此，教育工作者对此必须有充分的认识，务必培养学生译员树立吃苦耐劳的精神、勇于接受挑战的必胜勇气和决心。

由此可见，要挖掘未经严格训练而仅凭天赋便可胜任同传的天才犹如大海捞针。这一点，从每年会议所需的同传译员的数量与举办的各种名目繁多的会议便可见一斑。与以往发言的目的是为了感染听众以求产生共鸣不同，时下专家学者的演讲则是通过这一平台宣读论文，分享研究成果。能胜任这类翻译的"天才"译员实属凤毛麟角。国外大专院校鲜有仅凭天分就培养出合格译员的先例，因为同传训练需要建立在扎实的理论基础上，再辅之以系统的、循序渐进的训练。

最早从事口译教学的是职业译员，他们后来成了大专院校翻译学院口译教学的主力军。尽管他们都是译员出身，但并未接受过科学的、系统的严格训练。因此，他们运用的教学方法自然地成了清一色经验之谈。最典型的例子当属巴黎高翻学院的 Danica Seleskovitch，他不仅是一名经验丰富的译员还是一名杰出的教育家，他的训练方法曾一度备受追捧。然而，他的教学从未摆脱经验模式的束缚，缺乏应有的理论基础（Seleskovitch，1968）。正如 Gile（1990）在概括这一时期特点时指出的那样，人们的理论缺乏任何科学依据，个人经验想当然地一跃上升为理论。这种单凭个人经验总结的教学法是一种十分主观、教条的做法。

这期间涌现了大批评论专项练习的文献，如视译（Coughlin，1989）、同声传译预测（Moser 1978 and Chernov 1994）、影子练习（Schweda Nicholson 1990，Kurz 1992，Kalina 1994）以及 Seleskovith、Lederer（1989）和 Gile（1995）等人合著的两部系统介绍口译教学的专著。虽然这两部专著凝聚了他们多年的教学成果，但是，它同样没有摆脱个人经验之谈的嫌疑，而且各章节之间互有冲突。例如，巴黎高翻学院大纲规定，学生在未完全掌握交传技能前不能学同传，这一规定受到各方质疑（Kalina 1994）。实践证明，同传必须建立在交传基础上的观点缺乏理论根据。

同样值得一提的是交传的笔记。对于笔记的使用学者们也各执一词,莫衷一是。Matyssek(1989)等人建议笔记时使用源语符号,而巴黎派(Déjean Le Féal 1981,Aarup 1993)等学者则一致提倡用目标语做笔记。Aarup甚至还将学生对符号的敏感度与其分析能力的强弱挂钩。无论采取何种方式,在人们尚未弄清记忆的本质,记忆与符号互动规律前,仓促做出上述结论显然为时过早。

无疑,探索影响译员训练水平,探究各种教学法的成功秘诀对于提升译员素质大有裨益。可喜的是,Kurz(1989)、Mackintosh(1990)、Schjoldager(1993)与 Pöchhacker(1999)等学者早已率先垂范,进行了尝试。毋庸置疑,口译教学必须建立在广泛的科学研究基础上,只有这样人们才能找到科学的教学法。Pöchhacker(1990)曾提倡建立一个系统的、可操作的口译技能教学模型。为此,他选择了Bühler编写的教材并将它作为评价标准。遗憾的是,他并没有在此基础进一步加深对理论的探索。关于理论的重要性学者意见不一,有人认为,学生译员在训练初期应循序渐进,区别对待,不能严格按照职业译员的要求。但笔者认为,人们应该从学生译员成长的各个阶段入手,对他们各阶段的每个环节的表现进行分析研究。

技能训练

早期,曾有学者对口译与语言之间的紧密关系产生怀疑。在他们看来,真正起作用的不是语言而是意义,口译与笔译属于风马牛不相及的两个范畴。按照这一逻辑,人们既不能借助翻译学也不能参照语言学理论来解释口译。直到若干年之后,学者们才将两者有机地结合起来,进行了跨学科研究。有趣的是,这一学科的建立者不是口译研究人员而是语言学家(Bühler,1989)。

随着同传的蓬勃发展,心理学家将关注的焦点从交传转向同传,对同传过程中某些现象产生了浓厚的兴趣(如听、译的时间,听说同步等)。值得一提的是,他们的初衷并不是针对口译本身,而是借助它来解释他们研究领域面临的某些疑难问题。研究中他们发现,要想真正找到这些问题的答案非同传莫属(Treisman,1965)。于是,20世纪80年代末90年代初,大批口译理论研究者像潮水般地纷纷涌入这一领域,竞相角逐,产生了大量的成果。不过,学者对这期间发表的论文、出版的著作在数量和质量上褒贬不一(Gile 1990,Pöchhacker,1995)。

Moser-Mercer(1997)在对学生译员与职业译员的研究过程中发现,人们对该领域的研究几乎是空白,更不用说对两者之间的教学法的探索。她的研究首次揭示了职业译员与学生译员的差别:前者善于充分利用语境,懂得孰轻孰重,深知先易后难之理。而后者则恰恰相反,他们追求先难后易,结果往往事与愿违。在应对语义、程序以及图标等方面,职业译员表现出自如驾驭综合运用各种知识的能力(Moser-Mercer1997:257)。Kalina(1998)的研究也印证了上述发现。她指出,职业译员使用的口译策略与学生译员的策略截然相反:学生译员善于拆分句子来降低翻译难度,专业译员则不然。学生译员往往对细枝末节忙得不可开交,而真正出错时却显得力不从心。职业译员更能有效把握自己的译出语;能做到有的放矢,知道轻重缓急。

迄今为止，人们对译员工作时大脑思维的研究仍鞭长莫及，对译员翻译失效原因的解释仍然模棱两可。对此，Moser-Mercer（1997）曾有过设想，她指出：要解释这一现象人们需要深入探索与口译相关的其他技能。只有当人们对这些技能有了明确的定义时，才有可能找到行之有效的口译训练方法，对译员的训练才具有科学性。Kutz（1990）曾提出制定一套教学大纲，并做出在认知学习过程中如何实现大纲规定的设想。可见，当务之急是人们要对口译有明确的定义，将它变成学生易于掌握的具体技能，这样才能制定出一套科学、完整的教学大纲。

能力与测试

有些技能人们可以通过后天训练习得，而有些技能是先天赋予的。由于译员培养过程涉及大量的人力物力，所以，多数大专院校在录取考生时都要对其进行能力测验。检验考生语言技能的同时，还要考察考生对语言的实际运用能力（Dejean Le Féal 1998）。一般说来，绝大多数测试是为了考察考生是否具备应有的语言功底和跨文化知识、应变力以及性格特征等。Pearl（1995）反对用测试手段来考量考生能力的做法，他的理由是目前测试程序的信度与效度尚不完善。译员的技能不可能仅凭一次测试就能分出高低，加之，测试本身并没有完全做到客观、公正、公平，这样的测试结果有可能误人子弟。

可见，尽管学者对学生能力的评价进行了一定程度的研究，但仍未找到令人满意的答案。正像 Gile 与 Kalina（1995）所说的那样，时至今日，无论是学生学期期末考，还是平素间的实战演练，人们对于口译质量好坏的判断仍未找到切实可行的标准。除非制定一套公正、客观的口译质量标准，否则如一味按照现行操作行事，人们很难鉴别翻译的优劣，甚至有可能断送一些本来潜质尚佳译员的前程。

能力训练

倘若人们缺乏系统的、科学客观的教学法，要想培养出合格、训练有素的职业译员无疑是纸上谈兵。人们再也不能重蹈覆辙，再也不能在缺乏系统方法指导下对未来的学生译员进行徒劳无益的训练。有鉴于此，各院校规定把凡是从事翻译教学的教育工作者必须具备翻译经历作为聘用的先决条件。只有具备了实践经验，教育工作者才有资格提供第一手的实战训练，课堂教学才能做到言之有物、生动有趣。但问题是，人们很难界定哪种教材是真正达到模拟训练效果的教材。人们知道，客观事物是不以人们意志为转移的。在现实生活中，突如其来的事情并不是空穴来风，同传也不例外。因此，应规定除了提供必要的工作简历外，凡从事翻译教学的专职教师务必拿出一套切实可行的教学方案或有独到见解的方案。该方案不仅涵盖学生必须完成认知任务的各项技能，更重要的是它能起到培养学生提高分析问题和解决问题能力的作用。

教师并不一定是制定教材的权威，各大专院校不应以此作为应聘师资的硬性条件。虽然明文规定从事翻译专职教师录用的首要条件是已取得了职业译员资质证，此前有过翻译经验,这些条件在过去无可厚非。但新形势下的翻译教育工作者除了具备上述基本资质外,他还需通晓口译理论并在该领域有自己独到的见解,有较强的答疑解惑的能力。他应该熟悉教学活动各个环节;他应懂得如何将训练变得更行之有效、译员必须掌握何种技能、各个阶段完成的目标任务有哪些、采取何种具体措施实现这些目标、社会对职业译员的需求情况以及译员就业前景等等。

时下,摆在人们面前的问题是,那些自以为具备了所需的技能,掌握了一定的教学方法的翻译教育工作者不但不能令人心悦诚服,反而使人担忧。他们深知他们的理论知识捉襟见肘,然而他们却不敢面对现实。相反,他们怀着坐享其成、不劳而获的心理,等待别人去探索教学质量。他们同时深知为人之师就应有所作为,不能误人子弟。于是无奈之下,他们便标新立异地想出了诸如完形填空、归纳文章大意、影子练习等权宜之计。除非人们真正找到了更加切实可行的教学法,否则,人们没有理由对它的实用性过分挑剔(Kalina,1998)。继续这种争论也事无补,因为它无助于人们找到如何习得口译能力的有效方法。但人们必须清醒地认识到,新形势下的师资队伍应是一支不仅拥有实践经验,更重要的是一支具备理论水平的生力军。他们敢于打破成规,与时俱进,乐于更新知识,有旺盛的求知欲(Kiraly,1997)。无疑,向学生传授口译理论知识是教育工作者义不容辞的职责,毕竟师资队伍同样需要壮大、需要后备军。

翻译的发展——跨学科

近年来,口译研究越来越重视跨学科研究。目前的交叉学科主要涉及信息技术、交际学、认知心理学、心理语言学与神经生理学等领域。跨学科间的融合催生了大量同传实证方面的研究成果。跨学科间的合作仍有广阔的空间,如二语习得研究。研究口译教学有助于人们探讨学生的学习过程、学习进度与效度以及检验人们的教学方法,这对提升译员翻译水平至关重要。唯有这样,教师才能无愧于教育工作者的使命。一旦有了研究口译教学的框架,人们不仅可以对口译的能力定性,同时还可以系统地训练和培养这种能力。

口译和笔译

由于翻译有口、笔译之分,因而多数大专院校既培养口译人员同时也培养笔译工作者,并在长期的教学实践中逐渐形成了一套自身的训练方法。如前所述,早期的口译研究不承认口、笔译之间的密切关系,从事笔译研究的学者也同样将涉及口译的内容悉数排斥在外。在教学研究方面,除非在不得已的情况下需要借鉴对方的研究成果时,两派学者这才不得已屈尊进行某些点滴探讨。

在口、笔译研究中,特别是对笔译界定的描述,口、笔译被划分为同一学科两个不同的分支。倘若这一划分成立的话,那么它们必然有其共同点。反之,如若人们能找到它们之间的不同点,那无疑将为口、笔译研究找到突破口,因为将口、笔译合二为一进行研究有助于彼此相得益彰。人们也许不禁要问:研究笔译究竟在多大程度上有助于同传能力的习得。其实，笔译对同传的研究在诸多方面均起着相辅相成、优势互补的作用。最直接的莫过于策略的运用，笔译研究中的策略和能力习得为研究同传提供了广阔的空间。人们应该在此研究的基础上进一步发扬光大，以便从中找到译员和笔译工作者的共同点。此外，笔译的实证研究也可以在同传研究中进行尝试。

目前，笔译研究更多的是侧重翻译技巧。Wilss（1984）曾对几种笔译技巧以及译者运用这些技巧后的效果进行过研究，不过他的研究主要侧重语言层面。Nord（1996）提出了综合策略这一概念，即把几种知识与技能融为一体，形成笔译合力，再由它们相互作用来完成既定的任务。迄今为止，同传对于笔译技能的习得以及笔译技能是否有助于提高译员技能仍是空白。笔译对译员技能的提升是一个值得探讨的问题，如能将两者有机地结合起来进行研究其意义必定深远。

研究笔译的学者曾一度误认为口译就是笔译的口头形式，所谓"翻译"无非是口、笔译两种形式的通用语罢了（Kade 1968, Reiß & Vermeer 1984）。正因如此，人们便放弃了进一步探索口译特点，找出口、笔译差异的必要性。其实，无论是教师还是学生译员均能明显地区分口、笔译之间的差异。在他们看来这两者之间的分水岭是，前者注重发言人的意图和思想情感，而后者更侧重忠实原文，因此，译员的认知任务更显繁重（Seleskovitch 1976; Seleskovitch & Lederer 1989）。本书认为，上述说法均未揭示出口译的本质，也缺乏充分的事实依据。但是，通过对两者的研究来揭示它们之间的相同之处不失为有意义的尝试。人们应该以更加包容的心态来整合口、笔译的优势，将两门分支学科合二为一加以研究。口译的研究史远不如笔译，它的推广与普及要归功于同声传译的崛起。时下，由于普通院校纷纷开设翻译硕士学位课程，有些院校甚至还将它们作为重点学科打造，对学生的考试与学位证书的颁发有严格的规定。有不少学校明文规定，笔译考试不及格的学生不得继续同声传译专业的学习。人们不禁要问，口、笔译的关系究竟有多密切？口译是口头形式的笔译吗？难道真的如人们想象的那样，只要稍加考虑口头特点，适当融入某些演讲技巧就能自然而然地成为一名出色译员？译员与笔译人员区别究竟在哪里？口、笔译的共同点与不同点是什么？如何解释译员需要竭尽全力、集中精力，而笔译人员只是悉数照抄的数、名字等棘手问题？其实，诸如此类的问题还远不止这些。

综合法

Pöchhacker（1994）是对口、笔译进行综合研究的先驱，也是首位将 Reiss 和 Vermeer（1984）的笔译理论用于同声传译研究的学者。他在研究过程中发现，若要把 Reiss 和 Vermeer 的理论用于同声传译领域的研究，需在诸多方面不断细化和完善，这自然成了 Pöchhacker 的研究目标。设想当初他没有选择同声传译，尽管同传是一种非常典型且常用的另一类型的口译形式，如果他选择的既不是单纯的笔译也不是单纯的口译形式，而是一种介乎两者之间的口译形式，他很有可能早已实现他的目标。

人们发现，从实际交际场合的口、笔译文本处理来看，在许多方面口、笔译策略的运用基本上大同小异。首先，它要求口、笔译人员比普通听众或读者具有更强的文本理解能力,更善于把握发言人或作者的精髓,对听众或读者的反应更敏锐。其次,除语言文化知识外,它要求口、笔译人员具备强烈的求知欲,渊博的知识和一定的专业知识。此外,它还要求口、笔译工作者具备出色的文本认知和分析能力,做到译出语言简意赅、语言优美并符合逻辑规范。当然,口译和笔译对这种能力的要求各有侧重。最后,它还要求口、笔译人员对双语的驾驭游刃有余,不仅有个人独特的译风、快速机智的反应、信息的准确提取,还要迅速完成新旧知识的有机对接等。Neubert(1994:412)等笔译研究者把上述能力定义为转换技能。

虽然口、笔译都离不开这种转换能力,但两者仍有明显的差别,最明显的是战略文本处理的程度和需求各有不同。

口、笔译技能与策略

假定上述基本转换功能是口、笔译最起码的特点,那么它们之间必然有许多共性,这些共性将有助于两者优势互补。

现在人们面临的问题是,如何将两者通过取长补短、优势互补有机结合形成合力,使优势最大化。研究发现,口译中融入笔译特有的技能会使人们收到意想不到的效果,特别是当交替运用口、笔译各自独特的技能时。同声传译便是这两种技能有机结合的具体典范,因为它是介于口笔译之间、起桥梁作用的媒介(Kalina,2000b)。这说明,口、笔译工作者可以通过强化训练习得某些共同技能,其他独特技能则可以通过单项训练获得。

口、笔译共享有助于培养译员发现问题和解决问题的能力。尽管这两种翻译形式在文本处理方面有共性,但各自解决问题的方法却不尽相同。笔译工作人员一旦碰到问题可以先搁置后解决,也可以待解决之后再继续工作。译员却没有回旋的余地,他必须随机应变、当机立断。一旦他犹豫不定,就会错失接踵而至的源语。面对这类问题他别无选择:要么不遗余力、全力以赴地应对;要么置之不理,置翻译效果于不顾。

口笔译人员面临的共同难题是如何解决译出语不到位问题。笔译工作者一旦碰到某个棘手的问题,既可以向原作者讨教也可以求助于其他专家。而译员一旦遇到类似困难,结果可想而知。另外,笔译工作者一旦不满意自己的译文,可以挤出时间反复推敲、仔细斟酌直到满意为止,这已在实证研究中反复得到证明(Krings,1986a)。而一旦译员发现自己的译出语不到位,则只能徒叹奈何。他陷入两难境地:时间不容他重试,即便挤出了一点可怜的时间他又面临分散注意力错过下一句的高风险。倘若听之任之,则不仅会曲解发言人的本意,还有可能产生歧义,误导听众。可见,口译能力也包括迅速果断处理看似违背意愿的事情。

在此,人们不妨顺便探讨如何灵活处理笔译源语文本问题(Reiß & Vermeer 1984)。毋庸置疑,按照听众的诉求来研究文本功能的差异有助于拓宽口、笔译人员的视野,哪怕是文本功能变数不大的同声传译也同样值得人们高度关注。Meyer对就诊译员的研究便是一例。为了便于病人更好地理解医嘱,译员一反不折不扣地忠实原文原则的做派,用通俗易懂的语言解释。显然,他有"篡改"医嘱内容之嫌,这一点是否值得提倡还有待商榷。

最后还需说明一点的是，口、笔译之间的差别存在付出与回报不成正比的现象。笔译工作者可以尽情发挥，陶醉于翻译之中直到最后交出满意的译文。而苦于时限，译员有时连预期的翻译效果恐尚且难以预测，他唯有倾其全力呈献当时自认为勉强凑合的译出语。这从另一个侧面说明，译员付出的时间和精力的多寡决定了他的译出语质量。重复的行为会变得自然、机械，久而久之成为常态。因此，口译教学有必要就此探索出一条规律，一套能使学生变得积极主动的卓有成效的学习方法（Kalina，1998）。

综上所述，虽然口、笔译解决问题的方式方法各有不同，但这两门分支学科却在综合性翻译方法上有很多相似或可借鉴之处。同传教学法如能综合这两门学科的优势，定会彰显其语言媒介特有的作用，特别是在口头翻译书面材料时。然而时至今日，这类研究仍凤毛麟角，这一问题值得有识之士高度关注。

教学技能及其他

口、笔译理论框架的建立有助于口、笔译的教学与研究，因为训练口、笔译能力（学习的能动性、思维敏捷性、创新力、解决问题的能力）与技能（自动处理能力）并非可有可无。在口、笔译教学中，曾有学者不遗余力地宣扬翻译训练与翻译技能并重的做法。而Reiß（1974）、Wilss（1984）、Moser（1978）、Kutz（1990）以及Gile（1995）等学者则提倡笔译技能应作为一项单独课程开设。House（1986）与Nord（1996）倾向掌握笔译技能之前应加强学生口译实践。Nord把笔译技能视为一种综合技能，一种需要统筹兼顾、全盘考虑的技能。

Gerzymisch-Arbogast与Mudersbach（1998:45）是最早提出顺译法的学者。如果人们将顺译法应用于笔译中，译文就会变得井然有序、有据可依。这种方法也有助于教学，因为顺译法有其明确的要求、严格的步骤，只要人们按照这些要求，翻译时的技巧和战术运用就变得有章可循，还可以模仿复制。不过尽管顺译法有它的优势，但它并不完全适用于同传教学，因为同传的处理并不是严格按照顺序、步骤来进行的，而是各种处理机制的相互作用。可以肯定的是，如果人们将复杂的同传处理任务分解成独立的单项任务，顺译法对同传教学并不是毫无可取之处，它可以提升学生的综合能力。

鉴于同声传译是一种高难度的信息处理活动，人们不禁要问，哪些技能应分开传授？训练译员行之有效的方法有哪些？遗憾的是，迄今为止人们仍缺乏必要的教材和参考文献。如此一来，教育工作者无所适从，学生更是茫然不知所措。但无论如何，克服同传固有困难、合理分配精力、保证翻译质量这类问题，教育工作者们不可熟视无睹。

同传训练

如前所述，目前人们并不缺乏单项训练教材，但比较全面、系统的综合性教材却寥寥无几。在对译员能力进行训练时，教师惯用的方法仍摆脱不了紧扣实战材料，侧重模拟实战口译的一些难点要点。Pöchhacker（1999）曾对这种教学法进行过实证研究，但遗憾的是,他未能得出令人信服的结论,如学生需要完成哪些步骤方能独立担当现场翻译的任务。假使教师一味强调模拟实战会议同传的重要性,而忽略初学者的诉求,则将违背教学循序渐进的规律。笔者认为,早期的训练不宜过分强调实战及应对策略环节,而应侧重因材施教。可以从简化各种参数入手:如减少复杂句与语句的比重、用浅显易懂的词句代替晦涩深奥的难句、合理运用语音语调及重读规则、充分利用非语言信息、调整语速、营造利好的语境与培养良好的心智模式等。实践证明,这些方法在训练初期比较行之有效,值得借鉴。随着学生基础的巩固与提高,人们可以逐渐加大参数力度以达到实战效果。

目前各种训练可谓名目繁多,如热身训练、强化训练、影子练习以及双重任务处理训练等,但循序渐进的教学方法却并不多见。虽然不排除通过严格训练,在某种程度上学生会取得一些进步,但是这种进步难以量化,毕竟它违背了循序渐进的教学规律。

那么,如何才能找到一套行之有效、科学系统的教学方法呢?纵然人们不了解口、笔译人员应具备的基本技能,同样可以通过现象看本质,归纳出一套反映口译特点的技能,这应该是教学的出发点和立足点所在。

人们不妨借助相关理论与心理学来研究同传中哪些认知任务更易完成、哪些技能是习得其他技能的先决条件、学生何时才能做到口译互动等问题。只有这样才能解燃眉之急,教育工作者才能摆脱目前的尴尬局面。教学才有针对性,不再是茫然无序、杂乱无章。相反,教师的教学会变得更加透明、目的会更加明确。如能在科学实践的基础上制定出一套训练方法,并有针对性的就一些技能进行强化,这样,人们不仅可以对译员训练的方法加以研究,而且还能在口笔译框架下研究口译分支学科的教学。

思维能力

为了形象说明培养学生思维能力的重要性,在此以课堂一个单项任务训练为例。具体操作步骤如下:第一步,由教师发给学生人手一篇书面发言稿并对背景做简要介绍。第二步,要求学生快速浏览发言稿并根据自己情况标出疑难重点。第三步,学生用自己的语言概括全文大意。第四步,教师检查学生概述是否符合要求、是否到位。

接下来便是训练学生合理运用预测机制与判断机制的能力。此举要求任课教师先通过视频将一些词组、术语呈现给学生,可暂不做解释,由学生自由联想。学生译完发言稿后再将此前出现的词、词组、以及术语的相关解释展现给学生,随后再针对这些词与专业术语进行一定难度的技能转换训练。建议教师仍采用上述相同的方法,引导学生对术语举一反三直到完全掌握。最后,教师再要求学生在规定的时间内重新归纳原文大意,检查经训练后的归纳是否有明显的提高。

记忆的重要性不言而喻,因此建议任课教师将此作为单项训练。训练中,要求学生每一段必须记下一至几个关键词。视译材料规定播放一遍,学生根据视译内容用源语或目标语进行复述。第二遍复述时教师要严格控制时间,对复述内容要有明确要求。

输出能力

单元练习是培养学生口、笔译能力的第一步。实践证明，无论是译员还是笔译工作者都必须具备基本的思维能力。以下练习虽然是专门为同传课程设计的，但只要仔细观察便不难发现，它同样也适用于笔译训练。因为它和笔译人员需要达到的效果有异曲同工之妙，这项练习的目的主要是训练学生译出语输出的重组能力。

毋庸置疑，无论采取何种训练方式，终极目标无非是确保学生的译出语易于理解，合乎语法规范。而这项训练则恰好相反，它要求学生译的是一篇语法欠规范、错误满篇的源语文本。其目的是培养学生在极端情况下做到排除干扰，"拨乱反正"。这种训练与影子训练阶段的情况有所不同，后者要求学生一字不差地、完整地输出目的语。对于源语同样要求学生准确无误地复述。影子训练特别严格，它要求学生不折不扣地忠实于原文，不得对语义内容做任何形式的更改。

特别是在训练学生源语文本的句法转换时，要求学生先把从句、复合句等复杂句子划分为若干分句或意群。然后，再让学生比较源语与目的语的句法结构并从中找出差距，以此作为下一步训练的内容。影子训练要求学生准确无误地输出译文，要求学生做到自如变换句法结构，从而达到源语与目标语内容一致的目的。

如果单项训练是以复述为目的，教师最好准备一篇涵盖大量谚语、隐喻或习语之类的篇章，规定学生用自己的语言复述，尽量不用或少用源语词句。同时，教师还需要严格控制时间，确保学生在规定的时间内圆满完成此项任务。

综合能力

倘若单项训练是训练学生综合运用各种技能的能力，如监测能力，教师不妨尝试以下方法。先让学生跟读一篇短文，然后再让学生翻译涵盖词句错误的片段，片段中的错误应是同传常见的错误，如用词不当、抢先说、译出语不到位等内容。教师也可以将这些单项训练与其他技能综合运用，这样效果会更佳。诚然，单项训练远不止这些。译员在学习阶段应树立良好的品德，规范自己的言行，译员之间的相互学习、取长补短也同等重要。对于工作，译员应做到恪尽职守、严守秘密、树立诚实守信的道德风尚。鉴于翻译的特殊性，译员还须做到始终如一地保持中立，以饱满的工作热情和较强的求知欲投入到翻译工作之中。

综合运用各种技能的方法很多，但这些方法的运用取决于具体的训练目的。可以肯定的是，尽管口、笔译有各自不同的技能要求，但它们之间在诸多方面可以相互借鉴、整合，最终达到优势互补的目的。

为了在规定时间内完成任务，有时笔译人员需要压缩文本。面对这样的情况他需要学会打破常规、总揽全局，做到化繁为简、避虚就实。在这个过程中，他可以不断通过研习其他翻译理论来提升自己的翻译水平，从而更好地树立自己的译风。

一个合格的译员一旦接受笔译任务时，不仅不会感到陌生，反而有轻车熟路之感。当一改以往须要极强记忆的口头形式变成无需太多记忆压力的笔译时，他会感到无比的轻松,这种变化会使他重新认识自己的记忆力容量。他还会发现,笔译与口译各有难言之隐。重要的是,他会重新审视自己的角色,体会听众的无奈,认识到听众的无助与受制于人的尴尬境地。其次,他将意识到一味撒开源语词义而只注重意思的完整性并不能适用于所有场合,纵然在某一场合得手,并不意味着在其他场合同样奏效。这种角色转换会使他的翻译技能日臻娴熟,对日后的工作会更加充满信心。

本书就同传教学谈了一些粗浅的看法,对同传技能也只是做了一点蜻蜓点水式的探讨。为了将同传研究推向深入,呼吁有识之士通过实战来获得同传的数据,通过现场观摩同传教学来收集必要的"实战"素材。人们需集思广益、博采众长,充分吸纳教育一线的工作者在长期教学中积累的丰富经验、教学方法以及心得来探讨教学法,人们需通过评估学生不同阶段的口译水平来衡量教学质量。这样,同传教学才能真正做到因材施教、循序渐进,教学才科学规范。

Kalina(2000a)的研究表明,人们在研究教学法时应注重因材施教,切忌一刀切的做法。本书要强调的是,口译技能最好在训练之初单独教授。鉴于口译能力是一种高难度的综合能力,在具体实践过程中人们必须精心设计,有计划、有步骤、有目的地进行。

第三节　视译教学

尽管视译在口、笔译里通常充当桥梁作用,不可或缺,然而,鲜有学者对它的独特作用进行探索。对于大多数教师而言,视译无非是训练同传和交传译员敏锐反应和提高口译前的辅助训练而已。即便有教师认识到视译与同传和交传之间的差别,也充其量只是把它作为一个重要环节加强训练。

Jean Herbert把视译和同传视为孪生姊妹,视视译为同传不可分割的部分。因此,视译、同传和交传的终极目的都是旨在提高口译质量。然而,这三者之间存在明显的差别,决不可将它们混为一谈。众所周知,视译是边看边译,而同传和交传则是边听边译。听译时,话音随语句结束而结束,而视译则不然。按照认知心理学的原理,听与读不能等同。另外,视和听所受的刺激以及产生的作用不同,也就是说,视和听存在知觉上的差异。听者往往是被动地接受信息,而阅读者则相反。阅读者在遇到较复杂的词句时,可做短暂停留甚至重新阅读前一句。听者受发言人的制约,阅读者和听者的注意力不是集中在同一点上。听者只听大意,阅读者则需聚精会神、全神贯注领会词句。为此,本书对视译、同传和交传的翻译过程进行了比较,发现他们三者之间存在的差别不容忽视。为了便于理解,这里不妨借用Gile的Efforts Moddle(精力分配模型)来解释它们之间的差异。我们把三种翻译投入的精力归纳为难度,用(L)表示听辨即输入理解过程;(M)表示输入与输出之间的短时记忆差;(P)表示译语输出;(C)表示整个协调过程;(N)表示笔记。同传用SI表示,交传用CI,视译用ST表示。一般来说,这三种难度需要旗鼓相当,否则认知平衡将被打破,结果将直接导致错译或漏译。

同传可以用下列公式来表示:

SI=L+M+C+P

交传分两个阶段：它的第一阶段 L 和 M 与视译的 L 和 M 相同，但此阶段没有译语输出，这是一个记笔记的阶段。交传的第一阶段的公式是：

CI（第一阶段）=L+M+N+C

交传的第二阶段为记忆阶段（Rem），表示5—10分钟的较长时记忆，R 表示阅读，具体公式为：

CI（第二阶段）=Rem+R+P

Gile 的理论认为，交传的第一阶段至关重要。第二阶段之所以不如第一阶段那么重要，是因为译员可以相对自如地照笔记朗读，而视译则不然。视译公式如下：

ST=R+P

视译也需短时记忆，与同传所需的短时记忆没有差别。在这一过程中，输入、听辨与输出几乎同时进行，因此，译员一边翻译上一句一边阅读或听辨下一句。虽然视译员可以控制节奏，但是他要边读理顺语序，否则将难以确保输出流畅。显然，尽管视译缺乏同传和交传中的某些难度，但其自身的难度显而易见。比如，视译不像同传那样能借助口语的超音质特征如语调、犹豫、停顿等来帮助理解。译员不仅需要更多的时间和精力来破译从句、复合句，而且还要确保译出语流畅自然。不仅如此，由于词句停留在译员的视线范围内，视译员还不时受源语的干扰。Brady 指出，"视译比同传更易受源语干扰，眼前的白纸黑字容易打乱他的思绪"。Martin 对此持同一观点，他认为"尽管听辨理解在翻译中大同小异，但要想视译不受干扰，则要付出更大的努力"。然而，视译、同传和交传究竟有何区别呢？为什么视译对译员会带来如此大的挑战？Viezzi 认为，这与破译输入信息所付出的精力多寡有关，边读边译比边听边译更消耗精力。由此可见，视译绝非隶属于同传或交传，相反人们需要对其进行单独训练。针对这一特点，本书对视译教学提出如下一些建议：

预 练

在我国，视译除了在部分大专院校的高翻学院开设之外，普通院校的外国语学院学生鲜有接触这门课程的训练。即便有，一般通常是在大二的下半学期或大三的上半学期开设。这是因为，一般的技能如听、说、读、写等都集中在一、二年级，这个阶段学生已经有了一定的积累。视译的第一阶段必须与他们已有的知识相吻合。如新学期的第一、二周加强快速阅读，提高阅读理解力。这样不仅有助于学生提高阅读速度，而且还有助于归纳中心，抓住大意。

练习1

课前教师可给学生1篇约250—300字的中文小短文，要求他们用20—30秒时间读完。然后，就一些简单的问题提问。第二阶段，读完第一遍之后，就一些具体的问题如姓名、日期、地点等提问。这时再给他们10—15秒查找相关信息。最后，给他们足够的时间重新阅读,然后检查他们的阅读理解程度。用同样的方法练习英语,这种训练的目的是增强阅读理解力,培养快速阅读的能力和反应力。

练习2

在以后的几周里,教师可选一些题材广泛的文章训练学生。首先只给学生题目,检验学生对相关知识的了解情况。而后教师问一些诸如改换欧元带来的弊端、气候变化酿成的恶果、全球一体化的利与弊等,学生围绕这一话题展开讨论。学生讨论时偏题或不着边际属于正常,只要运用所学的知识积极讨论,充分发表自己的看法就会找到切入点。讨论完后,教师可从课文里挑出一些典型的生词让学生造句。这种训练有助于学生拓宽思路,积极联想。接下来再把原文发给学生,要求他们快速阅读并将阅读中的生词记录下来,此时教师不要做任何解释。

练习3

用同一内容的练习材料。要求学生详细分析文章,如文章的类型、结构等;文章是否有题目、是否有副标题、是否含图表等。另外还要弄清文章是否富含专业术语、生僻词、缩略语、复杂句型结构等。弄清并解决这些问题有助于学生做译前准备。

练习4

人们知道,令学生译员最头痛莫过于生词,它不仅影响阅读速度,而且还影响阅读理解。在快速阅读中,一旦学生碰到这类生词尤其是长且难的生词时,阅读速度无疑会受到影响。教师应鼓励学生通过上下文来积极判断生词,对于个别不足以妨碍阅读理解的生词学生应学会猜测其含义。当然,不排除这个词很可能是一个关键词,忽略或无视会影响理解,进而影响翻译质量,这种情况另当别论。不妨来阅读下面小短文,阅读时务必注意句子和段落大意,暂时不要考虑个别词的意思。

示例:If anyone is asked to rate a person, whom he knows sufficiently well, on a number of personality variables, he will tend to be influenced by his general opinion of the person. If he has a high opinion of the person he will tend to rate him high on all desirable qualitites, and vice versa if he has a low opinion.(C.J.Adcock:Fundamentals of Psychology)

通过上下文判断大意。

示范:If you were to place a human brain on a table in front of you, you would notice that it is divided neatly into two halves vertically from front to back: these are the right and left cerebral hemispheres. And each hemisphere is further divided into four so-called lobes: the one at the front (the frontal lobe) is repobsible for controlling movement and for some aspects of emotions; the occipital lobe (at the back) deals with sight, the lobe at the side (the temporal lobe) is an important memory store; and the parietal lobe (at the top) has a vital role in comparing and integrating information that flows into brain through the sensory channels of vision, hearing, smell and touch. (Richard Leakey and Robert Lewin:People of the Lake）

练习5

影响视译效果的另一个原因是复合句。长句、复合句结构往往不仅影响学生阅读速度、理解力，同时也影响翻译的准确性。在训练过程中人们可以运用句法分析来避免此类错误。做这类练习时，可发给学生一些专门涵盖长句、复合句的小短文。让学生分析句子结构，找出主语、谓语，再找出相关的从句。允许学生根据自己的理解打乱句子结构重新组句。值得注意的是，此练习主要是以分析结构为主，根据目的语语序重组。选材时尽量做到句子多样，才会收到预期的效果。

练习6

这是一项专门训练句法的练习。具体做法是先给学生中文材料，让学生用自己的话来解释每句话的意思。在不改变原意的情况下，可以让他们用2至3种句型来表达同一个意思。鼓励他们删减多余的词句或添加必要的词句、可任意拆分组合、变长句为短句等不同形式。还可以将被动语态变为主动语态或反之。前提是不改变原意。

建议：

以上这些练习是为了帮助学生较好地、准确地、流畅地输出视译语，所有练习必须局限在课堂内进行。当然现实生活中的视译要比课堂练习复杂得多，它的难度有时超出人们想象，比如庭审时法官依法判决宣读的法律条文。因此，学生要有足够的思想准备。为此，本书提出以下建议供参考。

视译有时用手写体的形式呈现，语句不通，逻辑不连贯乃司空见惯。建议课堂加强此类练习，学生应及时发现并纠正错误；图表是视译材料一项重要内容，加强这类练习也不可或缺。选材时要做到难易适度，既要做到题材广泛、多样，又要强调共性兼顾个性。人们在设计视译教学大纲时应涵盖以下内容：全球金融问题、国际商贸、科技、医疗卫生、环境、信息技术、专题报道、名人访谈、政法、专利、人文等，最好配有相关的背景知识介绍。

需要强调的是，与西方相比我国的口译研究起步较晚，译学架构一直没有得到应有的重视。虽然偶尔有零星文章发表，不外乎是围绕口译的特点及技巧展开，经验交流和问题的陈述居多。其次，口译理论研究大多缺乏实证支持。值得庆幸的是，教育部将MTI纳入学位课程，可见国家对翻译的重视。人们有理由相信，尽管口译理论研究存在诸多困难，但只要人们共同努力，定能建立一套适合我国国情的口译教学模式。

第四节　译员素质

虽然人们把二战后的纽伦堡大审判视为现代同声传译的起源,事实上,同声传译这一概念最早始于美国。后来,它才逐渐在世界各地推广并受到了大型国际会议的青睐。早在1924年,波士顿资本家、社会改革家Edward Filene在国际劳工组织全会上正式启用了同声传译,会上所用的语种大大超过了纽伦堡大审判上使用的四种语言。他别出心裁,想找到比交替传译更行之有效的一种替代翻译模式,最后他终于锁定了同声传译。

纽伦堡大审判虽然一开始并没有将同声传译作为首选,但它对于同声传译的推广与普及起了推波助澜的作用,功不可没。

1919年,巴黎和会以前交替传译一直处于霸主地位,是一切大型国际会议规定的翻译模式。英语和法语是当时日内瓦国家联盟会议指定的语言,英语和法语平起平坐,无高低之分。纽伦堡大审判打破了这种格局。人们知道,作为翻译模式同声传译不过是形式而已,要想确保高质量的翻译,最重要的莫过于译员以及译员所具备的能力。那么译员应该具备什么样的能力呢?

一个合格译员应具备以下能力:

1. 必须精通目的语即译出语;
2. 必须通晓源语即输入语;
3. 至少需要具备大学以上学历或同等学力;
4. 必须具备广博的知识并且通晓时事政治。

此外译员必须具备以下才智:

1. 能做到分析、解释数据,具有超强语感;
2. 必须反应灵敏,能够迅速适应发言人、适应会场环境以及发言主题内容;
3. 必须做到精力高度集中,全神贯注,一丝不苟;
4. 必须具备超常的体能,能沉着冷静,遇事不惊;
5. 必须具备甜润的音质和公共演讲的技能;
6. 必须具备高度的好奇心和较强的求知欲;
7. 必须诚实守信;

另外,译员需懂得随机应变,讲究策略,善于外交活动。

为了保证译出语的语言准确、到位,译员必须熟练掌握目的语并谙熟该语言的细微差别。这样,无论面临何种技术难题、风格变化多么无常,译员均能做到驾轻就熟,应变自如。同时,要求译员不仅掌握大量的词汇而且还能做到随心所欲地驾驭这些词汇。

通晓源语并不意味着只能听懂标准的英语,一名合格的译员应能听懂各种不同的口音,如南非口音、美国口音、澳大利亚口音、印巴英语口音等等。无论是源语还是目的语,要求译员必须掌握两种语言中的大量的同义词、惯用语、谚语以及名人名言及警句等。

大学以上学历或者同等学力是通往翻译职业生涯的必备条件。通晓法律、经济学等固然具有一定的优势,但前提是译员的工作语言表达已不成为问题,应该与他的母语相差无几。至于翻译技巧,译员可以通过不断的磨炼、学习来获得。倘若译员本身天资聪慧再加上后天训练得当,那这对他无疑是如虎添翼。

译员应善于分析、解释数据、有较强的语感。在实际工作中,译员必须分析听辨每一句话,对它进行内化、转换成听众熟悉的语言。这意味着译员必须具备分析信息、破译信息、深谙含义,并灵活运用语感推测发言人的发言的能力。

译员应具备高度的反应灵敏性,能够迅速适应发言人、会场环境以及发言主题内容。一般来说,译员从接到翻译任务到准备会议资料的时间极其有限,有时根本无任何资料准备可言,有时译员很可能从未接触过此类大会主题,一旦遇到这种情况,译员应从容迅速适应,尽可能地了解有关的专业术语,确保顺利完成翻译任务。一般情况下,译员很少有机会为同一个发言人做二次或多次同声传译,每一位发言人几乎都是新面孔,译员必须学会适应各种口音、语速以及个人发言的风格。

同声传译中译员需要保持高度的注意力。如稍有疏忽,不仅影响译员本身而且影响与会听众对发言的连贯性、逻辑性的把握。这种高度集中通常要求译员保持半小时左右,直到同伴接替为止。一场同声传译一般需要两名译员轮流翻译。当然,精力高度集中可以通过训练得到强化,不过对于有志于从事同声传译职业的人士来说,他必须一开始就具备这种技能。

甜润的音质和公众演讲技能是译员不可或缺的素质。尽管在高负荷下工作,一个合格的译员也必须发音清晰,充满活力。译员的译语输出应该平稳、轻重缓急适度,音质甜润可亲,这样才不至于使听众分散精力,昏昏欲睡。

高度的好奇心和求知欲会增加译员的理解,有助于译员扫清翻译理解上的障碍,尤其是有关当前的时事政治、经济、社会问题。一旦译员具备了广博的知识,他便可以做到游刃有余,听众听他的翻译犹如听发言人本人的现场发言。

译员不可违背职业道德、操行,不做背信弃义之事。

最后,译员必须具备随机应变的能力,具备一定的外交策略以便适应复杂多变的环境如误解、紧张等,学会沉着冷静、不卑不亢。

作为职业译员,以上这些品质既相互独立又相互依存,不可拆分。一个称职的译员应该是发言人的忠实代言人,他应与发言人的观点、态度保持高度的一致。这一特点在交传中尤为突出。无论采取何种翻译形式,译员若能用另一种语言把源语中隐含的意思译得使听众开怀大笑,使听众被发言人的措词折服、点头称是或者摇头反对,换言之,译员如能做到他的译语使听众无法分辨谁是发言人、谁是译员,那将是对译员莫大的认同。

如果你认为你已经具备了上述所有的品质,你极有可能成为一名合格译员。

其实,早在20世纪70年代,UNESCO在组织召开的一次研讨会上,对译员的招聘就有了明文规定,规定指出所有译职人员必须是具备双语自如转换能力,具备一定口笔译理论知识的硕士研究生。这反映了(AIIC)国际口译者协会招收录取译员的价值取向的两个基本条件。

第二章

同声传译语音

第一节　同声传译语音

翻译学属应用语言学分支,也是其科学、系统研究的对象。作为一门学科,它分为口译与笔译、人工翻译与机器翻译、直播与转播、远程与现场翻译等。虽然长期以来语言学界对口、笔译进行了广泛深入的研究,但是对于起着文化交往特殊作用的语音、音律学仍然没有引起学者的足够重视。这里笔者不妨粗略地概述该领域的一些最新研究成果,目的是为了抛砖引玉激励有识之士对语音、音律在同声传译中的作用展开进一步研究。

从狭义上讲,凡是以最终的文本形式呈现的译文无不涉及所有从源语到目的语的整个转换过程。正如 Paz(1971)、Lefevere(1975)、Kohlmayer(1996)和 Weber(1998)等学者指出的那样,书面翻译不像口译那样可以再现语音、音律特点,不像口译那样可以做到抑扬顿挫,富有表情。表现力较强的如戏剧、广播稿、宣传片、广告等在搬上银幕后更是如此,我们必须注重它的语音效果。好的译文特别强调词、词组的切分、超切分的韵率、节奏、停顿、压头韵、重音以及词藻等。更重要的是,电影、电视配音翻译,电影的声、话同步不仅要考虑切分、超切分的语音、音律,而且还要考虑口型、音质、音长以及语言外相关场景的协调和一致性。

众所周知,无论是同声传译还是交传译员在处理源语过程中都难免涉及语言选择问题。有时译员在高负荷状态下很难做到一次性地把内容、结构、主题和重点、动词、词组搭配、发言人的目的和意图等尽情再现出来。根据学者对同声传译时间限制的研究表明,听众可以忍耐二至三秒钟的延迟,但一旦超出了这一时限听众便会表现出不悦之色。这种双重压力使得译员不得不除具备语言基础外还要具备较强的记忆和高超的预测技能,否则译员将难以跟上发言速度,不能充分发挥和借助发言人的语音、音律为其译语输出服务。除此之外,正如 Goldmann-Eisler(1972)、Černov(1978)、Shlesinger(1994)以及 Ahrens(2004)等学者所强调的那样,经验丰富的译员善于利用源语的韵律特征来捕捉一句甚至一段未尽之言来作为补充或者弥补信息。Ahrens(2004)对停顿、音调升降变化、重音、声调和音长进行了广泛系统的研究。Ahrens 的研究表明,韵律并非只是用于转换或者重组,它也用于翻译单位,是升调的标志。

标准音及其变化

英语语音是翻译质量的保证,同时也是译员掌握英语必不可少的一种技能,不具备良好的英语语音能力的译员就不能称为一名合格的译员。然而,语音的欠缺在口译工作者中并非个别现象,而是普遍存在。究其原因主要是有些译员不知如何区分什么是标准英国语音,什么是美国音,因而,他们的口音掺杂着英美口音,听起来南腔北调。人们知道,翻译是一个较高的境界,尤其是在重大的国际性会议,流利的英语,漂亮的语音会给大会增添光彩,为大会成功奠定基础。由此可见,好的语音对于信息输出是至关重要的。语言是一门工具,它首先是用声音来交流思想、传递情感。语音是翻译中最基础也是最重要的组成部分,因为语音是提高翻译质量的关键所在。语言是人类重要的传递信息的交际工具。正确地、科学地认识英语语音,对提高英语翻译的质量和促进英语交流及整体水平的提高具有重要意义。

英语语言历史虽短,然而,半个多世纪以来,当代英语的RP(Received Pronunciation)语音却发生了很大的变化。虽然英语词汇的发音和拼写都是有一定的规则,但是随着语言的发展,英语语音的变化快于拼写,再加上大量外来词的借入以及语音的变异等因素,使英语语音和拼写的差距越来越大,然而这种变异并非杂乱无章,而是有规律可循的。

标准英语(Received Pronunciation)(以下简称RP)是几百年来语音学家衡量英国英语发音的标准。但是长期以来语音学界对标准英语这一概念的界定存在着各种争议,笔者在此不一一赘述。有兴趣的读者可参阅Jones(1917)以及Wells(2000)出版的有关这方面的专著。现在人们不妨先来回顾RP的特征:

操RP的人无论在爱尔兰、苏格兰还是威尔士并不是绝大多数,因而不能说它是完全的真正意义上的英国音。操RP这种口音的人多数是英国的中产阶层和上流社会人士。这些人从小就在私立学校接受教育,后来又进大学深造,因而多为受过良好教育的人士。

一般说来RP这种口音主要流行于英国东南部。操RP这种口音的人多数是广播公司、电台、电视台的播音员和节目主持人。另外,英国广播公司国际频道播音员也均操这一口音。近年来,英国政府为了迎合大众,更贴近民众,目前也允许个别播音员夹杂一些地方音如爱尔兰音。

一个多世纪以来RP音一直被推崇为标准音。早在20世纪初,语音学家丹尼奥·琼斯(Daniel Jones)把RP音称为私立学校音。RP的正式提法是后来确定的。这之后还有不少其他的提法如"普通英国音"(General British)、"南部知识分子音"等。近年来有些语音学家又把它称之为BBC音。不仅如此,语音学界对RP注音使用的符号(音标)也存在着各种争议。特别是20世纪80年代以来,由于大量的教材、学术刊物的不断涌现,新的RP音标也随之诞生。这样一来,RP音出现了各种版本。于是语音学家普遍认为有必要在原来的基础上对RP进行修改补充来体现现代英语语音的发展潮流与特点。修改过的音标最早被《牛津英语语音词典》(Upton et al.2001)采用。

英语有三种重音:主重音、次重音和非重音。有趣的是英语里的重音既自由又固定。说它自由是因为每个音节都有可能成为重读音节;说它固定是指除非在特定条件下才允许两个重音。语音学家曾一度尝试过对多音节词制定重音规则,但效果不佳。后来也有些语音学家提出过建立一个标音调系统,但语音学界对此各执一词,终究未能达成共识。之后又有语音学家提出标音调单位,即每个单位含一个重音,不同的声调重音表示各种语调、语气,然而英语里却难以找到语调特征,因此这一设想未能变成现实。也有语音学家认为英语的节奏属重音拍子即重音节间的间隙是固定的,为了保持这一固定的间隙，非重读音节受挤压以保持同一音长。虽然没有充分的事实来证明这一点，但区分弱音、非重读音并不是一件难事。

由此可见，了解英语标准语音的变化并掌握其规律，对于我国的翻译工作者意义重大：首先掌握标准语音后，译员的口语交际更高效、长效。在这里笔者仅仅以英国语音为例，目的是为了使大家了解英语口音的多样性和复杂性。人们知道，目前较为流行的有美国口音、澳大利亚口音、新西兰口音和印巴口音等，在此不一一赘述。但是，绝大多数有识志士认为英国音是同声传译工作者应追求的终极目标。因为英国音比较高雅，得体，较适合于正式场合。而美国口音则较随意，缺乏严谨，不太适合重大的国际性场合。有人甚至认为，操美国口音就好比在一个比较正式的场合用方言土语发表演说一样。

第二节　英美英语发音的区别

早在1877年，英国语言学家 Henry Sweet 曾预言，一个世纪后，"恐怕由于发音的不同，英、美、澳三国虽同操一种语言，但相互之间交流起来会面面相觑、不知所云"。幸运的是，这一谶语并没有变成现实。时下，全球超过三亿人的母语是英语，而各种英语的变体之间又存在诸多的细微差异。但是相比语音而言，词汇、语法、拼写的差异要相对小得多。口音这一词的术语是语言学家用来专指特定地域或人群典型的发音特征；口音某种程度上反映了说话人的年龄、性别，以及受教育程度等等。人们很难确定目前英语口音的实际数量。即使在英国，各地区间也有各自不同口音，比较典型的有苏格兰口音、爱尔兰口音、威尔士口音、伦敦口音、一种最近流行的港湾英语口音等等。但是，就英语作为外语语音教学而言，目前最流行的不外乎英式英语和美式英语两种，前者被视为正宗、纯正的标准语音。

GA（General American English 通用美国英语）被称为标准的美国语音。实际上，GA基本上浓缩了全美各式各样的口音，但尽管如此，它仍未完全反映美国东南部当地口音的特点。但有一点是肯定的，GA代表了美国大多数人的口音，这一点从美国新闻媒体如电台和电视播音员的播音中便可见一斑。另外它还是用于英语教学的标准语音，特别是在中美洲、南美洲、菲律宾等地区。

RP（Received Pronunciation）是标准的英国语音，也是世界上主流语音，因而它被尊为英语作为外语教学的首选。传统上使用英式英语教学的地区，美式英语难以插足。尽管有人把标准英国音与英格兰东南部受过教育的人群相提并论，但是就地区而言，标准英国音秉持了其"中立"原则：首先，它不代表英国某一特定地区典型的口音；其次，你走遍英伦三岛的任何地方都能听到这种口音，在一定程度上它代表了全英大多数人的口音。

据一些学者研究发现，英国仅有10%的人说标准英语。另外，从剑桥英语百科全书中人们也了解到，如今能操"标准、纯正"英语的英国人仅为3%左右。值得争议的是，由于标准英语本身夹杂某些变体,人们很难将其界定为所谓百分之百的"标准、纯正"的语音。就以影响之大、使用之广的"标准英语语音"为例,它是 BBC 播音员报道新闻规定语音,但它仍有两种细微的语音变体形式:一种是保守式,主要流行于英国年长一代以及某些专业群体之间,这种语音一般贴上了"国家权力机构"这类标签。另一种是"升级版的"英语语音,这一语音盛行于某些领域和社会群体中的年轻一代专业人士之间,它被视为是未来引领标准英语发展的趋势。

在过去几年里,一个新的术语 BBC 音悄然兴起,它一经出现便深受人们青睐。当然它的异军突起绝非偶然,其中有几个原因:首先,现今流行的标准语音中本身含有几种不同的语音;其次,如今的年轻一代对"标准语音"这一概念有逆反和抵触心理。在他们看来,标准语音是权贵的代名词。而 BBC 这个术语是个中性词,它不代表个人的社会地位,也不与任何特权和名望挂钩。

英式英语和美式英语除了在发音上存在明显差别外,在用词上也有不同之出。比如,在英国,你住的是 a block of flats(公寓楼),乘 underground(地铁),go on holiday(去度假)。而在美国,你住的却是 apartment house(公寓房),乘着 subway(地铁),go on vacation(去度假)。这是词汇方面的差异,语法方面也存在差异。在英国,你向别人打听时间时你会问,"Have you got the time?"人们会回答,"It's ten past two"。而在美国,人们一般倾向于这样打听时间,"Do you have the time?"得到的答复是,"It's ten after two"。英式英语和美式英语在拼写上也存在明显差异。英式英语的 colour 和 centre 在美式英语里变成了 color 和 center。catalogue 一词在美式英语中的拼写成了 catalog。英式英语和美式英语拼写方面的差异还有很多,在此本书不一一赘述。在众多的差别中,最明显的莫过于发音上的差异。

英式英语和美式英语在发音上存在几方面的差异,最明显的要数音素。具体而言,就是两者在元音和辅音上的发音各具特点,迥然不同。与之相关的差异也表现在音位结构上:如单词的重音、音节、常见的词汇组合发音、单词的重读与弱读、节奏,以及语调等等。

BBC 和 GA 元音的发音差别
长元音/紧元音与短元音/松元音

GA 最明显的特征是它的单元音有松紧之别。在发紧元音时,嘴唇与舌位的肌肉处于紧张收缩状态,而发松元音时,嘴唇与舌位则比较松弛。一般而言,发长元音时较紧,而发短元音时则较松。但相对而言,GA 的元音长度不像 BBC 英语中元音长度那么明显,所谓长度其实长的度不够。GA 在元音的长度上也不稳定,它的长短视元音所处的语言环境而定。大多数字典将元音长度用发音符号[:]表示,因为只有这样,人们才能更清楚地知道两种元音的长短之分。BBC 英语中有 7 个相对短的单元音:/ɪ, e, æ, ʌ, ɒ, ʊ, ə/。同样 GA 也有这些元音,不过短元音 o 不在此列。BBC 英语中/ɒ/是后圆音,如在 not, lot, block 等单词中就有这个音。GA 中的这个元音由/ɑː/取而代之,而/ɑː/是后不圆唇音,last, part, fast 等词在 BBC 的发音中便含有这个音,而且它们的长度特别明显。所以，not 在 BBC 中发成 /nɒt/，而在 GA 中变成了 /nɑːt/，而 lot 也就相应地发成 /lɑːt/。与此相同的其他例子还有：

	BBC	GA
Box	bɒks	bɑːks
hot	hɒt	hɑːt
o'clock	ə'klɒk	ə'klɑːk
bother	'bɒðə	'bɑːðər
honest	'ɒnɪst	'ɑːnəst
knowledge	"nɒlɪdʒ	'nɑːlɪdʒ
non-profit nɒn	'prɒfɪt	nɑːn'prɑːfɪt

注意，father, palm, balm, part, start, large, card，等词在英式和美式英语中都发 /ɑː/ 音。但有些在 BBC 中发成 /ɑː/ 的词在 GA 发音中却发成前开元音 /æ/，如：

	BBC	GA
class	klɑːs	klæs
last	lɑːst	læst
ask	ɑːsk	æsk
answer	'ɑːnsə	'ænsər
laugh	lɑːf	læf
advance	əd'vɑːns	əd'væns
can't	kɑːnt	kænt

长元音 /ɔː/ 是后元音，半圆唇音，BBC 英语的单词 thought, walk, law 等词都含有这个音。GA 在发这个音时开口较大，发音时嘴唇没有 BBC 英语发音那么圆润。其实，GA 的后元音位置根本就不固定，变化很大。一些美国人在发上面的单词时虽然有圆唇特征，但元音的长度不如 BBC 中的元音长。有些字典用元音 /ɔː/ 来标注 GA 对该元音的发音其实有些牵强。该类词在 GA 中都有另一种发音，元音 /ɔː/ 失去了圆唇特点，一律发成了 /ɑː/。如，

	BBC	GA
thought	θɔːt	θɑːt
caught	kɔːt	kɑːt
daughter	'dɔːtə	'dɑːtər
author	'ɔːθə	'ɑːθər
walk	wɔːk	wɑːk
autumn	'ɔːtəm	'ɑːtəm

英式英语和美式英语在发音上的最大区别是美式英语含有大量的卷舌音，而英式英语则不然。卷舌音的发音需要一定条件，即元音加字母 r 构成，只有元音字母和字母 r

的组合才能最终成音节变成卷舌音,如:

	BBC	GA
car	kɑ:	kɑ:r
park	pɑ:k	pɑ:rk
start	stɑ:t	stɑ:rt
more	mɔ:	mɔ:r
course	kɔ:s	kɔ:rs
morning	'mɔ:nɪŋ	'mɔ:rnɪŋ

GA 中凡是含有中元音/ə:/ 和 /ə/ 的单词,如 bird, nurse 和 another 一词的最后一个音节中都带有明显的 r 色彩的发音。有时为了便于区别,有些字典用特殊的符号标注以示区分,如/bɜ:d/, /nɜ:s/, /ə'nʌðə/。本文将带 r 色彩的 GA 中元音一律用相应的 BBC 中元音后再加/r/音来标注,如,/bə:rd/, /nə:rs/, /ə'nʌðər/。

另外,BBC 中的非重读音/ɪ/和/ə/在 GA 中常合二为一,/ɪ/被/ə/取而代之,如:

	BBC	GA
rabbit	'ræbɪt	'ræbət
robin	'rɒbɪn	'ra:bən
Packet	'pækɪt	'pækət
Rocket	'rɒkɪt	'ra:kət
notice	'nəʊtɪs	'noʊtəs
Watches	'wɒtʃɪz	'wa:tʃəz
wanted	'wɒntɪd	'wa:ntəd

双元音

BBC 中有三个以/ə/结尾的双元音,它们分别是/ɪə, eə, ʊə/,如 here, there, poor。在音位上,GA 没有单独以/ə/结尾的双元音。上面三个单词中的元音在 GA 中被分别发成ɪ+r, e + r, 和 ʊ + r。(但需要注意的是/ʊə/在 BBC 中常被/ɔ:/替代如 poor /pɔ:/)如:

	BBC	GA
near	nɪə	nɪr
beard	bɪəd	bɪrd
care	keə	ker
where	weə	wer
pure	pjʊə, pjɔ	pjʊr
Europe	'jʊərəp	'jʊrəp
poor	pɔ:, pʊə	pʊr

在 BBC 语音中，no, go, don't 等单词是双元音，也就是字母 o 的读音，它由两个元音构成，第一个音是 /ə/，第二个音是 /ʊ/。发音时，先打开下颌骨，嘴唇略微呈圆形，口形较大，舌端离下齿，舌身放低后缩，舌后部微抬起，然后随着发音过程的变化口形收圆缩小，舌后部继续向后缩并抬起。发音时要饱满到位并且是由第一个音向第二个音滑动，避免读成短音。牙床由半开到接近半合，由大到小，音量由强到弱。第一个音稍强，但第二个音要相对弱一些。这个双元音在 GA 发音中的起始音不固定，但通常发成靠后和圆唇的 /oʊ/，如：

	BBC	GA
no	nəʊ	noʊ
go	gəʊ	goʊ
note	nəʊt	noʊt
home	həʊm	hoʊm
don't	dəʊnt	doʊnt
photo	ˈfəʊtəʊ	ˈfoʊtoʊ

辅音

在辅音发音上，BBC 和 GA 没有明显区别，两者的辅音音素数量相同。两者的唯一区别在于音素的体现和分布，最典型的是 /t/ 这个音，当它处于两个元音之间时，它要求快速轻击上齿龈，声带振动，因而 /t/ 听起来酷似 /d/。在语音字典中，浊化的 /t/ 通常用符号 /t̬/ 表示，本文用 /d/ 以示区别。例子如下：

	BBC	GA
atom	ˈætəm	ˈædəm
city	ˈsɪti	ˈsɪdi
writer	ˈraɪtə	ˈraɪdər
a lot of	ə ˈlɒt əv	ə ˈlɑːdəv
get it	ˈget ɪt	ˈged ɪt

但是，在 attend, return, attack 等单词中的 t 发音时声带不振动，因为只有当 /t/ 所处的两个元音之间的第一个元音重读是，此时的 /t/ 才轻击上齿龈，声带振动，才出现浊化。如果 /t/ 后不是元音，就不存在浊化，如在单词 lightness /ˈlaɪtnəs/, lighthouse /ˈlaɪthaʊs/ 中。但如果重读音节元音后紧跟 /r/ 或 /n/ 时，这时 /t/ 要浊化，如 party /ˈpɑːrti/, reporter /rɪˈpɔːrtər/, twenty /ˈtwenti/, hunter /ˈhʌntər/。如果 /t/ 后面不是元音，而是旁流音 /l/，/t/ 也浊化，如 battle /ˈbætl/, little /ˈlɪtl/, frontal /ˈfrʌntl/。

在辅音方面，两种语音最明显的区别在于 /r/ 的分布。BBC 英语无卷舌音，在 BBC 英语中辅音只出现在元音之前。而在 GA 中，/r/ 的分布比较自由，因为卷舌音代表了 GA 发音的特点。凡是拼写上有字母 r，无论是在元音前，元音后，还是在另一个辅音前，/r/ 一律发卷舌音。如：

	BBC	GA
cry	kraɪ	kraɪ
force	fɔ:s	fɔ:rs
sharp	ʃɑ:p	ʃɑ:rp
car	kɑ:	kɑ:r
fear	fɪə	fɪr
care	keə	ker

/j/出现在齿龈音/t, d, n/之后，常被省略，如：

	BBC	GA
tune	tju: n	tu:n
due	dju:	du:
news	nju:z	nu:z
reduce	rɪ'dju:s	rɪ'du:s
subdue	səb'dju:	səb'du:
student	'stju:dnt	'stu:dnt

旁流音[l]在英语语音中很特殊，发音时舌尖抵上齿龈，气流从一侧或两侧逸出。[l]与别的辅音不同之处在于，它有清晰模糊之分："清晰"[l]位于词首元音前，"模糊"[l]位于词尾元音后。"清晰"[l]在发音时舌前部向着硬腭略抬起，而"模糊"[l]在发音时则是舌前部稍压低，舌后部却朝软腭稍为抬高。GA中[l]没有清晰模糊之分，听起来很相似。

在GA单词中，辅音/ʃ/浊化后发成了/ʒ/。如：

	BBC	GA
excursion	ɪk'skɜ:ʃn	ɪk'skɜ:rʒn
version	'vɜ:ʃn	'vɜ:rʒn
Asia	'eɪʃə	'eɪʒə
Persia	'pɜ:ʃə	'pɜ:rʒə

BBC和GA在发音上的其他差异

BBC和GA在后缀的元音发音上也存在差异。如 hostile，fragile，futile 等词的后缀 ile 在 BBC 中发成/-aɪl/，而在 GA 中该元音发音较弱发成了/əl/音，或者干脆发成了辅音/l/。如：

	BBC	GA
agile	'ædʒaɪl	'ædʒəl, ædʒl
hostile	'hɒstaɪl	'hɑ:stl

futile	'fju:taɪl	'fju:tl
fragile	'frædʒaɪl	'frædʒl
mobile	'məʊbaɪl	'moʊbl

ary, -ery, -ory, -mony 等后缀的元音在 BBC 中发音较弱，而在 GA 中，这些后缀的元音发音较强。如：

BBC	GA	
customary	'kʌstəməri	'kʌstəmeri
dictionary	'dɪkʃənəri	'dɪkʃəneri
monastery	'mɔnəstəri	'ma:nəsteri
mandatory	'mændətəri	'mændətɔ:ri
testimony	'testɪməni	'testəmoʊni
ceremony	'serəməni	'serəmoʊni
territory	'terətəri	'terətɔ:ri

两种口音的区别还表现在单词重音上的不同。比如 detail 一词通常在 BBC 里发成 /'di:teɪl/，而在 GA 里却发成了 /dɪ'teɪl/。又如 Ballet 在 BBC 发成 /'bæleɪ/，而 GA 则是 /bæl'eɪ/。对于许多以 - ate 结尾的双音节动词，BBC 把重音放在后缀或第二个音节上，而 GA 将其重音放在第一个音节。如：

	BBC	GA
rotate	rəʊ'teɪt	'roʊteɪt
donate	dəʊ'neɪt	'doʊneɪt
dictate	dɪk'teɪt	'dɪkteɪt

还有大量单词的发音也存在不同，而这些单词的发音无规律可循。如：

	BBC	GA
schedule	ʃedju:l	'skedju:l
either	'aɪðə	'i:ðər
clerk	kla:k	klɜ: rk
nourish	'nʌrɪʃ	'nɜ:rɪʃ
nougat	'nu:ga:	'nu:gət
apparatus	ˌæpə'reɪtəs	ˌapə'rætəs
simultaneous	ˌsɪml'teɪnɪəs	ˌsaɪml'teɪnɪəs

弱读

BBC 和 GA 两者的另一个明显的区别是弱读。弱读是 BBC 的一大特点，不了解弱读而且在交际中也不能正确使用弱读的人不仅难以听懂英式英语，而且说起英语来给人以生硬、不地道感,尤其是英语为母语的人听起来觉得十足的外国味儿(Zeng, 2001)。英语学习者恐怕免不了这样的经历,感觉英国人说话时的语速特别快。这是因为他们在说话时讲究轻重缓急,做到了轻重有别。而对于我国广大英语学习者来说对此只知其一不知其二,因此说起英语来恨不能将每一个词的音都发得同样清晰饱满,唯恐遗漏某个音。殊不知这样做的结果使人听起来十分生硬。一般而言,英语中的词分两大类:一类是实意词,另一类是功能词。英语中的名词、动词、形容词、副词属于实意词,这类词要求学习者发音时做到清晰,严格按照字典所给的发音,不拖泥带水;而功能词是指具有语法功能、起连接作用但无实际意义的词,如介词、连词、助动词。一般来说这些词除在句子开头或元音字母前要重读外,其他情况下需要弱读。有时即使省略也不影响一句话完整的意思。如,I think (that) he will be late for the conference 中的 that 一词。这便是为什么 BBC 英语听起来有抑扬顿挫之感的原因。英语的弱读词大概有 40个左右,由于篇幅原因在此不一一列举,这里仅举几例用以说明:

介词	重读	弱读	例句中弱读
at	æt	ət	I'll see you at lunch
for	fɔ:	fə	Thanks for coming.
from	frɒm	frəm	I'm home from work.
to	tu:	tə	The police tries to stop him.
of	ɒv	əv	Most of them are present.
连词			
but	bʌt	bət	It's good but expensive.
助动词			
has	hæz	həz	Which has been best?
does	dʌz	dəz	When does it arrive?
must	mʌst	məst	Each of us must buy some.
have	hæv	həv	Which have you seen?
could	kʊd	kəd	He could do it.
can	kæn	kən	They can wait.

从上述一系列例子不难发现,BBC 英语与 GA 英语在发音上有明显的差别;GA 英语存在大量的音位变体,而这些变体容易引起歧义。译员是连接两种不同语言的桥梁和纽带。一名合格译员不仅要能听懂各种口音,而且自己的语音语调应做到标准规范,译出语应确保在语音语调上准确无误。至于学生译员应学习何种语音,本书大量的例句已不言自明。他应该清醒地认识,他不应抱有任何侥幸心理要求听众猜想他的译语。这就是为什么在众多的口音中,BBC 英语仍是一名合格译员的首选和追求的终极目标的原因所在。

第三节　外国口音与同声传译

口音影响听辨理解这早已是不争的事实，然而迄今为止，人们对它的实证研究仍显捉襟见肘。研究发现，口音的症结源自于音素与韵律，这早已在二语习得中得到深入研究。本书拟从同声传译角度来验证 Anderson-Hsieh、Johnson 与 Koehler（1992）等人提出的韵律比音素、音节更有碍听辨理解的假说。为此，本书遴选了 37 名口译专业研究生并将它们分成四组，规定他们翻译一篇由同一人朗读的发言稿，同时还要求他们边听译文录音边回答问卷提出的问题。2 名译员担任评委并对问卷进行了定性分析。结果显示，虽然音素与韵律对理解都产生影响，但韵律的影响则更显著。研究同时发现，北美英语中的后元音/r/、语调以及节奏是影响听辨理解的诱因。虽然本实验规模小，但研究结果对于提高口译训练效度，加强教师、学生译员以及职业译员对口音的进一步认识与重视大有裨益。

引言

英语是当今最普及的通用语，因此，无论是英语作为母语还是英语作为外语者无不将它作为跨交际手段。对于跨文化媒介的译员而言，它的重要性自然不言而喻，适应这一形势，熟悉并通晓各种口音对他来说责无旁贷。

其实，口音有碍听辨早已在译界引起热议。2002 国际翻译者协会（AIIC）的一项研究显示，被采访的 62%译员视口音为主要的压力。Cooper 等（1982）对职业译员的工作压力做了全面调查。800 多份问卷得出了惊人的结果：在工作主要压力一项中，65%译员认为口音压力最大，它仅次于内容陌生一项，该项占 78%。

Mackintosh（2002）对 AIIC 译员的工作环境进行了调查。600 份的调查问卷显示，口音是译员谈虎色变的主要原因，依次分别是语速过快以及呆板朗读发言稿。

Neff（2008）对 2005 至 2006 影响 AIIC 译员的发挥的主要因素进行了分析总结，结果大致相同。这些因素首推发言语速过快，该项占 70%以上，其次是口音，超过 50%。此外，Gile（1995）对翻译硕士的调查结果也大同小异。除了以上压力因素外，语音语调与术语的合理运用是影响译员译出语质量的主要原因。

Kurz（2008）把被测试人员分成两组，每组分别翻译一篇由 L1 和 L2 朗读的发言稿。结果显示，听、译 L2 的发言，信息丢失要远远超过 L1 发言人的发言。后续的追踪调查还显示，L2 发言人的语速明显要快于 L1 发言人，虽然有时也有例外。

尽管业界认识到口音的重要性，但鲜有学者从同声传译角度对它的听辨影响进行深层研究。在这些屈指可数的研究中，人们发现译员所谓"非母语英语口音"的含义远远超出了单纯的音素变化，它已延伸到韵律与词句变化之中（Pöchhacker，2004）。音素与韵律是直接影响同传译员听辨效果的罪魁祸首。

音素与韵律在口译文本信息构成中起着各自不同的作用。音素也叫"切分"，常用来"区分不同语言词的发音特点"（Ladefoged，2001）。由于作为有意义单位的音素直接与音的切分有关(如 dig 与 dog 属两个不同的词),音素变化难免导致词汇层面的误解。韵律或"超切分"是用来区分音节的强弱(Ladefoged, 2001),它涵盖语调、重音与节奏。Huber(1988)指出,"韵律是用来构建说话人发出的声音连续体,常用来加强发言人的语气"。因此,韵律一旦发生变化,将难以再现源语隐含的句法结构和语义功能,影响译员听辨导致误译。

虽然音素与韵律对口音均产生影响,但二者之间究竟孰是孰非目前学界仍有分歧(Anderson-Hsieh et al., 1992)。如此看来,只有通过实证研究才能明辨是非。由于译员身处隔音的同传室,不能直面发言人,缺乏有助于理解的非口头提示(如肢体语言)(Chau & Chan, 1988),口音将直接干扰译员的听辨理解。不仅如此,在跨语言、多任务处理上译员跟与会者的专注度各有不同(Jones, 1998; Liu, 1993)。Lambert(1988)的实证研究显示,单纯听讲有别于边听边译,前者更能集中精力,更有助于理解。换言之,多任务处理干扰理解。面对这种干扰,译员别无选择,只能对源源不断的信息进行筛选。同时,他还必须对将要出现的语句做出合理的判断(Liu, 1993)。可见,二语习得对口音的研究同样有助于人们研究同传中的听辨理解。

首先,对学生译员而言,了解 EFL 与 ESL 口音发言人的特点对学习更有针对性,更高效。其次,研究 EFL 与 ESL 口音特点有助于教材建设。口译教材若能涵盖不同口音及发音特点,对学生译员全面了解口音的机理大有裨益。同样,对于从事口译教学的教育工作者而言,深入了解不同的口音有助于译员学习的效率,避免在实际传译中犯不必要的听辨理解方面的错误。

本书结合二语习得与翻译理论进行实证研究,旨在探究非母语英语口音的音素与韵律对同传译员听辨理解与传译质量的影响。具体而言,本书力求探讨如下四个问题:

1. 同传中,非母语英语口音音素是如何影响目的语为中文的听辨理解?

2. 同传中,非母语英语口音韵律是如何影响目的语为中文的听辨理解?

3. 音素与韵律两者究竟谁对听辨理解的影响更为显著?

4. 通过问卷调查,哪些因素直接影响了口音听辨?

文献综述

鉴于当今世界口音千差万别,本书着重选择 ESL/EFL(英语为第二外语与英语为外语)发言人的音素与韵律特征加以研究。本研究的实验对象是学生译员,采用的口音是北美英语,因此本书所指的母语口音主要指北美英语。

英语为非母语音素

英语为非母语音素的差异与发言人的语言背景息息相关(Brown, 2000; H. Wang & Heuven, 2004)。音素变化主要是由于 ESL/EFL 发言人用其母语中不存在的音素取而代之(Rau & Chang, 2005; H. Wang & Heuven, 2004)。英语含有某些特有的音素,这些音素在其他语言中闻所未闻,这无疑给英语为非母语发言人的语音带来干扰。

辅音

英语语音体系中最令人生畏的音素要数摩擦音[θ]与[ð]，这两个音在其他语音中实属罕见。虽然其他语音中也有诸如[t]、[s]、[f]这些常见的摩擦音，但并没有与之相对应的浊辅音[d]、[z]、[v]（Lee & Cho，2002；Lombardi，2003）。英语语音中另一个令人纠结的音是美国英语中的无摩擦[r]音，该音素并不多见，在全球语言中所占的比例充其量不超过5%（Locke & Pearson，1992）。正确区分英语中的[r]和边音[l]是长期以来母语为日语、韩语与汉语的英语学习者的一个老大难问题。该音素发音独特，要求舌身中部凹下，气流从舌尖上部和两侧流出（Hallé，Best，& Levitt，1999；Ingram & Park，1998），需要通过专门训练才能掌握它的发音要领。

其次是辅音连缀。从本质上讲，辅音连缀有悖元音、辅音这一规律。元音加辅音这种结构是人类语言公认的、最通用且最易掌握的音节（Wode，1992）。对于母语音节不像英语如此复杂的ESL/EFL群体而言，将英语中的连缀变成母语的音节，难度显而易见。根据Celce-Murcia，Brinton与Goodwin（1996）等人的研究发现，亚洲人多数把英语中的cold一词发作/kəʊ/而不是/kəʊld/。亚洲人还习惯采取简化手法，倾向于在两个辅音之间插入一个元音。这种现象在ESL/EFL人群中间非常普遍，因为他们的母语遵循严格的辅音加元音结构，如日语就是一例。

元音

Celce-Murcia et al.（1996）研究发现，北美英语中有14个明显的重读元音，这些元音又有松元音与紧元音之分，最突出的如[i:] / [ɪ]，[eɪ] / [ɛ]，以及[u:] / [ʊ]。松紧之分常令ESL/EFL学习者模棱两可，就拿[i:]/[ɪ]这一对而言，ESL/EFL学习者常取它们之间的中间发音位置，发成[i:]，而英语为母语者则发[ɪ]音。其次是[eɪ]/[ɛ]这一对，ESL/EFL学习者习惯省去紧元音滑动环节，而发成[ɛ]。而[u:]/[ʊ]这一对对于ESL/EFL学习者正好相反，他们倾向将[ʊ]误读成紧元音[u:]（Celce-Murcia et al.，1996）。

除了松紧之分带来的困扰外，前圆低舌音[æ]对于ESL/EFL学习者也是一大挑战，这个音在其他语言中难以找到，是英语的专利，具有浓郁的英语色彩（Celce-Murcia et al.，1996）。人们常将[ɑ]和[ɛ]误发成[æ]。一般来说，将[æ]发成[ɑ]的人主要受英国音的影响，而将[æ]误发成[ɛ]者一般是ESL/EFL学习者。

另一个常令ESL/EFL学习者不解的是北美英语元音中带r色彩母音或R音化元音[ɚ]。它不在上述提到的14个元音之列，它的发音特点是双唇微开，略呈扁平；舌身平放，舌中部抬起而挺向硬腭，舌位居中，口微开，舌尖轻轻触及齿龈而向后卷，振动声带。语音学将它称之为儿化现象，简言之是个卷舌音。重度卷舌音[ɚ]出现在bird与herd这类单词中，但在同一个音节元音后的/r/也重读如beard与here。初学者难以把握卷舌音的发音部位，因而习惯用中元音[ɜ]代替[ɚ]（Ladefoged，2001）。在"元音 + /r/"的情况下，/r/常被弱读成中元音[ə]并将它取而代之，发成双元音。

非母语韵律问题
语调

语调具有语法及传递情感的双重功能。在日常交际中,语调决定句式的特点即句子是陈述句还是疑问句,它同时也表明一句话是否结束。另外,语调的改变代表发言人不同的态度如冷淡、热情、讽刺等(Celce-Murcia et al., 1996)。常见 ESL/EFL 学习者的语调错误包括:1)升降调时无明显变化;2)音调变化生硬不自然。严格地讲,语调运用不当不仅造成发言人余言未尽的错觉,而且使人感觉发言人犹豫不决,欲言又止。不仅如此,语调平淡给人感到发言人马虎草率,而过分夸张的语调变化使人觉得做作、不自然(Celce-Murcia et al., 1996)。

重音问题

此处的重音是指词句层面而言,因而人们不妨从节奏、韵律中加以探讨。英语中的重音有三种形式:重音、次重音、弱读。英语中重读与非重读音节变化与词的重音不规则现象比任何一种语言都要复杂得多(Celce-Murcia et al., 1996)。常见 ESL/EFL 的语调错误包括:1)英语单词发音时,重音与非重音模棱两可,该出现重音的地方出现了非重音;2)重音在音节的位置错置如 record 与 insult 等词,重音错置的结果是语法功能发生改变(Ladefoged, 2001)。

韵律

重音与停顿构成了口语的韵律。英语韵律受其强拍子影响,即一句话的时长不是取决音节的数量,而是取决其重音的多寡,这表明了音节长度的变数。与母语为英语发言人相反,ESL/EFL 发言人不太注重重音的差别,常常忽略重读与非重读音节的长度(Anderson-Hsieh, et al., 1992)。英语中的停顿有规律可循,停顿应反映句子结构,根据意群适度停顿。ESL/EFL 发言人的特点是停顿频繁,不遵循意群规律。

ESL/EFL 与听辨理解:音素与韵律

按照心理语言学的观点,人们只有掌握了一个词的音、形、义及用法方能称得上真正掌握了这个词(Carroll, 2008)。一般来说,即便人们的长时记忆中储存了某词的音,又纵使听觉从记忆里唤醒激活了该词,如若此前存储的语音提示不准确或出现偏差,将难以顺利完成对该词的有效提取。同样,由于 ESL/EFL 发言人用本母语中的音素取代英语音素,由此出现的偏差便可想而知,它直接影响听众对该词的听辨。

如果说音素决定词的辨认,那么韵律则担负信息的传递。听众的理解过程受源语中韵律反映的结构与信息的制约(Ahrens, 2005; Anderson-Hsieh, et al., 1992)。如上述提到的三个韵律特点所示,语调决定句子的结构(Ahrens, 2005; Seeber, 2001)、重音体现词的意义与句法功能(Celce-Murcia et al., 1996; Ladefoged, 2001),而重音与节奏则有助于听辨理解（Shlesinger，1994）。

近年来，各国对 ESL/EFL 语音教学进行了调整，不仅抓音素训练也强化韵律训练，强调音素与韵律并举（Hardison，2004）。Celce-Murcia et al.（1996）指出，音素不到位固然引起误解，而韵律不当造成的错误则有过之而无不及。语调使用不当的结果往往给人有唐突、粗鲁之感。重音与韵律过分夸张或过分生硬异化都会使听众有一头雾水，不知所云之感。其实，远在强调韵律之前，学者早已意识到韵律在听辨理解中的特殊性并一致认为韵律在听辨理解中的作用要超过音素。为此，Anderson-Hsieh et al.（1992）等人进行了实证研究，将 ESL/EFL 人的发音与母语者的发音在切分、韵律，以及音节上进行比较。研究发现，虽然切分、韵律，以及音节都产生一定影响，但韵律对发音的影响更为明显。

迄今为止，有关 ESL/EFL 的音素与韵律的研究都围绕 TESL 教学而展开的。其实，口音问题对从事跨文化交际的发言人的影响丝毫不亚于 TESL 教学要解决的问题。在英汉互译过程中，虽然多数译员倾向英译中（hau & Chan，1988，pp.93-94），但如果译员缺乏对音素与韵律的认识，加之对相应的术语有陌生感很难想象他会占多大优势。

同传中的口音问题

在寥寥无几的口音实证研究中，Mazzetti（1999）的研究可谓独领风骚。为了探明音素与韵律对听辨理解的影响，她比较了同一篇分别由德国人与外国人朗读的发言稿。5名母语德国人与5名母语意大利人翻译了这篇带口音的发言稿，另5名为控制组的意大利学生翻译了母语者朗读的发言稿。结果显示，带口音发言稿对意大利籍测试人员发挥的影响要远远超过德国测试人员。虽然原文对音素与韵律错误进行了标注，但音素与韵律并不是本次研究的重点。而且，此研究是否同样适用于其他语言组合仍不得而知。不过，研究某种特定群体的口音在语音研究中司空见惯。

此前，Gerver（1971）曾一度对源语中的韵律进行过研究，但实验并不是针对非母语者口音。实验要求6名职业译员将10段源语从法语译成英语。其中5段用标准韵律（语调）朗读，其余5段则用平调和无重音朗读，凡是停顿时长超过250毫秒均被删除。根据翻译正确的单词百分比 Gerver 发现，单调的源语大幅度降低听译准确率。研究提示，韵律（规范得体的语调）有助于译员重组和处理源语信息。

鉴于当下实证研究的匮乏，人们很难判断音素与韵律谁是影响听辨理解的真正罪魁祸首。可见，人们仍需对 ESL/EFL 源语中的音素与韵律进一步研究。值得指出的是，本文的目的旨在验证 Anderson-Hsieh et al.（1992）的假说，旨在进一步探究 Mazzetti（1999）提出的音素与韵律影响同传译员的听辨理解这一论断。

方法

为了回答上述提出的问题，本书进行了针对性实验，邀请了37名翻译硕士口译学生参加本次实验，实验对象的母语为汉语，英语为外语。所有被测试人员全部接受过一年以上的同传训练,全部通过了英语专业八级。不过,英语水平个性化差异依然存在,主要与录取时的取分以及个人在学习期间的刻苦程度有关。因此,根据程度将他们分为四组。所选用的刺激材料是 4 段字数相同的英语文本,由同一名 ESL/EFL 发言人用相同的速度朗读。要求四个小组将本文用同声传译形式译成汉语。翻译完毕后,再发给被测试人人手一份原文,要求他们一边听原文录音一边比较译文。期间还要求被测试人填写一份问卷调查,调查内容包括被测试人的学历、工作单位、实验得分以及误译辨认率。被测试人的得分输入电脑进行量化分析,以此探明音素与韵律对被测试人听辨理解的影响。另外,对被测试人问卷反馈进行了定性分析。

测试材料

源语是一段长度为 583 个单词,涵盖 21 个句子的普通发言稿。考虑到音素与韵律这两个变量,特此提供了四个源语文本以供后续量化分析:

	韵律偏差 (+)	韵律偏差 (-)
音素偏差 (+)	译文 1 (1组的9名被实验人)	译文 2 (2组的10名被实验人)
音素偏差 (-)	译文 3 (3组的9名被实验人)	译文 4 (控制组) (4组9名被实验人)

表3.1 本实验四篇源语文本一览表

表 3.1 显示,(+)表示音素与韵律偏差,(−)则表示无偏差。实验部分反映了前面提到的音素与韵律问题,即:

译文 1 和 2 音素偏差:[θ][ð]发成了[f];[r]发成[l];辅音连缀中间夹杂了元音;辅音连缀词尾的辅音被省略;松紧不分;[æ]读作[ɑ];北美[ɛ][ɚ]发作[ɜ][ə];北美半元音[r]发作[ə].

译文 1 和译文 3 韵律偏离:降调无明显变化,发音单调贫乏,重音错置,强弱不分,句子成分中的重读、次重读混淆,无明显音节长度变化,停顿不当。

为确保音素与韵律是唯一的变量以及发言速度与发言人音量控制得当,4 篇短文均由同一人以每分钟约 120 单词朗读并录制。朗读者年龄在 25 岁左右,女性,英语为外语,能按规定控制发言速度。为确保实验可靠、保持一致,控制组的发言人模仿了朗读者的同一篇短文。与此同时,实验还包括一份问卷调查,问卷包含三部分内容:1)说明,2)被测试人个人信息(如就读学校、性别、年龄、实验小组编号、同声传译学习年限、专八考试成绩),3)被测试人对实验结果的评价。

数据分析

上述提到的 4 个研究性问题中,前 3 个问题根据同传实验提供的数据并通过量化分析已得到解答。评委对被测试人问卷的反馈进行了定性分析,分析主要围绕焦点问题以此来回答第四个问题。

量化分析

实验聘用了两名自由职业译员担任评委，这两名译员目前仍活跃在译坛上，具备相应的口译资格证。为了对翻译做出客观公正的评价，本次实验采纳了 Wang（2010，p.57）的评分标准：

得分	描述
5	译文与原文别无二致，理解准确无误。
4	译文与原文稍有出入，略有一两处小漏译之处。
3	译文与原文不同，有一处严重错误，有几处小的漏译、误译及省译。
2	译文与原文大相径庭，出现几处严重错误，省译、误译与任意添加现象严重。
1	译文与原文风马牛不相及，译文完全改变了原文意欲表达的意思。

表 3.2 英汉翻译真实性评价标准 Wang（2010，p.57）。

源语中的 21 个句子被分成了 23 单位，开头两句（分别涵盖 48 与 50 单词）分成了两个单位（得分点），这两个单位意思完整，其余 19 句均属分句。评委审阅了被测试人的全部译文并给出了相应的得分。评价采用 5 分制，满分为 115 分，最低分为 23 分。评委分别为被测试人译文的准确性评定分数，同时还计算了每个被测试人的平均分。平均分构成了量化分析的独立变量，即双音素方差分析。A 音因素分析表示存在音素偏差（1 代表存在，2 表示不存在）。而 B 因素表示存在韵律偏差（1 代表存在，2 表示不存在）。显著性水平（α）设为 0.5。

定性分析

首先，将被测试人的自我评价得分同各组的得分相比较，以此来探明各组受音素/韵律偏差的影响及其音素/韵律对听辨理解的影响。其次，对被测试人的某些具体问题的回答进行了分析总结，找出了听辨理解偏差的原因。最后，再将这些理解偏差与同传的内在特征相结合来查找问题的根源。

结果讨论

非母语英语口音音素与韵律对听辨理解的影响

图 4.1 显示了每一组的平均值与边际均值情况（音素或韵律）。交叉评阅相关系数（r）为.92，表明评委所给出的分数高度一致。所有 37 名被测试人的平均分为 51.20。

		韵律偏差		边际平均值
		+	-	
韵律偏差	+	36.17 (1组)	53.80 (2组)	45.48
	-	49.95 (3组)	63.50 (4组)	56.72
边际平均值		43.06	58.92	

表 4.1　组平均值与边际均值情况满分:115;最低分:23

翻译准确度排名情况分别为:1组 < 3组 < 2组 <4组。受口音的影响显而易见:控制组的平均得分明显高于实验组。音素与韵律以及两者互动对翻译质量的影响进行了双因素方差分析,分析结果详见表4.2。

源语	SS	df	MS	F	Sig.	Effect size
音素偏差	1165.96	1	1165.963	8.412*	.007	
韵律偏差	2391.06	1	2391.057	17.251*	.000	.448
互动	59.95	1	59.501	0.429	.517	.663
错误	4573.82	33	138.601			
更正总数	8113.23	36				

表 4.2　双因素方差分析结果:*p < .05

量化分析显示,音素对听辨理解影响显著$[F(1, 33) = 8.412, p < .01]$。(43.06)的音素偏差明显低于无音素偏差的(58.92)。根据Cohen(1988)的理论,.448的效应量已经表明音素偏差影响听辨理解。本次结果回答并有力支撑了问题1,即带非母语英语音素(口音)源语大幅度降低目的语译文的准确性。结果表明,受韵律偏差的影响同样明显$[F(1, 33) = 17.251, p < .001]$。(45.97)的平均分要明显低于(56.72)无韵律偏差译文。.663的效应量表明韵律偏差对译文质量影响显著。此结果进一步印证问题2,即浓厚的非母语英语韵律的源语极大地影响目的语译文的准确性。

两个独立变量相互作用所产生的影响对听辨并不明显。鉴于音素与韵律各自的影响都显著,人们可以借助预计效应量的比较来研究音素与韵律对译员听辨发挥的影响。按照Cohen(1988)的观点,虽然音素与韵律都产生负面影响(.448与.663),韵律的影响则更明显。因此,通过本实验所得出的数据人们有理由相信,非母语英语韵律对同传听辨的影响要超过音素。本实验印证了Anderson-Hsieh *et al.*(1992)的观点:虽然音素与韵律均影响听辨理解,但韵律的影响要超过音素。

口音听辨理解

多数被测试人的听辨理解得分介于20%和79%之间。值得一提的是,第 1 组与第 3 组无人超过80%,而第 4 组(控制组)无人低于20%。该结果与每组翻译准确率的排列基本一致(1组 < 3组 < 2组 <4组)。

为了排除音素偏差对词汇辨认影响的可能性,人们只要看看控制组被测试人对复杂句式的处理便一目了然。第四组中有3名被测试人对于类似*eclipse*一词的名词与动词词性、复合词*IT packages*中的*package*多义词驾轻就熟。不仅如此，刺激材料中21句中有3句涵盖了条件句、主谓倒置以及用"否定加比较"来表现最高级这类句型，这些句型无一难倒该组被测试人。可见，句法结构并不是症结。

人们在分析音素对听辨理解产生影响时发现，词汇错误频率最高莫过于r音的儿化现象。令人惊讶的是，凡是以[r]结尾或介于元音和辅音之间带[r]的单词无不与之直接相关。更有甚者，[r]导致的听辨理解错误主要是它的儿化现象，[r]与[l]相混淆的情形并未出现。

要弄清韵律对听辨的影响，最直接的办法莫过于对被测试人的译文进行分析。从本次实验的分析人们发现，单调平凡的语调不仅不能再现句子本来的结构反而破坏了其意思的完整性，导致被测试人对句子的理解断章取义的情况发生。不仅如此，停顿不当严重干扰译员的合理断句，导致主谓颠倒、层次不明、主从句混乱。这正好与Anderson-Hsieh与Venkatagiri（1994）所提出的"停顿应保证意群的完整性"观点背道而驰。被测试人对本次实验的总体感觉是，源语不是单调乏味就是缺乏层次无逻辑感。但对于重音错置、强弱不分的情况似乎没有引起被测人足够的重视。为此本书有必要重申，虽然语调、重音、节奏都是韵律的有机组成部分，但三个独立变量在听辨过程中所产生的影响不尽相同。

结语

本书从同声传译角度验证了Anderson-Hsieh *et al.*（1992）提出的"韵律不当对听辨理解的影响力要超过音素对听辨的影响"。为此，本节进行了实验，要求37名口译硕士翻译了一篇篇长为583字的，带有明显非母语英语音素与韵律偏差的源语文本。译文准确度的量化分析显示，音素及韵律都有碍听辨理解，但韵律对听辨的影响更严重。对测试人的理解所进行的定性分析表明，虽然/r/音儿化妨碍听辨这已是不争的事实，但生硬的语调及单调的节奏同样有碍句子的听辨理解。研究结果不仅对师生而且对职业译员也大有裨益。倘若人们能在韵律上节省更多的精力，而将有限的精力集中在重组与合理推测上，那译员的输出将更加高效。/r/音儿化现象带来的困扰有助于译员进一步认识英国音与美国音之间的语音差别。

本书对口音进行了尝试性探索。口音问题纷繁复杂，它既重要又时常被人们忽略。不仅如此，实验规模也是长期以来从事口译研究的学者争论的焦点。尽管本实验规模偏小，但它从一个侧面揭示了音素、韵律的重要性。建议有识之士在今后的实验中，对音素、韵律进行大规模创新实验以便获得更加有效的量化分析。

第三章

同声传译中的理解

第一节　同声传译源语的理解

准确理解同声传译中的源语文本是实现交流的关键,其重要性远远超过其他类型的翻译,这是因为与会人员对传译中出现的错误不可能视而不见。那种认为出一点差错是正常的、也是不可避免的观点不但于事无补,反而为错误找借口辩护,为以后酿成更大的错误留有余地。诚然,人非圣贤,与会人员可以原谅译员偶尔的差错,但绝非经常性错误。这就是为什么人们有必要在此讨论该问题,希望通讨论找到解决问题的方法。讨论主要针对以下两个方面:①找出有助于或妨碍译员理解同声传译文本的特定参数,②找出有助于译员领会同声传译发言稿中的上下文和情境因素。可见,弄清楚这两个问题十分必要。由于译员不是与会代表中的一分子,因而发言人在准备发言稿时不可能考虑译员对会议议题背景知识的熟知程度。如果发言人能把译员看成是与会代表一员,无疑,该译员会倍感受宠若惊。一般情况下,译员被悉数排除在外 (Swales 1990: 23~28)。

由 ① 引发的一系列问题中,最重要的莫过于那些与同声传译文本性质相关的问题,这个问题又涉及两个主要参数:(1)语速与清晰度;(2)发言稿所含的信息容量(如发言的语义密度)。Barik(1973)和 Shiryaev(1977)已对第一个参数进行过研究。但遗憾的是,理论界尚未对第二个参数进行深入的研究。因此,本书此处讨论的重点将是与同声传译文本中的语义密度相关的问题。人们知道,语义密度的大小决定同声传译处理过程的难易程度。在此,人们不妨作出如下假设:

(1) 最能反映同声传译语义密度的指标是其文本的隐含性特征,该特征是通过内容结构的清晰述谓和模糊述谓之间(述谓也指 PNs——谓语性名词)比率反映出来的。将文本的隐含性特征作为同声传译语义密度的指标是因为,理解一篇文本意味着需要构建述谓并将之置于一个连贯的整体当中 (Varantola 1980; Alexieva 1989; 1992; 1994)。

(2) 本书之所以运用 PN(谓语性名词)比率,一种更为精确的程序,来衡量同声传译原文本的可理解性,其原因是它助于人们进一步探讨与同声传译理论、实践和教学相关的问题 (Alexieva 1998)。

在本书考虑到由②引发的一系列问题时,人们只需要解决其中的一个问题即可——译员处理同声传译任务的能力,而无需顾及译员是否是"听众"这一问题。按照 Swales (1990: 23~28)的解释,所谓"听众"是指与会专家、政界要员、商界巨子和学界精英们。本文在此要提出的假设是:第一,随着同声传译的进程,译员对相关议题信息的积累,这个过程有助于译员对会议主题的熟悉,有助于为与会代表营造一个交流氛围 (Strolz 1997: 195);第二,通过引用"熟知度"这一概念和运用"熟知度系数"来对其进行量化,它不仅有助于人们完善译员入行资质测试、提高同声传译译员水平、而且为人们客观评价质量有据可依。

同声传译文本传递的单向性和理解过程的多向性

同声传译文一般是沿着时间轴按单一方向传递,因此,从表面上来看,这种运动很像 Markovian 马尔可夫过程(一种随机语法)。所以,对译员而言,最为理想的文本应该能够满足马尔可夫过程的基本单向性要求,即该文本是右分支型的,也就是从左至右般的可以搜索 (Garvin 1972: 87)。

遗憾的是,马尔可夫过程并没有进一步阐述如何理解文本,如何有效进行译语输出,因为,在对于诸如"A+B+C"这样的线性序列的处理过程中,如果还没有听到 B 或 C 之前,一般不可能了解 A 的意思。例如,在下方的例(1)中,只有当人们听到了 strategies 这一核心名词之后,才能对它前面的名词的限定功能进行正确解读。除此之外,有时一个含有明显标记的韵律也有助于译员预测具体的名词的句法位置,避免抢先译。

(1) The numerous drug-rehabilitation, crime-prevention and job-training program design strategies have not yielded very good results...

按照 King 和 Just (1991: 580)的观点,处理这样一个左分支句子需要将其转化为非线性层次结构,这就需要译员暂时储存词汇搭配或整个序列,不过这样一来,无疑将额外增加译员短期记忆的负担。

上述例句(1)中的主语名词掺杂在内容复杂的结构里,短短的一句话包含了不止一个而是多个述谓,它们既有显性的也有隐性的,这些主语名词密集地罗列在一起,要对它们进行分析需要具备很强的计算能力。要做到理顺它们之间的关系不仅要消耗大量的精力而且一开始便要把他们的顺序记住,这对于译员来说有一定挑战性。

值得注意的是:这种类型的浓缩是语义密度最重要的系数之一,也是取决人们是否在很大程度上尽可能理解同声传译文本的有效途径。由于这个原因,对其进行量化测算将有助于人们更精确地评估同声传译文本的可理解性;成功的同声传译译员显然会运用某种补偿机制来解决同声传译文本的单向性与处理过程的多向性之间的矛盾。

可听懂性系数——测量同声传译文本难易程度的方法

曾有很多专家学者试图通过以数字形式来解释文本给读者带来的阅读困难的系数,不仅如此,目前仍有很多公式可供人们用来计算文本的可读性。这里笔者将介绍 Flesch 早在 1948 年就提出的一套公式 (Miller 1951: 131~9),不过,这套公式存在自身的缺陷,有时人们错误地用该公式来计算口头语料的难易度(如听力理解测试里的多项选择题的文字材料)。

Flesch 公式中的第一部分"阅读容易度=206.84-0.84W-1.02S"是专门设计用来测算可读性。公式中的 W 是指每一百个单词中音节的数量。显然,多音节词的数量越多,W 的值越大,阅读容易度也就越低。不过,这种测算方法与同声传译毫不相干,究其原因有以下两个因素:

(a) 只有在考虑到每分钟发出的音节多少时(更确切地说是元音与辅音的组合数,

而不是字面上的字母组合数），音节数量才与同声传译相关。就这点而言，已有学者做过研究，他们用表格来计算所发出音节的最小值、最佳值和最大值的语速以及它们对同声传译的效果所产生的影响。

（b）在同声传译中多音节词的数量越多，越有助于译员对源语文本的理解，而不是妨碍理解。众所周知，发多音节词需要更多的时间（它们在时间轴上占据的空间更大），由于音节词一般都是双重音，这有助于译员更好地确认和进行处理。其实，译员本身也应该了解多音节词的特点并充分利用它。

Flesch公式中的第二个参数S表示每个句子中的平均单词数量，这与同声传译关系并不密切。本书将用以下的两个例句来说明，句子的可理解性和易懂性（或"可读性"的对应词）并不是由其单词数量决定的，而是由句意关系的明晰程度决定的。也就是说关键要看深层述谓成分究竟有多少呈现在表面，它们能在多大程度上反映在译员的译语输出中。

研究发现，通过听觉频道清晰PN（如下2-a）涵盖较多的文本比清晰PN（如下2-b）涵盖较少的文本更容易理解，因为（2-a）中代表句子内容的PN组合比（2-b）中更为清晰明了。

(2-a) The successful graduation rate from the army training camps is about 50 per cent, but this is not a reason to close them. (23 words)

(2-b) The army training camps 50% successful graduation rate is not a reason to close them. (17 words)

本书的研究结果是基于以下的试验得出的：（a）为了进行这项试验作者动员了四个口译班（总数为五十名学生）的力量；（b）主要通过摘要写作练习，把学生分为四组，共六十人；（c）此外，同时还进行了多项选择听力理解测试，本书研究人员对4组共计65名学生进行了类似大学入学考的测试；（d）然后把测试的结果与译员的译语文本进行了比对。结果表明，（3-a）组由于得到较清晰PN版本，他们在同声传译、摘要写作以及听力理解测试上要比只提供（3-b）的其他三组在测试中发挥要出色，后者模糊PN的比重较高。此外，（3-b）中所有空白和错误都是出现在翻译文本中高度浓缩的部分或其后的部分。例如，大约50%的时间延迟的出现是翻译第二段话开头部分，就是句子含有较长主语这一部分，不仅如此，高度浓缩部分也造成了之后的内容处理仓促、欠妥，甚至出现了完全漏译现象。

(3-a) The second considerable problem that may arise as a result of Switzerland's joining the European Community is the Swiss frank. The Swiss frank is traditionally a strong currency, of which the Swiss are very proud, even though the currency has lost some of its glitter recently. But if the Maastrich Treaty is implemented as intended, then the currencies of all the member countries will simply disappear by the year 1997 or 1999 and will be replaced by a single currency which will have legal tender in each one of the Community countries.

However, there are already signs that the Germans, for instance, are very unhappy to envisage the prospect of the Deutsche mark disappearing, therefore one can safely assume that the Swiss, too, will find it difficult to swallow if the Swiss Frank is replaced by the European ecu just two or three years after the Swiss join the Community. (Explicit PNs = 16; implicit PNs=6)

(3-b) The second considerable problem likely to arise as a result of Switzerland's joining the European Community is the Swiss frank. The Swiss frank is a traditionally strong currency of which the Swiss are very proud in spite of its having lost some of its glitter recently. However, the intended implementation of the Maastrich Treaty will simply result in the disappearance of the currencies of all the member countries by the year 1997 or 1999 and in their replacement by a single currency legally valid in all the Community countries. The appearance of certain signs indicative of the Germans' unhappiness about the prospect of the Deutsche mark disappearing makes it possible for us to safely assume that the replacement of the Swiss frank by the European ecu just two or three years after Switzerland's joining the Community will be very difficult for the Swiss to swallow. (Explicit PNs = 6; implicit = 16) [①](本文选自欧盟文件)

不过,如果用 Flesch 公式进行计算的话,(3-a)及(3-b)之间的差值正好相反:因为 (3-b)中的 W 值近似 36,因而按照评估 36 应该更容易;(3-a)中的 W 值大一些,达到了 37.5。 不过,笔者没有计算二者音节数目的差值。

从上述例子人们发现,Flesch 公式计算所得的数值表明,测试与研究结果不吻合,前后自相矛盾。因此,人们有必要寻求其他的数学评估方法来对听力难易程度进行测算,否则将难以保证实验证据的可靠性。

那么,现在的问题是人们如何找到测算听力难易程度的最佳指数,如何用它来进行有效地测算。

在实验材料的基础上,例(3-b)听懂的难度更大,原因有二:(1)复杂的名词短语、分词短语和不定式短语过分密集,所代表的模糊述谓繁多;(2)清晰述谓的数量较低。

人们不妨假设,如果这种密集程度对理解同声传译源语文本十分重要的话(假设只能听一遍源语),那么人们有理由相信,模糊述谓和清晰述谓是衡量听力的试金石,它们之间的比率是决定译员是否能听懂的重要指标。

在此,笔者不妨用以下公式来计算这种听懂可能性:

$$K_n = \frac{Sigma\ Y_n}{X}, \text{ either for calculating}$$

(i)   its Listening Ease (LE)= $\frac{Sigma\ PNexp}{PNtotal}$, where X is replaced by

PNtotal（述谓数）,Y_n - by PNexp（清晰 PNs 数）,对于(3-a),比如,(LE)是

---

① 本文选自欧盟文件。编者注。

$$LE = \frac{16}{22} = \frac{8}{11} = 0.73, \text{ 对于(3-b) 过分低},$$

$$LE = \frac{6}{22} = \frac{3}{11} = 0.27; \text{ 或者}$$

(ii) 听力难度 (LD) = $\dfrac{Sigma\ PNimp}{PNtotal}$，X 是被 PNs 数所代替，而 Yn - by PNimp（模糊数，浓缩的 PNs）

由此看来，使用第一个系数（LE）来计算可听懂性比较适宜，因为通过系数（LE）人们拥有一个共同的基础可与其他量化来进行比较，比如"可读性"和下面将要谈到的"熟知度系数"。鉴于深层述谓和结构"浓缩"的表现形式多种多样，如果人们想要使用更多的特定指数来测定一篇文本的难易度的话，那么第二种方法更可取。由此，人们可以对较难的浓缩数量进行多次计算，比如像 "N1+N2+N3 ... Nn" 这样的短语或者是至少有两个 PN 以上的隐喻映射(Alexieva, 1992)。通过这种计算，人们可以测算一篇文本的隐喻系数。比如，例（4）是建立在隐喻 ECONOMY IS AN ORGANISM 基础之上的，因而人们便可以使用 ill 或 plagued 等词来加以修饰，因为经济也会出毛病；而例（5）则引用了 POLITICIANS ARE ADVERSARIES IN A SPORTS COMPETITION。如果目的语中的隐喻或换喻模式与源语不同的话，这就增加了同声传译处理难度。

(4) The high unemployment rate plagued economy of this country needs large subsidies for the creation of new jobs.

(5) But bronze is still the best medal he /Paddy Ashton/ can expect in the race with John Major and Tony Blair.

同声传译译员的处理能力

为了获得最佳的处理能力，为了听懂一篇发言稿并迅速把握其内容，译员需要某种特定的能力。听力容易系数较低的同声传译文本无疑为译员出了一道难题。其实难题远非这些：另一个难题是，无论是发言人还是与会代表，均从未把译员视为真正的信息终端接收者或是与会代表的一分子，因此译员对相关话题的了解程度明显不如与会代表。

导致这样的结果是，译员靠知识来分析、理解的过程便成了处理过程中一个最为薄弱的环节(Kintsch 1988)。然而，倘若译员确实能够听懂源语文本并同时做到目的语输出准确、到位，那么，人们就有理由相信，译员出色地、超一流地发挥了其他三个阶段的功能（以文本为基础的分析为第一步，推测分析为第三步，对前三步的协调为第四步）。现场同声传译、对译员的测试以及通过对笔译工作者的比较实验等大量的试验表明，优秀译员具有超强的听力（在大多数情况下译员的听力远远超过了与会代表的听力），他们能够娴熟地驾驭目的语，他们能充分捕捉和利用所听到的各种线索，同时还能善于利用声学特征特别是韵律特征。所以，充分掌握韵律不仅有助于译员对上述所提到的名词复合结构进行预测,而且还能帮助译员避免抢先译和缩短译语输出的时间,使译出语更高效快捷。

以知识为基础的分析阶段还涉及数量更大的跨词组逾越,这要求译员更多地了解内容结构内的宏观述谓,并尽力缩小文本分析和知识分析之间的差距。所有这一切都表明,译员要比普通与会听众需要具备更强的计算能力,否则将难以做到每秒钟内的多次心理运算。

不过,除了良好的听力和计算能力之外,译员还必须运用一些补偿机制来弥补知识的欠缺与不足,即知识片面性。但有一点是肯定的,译员若想灵活运用补偿机制,他需全神贯注倾听大会发言的每一个细节,通过各种渠道收集信息。此外,他还要具备超常的敏锐感,能做到有意或无意地捕捉各种信息,只有这样,他才能做到与大会融为一体,摆脱局外人的尴尬局面。一般来说,信息收集的速度越快,对会议议题就会越熟悉,译员也就越能更快地进入角色,使自己成为专家、学者、政界、商界的一分子。

熟知感

毫无疑问,译员长期记忆中储备的知识对于译员很好地理解源语起了十分重要的作用。对于知识储备的研究由来已久,而且催生出了诸多不同的理论学派(Kintsch 1988: 163-6)。人们不禁要问,储存在长期记忆中的知识是否是人们在理解源语文本时唯一可以利用的资源?换言之,难道就没有来源于既往经验的、其他的零碎信息,这些人们曾经所见、所闻的诸如单词、短语、句子、段落或是交际情景要素?无疑,这些成分有助于人们积累更多的信息,但这些信息是否使译员培养了一种熟悉感,增强了其译出语的流利性?如果事实果真如此,人们可以更进一步探究并找出以下两个问题的答案:(i)在利用这些零碎信息的能力方面是否存在个性化差异?(ii)人们如何确定译员是否具备这种能力?

这里,会议氛围的构建在很大程度上取决于译员随着会议的进程逐渐了解并熟悉会议内容,增强了译语输出的准确性。

早期很多学者把熟知度界定为"记忆的实质"(James 1894; Pillsbury 1923; Titchener 1928, Whittlesea *et al.* 1990: 716)。Whittlesea 等人 (1990: 716) 进一步解释了这一观点,他认为"拥有并且使用记忆痕迹对熟知感的建立是必不可少的先决条件"。不过,Whittlesea 等人在原有的基础上提出了新的研究结果,他说"记忆的主观经验在缺少对应的记忆表征的情况下也同样产生",而且"主观经验依赖于 Helmholtz 所描述的无意识的属性或推测过程"。 Helmholtz 认为有一种无意识的推测过程存在,因为"尽管人们通常意识不到过往经验对现在的感知产生的影响,但是既往经验的记忆的确有助于刺激前主观经验的产生"。

熟知感和记忆表征的松散关系与同声传译无关,不过这一观点很可能会引起异议,因为按理译员应该并且具备理解内容结构复杂文本的能力。为了达到该目的,译员只能利用句子严谨的结构,因此,只有当熟知感与记忆表征相联系时这种关系才成立。不过有证据表明,人们可以充分利用第一眼看似无关紧要的信息比如零碎的短语甚至是读到的或听到的语音组合，对它们进行推测从而做出正确的译语选择。同时，人们也可以通过源语中的后缀类型，或是通过某产品名来推测与该产品相关的术语。

值得一提的是，本书所强调的是熟知度的概念以及它的作用。笔者希望通过对这一概念的介绍，译员能更好地理解源语，从而高质量地输出译出语，因为熟知度与注意力分配以及再分配密切相关。Jacoby在1991年根据实验数据发表了一篇文章得出了如下结论："作为认识记忆判断的基础熟知具有不可变性，它既不受精力集中的影响也不受精力分散的制约"。换句话说，熟知度并不受注意力集中程度的影响（无论是高度集中还是局部集中），"为了记忆的目的而使用记忆则会分散注意力"。

显然，同声传译是一种以译员为媒介的活动，在翻译过程中分散注意力在所难免。同时，从信息收集的角度来说，同声传译可被视为一个累积的过程，所以，人们应该使熟知度在理解同声传译文本过程中与在减轻译员工作压力方面的作用更具体化。

整合点点滴滴的知识和琐碎的经验片段，并研究它们如何有助于译员更好地理解特定文本并非易事。不过在同声传译中，若要对源语文本有较透彻的理解，译员完全可以充分利用会议一开始就遗留在记忆中的痕迹，也就是最新的记忆痕迹，通过对这些痕迹的整合、消化吸收，加之发言人的发言稿以及译员手中的书面材料，译员就会做到胸有成竹，从容自如。

因此，收集更多的数据并从中找出问题的答案并非不可能：(i)同声传译文本中可以唤起对某种似曾相识，似曾相见、似曾相闻的事物如词汇、短语、句子、段落或较高层次的语篇或韵律的熟知成分和特征；(ii)译员的熟知感对减轻压力、缓解紧张感起一定的作用。

熟知度系数

遗憾的是，人们目前尚且不能完全了解所有的"痕迹标记"，因为它们的数量太多以至于我们无法对熟知度一一进行研究，加之迄今为止，还没有任何公式可以囊括到如此庞大的参数。

不过，并非只有同声传译研究才遇到了这样的问题。值得庆幸的是，这些问题在其他领域的研究中已经得出令人满意的结果，人们不妨借鉴并加以利用。具体做法是通过选择一到两个最重要的指数来反映剩余部分的数值。

如果把会议一开始时的所见所闻的痕迹作为线索，无疑这有助于人们计算熟知度打下良好的基础。该指数的价值不可小觑，虽然它对单词层面的分析或许过分狭义。单词毕竟是文本的构建的材料基础，也是高级结构的组合材料。更为重要的是，它们出现的频率能在很大程度上影响人们对作为宏观文本一部分的微观文本的理解(Alexieva 1985: 195)。

因此，作为熟知度研究的起点，人们可以通过以下公式来列出熟知度系数的表达式：

$$Kn = \frac{Sigma\ Yn}{X}$$（与用于可听懂性的测算相同，详见前一部分）

在该公式中,K代表一篇文本的熟知度系数,X表示其中的实义词数,Yn说明重复出现的实义词数(同一个词、同义词、近义词甚至是反义词的重复,与语义关联的各种词汇——完全一致、重叠、反义词、衔接等等)。

通过多级抽样调查(Alexieva 1997, Gile 1997),该公式使人们能够从会议的每个环节中进行抽样,以便了解熟知度系数并最后得到不同数值。下列样本(6)源自一场会议,会议于上午举行,样本涵盖了80个实义词,其中10个为重复出现,据此,该熟知度系数则为:

$$K_1 = \frac{10}{80} = \frac{1}{8} = \text{approx}.0.12.$$

样本(7)是从下午的会期中截取的,实义词和样本(6)数量相同,但其K值却要略高一些,因为其中有20个词重复出现:

$$K_2 = \frac{20}{80} = \frac{1}{4} = 0.25.$$

(6) It is of paramount importance for society as a whole if Non-government organisations join in the effort to set up drug-rehabilitation and job-training centres. NGO's can provide shelter and medical help to drug addicts, so that greater numbers of them will be given a chance to change their habits and go back to a normal and healthier life.

The rehabilitation programme will yield much better results if it includes training courses as well, with a view to giving greater opportunities to these people to find a job after leaving the centre, to support themselves or their families. As to the training courses organised by the army for young offenders I do not think that they will give any good results, because the methods used in them (as far as I know) can hardly help young offenders change their behaviour, hence they can be hardly conducive to a more efficient crime-prevention policy. From the data given in the conference materials it can be seen that only half of their inmates graduate successfully, which is a good reason to close them.

(7) The numerous drug-rehabilitation, crime-prevention and job-training program design strategies of the 80s have already begun to yield good results. The contribution of non-governmental bodies to the realization of these plans is undeniable and we hope that government bodies and NGOs will continue to work on these joint projects together. However the success of our future work depends very much on an objective assessment of what has been done so far. Therefore, although I myself am engaged in one of these projects, I must say that the results we have attained are no better than the results the new army training camps yield for young offenders. There are people who find the percentage of those graduating from these institutions too small. But we all know how difficult changing human behaviour is, and we have to lower our

expectations. Then the army training camps 50% successful graduation rate is not a reason to close them, on the contrary, it is a stunning success. (本文选自欧盟文件)

通过这种方式，人们可以绘制一张反映熟知度系数数值变化的图表。尽管该图表可能在连贯性和升降（陡升或缓升）方面会有所变化，但它可以显示数值上升的总体趋势。例如，迄今为止研究的数据表明，在科技大会中熟知度系数会有不同的数值，即它显示了一个会期内较为明显的上升，尤其是在研讨会中途的提问、讨论具体细节时更是如此；而如果是一般性质的会议，熟知度系数的数值会显示一个较为平稳的上升态势，在末端时达到最高峰（在0.61到0.82间变动）。缓解压力症状（尤其是语音数据）表现在熟知度系数上显得比较平稳，达到约0.30。不过，在一般情况下，译员有必要提升他的会议主题和其他会议参数的熟知感，这样他才能弥补专业知识的欠缺，否则无法更好地理解源语文本。熟知度系数随着会议的结束而提高，临近结束时数值达到峰值。形象地说，会议刚开始时，译员很可能一知半解，不知所云，但随着会议接近尾声，译员才恍然大悟，如梦方醒，这对译员无疑是意外的收获，但对于会议举办方而言只能是叫苦不迭。

源语文本的难易程度可以借助可听懂性这个概念来进行测算。除了发言人每分钟发出的音节数之外，可听懂性同样依赖于文本的语义密度（即信息量）。

影响可听懂性的第二个因素是语义密度。通过对语义密度的研究，人们可以借助单独分离其中一个指数来计算清晰述谓（限制性从句）和模糊述谓（密集的名词短语、分词短语和不定式短语等）之比而形成的内容结构的述谓密集度。通过对数据的分析表明，当可听懂性系数的数值低于0.55时，译员难以完成同声传译的正常交际。

借助熟知度这一概念并用系数对其进行计算使人们从中了解到：(a) 熟知感可作为一种补偿机制有助于人们更好地理解文本；(b) 随着会议的进程人们可以通过熟知度系数来获得数值。(a) 向我们揭示了熟知度的作用及其对减轻压力所起的作用。(b) 的所有定量分析结果在本书里尚属尝试性研究，因为实验研究对象仍有许多模糊性。要想使分析结果真实可信，人们还需对其进行进一步试验，建立更多的数据库。同时，人们还必须根据不同会议的同声传译小组的译员以及他们的表现做更多的实验。通过研究数据人们发现，熟知度系数数值低于0.25时不利于译员的发挥，介于0.25和0.45之间的数值有助于译员更好地把握源语文本内容，而当数值高于0.45时将有助于译员缓解紧张压力，这样的数值不仅保证了译员良好的工作环境与心态而且还有助于会议圆满地举行。

通过重复出现的实义词的数量，人们获得了熟知度系数并以此来对熟知度在同声传译中所起的作用进行研究。对该领域的进一步研究将有助于人们不仅能用数学语言对同声传译的累积特征作出更为精确的描述，而且对于作为媒介的译员克服临时遇到的这样那样的困难也大有裨益。因此可以说，同声传译中的源语文本的可理解性是由可听懂性和熟知度系数决定的，而且这些系数的数值越高越能显示译员对源语文本的理解程度。通过这种类型的计算，人们可以以量化的形式找出译员在同声传译过程中所遇困难的难易程度。更重要的是,可以用它来制定和规范对译员入行资质的考试、译员培训教材的遴选,使人们对译员表现的评估变得科学、有效、可信。

第二节 专业翻译文本的理解

对待翻译外行人士有两种比较极端的看法:一部分人认为,只要会两门语言便能轻而易举地从事翻译工作,即便是十分专业的科技题材,只要"知道相关的术语"一切均能迎刃而解;与之相反,另一部分人则认为,这其中包括不少刚涉足译界的职业译员和非职业译员,他们对陌生领域的题材往往望而生畏,束手无策。事实上,不仅客户,而且一些职业译员都有同感,认为除非译员对题材具备或基本上具备专家学者般的背景知识,否则他的译文很难做到准确、到位。这种观点在翻译界几乎成了不争的事实:专业技术翻译的核心莫过于熟悉并理解翻译材料的内容(Folkart 1984:229)。"只有充分理解了作者的意图,译员才能对遣词造句驾轻就熟,才能选择最恰当的词汇和最适合的句型结构再现源语"(Mellen 1988:272)。"翻译最忌讳的莫过于译员似懂非懂、一知半解,不理解材料内容便轻举妄动,草率行事"(Kurz 1988:424)。诚然,这些说法有一定道理,但人们决不能把它作为放之四海而皆准的真理。严格地讲,这种观点无非是提醒人们在翻译中应该注重分析和习得的重要性,而不能一味按表面意思逐字逐句的翻译。

本书把翻译视为同时进行的两个不同的阶段:第一个阶段是理解,第二个阶段则是对目的语进行重组。在下文中笔者将探讨如何有效地理解专业性题材。其实,无论是专业的题材还是陌生的领域,译员只要凭借他的语言知识,借助语言外知识外加分析,也能够获得很好的理解效果。如果译员方法得当,采取的措施合理,他便可以超越单纯的"词汇知识"层面的局限,从而较好地理解那些专业文本。

不妨看看下面的例子,了解译员在缺乏背景知识前提下如何对专业题材进行解读。以下例子选自一本医学教科书,这也是笔者时常津津乐道并用来为英语专业学生做示范的材料:

> Hematogenous tuberculosis may appear in various morphologic forms: classical military tubercles, sizable nodules, necrotic foci simulating abscesses, massive tuberculomas simulating neoplasms and even caseous pneumonia not at all suggestive of a hematogenous origin. (Rubin 1984:194)

对于非医学专业读者来说,该句仿佛使人觉得丈二和尚摸不着头脑,这的确是一个专业程度极高的句子,对多数外行人士来说的确有"可望不可即"之感。不过冷静之余,一旦人们克服了这种畏惧心理,任何一个受过良好教育的人,凭借句子结构和常识,也能够对该句理解八九不离十。该句子可以理解为:

> A certain type of disease which may have something to do with tuberculosis ("hematogenous tuberculosis") may appear in various forms called "milliary tubercles,"

which are the classical or most widely found form, something ("necrotic foci") that looks like abscesses, something very large)"tuberculomas") that looks like something else ("neoplasms"), and even symptoms that suggest some kind of pneumonia ("caseous pneumonia") that apparently would not normally suggest that the origin of the condition is of the something ("hematogenous") type.

某些肺炎的症状会证实这种假设，即"血源性结核"与结核病有关，因为稍有医学常识的人都知道肺炎和结核病（TB）都与肺有关联。

另外，外行人士也可以通过一般的英语词典的通俗易懂的语言解释，理解上述的几个看似晦涩的专业术语。韦氏新世界美国英语词典1974年版的相关解释如下：

——"Hematogenous"：形成血液，或，通过血液传播。

——Miliary指的是像粟米大小的伤口。具体来讲，就是结核病的一种形式，从刚开始的感染部位向身体的其他部位扩散，形成微小结核。这可以解释句子中的foci一词，并且进一步证实"hematogenous tuberculosis"是结核病中的一种。

——Tubercle指硬肿瘤，也就是典型的结核病肿瘤所导致的破坏。

——Nodules指小的、局部隆起的肿块。

——Necrotic是从名词转化而来的形容词，指的是身体某一具体部位细胞已经坏死。

——Neoplasms指细胞的不正常生长，如病毒细胞。

现在剩下的只有两个词在普通字典中无法找到相应的解释，必须查阅医学字典。一个是"tuberculoma,"根据Butterworth医学词典第二版的解释，它是"类似于结核细胞病毒的组织"；另外一个词是"caseous pneumonia"，该词在所有医学词典中都难以找到。但是"caseous"却被收录在普通词典中，意思是"奶酪状的"。

因此，根据从普通语言词典搜索到的信息，并通过进一步分析，该句子的意思开始变得逐渐清晰明朗起来，因为可以肯定地说，它指的就是一种肺炎，也就是类似肿块那样的临床症状。不过它仍有引起误导的可能，因为这些症状也可以指其他病症。

但术语"caseous pneumonia"是一个例外。该词使人联想到一种肺炎，这种肺细胞与奶酪在某些方面具有相似的地方（如形状），因此这句话在很大程度也可能被非专业人士所理解。外行人士不一定知道这些种类繁多的肿块究竟是什么形状的，也无须了解其发病原因、发展历程以及治疗需要采取的措施，但可以把握该句子的逻辑关系，从而掌握每个单词的基本概念。

实际上，善于思考的读者可以从该句子中获得很多信息，因为他已经了解到了一些关于该疾病的信息，他可以通过该句顺藤摸瓜，最后理解整句话的意思。

比较以上的普通"理解"和专业医护人员的"理解"，人们不难发现，从逻辑上讲，医护人员的理解与外行人的理解相差无几，所不同的是医护人员对句子中的每个术语的认识和理解更加准确，而且他们能够将这些术语与他们所掌握的知识自然联系起来。比如他们至少具备一些关于血源性结核病的知识，从某种程度上对caseous pneumonia了如指掌，而且能够区别abscesses和tuberculomas（当然不一定每位医护人员都能做到这一点,这还要取决于他的医学专业知识和临床经验)。另外一点不同的是,医护人员不仅能够把句子中的信息与他所具备的在病理学、治疗,以及呼吸系统等方面的知识有机地结合起来,而且他还能将该信息和其他疾病的知识和经验之间建立起逻辑联系。

综上所述,关于专业题材翻译的理解本文认为可以用以下几点来概括:

信息类题材中的句子可以用网状结构图来表示,它主要包括三种成分:

——表示人,物,观点和行动等名词和名词短语。这些术语在该文里用"名词性实体"(NE)来表示。

——用于描述人和物的形容词,具有形容词特征的词汇、从句等(如"big""small""expensive""resistant"),另外还有表示关于这些人和物的存在,消失和增长的表达("X exists""Y has grown""Z proliferates")。这类成分称为"特征属性"(A)。

——结构和语法规则(词形变化、词序等)。也就是在这些人和物以及观念之间建立起逻辑和功能关系的这些结构和语法规则(A is compared to B, A acts on B, etc.)。这类成分称为"联系"(L)。

图 3-1a, 3-1b 和 3-1c 是句子 a, b, c 的图形的表现形式,也就是其语义网状(这里使用的"语义网状"这一概念与在人工智能领域中所使用的概念略有不同,在人工智能领域里,该概念的定义更加正式更加详细。详见 Winston 1984)。

图 3-1:例子。语义网状表征

(a) The machine (NE) is large/small/blue, etc. (Attribute)

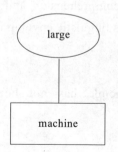

(b) A good (A) methodology (NE) results in (Link) powerful (A) algorithms (NE)

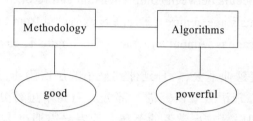

(c) A comparison was carried out (L) between X (NE) and Y (NE)

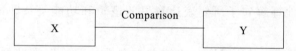

第三个句子可以写成：X (NE) and Y (NE) were compared (L)，"因此，可以用 L 将该句"A comparison was carried out"连接，其实多数句子都有多种不同的正式表达，当然 L，NE，和 A 的位置都各不相同。如果基本的逻辑和功能信息是相同的，那么语言可以使用动词或名词来表示动作，这样就改变了句子的实体结构。如句子(C)所示，因此作为网状表征也因此而改变。冗长和复杂的句子可以采用不同的方式来组合，组合方式主要取决于句子的不同部分的分解。例如下面这个句子[①]（摘自一本教科书），该句讲的是口译研究争论较多的问题：

According to some interpretation theoreticians, a stage occurs between comprehension and reformulation during which a pure message without any trace of its linguistic envelope is extracted from the statement, but this deverbalization principle has not been proved to be true by proper experimentation.

这句话的模型为：

Some interpretation theoreticians believe that X, but Y
A   Noun Entity   L   NE   NE

这里 X 是：

A stage occurs between comprehension and reformulation during which a pure message without any trace of its linguistic envelop is extracted from the statement

Y 是：

this *deverbalization* principle has not been proved to be true by proper experimentation

X 可以分解为

——"A stage occurs between comprehension and reformulation"
——"during this stage, a pure message is extracted from the statement"
——"this message is without any trace of its linguistic envelop"

这种分解可以一直延伸下去，一直延伸到最小的层次为止，这种最小的层次通常称为介词。这种研究是心理语言学研究的一部分。对句子进行分析，并分解到介词是那些从事研究理解语言和语言输出学者的范畴。读者只需通过本章了解如何理解与专业性题材有关的复杂句子，如何知道任何一个复杂的句子都能找到一个网状型的表征，以及这些表征有助于他理解句子所要表达意思的逻辑和功能关系即可（Costermans 1980, Noizet 1980）。

即使是最专业的题材，其属性和连接在大多数情况下跟那些非专业的题材无不相

---

① 摘自一本教科书。编者注。

似:属性可以表明某些事物的存在,可以从形状、质地、结构方面来描述,而且也可以从质量上来进行评价;联系可以是因果关系、比较关系、代理关系("A is used to produce B")、时间关系等等。值得注意的是,属性和连接通常可以通过非专业语言的词汇和结构来表述。这就是为什么尽管不排除有理解偏差不到位的可能,但外行仍能理解专业题材的逻辑关系的原因。

从这个角度看,对翻译专业题材的理解的最大困难莫过于名词性实体。这些名词性实体无一例外地通常用来指专业术语(Rey 1979)。实际上,从理解的角度来看,专业题材句子和普通题材句子的主要差别在于,专业题材句子的名词、名词短语一般指那些公众不大熟悉的概念和事物。

不过这一点有待进一步论证。如果专业题材中的词汇对某些特定读者而言有"完全清楚","部分清楚"或者"完全不清楚"几个层次之分,那么最后一个层次的词汇是不常见的:如前所述的医学例子便是一例,即便"caseous pneumonia"都不能算是"完全模糊"层次,因为无论从该词的语境还是该词的形态都表明它属于肺炎范畴,与病例有关。

乍一看,三层次的划分似乎有点零散、缺乏针对性。一方面它存在两个极端("完全清楚"和"完全模糊"),另一方面在三个层次之间存在着全范围的连续体。严格地说它的描述价值是令人质疑的。但是,从教学的角度出发,它具有潜在的心理方面的价值,因为它强调一个事实:在一定语境下,几乎所有的词汇在某种程度上都是可以理解的。这样,一些貌似很专业的术语在学生眼里不再显得那么令人望而生畏。

其实,人们可以把那些比较陌生领域的专业句子建成一个类似于专家构建的语义网状模型。只不过人们构建的模型中的名词性实体有一些模糊,不是那么清晰明了罢了。在有些情况下,专家对专业术语的理解并非那么专业,有时跟外行的差别并不明显。这一点凡是请教过专家的译员就有同感。医护人员对 caseous pneumonia 的知识也许很丰富,但也可能知道得很肤浅或者根本就不知所云。出席"激光在药物中的应用"研讨会的牙医,对关于在妇科中如何使用激光的演讲中出现的一些术语,可能不见得完全理解。由此看来,所谓理解其实更多的是达到"满意临界"的功能和需求,是相对的,不是绝对的。

值得注意的是,尽管多数理解问题都是出现在名词性实体,但有时也会延伸到句子的实际网络结构,也就是延伸到名词性实体结构、形容词以及连接词等。在有些发言稿的表层结构中,发言人惯用幻灯片或者 Power Point,幻灯片或 Power Point 里面的句子几乎都是"电文体",所有的句子都缺乏人们平常熟悉的,语法中出现的使逻辑和功能结构更加清晰明了的功能词。以下就是一个典型的例子,人们仅从一行字就能看出连接词中的模糊性。

Query and error handling[①] .

这里模糊性体现在:query handling 和 error handling,还是 query 和 the handling of errors,还是指 the handling of query and error。理解不同,这个短语的含义完全两样,因而翻译起来也相去甚远,主要要看目的语。这个例子说明,如果译员缺乏语言外的知

---

① 选自一个关于计算机科学的幻灯片讲稿。编者注。

识,那么他对这一专业的理解或多或少会受到影响。

对译员理解的要求

对译员来说,理解句子的功能和逻辑结构是关键,只有这样,他才有可能用目的语将其更好地再现。由于人们不可能将源语的结构进行逐字逐句的复制,即使能这样做,恐怕人们的译语不是显得十分笨拙,就是在语言上让人难以接受。这种逐字翻译在出版的会议论文集或者科学期刊上偶有出现。

一般来说,译员一旦理解了一个句子的功能和逻辑结构,他就可以了解该句中的名词或名词词组或是动词的对应词,即便对自己翻译的领域不熟悉,也有可能将其顺利地译出。不过,在某些情况下也有例外,因为有时还得考虑文体因素。术语是专业题材翻译中存在的最实际的问题。虽然有各种各样的词汇表,而且各种工具词典名目繁多,但这些词典并不完全可靠,解释并非准确到位,显然词典不能给译员提供理想的解决办法。经验丰富的译员都知道,源语中的某些术语在词典里很难找到它们的对应词,纵然能找到,它们的对应词或许不是一个而是几个,这令译员感到左右为难。他很难决断究竟孰是孰非。有时他发现自己贸然选用的"对应词",其实意思大相径庭,等到最后恍然大悟时已是后悔不迭。

人们知道,笔译工作者常常会陷入尴尬境地,有时对源语中的某些术语无法理解,有时觉得目的语中能找到的"对应词"并不对应、不合适,但又束手无策。在口译中,译员要幸运得多。因为口译是即时的口头交流,术语使用准确度不像笔译要求那么高。一旦听众发现译员所使用的术语影响他的理解时,他们可以自然地纠正。另外,由于这种交际是发生在会议现场,译员可以间接听到目的语的对应词,他可以从发言稿中了解该术语,甚至还可以就术语问题请教与会专家。

总而言之,要翻译专业题材的句子,译员不仅要理解句子的功能和逻辑结构(语义网络结构),而且要找到合适的"对应词",然后再用目的语将其准确地表达传递。如果说笔译工作者可以查阅各种书面材料,那么译员可以借助会议材料的帮助来完成他的翻译工作。译员和笔译工作者均可通过利用题材和讲话稿所提供的语境,分析其中的提示信息,从而更好地理解所译的主题内容,最后将其准确无误地译出。在处理这类题材和讲话稿时,翻译工作者和译员可以借此机会熟悉话题,更好地理解作者的意图和发言人的演讲主旨,这种理解在某种程度上可以与专家的理解不相上下。如能这样,他定会令他的读者和与会听众折服。

译员对他要翻译的题材或发言稿的理解正确与否将直接影响到他的译语输出的质量,特别是在题材包含一系列逻辑关系的情况下,他更要小心谨慎,理顺其逻辑关系如Because of A and B, C seems to be better than D, in spite of E and F 等句子。

但是,对笔译工作者来说,理解信息意味着要理解从初始缘由到结论的逻辑关系,即使没有专业知识的外行人士也同样可以达到这种理解。不过,理解该信息并不意味着笔译工作者实际上理解了A是通过F得到的,也并不意味着笔译工作者仅仅通过翻译便可以达到专家水平。有趣的是,当口译和笔译人员双双都被问及他们对所翻译的题材的理解程度时,他们各执一词,令人惊讶。原因之一不是实际的理解差异,而是意识的不同:他们中的一些人是以讲话稿或题材的逻辑为基础的,而另外一些人明知虽然他们对这些词汇很熟悉,但是他们对真正的事物、概念以及与之相关的术语的了解只知其一不知其二。

第三节 专业翻译文本的教学

学会理解原则

本章将重点探讨专业题材的语义网络模型,该模型是多年来在学生反馈的基础上发展形成的。实践证明,该模型有助于初学者克服对翻译专业题材所持的畏惧心理,能极大提高学生的自信心与主观能动性。

本章涵盖两部分内容,其核心是分析比较一般题材和专业题材之间的关系以及两者之间的差异。为方便起见,笔者有意将两者合二为一加以讨论,这样人们不仅能对它们有直观的比较,更重要的通过比较显示出它们之间的逻辑关系。不过,在大纲设计和课堂教学中,建议最好将它们分开讨论,分别对待。

一般性题材理解部分最好安排在教学大纲的前面几个章节里。不应将它割裂开来,不应将它视为一个独立的目标。因为这样更有助于学生对一些概念融会贯通,最终培养学生分析问题和解决问题的能力,这是学生译员训练的重中之重;同时,教师应激发学生的主观能动性,使学生意识到理解并不是一味地被动接受,良好的理解是建立在题材和发言内容的基础之上。这也是本模型详细探讨的话题,笔者希望通过该模型学生除了获得语言本身的知识外,能拓宽知识面,扩大视野。

专业题材部分的讲授应在学生掌握一般题材的前提之下进行,专业题材属于高级训练,属于一般题材的升级版。该部分的训练一般需要几周甚至几个月的时间,时间多寡取决于具体课程的时间安排。

在讲授一般题材的理解部分时,并不需要采用别具一格的教学方法。一般来说普通的讲座,外加几张幻灯片或PPT就能达到应有的效果。但是在讲解专业题材部分时,切忌一味地、盲目地向学生灌输知识,而是要加强对学生心理素质的培养。使学生意识到科技翻译、专业题材的理解并非深不可测,并非可望而不可即。只要通过有效的训练辅之以实践,人们同样能对它驾驭自如。实践证明,课堂启发式的教学无论对笔译还是口译教学均行之有效。

下面不妨探讨一些具体的方法:

1. 给学生一篇简短的专业题材的章节(最多几个句子)或发言稿(最多几分钟)。然后根据题材内容让学生进行自我测验,测验得分为1到5分(从"完全不理解"到"理解较好"五个等级)。

2. 教师记录学生自测结果,然后针对理解出现的问题进行分析。一般而言,专业术语是导致理解困难或偏差的诱因。建议教师采取启发式的教学集思广益,引导学生深入分析找出原因。使学生意识到，题材中的语言结构并不复杂，文本中的连接词以及前后关系并不是难以理解，因此，用目的语表达并非不可能。

3. 教师可以启发引导学生，和学生一道找出有碍理解的专业术语并通过上下文及形态逐一进行分析。如此启发引导外加适当的辅助材料，可大大提升学生的理解力。

4. 口译课堂教学。建议教师用某一会议的现场录音作为训练材料，有针对性地筛选其中某些句子、词汇和术语，尤其是学生已经学过的某些专业术语来进行分析比较。此举的目的是使学生意识到，使他们如临大敌的词句和术语其实在发言稿中为数不多（平均12%，Newmark 1983:6）。更重要的是教师要提醒并鼓励学生，这些寥寥无几的词句可以通过连接词及其逻辑关系、语境和术语的形态所提供的信息加以判断，从而树立信心正确对待材料中出现的专业术语，正如上文提到的医学题材的例子。

涉及自然科学的发言稿尤其适合这一形式的教学，特别是有关临床试验、专题讨论、或新产品的推介（这些材料中逻辑起很大的作用，尤其是专业术语、概念与学生有关：药物、疾病、解剖、效率、速度、能量、能源、微生物等）。如果发言稿涉及抽象概念如数学、理论物理、心理分析等，或者罗列大量的产品名称，而这些产品又缺乏逻辑性如电脑技术发布会，那么这种形式的教学不宜采用。尽管这类题材通过分析仍可以理解，但如果没有对应的目的语术语参照，译员翻译起来仍觉棘手。

5. 在分析过程中，教师可重点分析长句、复杂句以及如何概括发言稿中的主旨大意，然后提炼本课学到的新知识点。

最后，再要求学生对他们的理解进行测评，将结果与第一次的评分相比较。经验表明，通过这种形式的教学，学生的评价得分在原来的基础上能提高2分。这表明学生在面对专业题材的发言稿时，焦虑恐惧感明显下降。在校学生与职业译员的反馈证实了这一点。

必须指出的是，上述经验并不是万灵药，不可能回答人们关心的所有问题。严格地讲，只知道术语和理顺逻辑关系还远未达到要求，比如对目的语的重组问题。这里提到的理解效果与心理因素息息相关，因此从这个意义上讲，这些方法仍有其独到之处。

教师除了培养学生提升对专业题材发言稿的理解能力外，还要帮助他们牢固树立正确的职业道德观。译员的培养是一项十分复杂艰巨的任务。如果把这一过程看作是一种负担，译员会觉得翻译是一项十分棘手和富于挑战性的工作，觉得毫无快乐而言。相反，如果将这类极具挑战性的专业题材视为一次难得的学习的机会，那么这一职业定将受到尊重，令人仰视。现在不妨再次对本章的主要观点进行梳理：

1. 书面表达的理解必须依赖语言知识，依赖语言外的知识（包括已有的和从语境及交际情景中获得的知识）和译员本身的分析。

2. 理解是相对的，是主观的。对句子的理解与否主要取决于语言的复杂程度，取决于接收语言的人对语言成分的熟悉程度以及他从题材中获得功能信息的多寡。

3. 信息类题材可以看成一个网络模型，包含名词与名词词组、"描述"这些名词和名词词组的形容词，以及它们之间的逻辑与功能关系。对于大多数学科而言，专业题材中的定语和连接词跟非专业题材中的定语和连接词并没有明显的差异，而且可以用非专业的语言来表达。也就是说，这些题材可以用译员熟悉的非专业语言来重新表述。总而言之,在此类题材中,只有名词(大多数专业术语都属于此类)是特殊的,除非译者是该领域的专家,否则无论他受过何等教育,同样对这些术语一知半解,不知所云。

4. 一般情况下,教师可以根据它们的形态以及出现的语境类型,通过专业术语所指的概念和事物来帮助学生理解其含义。

5. 人们有理由相信,受过教育的外行同样可以理解高难度的专业题材并从中受益。这就是翻译的实质所在,也是翻译的魅力之一。不过人们必须承认,这些新获得的知识比较孤立,容易游离,很难融入到人们的知识库里。专家对专业题材的理解更精确、到位,但不可能做到"面面俱到"。

6. 如果没有具体的文体方面的要求,纵使对这某个领域不熟悉,译员只要通过对源语的仔细分析,通过目的语中的专业术语的对应词提示,同样能将专业题材的文本译得有声有色。

第四章

翻译类型

第一节 翻译分类

口译是一项口头和手语相配合进行交际的智力活动,它以同传或交传的形式,对两个或多个不同语言的使用者提供语言服务。从功能上看,口译是对活动的描述性词语。口译的目的是为了交际,因而在实际翻译过程中,口译的任务是将一种语言形式转换为另一种语言形式。口译便是这项交际工作的产物,也就是说,信息因此被译成话语、手语、书面语、符号或者其他的语言形式。口译形式多样,为有效区分它们,避免混淆,人们有必要对口译进行分类。

从功能上讲,口译译员的任务是把源语的信息完整地、用近乎相对应的形式译成目的语。也就是说译员的职责是把源语的每一个语义成分(语气和语域),以及说话人表达的每一个信息和情感如实传达给目的语听众。

口译和笔译

尽管口译和笔译有时交替使用,但绝不能将两者混为一谈、相提并论,因为它们的功能不同。前者以口头形式完成两种语言之间的转换;后者则是以书面的形式完成两种语言之间的对接。口译常常用于现实工作之中,它需要口译工作者亲临现场如电台、电视台为采访提供服务或者是以电话的形式进行现场翻译等。而笔译则是以文本到文本的(如书面记录、符号)的形式来进行的一种翻译,翻译工作者可以自由支配自己的时间并能随意获取必要的资料(如查字典、查找专业术语和相关资料等等),最后完成一份忠实原文的、真实可信的和准确无误的译文。

外行或许认为,口译是逐字逐句翻译的一种脑力劳动,也就是说,是用逐字句法把一种语言解释为另一种语言。这种看法是片面的,也是不切实际的。倘若对源文的词句逐字逐句、一字不落地翻译,目的语听众难免会一头雾水,不知所云。为说明这一点,这里不妨引用一个西班牙短语为例:Está de viaje。这句话逐字译成英语的意思是:Is of voyage。显然,这句话的译文会让人丈二和尚摸不着头脑。但是如果根据语境和上下文之间的关系推测,它准确的含义应该是:"他/她/你正在旅行"或"他/她/你已外出"。这个例子说明,不能生搬硬套一味按照源语的句法结构,翻译时必须考虑它在目的语中的整体含义、语气和风格等因素。

长期以来人们误认为,口头翻译缺乏笔译的准确度,实际上这是一种误解。人们知道,笔译工作者在交译文之前,有足够的时间推敲斟酌直至近乎完善。而口译人员则必须从头至尾精力保持高度集中,在超强的听辨压力下不仅要做到思维敏捷,译出语还须忠实原文,准确无误。由于在从源语到目的语的转换过程中不能随意停顿,为了跟上发言人的节奏,译员务必忽略源语发言中的某些细节,尤其是一些无关紧要的细节。这便是为什么口译给人的印象不如笔译那么流畅、准确到位的原因所在。

严格地讲,对于一个训练有素的职业译员而言,他无权随心所欲地遗漏或删减源语中的重要信息。恰恰相反,他还必须学会根据目的语的特点增加必要的信息使之连贯自然。

法庭翻译更为严格。按照规定,无论源语语速多快,译员必须如实完整地译出,不允许任何形式的省略或遗漏源语中的信息。对译员而言,准确性不仅是译员的职业道德,而且还是他必需贯彻执行的标准。因为,一字之差就有可能导致误判、错判、冤判。中国有句俗话叫"一字值千金"便是这个道理。为了保证高质量的翻译效果,尤其是在一个冗长的案件审理过程中,一般采用两个或多个译员为一组的口译团队形式。当其中一个译员翻译时,坐在一旁的译员进行必要的协助与监督,以此来确保高度的准确性。在翻译过程中为确保翻译连贯、畅通,允许译员稍微放慢译语输出的时间,并在每一句话之后做一至两秒钟的短暂停顿。

口译的模式

同传

所谓同声传译(SI),是指当发言人还在发言时,译员便将源语迅速地进行重组并转换译成目的语,再通过耳机把译语传递给目的语听众。通常一个同传间里配备2—3名译员,2名译员居多。译员通过透明玻璃能清楚地观察到发言人举止、神态,通过耳机接收源语并迅速转换成目的语,然后再通过麦克风传递给与会听众。其实,同声传译翻译模式并不是同声传译独有的专利,这种模式也常常被手语译员所采用。

交传

和同传译员所不同的是,交传(CI)译员是在源语发言人已经讲完一句或者一段话之后才开始翻译。通常发言人把讲话分成若干个小部分,译员坐或站在发言人旁,当发言人开始发言时,在一旁的译员边听辨边记笔记。发言人话音刚落,译员便把快速整理后的目的语以口头形式输出。

交传有"长短"之分。在短时交传中,每一段话相对较短,译员可以凭借良好的记忆瞬时记住;长时交传的译员由于段落较长需要借助笔记记录相关的信息。有时在交传过程中,译员也需同时做视译。视译又包括口译和笔译两部分;与宣读目的语文件一样,译员必须用目的语朗读或者大声宣读源语文件。视译比较普遍,它常常用于司法和医务翻译工作之中。

时下,通过交传的形式翻译讲话或者片段就篇幅和时间而言要短得多。50年前,一个交传译员一口气把一段20至30分钟的讲稿译成目的语,这在当时司空见惯。然而时至今日,人们会觉得即使是10到15分钟的翻译也属于冗长翻译,尤其是对于那些不懂源语的听众来说,坐在一旁静候20分钟的翻译结束与其说是享受不如说是一种煎熬。

通常情况下,如果事先不与发言人沟通,发言人难以知道他每说一至两句就必需停顿以便译员将其译成目的语。有时他会全神贯注,完全沉浸在发言的字里行间中,对于身旁的译员视而不见或熟视无睹。不过有时,译员根据语境、话题以及其记忆力也可能要求发言人在每句话或每一段讲完之后暂时停顿。众所周知,逐句翻译对记忆力的要求相对较低,因此漏译的可能性也就大大降低,但是这种翻译的弊端是译员没有机会听辨完整的大意,而且由于缺乏语境或者发言偶然中断,因此翻译起来缺乏整体效果(例如,有时人们会碰到这样的情景,发言人高兴之余会情不自禁地插一句玩笑话,此时若要再回过头去译上一句,听众听起来会觉得十分唐突)。交传通常用于发言、宣誓、事先录制的声明,法庭证人证词、医务和工作面试等翻译。值得一提的是,译员如能在翻译之前主动与发言人沟通,了解发言稿大意,会有助于提高翻译的准确性。从某种意义上讲,交传比同传更为忠实原文、更为准确、更易于理解。

耳语翻译

耳语翻译(法语是 chuchotage),也是诸多翻译形式的一种。它是指译员坐在或者站在一个或几个目的语的听众旁,同步将源语轻声地译成目的语;这种翻译方式无需任何设备。一般来说,耳语翻译通常是在大多数人能听懂源语,而只有极少数人(通常二至三人)无法听懂源语的情况下使用。为了尊重其他听众,译员必须学会轻言细语。小声将源语译成目的语是耳语翻译的特点。

转译

转译一般是在目的语是多种语言的情况下常采用的一种形式。具体做法是先由一个译员将源语发言译成每个译员熟悉的语言,然后其他译员再将其译成各自的目的语。在此不妨试举一例加以说明。假使人们需要将源语为日语的一篇发言稿译成其他语种,先由其中一个译员将它译成一种译员都熟悉的通用语——英语,然后再分别由相关的译员把它译成如阿拉伯语、法语、俄语或是其他目的语。

联络翻译

联络翻译是指通过一个或两个甚至多人来传递转述的一种翻译形式。这种方式的翻译通常是在一段简短的讲话之后,或以交传的形式逐句翻译,或酷似耳语翻译;这种翻译需要借助笔记,无需使用其他任何仪器设备。

口译的类型

会议口译

会议翻译,顾名思义是指为会议做翻译,会议翻译一般采用两种形式:同传或交传。不过在过去的20年里,交传逐渐被同声传译取而代之,成为首选。

就市场而言,会议翻译分为政府机构和非政府组织两种形式。国际机构(如欧盟、联合国、欧洲专利局等)经常召开多语种大会,主办方规定必须先把其他语种译成译员的母语。地方非政府组织各部门则倾向于使用双语制(本地语言外加一门其他语言),译员在母语和其他一门语言之间来回切换;市场也具有极强的包容性。国际翻译者协会是当今世界上唯一的会议翻译协会,协会创建于1953年,目前拥有2,800多名专职译员,这些译员遍布在世界90多个国家和地区。

法律和法庭翻译

需要法律、法庭或是司法翻译服务的机构无外乎是法院、特别法庭以及涉及法律诉讼案件的场所(如作证的会议室或宣誓陈述的地点等)。法律翻译可以通过交传的形式把证人的证词译成目的语，也可以借助仪器设备，通过同声传译的形式把整个诉讼程序为到庭的听众译成目的语。凡需翻译服务的被告（特别是接受刑事审判的被告人）均有权申请并享受一个职业译员的翻译服务，这是司法制度中的一项规定。这项权利在各国国家的宪法、民法上都有明确规定。

根据各国政府和地方各级政府的规定，交传译员通常为一人且单独工作，同传译员一般由2—3人为一组的翻译团队组成。除了硬性规定译员必需通晓源语和目的语外，他还必须懂得法律知识、司法和法庭程序。从事法庭翻译服务的译员必须持有本国颁发的翻译资格证方能持证上岗担任法庭翻译。在很多的司法审判中，翻译是取证的一个重要环节。翻译不当，歪曲证人、证词的译员往往会导致错判、误判，其后果不堪设想。

专题组（营销）翻译

在专题组翻译中，译员和客户同坐在一个大厅或一间观察室里。译员和专题组与会者之间通常隔有一面单层玻璃墙，译员通过单层玻璃墙能观察到与会者，但是与会者除了从镜子里看到自己的影子外却无法看到译员。这就如同一个驾驶员坐在透视率高的汽车里，他可以清楚地看见汽车外的一切，而车外人往里看时却觉得漆黑一片，什么也看不清一样。译员通过耳机收听源语发言，并同时向客户同步输出目的语。这种场合的翻译一般涉及2—12个（或者更多）与会者，有经验的译员不仅要完全再现发言人的原意，而且还要模仿发言人的音调、讲话方式、语气、笑声甚至情感等。

陪同翻译

担任陪同翻译的译员通常陪同的是一个人或一个代表团，他的任务是为客户的旅游、参观、出席会议或接受采访等提供翻译服务。充当这一角色的译员称为陪同译员或陪伴译员。它属于联络翻译的另一种形式。

公共服务翻译

有时也称社区翻译。它的主要任务是为如法律、医疗卫生、地方政府、社会、住房、环境卫生、教育以及福利等领域提供翻译服务。在社区翻译中，有些因素会直接决定并影响译语效果和交际的成败。如交流时的情感、敌对的心态或由两极分化导致的仇视、生活压力、当事人之间的利害冲突以及译员的责任感等——在多数情况下译员要超负荷工作；有时译员的翻译还能起到生死攸关的作用。

医务翻译

医护翻译是一种集公共服务于一体的翻译形式。它的主要服务对象是医务人员、病人以及连接病人家属与医护人员之间的协调员。从事这项翻译服务的译员需具备相应的资格证方可从业。在某些特殊情况下，通晓多语种的医务人员也可以兼职作为后备力量充当临时翻译。为了确保为病人和医务人员提供优质服务，医务译员必须具备扎实的医学常识功底，熟悉、了解普通的医疗程序、就诊、体检以及医院或诊所的日常事务。除此之外，他还必须为那些不习惯医院生活、对诊所或医疗点有恐惧感的病人充当联络员和通讯员。

手语翻译

手语翻译是专门为耳聋患者提供服务的一种翻译形式。译员一边聆听发言人发言，一边将发言译成手语。反之，耳聋患者做手势时，译员便将其手语译成口语，这种翻译形式又称语音翻译或发声翻译。手语翻译既可通过同传也可通过交传的形式进行。具体做法是，手语译员站在一处醒目的位置，与会者能对他的一招一式、一举一动一目了然。手语同传并不妨碍听力正常人聆听发言，相反，它对听力正常和听力有障碍的与会代表都相得益彰。在我国举办的某些重大庆典或重要新闻发布时如人大、党代会，人们可以在电视屏幕上看到手语翻译。有时译员还可以把一种手语的译语译成另一种手语。

耳聋患者也充当译员。具体而言就是一个耳聋患者和一个听力正常的人搭档为耳聋人群提供手语翻译服务。有时听力正常人的手语翻译难免不地道、欠到位，导致听众不能完全理解，这时就能彰显耳聋译员的作用，有他在场就能解燃眉之急。他还能把一种语言转换成另一种语言——例如，当发言人做手语发言时，耳聋译员可以把手语外加观察的其他信息复制到耳聋听众的手心上。这样，耳聋听众对发言内容的了解会更全面。

美国联邦政府和各州分别拥有各自的手语翻译者协会。意欲从事耳聋翻译服务的译员，必须首先取得联邦政府颁发的注册资格证方能上岗。除了接受正规训练和通过训练后的严格考试外，耳聋译员还受一系列行业规范的约束并随时接受客户的起诉，不断更新业务知识，提升服务质量。

由此可见，手语翻译早已职业化。获得资格证的译员虽然理论上能单独作业，但在实际上岗前必须接受正规训练，训练时间长短不一，从为期两年到四年不等。目前译员还可以通过进一步学习，获得这个行业的硕士学位证书。

媒体翻译

就其性质而言，媒体翻译主要是以同声传译的方式进行。媒体翻译，顾名思义是为电视直播报道提供翻译服务。如新闻发布会、现场或事先录制的对政界、文艺界、艺术界、体育界或商界的名人访谈等。具体操作是，译员坐在一间同声传译隔音室里，通过视频和耳机观看发言人发言并聆听源语。在正式录制开始前，技术员一般会对所有的设备进行严格检查、调试尤其是卫星线路的连接，确保译员接听输送畅通无阻。一旦需要在摄影棚以外的场所录制访谈或时事节目时，发言人的发言则是通过电视监控器。有时难免产生背景噪声影响录制效果，但是作为媒体的译员一旦遇到这种情况，他应该像电视节目主持人那样镇定自若、随机应变，巧妙应对一切。

自海湾战争以来，媒体翻译一夜之间声誉鹊起，作为一种翻译形式其地位得到了的确立并越来越受到人们的青睐。因此，许多电视栏目纷纷开始雇佣同传译员。译员为电视观众现场翻译记者招待会、电话会和名人专访等现场直播节目。电视现场翻译比其他场合下的翻译要求更高、压力更大、更紧张，因为译员在应付一系列专业技术难题的同时，又要直面实况转播带来的室内紧张、繁忙气氛。中央电视台第2套周六、周日有时就有这类现场同声传译直播节目。

其他翻译方式

口译服务可谓种类繁多,但最常见的形式莫过于现场翻译。现场翻译也叫"亲临现场翻译",这种方式的翻译要求译员亲临现场提供口译服务,客户可以通过现场翻译的方式获得翻译服务。在现场,交际各方代表身处同一场所。这是迄今为止大多数公共和社会服务机构首选的翻译方式。

电话翻译

电话翻译也称"电话口译""在线翻译"或者"远程翻译"。所谓电话翻译就是译员借助电话来完成交际的一种翻译。有时电话会议也需要通过远程翻译。在有些情况下,尤其是现场没有译员而又急需译员的紧急情况下时,此时远程译员的翻译服务便显得格外重要。常见的远程口译是客户双方事先通过电话已经取得了联系,只是当下需后续的进一步交流洽谈与确认(最常见的有办理保险申请或办理信用等业务,客户需要借助电话来进一步了解相关的信息等等)。

视频翻译

视频翻译就是译员通过远程音频和视频进行的一种翻译形式。视频翻译既能使译员看见对方的神情又能聆听对方的发言,反之亦然。与电话翻译无异,现场没有译员而又急需译员时,此时视频翻译便当仁不让。但是视频翻译和电话翻译有所不同,视频翻译不能完全仅通过电话的方式来与对方交流。视频翻译要求各方都必须具备必要的设备条件。在进行视频翻译时,为了更好地看清发言人译员可以随意操控摄像机,变换焦距角度。

译员职业场所

时下,全球80%的职业译员云集于大型国际组织如联合国、欧盟或非洲联盟等等。但全球最大的翻译用户非欧盟委员会莫属,这里汇集了数百名翻译工作者和兼职译员,这些译员主要为欧盟提供语言翻译服务。与此同时,欧盟的其他机构如议会和司法也拥有自己庞大的翻译队伍。服务于联合国的译员虽然来自世界各地,但由于联合国明文规定六种语言为主要的官方语言,因而就数量而言联合国雇佣译员的人数远不如欧盟。

第二节　同声传译与交替传译

与同传译员不同,交替传译(以下简称交传)译员有明显的优势:他在翻译之前已经大体知道发言的内容。一般来讲,国际性会议上的发言(包括书面文件宣读)最短也要持续几分钟。会议正式开始之前,译员已有足够的时间提前做好充分的准备,因此对发言内容做到了胸有成竹。在一般情况下,发言人的语速通常为每分钟150个词左右,这期间要求译员保持高度的注意力,捕捉字里行间转瞬即逝的微妙言辞。很少有其他工作像交传这样需要精力如此高度集中,也鲜有类似的工作使人如此精疲力尽。

交传兴起之初,发言人几乎每讲完一句都要有意识地做短暂停顿以便译员进行翻译。这是十足的逐字逐句翻译理念的具体体现,而且发言人觉得这样做很有必要:它有助于译员减少漏译避免错译,从而完整地再现译出语的全部含义。然而,这种方式不容易将发言稿中的单个句子的意思翻译到位,因此现在译员更倾向于发言人讲完一段以后再做短暂停顿,因为这样译员不仅可以通过上下文来推测判断句子的含义,而且还可以借助句子之间的逻辑关系来破译他的隐含意思。

与交传相比,同传过程中的发言和句末的停顿时间极其有限。因此人们在做同传时,既要做到将信息再现又要确保理解准确无误,这实在令人望而生畏。尽管如此,在探讨翻译过程常用的方法技巧之前,本书认为有必要对同传进行解读,以消除它的神秘感。

同传的特点是译员必须做到一心两用,做到听、译并举。可能正是因为这个原因,与会代表有时无不为此感到惊讶,认为译员具备了超凡的才能,然而事实并非完全如此。为了了解同声传译,我们不妨看看同传的整个过程。众所周知,在平时言谈中,人们要表达自己的思想话语并不是突然地就从嘴里蹦出来;也并非事先完全想好,而后只是不假思索地一口气说完;也很少有那种为了接下来的内容干脆中断说话去思考的情况。相反,正常情况下人们的话语是连续的,而同传则不然。具体地说,同传涉及两个具有因果关系的高层次处理过程:大脑思维和口头表达。从时间上看,译语几乎是在形成的那一刻就从嘴里脱口而出;就在话音刚落的一刹那,大脑已经全神贯注地在组织转换接下来的译语输出了。事实上,同传译员在从事同传的那一刻起就做了同步的两件事情:前一句话还未完全译出,就必须全力倾听下一句。他必须听懂发言人每句话的含义,立刻用短时记忆记住并迅速将其转换成目的语。这样,当他输出译语时,他听到的是他自己重组后的句子,一边输出,还要一边不时地检验译语是否有误,与此同时他的大脑正在切换下一句译语。不同之处在于,他所表达的思想并不是自己的见解,而是他人的思想情感。形象地说,他的大脑好比是暂时租借给了发言人,用借鸡生蛋这个成语来形容那将是再贴切不过了。

不过不得不承认,世上没有哪种思想是完全出自某个人的独创。人们所表述的是思维的最终结果,这种结果与人们的外部环境息息相关。人们从小就受到这些环境影响和熏陶,直到长大成人。而译员的工作无非是把外部的信息重新加工,进行重组来再现这些概念罢了。同传的过程是一个由译员代替发言人表达思维和情感的过程。因此,同传传递的是发言人的思维,而不是译员的所思所想。另外,同传译员的反应必须快速敏捷,因为译语输出和源语接收必须在同一时间完成。译员平时更多听到的是自己的译语,高质量的同传译语能使与会听众产生某种错觉:译出语和发言如同出自一人。

有一定交传经验并具备相应交传技巧的译员,经过必要的训练后能成为一名同传译员。同传的真正挑战不是来自翻译技巧,而是诸多的其他因素。或许有人认为,同传充其量是简单的逐字翻译,无非是把头脑中已储备的词汇再用目的语转述出来而已,避免认知错误,做到忠实原文。殊不知,在发言人和译员译语输出的时间差里,在源语源源不断地输入译员的大脑时,他不仅要记住听到的相关词汇,而且还必须聚精会神地倾听源语避免理解偏差。译员既要同时注意自己的译语输出又要全神贯注地倾听源语。在这种情况下，让译员用源语记住这些词汇未免强人所难。聚精会神倾听源语，同时要迅速转换成目的语是人力所不能及的事。要做到译员听、译同步一致，避免单纯陷入词汇记忆的陷阱，译员必须理解源语语句，否则他接下来的译语输出就有可能大打折扣。由此看来，译员不仅要学会分析，而且必须是个善于读懂发言人心思的人，而绝非是鹦鹉学舌之辈。因此，译员记忆的不是发言人发言的一些简单的词汇，而是这些词汇所暗含的意思。

同声传译（有时又称同声翻译，或简称同传）是为那些操不同语言的听众提供的一种与源语一致，近乎原汁原味听觉享受的一种语言服务。源语信息通过译员借助麦克风以口头形式传递给头戴耳麦的目的语听众。这种翻译方式要求译员在交际接力过程中不仅要有超强的目的语能力，而且译语必须做到准确无误。一些重要场合如大型国际会议和研讨会通常要求高水平且精通双语的专职译员。这些译员不仅通晓并具备驾驭两种不同语言的能力，而且熟悉相关的专业术语，同时还要在整个会议的翻译过程中做到游刃有余，驾轻就熟。

严格地讲，所有会议的目的无不是为了促进思想交流、达成合作意向、制订行动计划或签订某种协议等。因而译员的首要任务就是确保其译出语简洁、适度；尽其所能如实、完整地将发言内容再现给与会的听众。今天的与会人员中不乏通晓双语的听众，这对译员无疑是一个考验，但有经验的译员会沉着冷静、妥善应对。

同传服务是一个平台，目的是为了使主办方和客户之间达到顺利、对等的交流，达成共识从而避免将过多的精力耗费在语言上，为语言扫清障碍。因此译员的选择至关重要，它决定客户能否获得第一手的、专业的资讯。按惯例会议主办方为译员提供会议日程安排和必要的同传设备，如此一来会议主办方就能有效地为客户提供全方位的服务。

同传给翻译服务业带来的明显优势是服务面广且种类繁多。借助同传能使产品起死回生。厂家不仅可以零距离接触客户，而且还可以向客户提供产品供需见面洽谈的平台。译员提供的专业知识与技能使得会议或研讨会的成功举办成为可能。一旦听众完全具备了应有的语言设施，无需顾及语言障碍，便可以自如地交流、洽谈，最后达成一揽子协议。这是共赢的平台，这一切同时也凝聚了同传译员的辛勤劳动和汗水。

随着多元化社会的发展、新型企业的不断涌现，如今翻译的规模也越来越大，翻译形式日趋多样，人们的交流愈发变得必要和紧迫。如何更好地创建一个轻松自如、畅所欲言的交流平台，如何扫除语言壁垒，使交流不再成为羁绊，最终促使经济发展、贸易繁荣是译员责无旁贷的义务和光荣使命。

同传在联合国的会议中扮演了举足轻重的角色，如国家元首出席的联合国大会和大型跨国公司的研讨会都离不开同传。甚至可以说，若没有同传商界将难以健康运行，文化交往难以如此繁荣，全球一体化的宏伟目标将化为泡影。

同传译员坐在隔音的同传间里头戴耳机，面对话筒或麦克风。等发言人发言开始约莫3秒钟之后，译员便开始翻译，译出语随着麦克风传递给目的语听众。虽然与会的国家元首和政要操不同语言，但有了同传译员他们同样能自如地交流，无语言障碍。值得注意的是,同传与交传有所不同。交传译员可以对每一个词语仔细推敲斟酌直至输出最佳的译出语,从词语的表达来看,这样的翻译会比同传更准确。而同传译员面对的是源源不断的信息,需要在极短的时间内处理这些信息,因此译语错误在所难免。

同传是最具挑战性的一种翻译形式。同传译员在没有明显停顿的情况下必须快速、准确地将源语转换成目的语传递给与会听众。现实生活中能胜任翻译工作比如交传的大有人在,但真正能从事同传的译员则凤毛麟角。

同传译员一般是2人为一组构成一对搭档,在重大场合或会议期间,译员每隔15—20分钟轮换交替一次。由于高强度、高体能、高脑力消耗等特点,从事此项工作的译员不宜工作时间太长。同传译员不仅要求语言流利,而且要熟悉翻译材料的内容。

译员用的同传设备既专业智能又名目繁多:如调频系统、红外线系统、有线系统和无线一键通麦克风系统等等。同传设备性能范围小到耳语翻译用的耳塞,大到可供上千人大会用的大型设备,可谓应有尽有。

随着越来越多的公司走出国门,走向世界,扩大海外市场,人们对同传的需求也呈稳中有升的态势。因为借助同传举办的大型国际会议不仅省时、省心同时还减少对人力物力的浪费。不仅如此,如今非正式、小型会议也不甘示弱,纷纷借同传的东风。它优雅的环境、简单便捷的操作系统、低调但不乏品味的风格越来越受到人们的青睐。大型国际机构如联合国、日内瓦、布鲁塞尔等是目前同传最大的受益者。同传的普及超过人们想象。如今的大会十分奢华,只要有一个与会人员不能听懂源语,会议举办方就会毫不犹豫地雇佣同传译员,特别是在会期必须如期完成的情况下。

交替传译(以下简称交传)的特点是,发言人每讲完一句或几句之后,有意识地短暂停顿,如此交替循环往复直至发言结束。不可否认,这种翻译形式也有其不尽如人意之处,比如有时译员难免忘了发言的某个细节。不过值得肯定的是,交传从发展之初到现在已经历了一个漫长的时期,各种技巧趋于成熟,从这个意义上讲,它不失为一种有效的翻译形式。尽管如此,相形之下,就快捷高效而言交传仍逊色于同传。

相比较而言,交传不如同传如此复杂。我们知道,发言人每说一句或几句暂停时,译员有时间斟酌推敲他的译语,这种口译形式可谓成本低廉。但美中不足的是它延长了会期,同一句话听众要听两遍。

同传是一个非常复杂的认知过程,但只要有信心,有决心,有毅力,随时注意提高自己的综合素质,扩大知识面,在语言上精益求精,就能胜任这一职业,定能成为一个出色同传译员。

第三节　同传与交传的特点及差别

译员的翻译质量的好坏将直接影响发言人的发言效果。考虑到这一点,一些会议的组委会往往在会议正式开始前就给译员提供一份会议日程,有时也向译员提供发言稿供译员翻译时参考。Jones (1989)对译员和发言稿曾有过这样的论述,译员无法知道会议的整个安排,这好比说就象他无法知道发言稿里的句子是陈述句与疑问句。因此,如若译员能在会议开始前提前熟悉发言内容或者与发言人进行必要地沟通,无疑其翻译质量会大大提高。原因很简单,沟通会消除诸多疑团。

同声传译与交传的特点

同声传译是英汉相互转换的一种交际过程,它几乎需要与发言人相同的速度,眼、耳、脑协调配合,最后通过口头输出译语,所有这些活动都要求译员一气呵成。换言之,同声传译的特点是把有限的信息处理能力合理地、均匀地分配到各个"职能部门"。与同声传译所不同的是:交传译员的优势在于听完一句话或一段话之后才译,从而提前获得发言或演讲的内容和大意,并且有一定的时间来组织、思考或斟酌。Gile (1995) 曾对译员的脑能下过定义,他说,译员的脑能并非是无限的,如若翻译负荷超过了脑能极限,译员就难以保证他的翻译质量。就英汉互译而言,译员将英语译成汉语面临的困难要远远大于将汉语译成英语。按照 Gile (1985) 和 Griffin (1990) 的观点,译员在听外语时,他短时记忆和长时记忆里的语法规则均要弱于听母语。Web (1990) 把这种现象称为"吸收临界",也就是说,译员听母语时的临界要大大高于译员听外语的临界。除此之外,由于英汉语法之间的差异,译员需要储存大量额外的信息,这无疑给译员的记忆增加了负担。Mac Winney (1997) 指出,同声传译所需的大量信息超出了常人的记忆负荷。这就是为什么在实际翻译过程中,译员不得不以牺牲某些句子为代价的原因。而交传译员不存在这个问题,因为他有足够的时间预测、推敲,加之笔记的辅助作用,他有较强的整体感。同声传译译员面临的另一个问题是一对一的句子翻译。Garman (1990) 在谈及日常词汇和专业词汇在同声传译中的关系时指出,比较之下,人们平常在实际生活中所使用的专业术语要大大低于人们的日常生活词汇。因此,翻译起来显然不如日常词汇那么迅速。同声传译与笔译更是不可同日而语,笔译工作者可以尽情地反复斟酌、推敲词句,直到满意为止,而同声传译译员即使对头一句不太满意,也必须全神贯注集中精力倾听下一句;他必须根据已有的知识对发言人下一句的意思迅速预测,力求发言人话音未落,译语也将输出完毕。由此可见,同声传译的预测效果远不如交传的预测效果准确。由于交传预测好于同声传译,所以在一对一的译句中要快于同声传译。

毋庸置疑,同声传译与交传有许多相似之处。两者都受发言人发言的速度、信息量的大小、专业程度以及发言人本身的连贯性和逻辑性的约束。正是由于这个原因,同声传译译员有时能跟上发言人的速度,有时则不能。Gile (2000) 对此曾有过形象的描述,他指出,译员只能被发言人牵着鼻子走;他不能因为转换、重组时就借故回避,更不能专挑简单的语句翻译。研究发现,在译员的语句翻译的时间上,同传和交传译员没有明显的区别。这说明,同传和交传均需根据句子的长短,合理调整句子结构。唯一的区别就在于,由于受到记忆负荷的影响,受源源不断的信息输入,同传译员在某个句子上停留的时间要明显高出交传译员停留的时间。

Slobin (1979) 对同传和交传翻译中的指标进行比较后发现,7组指标——发音、流利程度、衔接、忠实原文、完整性、语法以及专业术语中，交传译员完全满足，而同声传译却只满足其中的两项。对于长句，同声传译译员随着发言人的停顿而延长，交传译员不受此影响，他的译语输出能保持相对平均的语速。此外，Lee (2004) 还对同传译员和交传译员的译语进行了比较，他分别给两组译员一篇由9个句子组成的发言片断，等两组译员译完全部句子后他发现，交传译员的译语输出要比同传译语更平稳。在对9个句子的翻译中，交传译员译出了8句而同声传译译员只译出3句。这说明，已经事先就熟悉了发言稿内容的交传译员，其预测力要明显优于同传译员。因此，交传译员可以从时间、内容上与发言人保持一致。

同声传译与交传的差别

众所周知，同声传译译员在听完一个意群之后开始翻译，句子间的停顿时间长短将直接影响听、译时间，进而影响翻译质量。由此看来，语句比重不容忽视，因为译员的语句比重要影响到翻译时间。一般来说，语句比重越高，需要翻译的时间就越长。可见，翻译的准确性是由诸多因素决定的。

Lambert, Daro 和 Fabbro (1995) 指出，漏译是翻译过程中最常见的错误之一。对此，他们还专门进行了一项试验，试验结果表明，在一篇长达136个句子的发言稿中，同声传译译员只译了89句，占65.5%，而交传译员则成功地译了107句，达到78.8%。此研究结果正好验证了他们的观点：交传准确性远远高于同声传译。前者准确率是80%以上，而后者的准确率只是73%。

与此同时，学者还对译句之间的停顿作了分析研究。句子间的停顿是指译员停止了输出，同声传译间里不再听到译员的译出语这一过程。Burik (1973) 对停顿是这样描述的，他说："如果发言人已经开始了发言，而译员此时却正在等待他理想中的意群出现，犹豫不决无所反应，即便他耽误的哪怕是几秒钟，与会者不是感到焦躁不安，就是觉得莫名其妙"。他研究的结果表明，尽管句子与句子之间的停顿的平均时长并不特别明显，但同声传译译员每句前的停顿时间是5.55秒。在听、译时间上，同声传译译员的听、译时间超过交传译员。Gerver (1975) 的试验显示，在全场翻译中，同声传译译员句子间的停顿占9.74%，而交传译员是4.66%。这说明同声传译译员信息处理难度大于交传译员。Weller (1991) 宣称，聆听源语最令人担心的莫过于似懂非懂。不理解全句的完整意思，就意味着很难保证对全句完整的翻译，尤其是在两种结构完全不同的语言之间来回转换的情况下。句子间的停顿过长反过来又影响下一句翻译的准确性，结果往往是要么一个句子正好译一半，要么只好干脆放弃不译。

大量的分析研究表明，交传翻译的质量远远优于同传翻译的质量。准确性受一系列变数的影响，如句子与句子间的停顿、句子的听—译时间的差别、每句翻译所需的时间等等。研究还发现，同声传译句子与句子间的停顿频率高于交传的句子间停顿。造成同声传译译员不能做到与发言人语句完全对等的原因是，译员在高负荷压力下处理多功能信息时，倾向于只翻译含信息量较少的句子。也就是说，挑简单句而避免较复杂的语句。同时，同声传译译员的听—译时间由于停留在某个句子上面过长而延长。与之相反,交传译员能直接降低听—译时间。另外,听、译的时间延长往往影响下一句的翻译效果。不仅如此,在句子间的停顿上,同声传译译员的停顿时间也要长于交传译员。这是因为交传译员事先已经熟悉了发言稿内容,而同声传译译员需要集中有限的精力来进行转换处理,这样便导致了句子停顿时间变长进而影响了每句的翻译时间。研究进一步表明,交传每分钟音节翻译要高于同声传译,与每分钟听—译时间一样,译员遇到难句时,每分钟音节的翻译就自然降低。每分钟音节翻译越高,证明译员处理信息的能力越强。

第五章

同声传译与记忆

第一节　同声传译与工作记忆

工作记忆的概念是20世纪70年代由Baddeley和Hitch(1974)所提出的,这一概念是在短期记忆基础上经过修正后形成的。短期记忆和工作记忆两者之间关键的区别在于,短期记忆侧重的是简单的信息存储,而工作记忆不仅涵盖了认知加工过程的所有组成部分,而且囊括了对于时下的认知进行储存、处理和执行管理的全部过程。工作记忆是在目前的认知研究和口译研究中最受瞩目的热门课题。越来越多的卓有成效的实验结果表明,工作记忆已与大量的高层次认知能力、程序以及智力相联系。在口译尤其是在同声传译中,被认为是认知的基本要素之一(Daro,1989;Bajo,Padilla和Padilla,2000)。为了集中论证这个观点,多数研究都在不同程度上通过比较、比对职业译员、同声传译初学者和非口译工作者这三者的工作记忆的不同来加以证实。遗憾的是,这些研究结果莫衷一是:有些研究发现了三者之间的区别(例如:Padilla,Bajo,Canas和Padilla,1995;Christoffels,2004),而有些则没有发现任何不同的结果。(比如:Chincotta和Underwood 1998;Nordet和Voegtlin,1998;Kopke和Nespoulous,2006)。

第一,工作记忆的性质

Peter每天从他妈妈那得到两个苹果,但每次只吃一个。那么,到第三天结束时,他手上总共还剩几个苹果? 这是一个典型的反映工作记忆的心算题。为得到答案,人们必须逐步进行计算,把每一步的结果都记于心才能与下一步的结果相加。这种要求进行短期信息储存的记忆模式就是所谓的"初级记忆"。它最早由William James(1890)提出。20世纪50—60年代的研究表明,这种信息存储的容量非常有限。Miller(1956)首次在其开创性的文章中声称,人类工作记忆的存储组块的最大容量一般为7±2块。但是,单纯负责信息存储的初级记忆概念,已难以解释许多复杂认知加工活动中出现的数据现象。这便催生出了"工作记忆"这一概念。工作记忆概念包含了信息存储和正在进行的认知信息加工过程(Atkinson和Shiffrin,1971;Baddeley和Hitch,1974)。实验研究表明,工作记忆不仅是认知心理学的关键组成部分,它还与人们的日常行为、心智能力和高级认知活动有着密不可分的联系。因此,工作记忆被认为在阅读理解(Daneman和Carpenter,1980)、语言理解(Just和Carpenter,1992)、推理(Kyllonen和Christal,1990)、词汇学(Baddeley,Gathercole和Papagno 1998)、解决问题(Kyllonen和Christal,1990)和作笔记(Kiewra和Benton,1988)等方面均起着重要作用。除此之外,越来越多的证据表明,工作记忆与普通智力息息相关(Engle,Tuholski,Laughlin,Conway 1999;Conway,Cowan,Bunting,Therriault和Minkoff,2002;Redick和Engle,2006;Jarrold和Towse,2006)。毫无疑问,这些大量收集而来的事例自然地引发了无数的理论模型的推论。

第二,工作记忆模型的概念

自20世纪70年代以来,有多达十几种理论模型已发展成形,足以涵盖所有的研究结果。至于为何要选择这三种模型,是基于以下几个要素来考虑的:所选的模型应是认知心理学研究的典型实例;它们不仅是已被普遍接受的,同时又是时下更新最快的理论模式;它们应与口译过程息息相关,才可以为人们对工作记忆的研讨提供相关的理论背景资料。基于这个原因,本文要着重讨论的三个模型将是:由 Baddeley 提出的多重功能模型(Baddeley 和 Hitch,1974; Baddeley,1996; Baddeley,2000; Repovš 和 Baddeley,2006);由 Ericsson 和 Kintch(1995)提出的长期工作记忆模型;由 Cowan 提出的长期记忆激活模型(Cowan 1988,1995; Oberauer,2002);以及由 Conway 和 Engle 提出的工作记忆的注意焦点延伸(Conway 和 Engle,1994; Engle, Tuholski, Laughlin 和 Conway,1999; Feldman·Barret, Tugade and Engle,2004)。

Baddeley 的多重功能模型。

多重功能模型是由 Alan Baddeley 提出的,是最具影响力的工作记忆模型之一(Baddeley 和 Hitch,1974; Baddeley,1996; Baddeley,2000)。该模型以大量的实验调查结果为依据,它的推论工作记忆由各自独立的存储系统和加工系统组成。

多重功能模型是指工作记忆由两个有特定领域的从属系统——语音环和视觉空间模板,一个负责总体的存储功能——情景缓冲,和一个负责管理功能——中央执行系统等四个部分所组成。每一个从属系统都负责各自的特定领域并进行短暂的信息存储,更具体地说,语音环存储语言和数字信息,而视觉空间模板则专门储存视觉和空间信息。每一个从属系统又具备各自的子功能[①]。语音环拥有语音存储系统和发音控制处理系统。语音存储系统可直接存储所听到的语言信息,而视觉的信息内容则必须通过发音控制加工系统的默读加工处理后才能被语音存储系统储存起来。

工作记忆的容量是指对有限的信息进行短暂的存储的能力。Baddeley 及其他研究人员于1975年所得的实验结果表明,语音存储系统的容量可容纳大约两秒内所接收的语言信息。也就是说,人们能记住他们在两秒内所读的所有词句。两个从属系统依赖于中央执行系统,而这个管理功能控制并协调着大脑的心智活动(Hitch,2005)。

多数实验都致力于语音环的研究并以此来揭示语音环的秘密,因为它能够解释众多耐人寻味的研究结果。不过,直到20世纪90年代中期,Baddeley(1996)才真正意识到研究中央执行系统的必要性并为此大声疾呼,也就是一个被人忽略但却有可能是工作记忆最重要的组成部分的中央执行系统。Baddeley(2000)在对多重功能模型进行进一步研究及评定的同时发现了它的不足之处。因此,他接着又提出了另一从属系统的概念——情景缓冲,以此弥补这三个系统概念的不足。这一最新的补充的提出是为了解决一些悬而未决的问题,比如说,各子系统和长期记忆之间的关系,或者对于散文式回

---

① 这里我们关注的是口译,因此,对于语音环在此不做详细的讨论。也有理论认为视觉空间模板在口译(一个显著的口头语言任务)研究中起着微不足道的作用。

忆现象的解释(当我们听一句话时,我们不是只注意一个个独立的单词,而是把每个单词连接组成完整的内容)。对于语音环功能的局限性,人们可以从情景缓冲中得到意料之外的收获。情景缓冲扮演着心理工作间的角色,存储经过整合、加工的信息。也同样允许对流体系统——进行普通处理(如,短期存储),和结晶系统——允许长期储存和知识累积(Baddeley,2000),进行区分辨别。流体系统相对稳定,不会受已有知识的影响,而结晶系统正好相反,是现有知识的产物。这种区别对于口译,一项后天习得的技巧而言是至关重要的。截至目前,大部分关于口译中工作记忆的研究重点无不放在测试那些属于流体系统的工作记忆成分上。根据理论模型及其预测,迄今为止,人们仍无法解释为什么口译工作者能拥有如此庞大的流体系统工作记忆容量。这个问题本文将继续进行探讨。

第三,Ericsson 和 Kintsch 的长期工作记忆

Ericsson 和 Kintsch 提出的工作记忆的方式与众不同。与大多数研究探索工作记忆的性质相反,Ericsson 和 Kintsch 注重的是工作记忆在实际情景中的功能的研究。特别值得注意的是,他们对工作记忆如何有助于技巧发挥提出了质疑,从帮助人们从事高级专业技术活动如象棋高手间的博弈,到日常所需的诸如阅读理解技巧活动等。他们认为这种专业技术行为应归功于长期工作记忆的作用(Ericsson 和 Kintsch,1995)。Ericsson 和 Kintsch 进一步指出,传统的工作记忆(或者短期记忆)的概念与现实生活的技能发挥是不相符的,他们的理由是基于以下四个原因:专业技术人员能够储存超过常人工作记忆容量的信息;专业技术人员能做到其记忆活动一旦受到干扰之后能轻松自如迅速恢复,丝毫不受影响;即便他无须有意识回忆,但他们一旦回忆起来总是那么准确到位;短期记忆的存储容量是固定的,但专业技术人员却能够扩展他们的短时记忆容量。由此看出,上述这些方面都被长期工作记忆模型所一一涵盖。严格地讲,Ericsson 和 Kintsch 并无意让他们的理论模型取代已有的短期记忆模型和工作记忆模型,他们只是在现有理论的基础上进行必要的补充。不过他们的长期工作记忆模型比较适合解释熟练的行为和任务,比较适合对熟悉的素材进行论证。长期工作记忆也被称为"一项后天习得的技能,它能够帮助专业技术人员扩展他们工作记忆系统的功能容量,以便他们在活动中依靠专业技能获得特定类型的信息,而不是通过改变短时工作记忆的普通容量限度来获得"(Ericsson 和 Delaney,1998:95)。需要引起人们注意的是,长期工作记忆依赖于长期记忆的存储。这才是对以上所提及问题最贴切的解释。人类所掌握的信息之所以远远超过短时记忆容量所能承载的信息量,归根结底是因为这些信息都储存在长期记忆中,长期记忆是持久耐用的,因此该记忆的信息不会轻易遗忘丢失。正因为如此,长期工作记忆是需要具有后天的精力才能获得的,尤其是某一特定领域的专业知识或技能,而且,这一特定领域的专业知识或技能是不能随意转让到其他领域的(就如同数字专家的记忆一般不太可能含有擅长记忆音标中辅音符号的专家的记忆一样。Ericsson 和 Delaney,1998)。

　　上述关于长期工作记忆的理论说明,与其说它代替了原有的理论,倒不如说它更多

的是对原有理论进行了补充,使之更加翔实。不过要做到这一点并非易事,它需要先决条件和资格。当人们为"专业领域"下定义时,长期工作记忆模型和传统的工作记忆模型间的重叠部分就越发明显了。Ericsson 和 Kintsch (1995)的模型包含了包括阅读理解在内的熟练行为。而这些行为领域也在传统工作记忆的研究范畴之内。因此我们有理由相信,通过阅读理解所获得的知识信息在经过加工处理后是存储在不同的工作记忆存储系统里的,而对于长期工作记忆而言,阅读能力正是依靠这种长期记忆的熟练行为(Ericsson 和 Kintsch (1995),Kintsch 1998)。此外,长期工作记忆不能完全消除或取代短期记忆。因为虽然执行一次成功的任务所需的信息来自于长期记忆,但是这些信息的提取却必须得依靠短期记忆特定的线索提取。这一点也说明,长期工作记忆有它的无能为力之处。值得注意的是,作者在其理论里并没有说明获得提取线索的办法是什么。如果这些线索存储在短期记忆里,那么它们就会如同那些陌生的信息一样,就好比象一连串互不相干的数字,受到约束和限制。同时,那些需保持活跃的线索应该会受到数量上的限制,他们的活跃状态的维持理应受到干扰,比较脆弱。所以,这些常常需要回忆的线索,他们的数量则需要十分的稳定(正如成年人的短期记忆容量是固定的,成人所需线索的数量一般达到了短期记忆存储容量的最大限度)。

第四,Cowan 的长期记忆激活模型

长期记忆激活模型是由 Nelson Cowan 提出的(1988,1995)。他认为工作记忆是长期记忆中被激活的部分(如1所示)。根据 Cowan 的观点(Cowan,1999),长期记忆包含着一个活跃的一系列子项目。这些项目既是工作记忆的内容又不为外界的意识所认知。不过只有小部分的项目跟意识有直接的关联。Cowan 声称,这些项目不是别的正是注意力的集中。因此,工作记忆的概念是有层次之分的——集中注意力的项目中还

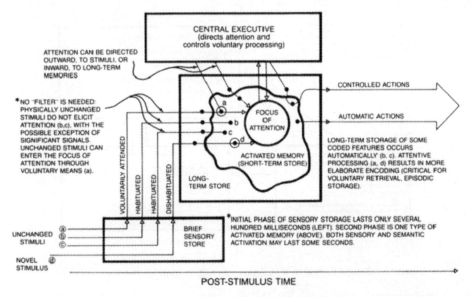

图 5-1 工作记忆——长期记忆被激活部分

包含着少量的专门进行加工的项目。而这些恰好是被激活的记忆的一系列子项目。因此，被激活记忆也包含了高度活跃的项目，这些项目可以不直接通过集中注意力项目而进行加工。所以，反过来说，被激活记忆也是长期记忆的一系列子项目。这些项目在长期记忆中是不活跃的，但是当他们受到足够多的激活作用后，他们就会变成工作记忆的一部分（往往到最后这些项目就会转移到集中注意力的项目中去）。注意力集中这个关键的成分受中央执行系统的管理和控制，因为中央执行系统不仅统管其他系统而且自觉控制加工信息。同时，外界的刺激还会直接或自动地引起注意力的集中（比如外界的喧闹声或人名的呼唤等相关的刺激都会引起注意力集中）。

　　Cowan（1999）指出，工作记忆具有两种局限：时间的限制和容量的限制。注意力的集中会受容量制约，容量的限度估计约有4项。限于篇幅，笔者在此不一一列举，有兴趣的读者可以参见（Cowan1999）。与此同时，被激活的记忆会受时间所限。除非被激活部分在记忆中能一直保持延续，不然它们将退化，最终被激活记忆驱逐，退出记忆。退化的时间约为10至30秒。激活之所以得以维持是通过类似演练式程序使激活部分进入到集中注意力。有趣的是，按照Cowan的观点，当项目受到激活作用时是没有容量限制的，因为这些项目被储存在被激活记忆中，而激活记忆不存在容量限制。

　　近来，Cowan模型的基本概念已受到Oberauer理论的支持并进一步发扬光大（Oberauer, 2002; Oberauer 和 Göthe, 2006; Oberauer, 2006）。Oberauer的理论模型以Cowan的模型为依据，在此基础上发展了集中注意力的理论。此外，Conway和Engle的研究工作也为Cowan的模型2提供了进一步的理论依据和实验支撑（例如Conway和Engle, 1994; Engle与其研究伙伴, 1999; Engle和Conway, 2004）。[①]他们认为，致使工作记忆的系统有个体差异的最主要原因不是别的，正是注意力集中问题。注意力集中能稳定目标，抵抗干扰以确保任务顺利执行及进行有效加工处理等。他们创造性地拓展了Cowan的基本模型，在他们的模型中明确新增了执行成分和特定领域的研究（见图2所示）。

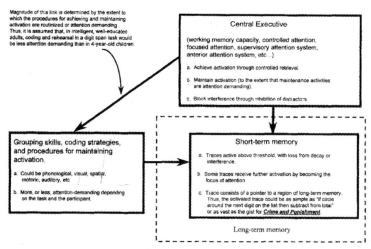

图5-2　工作记忆框架模型（Engle, Tuholski, Laughlin 和 Conway, 1999）

---

① 然而Cowan认为，他的观点与Engle等人的观点大不相同。

工作记忆模型的讨论

以上笔者简要介绍了三个工作记忆模型。从这些模型中人们可以很清楚地看到，工作记忆是一个非常复杂的现象。每个模型在工作记忆中所起的作用也不尽相同。

模型间的相互融合协调也绝非易事。在本章中笔者将探讨模型之间的一些主要分歧。第一个分歧的焦点是围绕工作记忆究竟是结构实体还是功能实体。Baddeley的模型就是一个典型的结构模型(Engle和Kane,2004)。其基本假设是,工作记忆构成了一个单独的实体,附带着各自或多或少的独立成分,对它的研究目的是进一步弄清这些组成成分和确定他们的属性。与此同时,Ericsson、Kintsch和Cowan的模型则更多地倾向归属功能实体。具体分歧有以下几个主要原因:持结构功能论的学者称,工作记忆是一个有着固定结构的独立实体。这个结构支持(同时也限制)认知的发挥。而功能论的学者则把工作记忆更多地看成是过程和目的,而不是结构。所以,工作记忆被解释为"对信息的短暂存储和加工"(功能实体的观点),且能被任何神经解剖学的结构所支持,这当中也包括在不同场合的不同结构的支持。工作记忆被视为一套机制,它能暂时保存与任务相关的信息以确保任务的顺利完成(Cowan,1999)。由Cowan、Ericsson和Kintsch提出的模型更关注如何确定具体的"储存",而并不太注重加工过程。Ericsson(Ericsson和Delaney,1999)和Cowan(1999)一致公然拒绝把他们的模型定为事先设置预定的结构,不仅如此,他们的模型是开放式的,他们允许其工作记忆自如地利用任何可用或合适的机制来丰富和发展他们的模型。造成这些差别的部分原因可能和当时的历史有关。Baddeley的模型是从早期的模型逐渐发展而成的,该模型提出了一个在短时间内维持的独立信息存储系统。Ericsson、Kintsch和Cowan的模型的问世相对较晚,它涉及了最新的研究——工作记忆(当前任务处理)与长期记忆(知识结构)的关系。工作记忆和长期记忆的概念分离是显而易见的,但是他们在神经解剖学上的分歧也受到了质疑(如Ranganath和Blumenfeld,2005; Ruchkin, Grafman, Cameron和Berndt,2003)。Baddeley和Logie(1999)捍卫了独立存储的观点,指出工作记忆作为新的刺激途径有着重要的作用。这个观点的提出是史无前例的,在长期记忆里开了先河。

第二,也是与本书研究直接相关的一点是,模型对执行成分的处理各不相同。Ericsson和Kintsch并没有明确地提出一个单独的执行成分。他们指的熟练的发挥大多依赖于过往的经验,在很大的程度上受到信息加工的影响。他们称,人们的大脑预期即将到来的刺激,运用分工明确的策略及依靠各种不同的线索进行加工处理。而Baddeley和Cowan为他们模型的执行成分赋予了一个至关重要的角色。在这两个模型当中,执行成分不仅与注意力集中系统密切相关,而且也与精力分配、有意识的处理有关联。在Cowan的模型当中,中央执行系统控制并管理着注意力集中系统和自动加工处理系统。与此相同,Baddeley认为,中央执行系统负责两个(或者更多)任务间的协调、注意力的选择、策略的转换及信息的操作处理等(Baddeley,1996; Baddeley,2002)。最近的研究趋势似乎不约而同地都在集中证明一个观点——执行控制与注意力控制在很大程度如出一辙,从而也凸显了执行控制的独特的角色。这样,注意力控制便是一个独立的实体。此外,有些个别的研究表明,注意力控制在高认知行为中比在工作记忆存储系统中更为重要（如 Engle、Tuholski、Laughlin 和 Conway，1999；Conway 和 Engle，1994；Feldman Barrett、Tugade 和 Engle，2004；Lépine、Bernardin 和 Barrouillet，2005；Cowan、Elliott、Saults、Morey、Mattox、Hismajatullina 和 Conway，2005；Engle，2002；Hester 和 Garavan，2005，Colom、Rebollo、Abad、Shih，2006；Buehner、Krumm 和 Pick，2005，他们认为存储成分是工作记忆中最重要的元素）。

第三，各模型之间对于工作记忆容量的大小及其局限性的性质存在分歧。Baddeley 认为，记忆容量的大小受时间的限制。他的理由是，语音环只能保持大约两秒内的语言信息。而该信息的实际存储量根据个人发音速度的不同而有所差异：能在两秒内阅读得多的人通常记得也要更多一些（Cowan，1999）。如上所述，Cowan 还认为有双重限制——时间的限制和容量的限制。如果记忆里被激活部分不能正常维持，它便会在10—30秒内退化。注意力集中系统仅限于±4项，但它们在系统中维持的时间却很长（Cowan，1999）。Ericsson 和 Delaney（1999）则认为，被激活的部分在数量上是没有限制的。正如前面所述，Ericsson 和 Kintsch 的模型认为线索的提取处于短期记忆中，但他们并没有说明，在同一时间里究竟有多少线索需多长时间才能得到激活。

上述三个模型在目前该领域研究中具有一定的代表性，但更为重要的是它们与口译研究密切相关。同时，人们还重点对结构模型和功能模型进行了比较，对执行控制系统和注意力集中系统的关系进行了分析，对工作记忆容量的性质和量化功能也作了概述。

工作记忆与口译

在同声传译认知加工的长期研究中，无论是在理论方面还是实验研究方面，工作记忆无不备受关注。在很大程度上，同声传译认知过程模型无不认同工作记忆发挥了关键的作用。值得注意的是，这个概念催生了不少新的模型（Gerver，1976；Moser，1978；Darò 和 Fabbro，1994）。有必要强调的是，多数工作记忆的理论及其在同声传译中的作用仅仅局限存储功能。执行功能几乎被排除在外，被忽略。然而，遗憾的是，迄今为止仍无专家学者对中央执行系统的研究进行过任何深入的实验。于是，笔者将简要地梳理关于工作记忆对同声传译作用的理论思想路线，并通过口译研究的成果对这些理论进行比较。而且是有选择性地讨论其中一些典型的模型及实验研究。目的在于对不同的工作记忆的研究方法无论是理论思维方面还是实践研究方面做一个解析，而不仅仅是简单地给此前的研究成果做一个笼统的简述。

工作记忆与同声传译的处理模型

20世纪70年代初期，David Gerver（1975，1976）首次提出了同声传译认知模型。Gerver 与专业译员配合进行了一系列试验，并根据试验结果提出了口译过程中心理处理的系列模型。该模型重点阐述了一个短期存储系统，在该系统里文本处理需经历不同的阶段。Gerver 认为，源语文本存于一个输入缓冲器里，并在那得到进一步地加工处理。在处理器忙于加工此前片段的同时,输入缓冲便把刚输入的片断储存其中。

按照Gerver(1976)的理论,文本处理是与能够激活相关的语言单位的长期记忆一起合作的。Gerver认为,这个阶段是纯粹的语言处理阶段,不涉及语言之外的成分。经过加工处理的信息然后通过输出缓冲器输出,而输出缓冲器能够选择性地监测这些信息。

Gerver的模型在以下几个方面显得别出心裁。首先,它是第一个能兼顾同声传译中短期记忆和长期记忆的模型,尤其是它提供了较详细的处理过程的叙述。其次,也是特别有趣的是,Gerver提出了两个缓冲器,它们各自负责一种语言(源语和目的语)。这个概念有独到之处,它结合了最新的研究结果(20世纪60年代末)——加工处理并不仅局限于一个单一的渠道,不同来源的信息①可以并行处理。另外,这种储存概念与现有的工作记忆模型并不一致,现有的工作记忆模型认为有独立分开的存储系统,但每一个存储系统都有各自不同的功能。因此,尽管迄今为止并没有理论和实验研究的支持,分别独立的输入缓冲器和语言输出缓冲器仍是Gerver模型的一大特色。最后一点,Gerver在他的模型当中使用了可操作记忆和工作记忆这一概念,不过,他并没有在其模型中详述哪些片段处理是由工作记忆完成的,他的理论对此也未加说明究竟工作记忆是属于结构实体还是功能实体的范畴(Gerver,1975)。遗憾的是,这个问题至今仍悬而未决,因为Gerver的模型(和其他处理模型)并没有在此基础上开展更进一步的理论研究和试验。

Barbara Moser于20世纪70年代中期提出了另一个同声传译处理模型(Moser,1978)。她的模型同样给工作记忆赋予了一个至关重要的角色。与Gerver所不同的是,她的模型对于片段处理的叙述更加详尽。Moser使用了一个不同的术语——生成抽象记忆(GAM)。在此需特别论及的是,这个术语与短期记忆的概念是相同的。

Moser的模型在以下几方面颇有新意。首先,Moser认为工作记忆(至少从所描述的模型和随后的语言说明上看是显而易见的)既是结构成分又是功能成分。生成抽象记忆负责几项重要的任务。它存储文本处理组块(语法和语义上经过加工的一连串文字,不过它并没有说明在多大程度上需要处理),这便是记忆存储功能本身。生成抽象记忆与概念库一道合作执行解码的工作,也就是进行语言转换。在执行这些操作的过程中,生成抽象记忆与长期记忆紧密配合,因为长期记忆储存了所有的概念——词汇,句法和语法规则等。Moser认为生成抽象记忆明显涉及输出。这使得生成抽象记忆外的释义及预测功能的发挥似乎有些脱节。在该模型中,生成抽象记忆不包括听的过程(开头),也不包括说过程(结尾)。如此一来,Moser并没解释清楚为什么把释译及预测功能排除在外的原因,究竟是哪些结构成分执行了这些任务Moser同样避而不谈。这个模型令人感兴趣的第二个方面是,生成抽象记忆等同于工作记忆,它的存储功能在这个模型中占据了突出的位置。20世纪70年代早期,认知心理学中的短期记忆被认为是一个纯粹被动的存储系统。就这个问题,Moser的模型在这方面的理论阐述给人有些含糊不清的感觉。因为生成抽象记忆拥有解码功能,Moser提出了一个最新的想法——工作记忆具有执行功能。遗憾的是,她没能透彻的解释她的模型,即便在她发表的文章里,仍然含糊

---

① 此处的信息被认为是信息加工的心理感知。任何内部或者是外部材料的输入都被称为信息。

其辞没能将其清楚地阐明(Moser,1978)。

下面本节将简单地讨论由 Valeria Darò和 Franco Fabbro 提出的第三个也是最新的模型(Darò和 Fabbro,1994)。作者结合了当代记忆心理学的研究成果和思想,并以此为基础形成了他们的同声传译模型。该模型与 Gerver 模型相似,以记忆力为中心,至于其他的处理工序和结构实体他并无兴趣。此模型最具特色的地方是它的理论与现行的记忆系统理论同出一辙。这个模型有两个记忆系统,即工作记忆系统和长期记忆系统,而这两个系统又有各自的子系统。其中,工作记忆系统是以 Baddeley 和 Hitch 的模型(1974年,Baddeley,1990)为基础的,但是 Darò和 Fabbro 只采用了他们模型中语言从属系统和中央执行系统部分。

从模型中人们不难看出,工作记忆担任着源语输入途径的角色。工作记忆最主要的是被动地存储源语文本信息,但是目的语却干扰了这项功能的发挥。所以,目的语限制了工作记忆的容量。另一点非常有趣的是,作者采用了中央执行系统的概念,却未给它赋予任何特殊的任务或者功能。这主要归结于以下几个原因:第一,鉴于当时心理学的技术发展水平,研究人员的兴趣只能局限于工作记忆的存贮功能。最早提出中央执行系统概念的模型是在 1974年(Baddeley 和 Hitch,1974),但这一概念真正受到关注却是在 90 年代中期,当时 Alan Baddeley 呼吁有识之士进一步研究工作记忆的执行功能(Baddeley,1996)。另一个原因是学者们对文字记忆更感兴趣。模型的第三个理论是,翻译过程是由两个独立的模块执行的。每个模块负责一个翻译方向,即从外语到母语,和从母语到外语。不过令人不解的是,如果译员要翻译另外两种语言他是否还需要两个类似的模块。

工作记忆及其在口译过程模型中的作用

在上述部分简略描述的三个模型中,它们的共同特点是把工作记忆视为口译过程的核心。毕竟,它对大多数同声传译过程模型来说是不可缺少的(Gile,1995,1997;Mizuno,2005,Seleskovitch,1968/1978)。然而,多数模型对于工作记忆在口译过程中执行特定任务的概念的解释却大相径庭。

三个模型有其明显的不同之处,第一个区别是模型的起源时代。所有的模型无一例外地或多或少均以当时的认知心理学的技术发展水平为基础。因此,如果按照时间顺序排列的话,Gerver 的模型是最早提出的,他把工作记忆定义为语言输入的被动存储。Darò和 Fabbro 也只考虑工作记忆的存储功能,尽管他们的系统里还包括了中央执行系统。然而,虽然 Moser(1978)的模型只比 Gerver 模型的提出略晚了几年,她给工作记忆赋予了非常广泛的负责协调和执行的功能范围。但该模型并没有清楚地指出,任务的执行是否由工作记忆(即生成抽象记忆,Moser 模型的专用术语)自身完成,也没有明确说明工作记忆是否充当了工作空间的角色——负责对需要处理的语言材料的收集,而事实上处理却是由独立的结构实体完成的。倘若是后者,那 Moser 的猜想与 Darò和 Fabbro 的模型理论不谋而合,他们均倾向于认为翻译工作是由独立自主的模块负责完成的。因此,虽然 Moser 对此解释含糊不清,但是她给工作记忆赋予的这些职能概念却颇有新意,时至30年后她提出的模型仍然没有过时。

第二个重要的区别在于模型建立所得到的实验支持的数据。众所周知,Gerver 和 Moser 的模型从来就缺乏单独的实验研究。他们发表的只是理论上的模型,建立在当时的认知心理学的理论基础上,反映的是个人的经验及部分实验研究结果;加之,他们的模型也没有随后进行任何测试和验证,因而,缺乏实验数据。而 Darò 和 Fabbro 的模型是以普遍的记忆理论为基础,而且他们对同声传译目的的解释是建立在大量的具体实验研究基础之上的。不可否认,虽然他们只完成了一项实验,但是在众多同声传译模型当中,这个最不起眼的试验却是最有说服力的。

它们之间的第三点不同是工作记忆处理所需的份额比例的差异(即处理信息的数量)。所有模型都认为工作记忆的作用责无旁贷,但每个模型赋予它的任务份额却不尽相同。Gerver、Darò 和 Fabbro 的模型理论均认为口译的过程依赖于工作记忆、长期记忆和非特定的翻译机制。然而,Moser 的模型只注重工作记忆、长期记忆与口译关系。似乎只有在 Moser 的模型中,工作记忆才是最主要的口译方法。

这些区别直接影响了他们在口译研究中的使用。在笔者看来,变通最强、最灵活的模型莫过于 Moser 的模型,它能允许直接的实验测试[①]。这一点并不适用于其他两个模型。在这两个模型中,工作记忆充当着中心但只是唯一辅助的角色。由于独立翻译模式的提出,人们对这些模型提出了质疑——工作记忆在口译中的作用是否超出了它日常生活的使用范围?这一点对于研究工作记忆在口译中发挥的作用至关重要。译员正是利用工作记忆来保存即将加工处理的译语材料。

工作记忆在口译工作者中的试验研究

工作记忆似乎成了大多数研究人员都感兴趣的研究课题。在这里,笔者将有选择地介绍可用的实验研究,以展示工作记忆在口译研究中的不同方法。

笔者要探讨的第一个研究是由 Presentación Padilla 及其同事所完成的(Padilla, Bajo,Cañas 和 Padilla,1995)。他们以当代文学为基础展开研究,论证了良好的短期记忆和工作记忆在实际的口译中的必要性(Darò,1989; Seleskovitch,1968/1978)。按照他们的逻辑,良好的记忆应是获得同声传译技能的先决条件;反过来,同声传译的技巧训练又促进记忆力的提高,两者相得益彰,可谓双赢。这些猜想取得了一个意想不到的效果:他们对三组人士(职业译员、口译专业学生和既没有口译经验又没有受过训练的双语人士)进行了实验,通过对结果的比较他们得出了以下三点结论:职业译员的记忆容量最大,其次是口译专业学生,最后才是非口译工作者。为了进一步验证这些结果,Padilla 等人对被测试人员进行了数字测试。在这个测试中,给被测试人员每人一组数字。每一组数字从二位到九位数字不等,数字的出现有视觉上的也有听觉上的。听完数字之后,要求被测试的人员按顺序回忆这些数字。Padilla 等人的测试选择的是听觉方式。通过对数字的测试比对,他们得出了结论,译员的工作记忆容量要远比非译员

---

① 这些测试并非毫无意义,能帮助模型明确工作记忆与口译的关系。

的记忆容量大①。

在另一项测试中，研究人员对加工处理功能和记忆的存储功能一并进行了测试。他们这次选择的是阅读（Daneman和Carpenter，1980）。在该项测试中，要求被测试人员阅读一组句子。不仅如此，还要求被测试人员不仅大声地朗读给出的句子（加工处理），还要求他们记住最后一句话（记忆）。与数字测试相似，每组句子的数量各不相同；朗读测试是2到6个句子为一组。这次测验的目的是检验他们能否按顺序正确回忆出词句的数量并最终检验他们的工作记忆的容量。这个测试是实验工作记忆最常用的测试之一。有时研究人员也采用听觉方式来进行听力测试。同样在本次测试中，职业译员展示的记忆容量要大大高出其他两组被测试人员(在统计报告中也是同样的结果)。

Chincotta和Underwood（1998）开创了另一个研究方法。他们对工作记忆的研究稍有不同，他们致力研究的是发音干扰。大量的实验研究证明，当记忆没能得到激活时，记忆的印迹就会受到影响。这是由Baddeley和Hitch（1974）提出的工作记忆模型中最基本的原理之一。同时实验研究再次证明，同时发音可以有效阻止记忆的激活。由于同时发音是同声传译的特点，因此发音的干扰问题对于研究有独特的意义。一般都认为，有经验的职业译员受到同时发音的影响要远比正接受口译训练的人和非译员小得多。对此，Chincotta和Underwood进行了一项实验研究，他们要求被测试人员在两个实验条件下完成数字测试。在第一组测试中，他们采用了常规数字测试的形式。在另外一组测试中，他们要求被测试人员在测试时大声复述一些互不相关的数字，以此来干扰大脑对数字的记忆印迹。这项测试推翻了他们原来的猜想，它表明，译员无不受到同时发音的干扰。

在第三种研究方法里，笔者要介绍刘敏华的分级口译技能水平测试（Liu，2001年）。刘敏华让三组译员（有经验的职业译员、高年级学生及初学者）翻译几个不同类型的文本。测试前刘敏华已经事先确定了文本的段落，通过这些段落来测评被测试人员选择和传递主、次要信息的能力及表达能力。所有的被测试人员都完成了听力测试。实验结果表明，这三组被测试人员的工作记忆容量没有什么不同，不过他们的口译水平却各有千秋。刘敏华对她的研究结果是这样解释的：工作记忆对于同声传译的影响并不大，影响较大的则是译员能否自如地驾驭其他的认知技巧。

工作记忆和口译的研究的发展前景

上述这三种类型的研究是对口译中工作记忆研究的典型例子。虽然这三种方法之间存在差异，但它们也有许多共同之处。多数实验研究几乎都离不开这个假设，那就是专职译员的工作记忆容量要大于非职业译员，并在这个假定基础上进行进一步实验论证。研究人员使用较少的是第三种类型，除了刘敏华外很少有其他学者把工作记忆和

---

① 遗憾的是，这项研究结果及Padilla等人（Bajo，Padilla和Padilla，2000年）的其他研究结果都没有刊登报道。作者没有对统计进行分析，因此群体的差异只能通过图表才能反映。据推论得出的统计并不完整（只报道了主要结果，没有成对的测试结果）。这些试验表明不同群体间存在着显著的差异。因为缺少更进一步的研究，所以无法说明哪个群体更加出色。

口译测试结合起来用于实验研究。实验表明,口译技巧能引起认知结构的变化,而译员和非译员一旦通过标准测试工作记忆并进行比较后,这些变化是明显的不同。这种假设在 Gerver 或 Darò 和 Fabbro 的模型当中也有所反映:译员的工作记忆与常人的工作记忆无论是在结构上还是在功能上并无明显差别,所不同的是,译员通常是运用工作记忆来记住口译的语言材料。这种差别主要是译员不断的强化和实践才使得他的工作记忆容量比普通人的大。然而,这种假设仍然没有得到可靠的实证。第一种类型的研究方法(译员与非译员的工作记忆容量比较)是最常见的:约有半数的比较表现出译员的工作记忆容量较大,另一半则没有。这种类型的研究方法比较受欢迎,原因在于,多数对同声传译中工作记忆的研究都以 Baddeley 和 Hitch 的模型为出发点。作为流体系统一部分的工作记忆,其容量在人的一生中被认为是固定不变的,所以,作为旨在量化工作记忆存储容量的测试,其本身无可厚非。然而,多数实践结果则倾向上面刚提到的观点,译员工作记忆容量较大的原因主要是由于强化训练的结果。目前,人们仍尚不清楚在 Baddeley 和 Hitch 的模型当中这种说法在理论上是否站得住脚。正如笔者在第一部分里讨论的那样,还有其他一些研究,但是这些研究在口译研究中不是那么有影响力(Mizuno,2005)。Baddeley 和 Hitch 的模型高度集中于它的结构,很可能他们的研究没有直接涉及译员最感兴趣的问题。

如上所述,口译工作记忆的理论模型及其实验研究存在着明显的矛盾。众多的实验研究纷纷不遗余力地试图揭示这样一个假设:译员的工作记忆能力要比非译员杰出。但是,理论模型却并没有说明为什么需要这么杰出的能力。在三个模型中有两个模型认为,工作记忆是负责存储,等待和译语输出。人们都知道,同声传译过程中的时间间隔只有短短的几秒钟,因而所需的存储容量远大于正常的存储限制,但是人们目前仍无法完全弄清为什么译员能够拥有如此强大的存储容量。第三个模型似乎着重于工作记忆的协调功能,然而这些功能并没有进行充分的试验。

综上所述,笔者在这里将提出一个新的口译中工作记忆的研究方法。首先,除了工作记忆的存储功能以外,它的其他功能也应包含在测验范围内,其中必须包括工作记忆的执行功能。例如,Moser-Mercer(2005)曾经提出注意力集中是衡量口译能力的关键,工作记忆的其他执行功能也应更进一步地研究其在口译中的作用。正如第二部分所说及的工作记忆研究的最新理论,工作记忆的执行功能能抵抗干扰、保护任务的执行和处理等等。这些功能在口译过程中都是高度关联的,值得更进一步探讨。

其次,笔者认为,口译在测试中必须享有突出的位置。迄今为止的大部分实验研究都只是在对译员和非译员之间进行比较时间接地涉及到口译。诚然,这样的做法无可厚非,但过多地依赖于假设性的说法,例如口译技巧能改变译员认知结构的永久性变化,欲弄清这种变化,人们可通过标准测试来验证等等,是否可取有待商榷。相反,刘敏华的研究却给人们耳目一新的感觉,一种新的启示。因为他们对口译进行了实质性的实验,所以他们对结果做出更直接的解释是无可非议的。假如工作记忆与高级认知行为有关,那么可以肯定的是,工作记忆与同声传译同样不无相关。但问题是,这种关系的建立难道非得译员展示出比非译员超强、出色的记忆能力才能体现出来?为了有效梳理工作记忆和口译的关系,笔者认为一个更直接的对比远比间接、迂回的表述更有说服力。笔者相信,刘敏华的例子是一的很好的借鉴:量化工作记忆,测试口译能力,以及比较不同译员的工作记忆与口译水平等。凭借这种方法,人们便可以从中弄清工作记忆不同的职能以及这些职能是如何影响口译的。为了能给工作记忆和口译建立一个更加强有力的理论实例,这种方法是必需的。由此看来,本书不能仅仅对它的必要性进行简单的陈述和妄下结论。

第二节 同声传译与记忆

记忆力训练的重要性

Shuttleworth 和 Cowie(1997:83)把口译界定为"文字口头翻译"。Mahmoodzadeh(1992)对口译做了进一步解释:口译就是把源语所表达的意思,以发言人的口吻,以同声传译的形式或者以交传的形式用目的语再现出来。所有译员,不论是新手还是经验丰富的译员,无不感觉到这个职业超强的技巧性和挑战性。Phelan(2001:4)指出,"从事这项工作的译员必需每天保持良好的心态。一个不称职的译员只会成事不足败事有余"。Phelan(2001:4—5)认为一名合格译员必备具备以下素质:"译员需具备良好的短时记忆力,他能把他刚听到的源语信息迅速记住,同时还必须具有很好的长时记忆能力并能运用这一能力把源语信息转换成目的语。他不仅具有分析能力、处理转换源语信息的能力,而且还必须善于集中精力,善于全神贯注"。

Mahmoodzadeh(1992:233)同时也强调,一名娴熟的译员应该拥有超强的记忆力。Daniel Gile(1992,1995)在文章中特别论述了口译工作中的困难和译员的精力分配,以及要克服这些困难所需要的策略。他认为,对困难熟视无睹或估计不够终会导致难以想象的后果。为此,针对口译他提出了"认知负荷模型"理论,强调该模型能够帮助口译工作者认知口译过程中的困难,并能够采取相应的策略和方法予以应对。该模型是以处理能力理念以及与此相适应的心理活动为基础的。根据Gile(1992:191)的研究,交替传译分两个阶段:听译转换阶段和重组阶段。

第一阶段:I=L+M+N

I指的口译,L表示听辨源语的过程,M是接收信息与做笔记之间的短时记忆差,N指笔记。

第二阶段:I=Rem+Read+P

在交替传译的第二阶段里,译员要提取短时记忆记住的信息并进行重组(Rem),浏览笔记(N), 并输出译语(P)。Gile的同声传译的认知负荷模型是:

SL=L+M+P

SI=Simultaneous Interpreting

L指听辨源语的过程,包括借助听力机制理解源语的整个心理活动,以及译员接收源语过程中的筛选和取舍。

M指的是短时记忆,指译员记住源语的片段,再用目的语输出的整个心理活动,这当中包括译员由于记忆不全而造成的省略,或者译员在译语输出前必要的取舍。

P表示译语输出,指译员用数据或以易于理解的目的语输出的整个心理活动的过程。Gile(1995a:93)认为,所谓记忆力分配就是指译员从听到的最初几个词到最后完整听完全句大意这一过程。人们无不公认同声传译信息存储的艰巨性,这是因为源语的信息量、记忆的速度及信息的提取无不受到发言人的制约。

在两种模型里,Gile强调了短时记忆的重要性。在他看来,这是初学阶段必不可少的技能之一。在口译所有的技能中,记忆技巧是译员需要特别加强的一个环节。

短时记忆与长时记忆

从心理学的角度分析,人们把记忆分为短时记忆(STM)和长时记忆(LTM)。顾名思义,短时记忆就是在短时间内记住信息,短时记忆无需运用神经机制来为一段时间之后的信息提取加强记忆。长时记忆是指利用神经系统储存信息,这些数据能在数周、数月乃至几年后仍能记忆犹新。为了确保长时记忆的有效性,人们必须有意识地将信息储存在自己的记忆里以便日后提取。长时记忆是一个需要不断学习的过程,它对于译员来说是一个非常重要的知识储备的过程。因为长时记忆所储备的信息能持续几分钟到几周、几个月、甚至是人的一生。相反,短时记忆的持续时间有限,充其量是30秒。Peterson(1959)的研究发现,他所实验的短时记忆能持续6到12秒,然而Atkinson和Shiffrin(1968),以及Hebb(1949)的研究表明,这个时间不超过30秒。口译的特点要求译员必须充分利用短时记忆。因为口译任务一结束,译员会承接下一个任务,而这个翻译任务所涉及的内容、主题和发言人会截然不同。因此,短时记忆是译员所需要的最基本的记忆技能。

短时记忆的主要特征

信息输入:一般来说,信息进入短时记忆是通过注意力受到刺激的结果,根据Sperling(1969)和Crowden(1982)的研究,这个过程转瞬即逝,只需要1/4秒。然而McKay(1973)的研究却得出不同的结果。他声称不经意的信息也能进入短时记忆里。

容量:如前所述人们知道,短时记忆的内存容量小而且非常有限。Atkinson和Shiffrin(1968)认为,人们一次充其量只能接受七种信息;Miller(1956)则把这些内存容量称之为"七个组块"。也有学者提出其他的观点,短时记忆受限的原因并不是内存容量的大小,而是与其处理能力密切相关(Gross:1990:55)。

特性:运用短时记忆储存信息,需要对其代码进行破译,这个过程有诸多不确定因素。概括起来主要有三种:(1)听觉(音素)。代码通过次声道回荡(Conrad, 1964和Baddeley:1966)。(2)视觉。用图像而不是声音存储信息。这种情况一般适用于非语言物质,特别是很难用语言加以形容的事物和概念。在特殊情况下,有些人能具备这种

"图像记忆"。但 Posner 和 Keele(1967)则认为,记忆代码对于大多数人而言,远没有图像记忆有效。(3)语义代码。语义代码是寓意义于信息中,一般与抽象事物有关,是用文字对抽象事物进行的解释(Baddeley:1990,Goodhead:1999)。

信息缺失:至于短时记忆的内容为何会转瞬即逝,目前理论界有三种说法:

(1)代替——当存储能力达到饱和,现存的信息就会被新接受的信息取而代之(Waugh 和 Norman:1965)。(2)衰退——信息随着时间的推移而被淡忘进而退出记忆(Baddeley, Thompson 和 Buchanan, 1975)。(3)干扰——同时存储的其他信息会影响原信息(Keppel 和 Underwood:1962)。

提取:从短时记忆里提取信息有几种方法:(1)连环搜索——短时记忆的信息经过筛选取舍然后提取所需的信息。(2)对某一事物在关键时刻的激活(Baddeley:1990,Goodhead:1999)。

记忆训练

短时记忆在口译中的作用十分重要。短时记忆训练的目的是为了帮助译员更好地理解源语,进而使译员的译语准确到位。正如 Lin(1999:9)等所指出那样,"在交替传译中,记忆的目的无非是达到对意思的理解并通过语言顺利传递"。理解是成功完成口译的第一步。因此,记忆力是译员早期训练必不可少的基本功。记忆力的功能在交替传译和同声传译中不尽相同,因为交替传译中记忆的持续时间比在同声传译中的记忆持续时间相对长。因此,交替传译和同声传译在训练短时记忆过程中所采取的方法也各有不同。众所周知,译员的源语来自发言人。根据 Gile 的认知负荷模型,口译是以短时记忆为中心的语言活动;口译的过程可以用以下公式代替:

破解源语信息+存储信息+提取信息+转换成译语

一般来说,交传译员最多有15分钟(取决于发言人发言停留时间的长短)的时间来编码并储存信息。这便是 Gile 的交替传译认知负荷模型的第一阶段。在其第二阶段,译员开始提取信息,破解该信息并转换为译语输出。而在同声传译中,听(编码)和译(解码)几乎在在同一时间进行,信息存储的时间极其有限。因此,同声传译翻译第一步就是理解源语的信息,这是记忆力训练的关键。

如前所述,借助短时记忆存储信息有三种方式:(1)听觉;(2)视觉;(3)语义。视译一般是译员通过多媒体幻灯进行的翻译,译员同时借助材料进行视译。但在多数情况下,译员通过听源语来翻译。因此,人们应对此涉及相应的训练方法有:

源语复述:教师亲自为学生朗读或者播放一篇大约200字的文章录音,最好不让学生做任何笔记。然后要求学生尽量用源语语言复述。经过一段时间的复述练习后,再要求学生采用以下方法来训练。归类:对同一特质的物品进行归类;归纳:从文中所给的特定的例子或者信息中进行总结归纳;比较:关注事物的不同之处和相同之处;描述:描述一个场景,一种形状,或者一个物体的大小,等等。鼓励学生在2和5项练习中,最大限度的用自己的语言进行描述、总结以及归纳。影子跟读练习:按照 Lambert(1899:381)的定义"它是一种有节奏的、紧跟他人模仿的一种练习;它要求对提供的听力刺激材料快速跟读,头戴耳机逐字逐句地鹦鹉学话般的重复跟读源语"。这种方法比较适合同声传译译员的训练,可以帮助译员学会注意力的分配技巧以及强化他们短时记忆的能力。

记忆力训练的另外一个比较有效的办法就是辅助记忆力的培养。它是一种方法,就像是一个公式或者一种韵律,能够辅助记忆。辅助记忆的特点就是它能够帮助译员记忆难以回忆的信息。比如,"30 days hath September"就是一个很好的训练教材。它的基本原理是充分发挥大脑的各个功能,以便破解信息。

人脑已经进化到能够对复杂的刺激进行认知,人脑能分辨各种事物如图像、颜色、结构、声音、气味、嗅觉、触觉、空间感、情感以及语言——人正是利用这些刺激来加深对复杂环境的理解。因而,人的记忆包含了这些特征。

不过在一般情况下,人们获得的信息莫过于来自书面材料。书面语反映了人类的进步,它是人类大脑众多技能和可用资源中的一种形式。辅助记忆靠的就是所有这些资源。通过破解一个个复杂的语言和数字,人们就能够准确可靠地破解这些信息及其结构,以便日后轻松回忆和随时提取(Manktelow:2003)。

最后,本文建议在训练中有必要加入干扰练习(例如噪音),这样做能预防在短时记忆里的信息丢失,因为环境因素以及其他的存储信息可能会降低已经破解的信息。在录音里有意识"插入"噪音作为背景是值得推荐的一种课堂练习,这是一个非常行之有效的方法,能够促使学生注意力高度集中从而达到强化他的短时记忆能力的目的。

短时记忆是口译不可或缺的组成部分,然而长期以来,记忆力训练未能得到应有的重视。综上所述,本文有理由相信——口译中的记忆力技巧可以通过有效的训练得到加强。一旦译员拥有良好的、训练有素的短时记忆力,他从此便获得了存储信息和解读信息的技能。因此,本文呼吁大专院校在口译硕士研究生的程设计中适当安排"记忆力训练"的教学内容,确保学生译员的翻译更加高效。

第三节 工作记忆与同传处理模型

引言

对工作记忆的研究有助于更好地探索同传的本质,因为工作记忆揭示了影响同传认知的内在特征。我们知道,同传与听、译密切相关,而工作记忆又是影响同传译出语质量关键的关键(Asaka,1994)。同传工作记忆的最新研究为人们进一步探究同传认知提供了启示。为此,本节将根据工作记忆的最新研究成果,探索影响同传认知的种种因素。

同传与译出语抑制

同传是指听说同步或边听边译。同传有时也用于心理学实验研究,它要求被测试对象在读一篇文章或听一篇发言稿的同时不停发出"the"或"bla"等单音节词，这种实验就叫做"发声抑制"或"同时发声"。Baddeley et al(1981)指出，发声能抑制默读，干扰人们的理解与记忆。在同传研究中，边听源语边输出目的语也被视为一种发声抑制，它既影响译员的理解又干扰译员的回忆。Hulme(2000)认为，同传与'短时记忆中的发声抑制别无二致'。为此，许多学者如 Daro and Fabbro（1994）；Padilla, Bajo, Canas, and Padilla(1995)；Isham（1994 and 2000）；Chincotta and Underwood(1998)；Hulme(2000)；Bajo Padilla and Padilla,(2000)；Shlesinger(2000) 对这一领域都先后进行了不遗余力的研究。

Isham 与 Daro (1994)也认为，发声抑制的确能影响词句回忆。无独有偶，Shlesinger(2000)也指出，尽管默读受到阻碍时人们仍能完成某些任务，但提取、推断这样的额外认知活动需消耗的精力会影响译员默读效果。而 Chincotta 与 Underwood (1998)则认为，发声抑制并非可怕，相反它为译员存储源语，寻求目的语的对等赢得了时间。Baddeley (2000)在最近发表的一篇文章中指出，发声抑制的影响的确不可小视，但人们不必如临大敌。通过训练听觉记忆人们发现，数的记忆规律一般是从 7 位降至 5 位，不可能再继续降低。短时听觉记忆严重受损的患者与听觉记忆只为 1 位数的人在视觉帮助下同样也能回忆到 4 位数。Martin (1990)的研究也表明，"患有严重发声与听觉障碍的人仍可应付可观的语句，成人的听觉记忆只是整个语言处理系统的一部分，这部分只在成年特殊的语言阶段发挥作用"。

上述研究使人们难免得出这样的结论：(1)边听边读对译员的影响并非令人生畏；(2)译员通过某些战略的合理运用可以做到弥补发声抑制带来的不良后果。正如 Bajo, Padilla,Muñoz, Padilla, Gómez, Puerta, Gonzalvo, and Macizo (2001)等学者指出的那样，"尽管译员的发声环被挤占，但他工作记忆处理信息的能力并未因此而减弱"。

有一点是肯定的，同传译员必须尽可能地延长信息存储时间，这对于训练有素的译员而言似乎能做到坦然处之。不过，人们不能低估"无关言语"带来的潜在威胁(Gupta 与 MacWhinney 1993)，因为它不仅干扰译员目的语输出，而且它还要挤占原本属于信息存储的空间，这给译员增添了额外的负担。至于译员是如何平衡两者之间的关系，一种可能是他具备了超强的听辨存储优势，能排除这一干扰。同传中的发声抑制值得进一步研究，然而，同传处理模型解决的关键并不是同时发声问题，而是来自其他方面的挑战。

记忆系统与控制中心

Osaka (2002)指出，同传是一项要求高、难度大、工作记忆处理几乎达到极限的任务。要想完成该任务，译员需同时具备良好的听辨、理解、信息储存、信息提取、输出、监控等处理能力。工作记忆难以独立承担所有这些任务。这些任务中的听辨、理解主要依赖语言理解系统，而输出则是通过语言输出系统。这两个系统均由语言处理中的工作记忆负责，控制中心与记忆系统是提供服务的"工作站"。语言转换或翻译由中央处理系统与长时记忆完成，各种信息包括同传的译出语均存储在工作记忆系统里。值得注意的是,同传信息存储并不是人们原来认为的那样是回忆在起作用。

McDonald 与 Christiansen (2002)指出,为了保证输出,同传译员与被测试人员均需边读边记住必要的数或词句,不过,同声传译任务处理的难度略大于后者。同传的不同之处在于译员需尽可能地延长信息存储时间(语音、语义及上下文)以便顺利输出,完成译出语之后,译员并不需要再保留这些信息,也无需对它再回忆。

尽管工作记忆模型名目繁多,最实用的莫过于 Alan D.Baddeley 与 Nelson Cowan 的模型。不过,Baddeley 提出应在其现有的模型中补充"插话式缓冲"成分方能更加完善,因为他的三个模型并没有解释前面提到的抑制发声以及数据回忆的真正原因。按照 Baddeley(2000)的观点,人们一般能回忆 16 个以上的有意义的句子,这一点与 Cowan 的模型却大相径庭。不过还得指出,尽管"插话式缓冲"的补充较好地解释了同时处理不同密码的信息,不过,对插话式缓冲的功能的解释仍不充分,正如 Baddeley 自己承认的那样,"中央处理系统与插话式缓冲仍有待进一步研究(Andrade,2001)"。

Cowan 的嵌入式工作记忆处理模型

Cowan 的工作记忆模型是一个嵌入式模型,它包括(1)中央控制,(2)长时记忆,(3)积极记忆,(4)注意力(见表2)。它涉及了一项任务所需的所有信息:(a)精力集中的记忆;(b)精力不集中但经过临时激活后的记忆;(c)通过适当线索提取的消极记忆。积极记忆是长时记忆的一部分,而精力集中又是积极记忆的一部分。精力集中由中央控制系统决定(Cowan,1999)。

换言之,"有些必要的信息潜伏在精力集中部分;而有些却处于十分活跃的状态,随时待命高度集中;另有一些是长时记忆里的相同相似语境,可以随时提取"(Cowan,1999)。Cowan 把他的模型称作"虚拟"短时记忆,该模型有一定局限性。事实表明,记忆激活受时间限制,它通常在 10 到 20 秒之内受激活之后便很快退出记忆,一旦需要时需重新激活。另外,精力集中也有其局限性,注意力一般难以集中 4 个以上的互不相干的事物,虽然通过联想能有效提升注意力的发挥(Cowan,1999;2001)。任何有意识回忆的信息均有局限性,只有精力集中的信息方可用于认知、用于输出转换(Cowan,2001)。由于精力集中有受限,一旦信息超过其限度,此前存储的信息便失去有效性进而被取而代之(Haarman and Usher, 2001)。这种取代可通过下列图形说明:

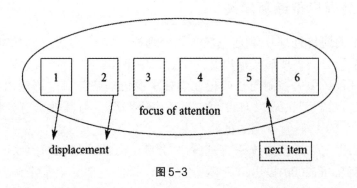

图 5-3

"精力分散与精力转移"是认知学长期以来争论不休的话题,然而,它对于同传处理模型的构建意义深远,它与译员训练息息相关。因为,如果通过精力分散的训练人们就能达到双重任务训练的目的(熟能生巧),那么,边听演讲边做心算这种看似无关的训练并非不可行。至于同传,Cowan (1999/01)实践证明,"译员不太可能在听译之间合理分配精力"。相反,译员之所以能应对是因为其一,他的任务的某个部分已变得机械,其二"译员已具备了在两者之间自由转换的能力"。换言之,听、译之所以能够做到同步是它已自动化,译员对听、译转换已做到了驾轻就熟。

Cowan记忆的其他特点

Cowan的模型与Baddeley工作记忆模型从属系统有异曲同工之妙。Cowan的记忆激活成分与被动储存(听存)相差无几,注意力集中在Baddeley模型中的中央处理系统存储功能得到了反映(Cowan,1995),虽然Baddeley(1993)放弃了对中央处理存储功能的研究。Baddeley的发声控制也是一种记忆重启过程,即中央处理系统负责记忆重启的日常活动(Cowan,1995)。默读训练"的目的是将注意力锁定在中央处理系统以便重启信息"(Cowan,1999)。在评价Cowan的模型时,Baddeley(2003)肯定了Cowan的模型与他的多成分模型机缘巧合的特点。总而言之,Cowan的工作记忆模型在某种意义上与Baddley的模型正好不谋而合。

Cowan(1999)最后在其记忆模型里还提到了"提取意即将经筛选后的选项进入注意力"的观点。虽然从长时记忆中提取信息受时限,由于这一切必须在规定的时间内完成(如提取对应表达),但从积极记忆的提取"必须从速,因为记忆在10到20秒之内即将退出记忆"。换言之,将激活的信息转换到注意力这个过程受转换率限制。从Cowan的模型不难看出,快速处理记忆中的信息对于同传译员的重要性不言而喻。人们知道,译员有时为找不到目的语对应的词句而不知所措,这不仅对译员带来尴尬,更重要的是它影响译出语质量。人们同样也知道,延迟译出语输出会带来一系列不良后果。译员对接踵而来的源语信息不但应接不暇,而且对于本来简单易行的句子反而手忙脚乱,不是信息不畅就是译出语质量大打折扣(Gile,1995),甚至会有全篇被译砸的可能。一旦这种情况发生,他应当采取合理的翻译技巧尽量缩短听、译时间。

嵌入式处理模型最新发展

本节提出的同传处理模型是在嵌入式处理模型基础上进一步发展形成的,模型里的工作记忆系统与语言理解与输出是一个有机的整体。

如图5-4所示,中央控制与长时记忆囊括了源语理解与目的语输出两大系统。长时记忆包括的是源语、目的语以及自动转换程序(翻译)。与其他语言处理系统所不同的是,该图具有浅显易懂、直观明了的特点。

现有的工作记忆模型对于语言理解/输出系统与工作记忆的关系不加区分,也不作任何解释。而Saito(2000)提出语音环功能是听、译的一部分则是个例外。换句话说,语

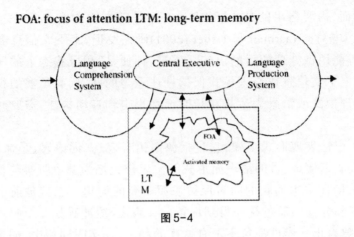

图5-4

音环的功能源自听、译之间的互动。他在 Gathercole 与 Martin (1996)研究的基础上提出了语音存储是一种利用语言听力系统假记忆的观点。Watanabe (1998)也指出，即便没有暂时信息存储，注意力的保持与分散以及选择合适的方式仍不可或缺。也就是说，中央处理系统涉及的不仅仅是工作记忆内在的功能。这些观点表明，工作记忆与语言处理系统有着局部重叠，密不可分的关系。

Cowan (1995)指出，中央处理系统负责注意力集中的控制与工作记忆系统协调的关系，它自身不具备存储能力(Baddeley 1993)。如前所述，中央处理系统是语言处理系统必不可少的部分。一旦发生注意力转换或任务协调因拖延不能及时完成的情况，译员不得已只好停留在某个词句上，这样的结果往往是信息输出零碎、词不成句(Towse & Houston-Price 2001)。同样，如果聆听源语与输出目的语之间重组的时间过长，就会导致该输出的信息不能得到及时输出，严重影响译出语效果。倘若由于协调不当出现了中央处理系统中两个或多个任务相互博弈的情况，又会导致互相干扰，译出语质量下降。这种"任务拖延所造成的后果"与 Gile(1995)提出的精力分配模型中的处理能力饱和不约而同。

工作模型信息码的本质

积极记忆里的信息码包括语音与语义。积极长时记忆里的语音信息退出时，需要重新激活才能进入注意力，而语义信息则会自动保留较长一段时间(Haarmann 与 Usher 2001；Martin 1990)。语义短时记忆保留这些被积极存储的词义，直到它们融入随后的句子中。这个词义保留点就是"位于或接近注意力的地方"。Haarman, Davelaar, Usher (2003)等学者进一步用实例说明工作记忆中的语音、语义记忆的关系，指出语义记忆涉及快速信息计算，而语音记忆常用作为后备系统。语义短时记忆系统成分同时也存储与之相关的词句。此外，语义记忆或语义表达不仅涉及发言人明确表达的含义，而且也包括译员根据上下文所推测的含义或整合这些含义的宏观内容(Muramoto 1998)。心理模式或情景表达也是通过文字信息与译员的知识互动产生的，并且留在工作记忆里(Glenberg et al.1987)。心理模式或情景表达将在整个同传过程得到更新，直到新的心理模式出现。然而，需要指出的是，这种表达并不是随心所欲地可以呼之欲出(Zwaan 与 van Oostendop 1993)。Haarman 与 Usher (2001)研究发现，上下文信息需要在积极的状态之下保留，方能用做处理随后的语句。不过，即便是"积极状态下的"注意力，译员也很难做到在将上下文信息或心理模式保持在注意力的同时，有足够的精力处理多项任务。有可能心理模式或情景表达是在长时记忆里得到自动构建，需要时它可以随时进入注意力。

因此，工作记忆表现形式多样，它包括源语语音表达、词语表达、命题表达、推理结果、情景表达或心理模式、目的语表面形式等。工作记忆为源语听辨与目的语译出语提供了一个缓冲，即在重组词句的同时保留源源不断的词句。也就是前半部分词句在重组的同时，后半部分词句通过缓冲得到保留。换言之，缓冲犹如一个将填充剂保留直到它找到填充空隙为止。译员都免不了有这样的经历，在实际同传中，词句不停进入译员的耳际，往往前部分词句还没来得及重组输出，后面词句源源不断地堆积起来。此时的缓冲便在译员句子处理跟不上输入的速度时发挥了作用。保留在缓冲的词句多寡依赖于译员词句处理时间的速度而定(Martin 1990)。

同传认知局限表明了资源适度管理与任务处理时间的重要性，因为，同传必须在工作记忆资源与语言处理系统限制内进行。特别需要指出的是，译员切忌过分加重注意力负荷，尽量在记忆力退出之前就完成语言处理与提取。

语言的差别

Kaplan(1996)根据自己对以英语为外语或二语的大学生写的600篇英语论说文的分析对比，提出每一种语言和文化都有其独特的段落写作模式。英语段落的发展开门见山，平铺直叙，呈直线形；阿拉伯等闪语的段落发展呈平行结构，西班牙语等罗曼语的段落发展常偏离主题，呈崎岖拐弯形；俄语的段落常夹杂补充发挥，呈枝蔓横生形，而汉语等东方语言的段落发展往往绕圈子，呈螺旋形。由此可见，任何一种语言都有其独特地表达形式和行为规范，这一点同传也不例外。如前所述，同传涉及一系列的转换、调整如调整词序以顺应目的语的表达习惯，在后半句未到来之前存储前半句，经迅速调整后将其输出符合目的语语法规范的词句等等。有时在这个过程中，译员为了某个关键词或者主语的出现(如日语)不得不等到句末。可以说，所有语言组合的同传都难免或多或少要面临这样的尴尬，英汉组合也是如此。它们之间的差异人人皆知。不过，了解这些差异并进行必要的应对对于提高译出语质量大有裨益。

汉译英

英汉最明显的特点莫过于结构上的不同。英语是"主谓结构"，汉语讲究的是"主题"结构即话题——评论。汉语通过上下文可以判断主语所指或直接将主语省略。英汉的另一特点是英语重结构，汉语重语义，英语擅长句，汉语以短句见长。英汉的第三个特点是汉字不是字母组合而是单音节词，因而，汉语句子说起来要快于英语句子。这便是为什么译员在汉译英时常要做适当补充说明的原因。另外,汉语动词无人称、数、时态标记,也没有定冠词与不定冠词之分,这也给同传译员记忆增加了一定负荷,译员转换时需额外添加这些成分。汉语的名词化结构对于译员而言也不容忽视,它要消耗译员额外的精力。英汉之间修饰语的差别也时常令译员望而生畏,因为英语是右分枝,而汉语是左分枝。这个过程的听、译转换无疑将增加译员的记忆负荷。根据 Gile 的精力分配模型,原本简洁明了的中文源语往往被英语表达的特殊性所需的额外精力所抵消。这一点同时也印证了 Seleskovitch 的观点。

英译汉

研究显示,母语为汉语的译员在英译汉时所花的精力要远远超过汉译英所耗的精力,这说明译员常常不由自主地选择逐字翻译。另外,汉语语句比重较大的发言稿也时常令译员不寒而栗。这样的结果导致译员难以译出真正地道的英语,于是在无奈之下只好借助被动句来处理,而被动句在汉语里用法有一定讲究。一般说来英语的被动句数要远远高于汉语被动数。面对这一矛盾,译员一定要具体情况具体分析,切忌机械生搬硬套。

英语的结构涵盖大量的关系词、连接词和引导词,这种"形态语"有语言清晰明了、层次分明、逻辑严密等特点。因此,理解时必须理清句子的语法结构,理顺句子中各成分之间的语法关系。这种复合句句式虽然在发言稿中不常见,但它给译员带来的麻烦却不可小视。不过,汉语突出主题结构的特点却客观地提供了便捷。句子中的"主题"既方便又灵活,译员不必盲从地一味遵循英语的"主谓结构",可以根据对"主题"的理解再有机地连接起来。这种优势有助于译员在重组时,无需把精力过分用于短时记忆存储意群之中,客观上减轻了记忆负荷。例如,译员可以在不需要改变意思的前提下或受其影响就能顺利译出这些意群。"Shanghai is his second stop/during his trip to China/where he would attend an economic forum/before he leaves for London." 如果将这一句译成比较理想的句子,译员则要花较长时间转换,对记忆的负担可想而知:访华结束回国之前,他将赴第二站上海参加经济论坛。"主题"结构的便捷对于应对同传中的复杂句子特别有效,它可大大降低译员的压力,提升译出语质量。

结语

本章根据工作记忆提出了同传处理模型的粗略框架。值得一提的是,本模型有待进一步完善,其可行性仍需进行大量的实证研究加以论证。建议将该模型与其他理论在相同性与差异方面有机结合,这样会更加彰显其优势。

第六章

同声传译质量

第一节　语用与同声传译质量

Charles Morris (1946)对语用学与句法学、语义学的概念和它们之间的关系曾作过经典论述,他指出:句法学研究的是语言符号之间的关系,语义学研究的是语言符号及其所指之间的关系,而语用学研究的则是语言符号和使用这些符号的人们之间的关系。此外,他还在其行事分析研究领域保留了语用学的概念,Austin (1962)和Searle (1969)两人共同研究的成果对这一领域的早期研究做出了贡献。

本章探讨的目的是采用广义的语用学概念,本文的语用学是指在以目的为主的语境中语言的使用。在这种语境中,发言人使用语言的目的是对听者的思想产生特殊影响。因此,语用学研究的是特定环境下的语言,与一般意义上的交流并无明显差别。

本章关注的另一个关键性问题是质量这一概念。为了便于研究,笔者暂且把质量定义为任何服务,包括翻译在内,这种服务的宗旨必须以优质标准来衡量或满足某一特定的标准(1976,韦氏大辞典)。本章认为,人们至少可以从两种不同的角度来审视质量,一是从语言学角度,二是从语用学角度。从语言学的意义上来讲,要衡量翻译质量的优劣,需遵循一套严格的标准,它要求用源语和目的语所表述的信息在形式上和内容上都要实现对等。对等在这里的意思是相同或相似;一致指的是意思和形式相同或相近、对应从严格意义上来讲是最接近的翻译,因为它超越了两种不同的语言。可见,学者们别出心裁,萌发了此类概念并用它来研究源语和目的语中的文本。它的通行做法是,将目的语和源语进行严格的对照以此来衡量译文的忠实程度。遗憾的是,这些概念并没有考虑到译员进行翻译活动时上下文的变量。尽管如此,笔者认为它对研究口译的过程仍然十分有用,有积极的借鉴作用。例如,人们可以提供尽可能完整的翻译文本(对应文本)作为参考,以便检查译员在翻译过程中的省略、添加以及替换,并找出其中的原因。这个步骤类似于一个著名的语篇分析方法,即通过提供遗漏的部分来研究各种前提。

从语用学角度来而言,质量并不是一个绝对值,质量与上下文紧密相连,质量完全取决于上下文。换言之,有了上下文,质量便不再那么简单直接了,相反它变得异常复杂。有了上下文,质量会因为环境的变化而变化,翻译环境不同,译员侧重点也就不同。本书假设有以下变量:
——发言人的身份及听众的身份;
——发言目的;
——发言人对自己的发言的态度及听众的态度;
——听众对发言的态度及发言人的态度;
——译员的能力、判断力、态度和应对策略;
——发言的形式;
——发言的感染力;

——现有的互动规则以及与会听众的行话规则；

——口译环境。

上述这些变量会以下列方式影响到口译活动：

口译环境及发言的内容和形式

对于译员而言，假如翻译的最低标准只是成功传达源语文本的认知层次、情感层次和诉求层次等内容，那么所不同的是，在不同的场合下，译员对上述三方面的侧重点必须有所考虑并分别对待。例如，开科学技术研讨会时，认知性的内容往往是最重要的，然而在进行政治协商或贸易洽谈时，情感性的或诉求性的内容则更显突出，因为这种情况下的发言必须能打动听众，使听众折服，译员所使用的发言稿应具有代表性、表现力、号召力强的文本类型（K.Reiss,1976）。

另外，译员在阐述源语文本的内容和形式时，侧重点也会有所变化。在某些情况下，译员应该把源语文本的风格演绎出来，特别是在翻译文学或外交性会谈时要注意风格的彰显。

互动规则以及与会听众的行话规则

翻译有时难免会遇到不同文化而引起的矛盾冲突，这就要求译员在翻译时对译文做出相应调整，否则译员的翻译行为有可能会激化矛盾，触犯目的语文化中的忌讳。为了论证这一观点，不妨借鉴两个关于正式用语、非正式用语及禁忌语的例子来加以说明。

凡是了解美国文化的人都知道，中国大学的讲座要比美国大学的讲座严肃认真得多。所以，美国学者来中国作讲座的风格应比他在美国举办讲座时更正式。曾经有一名中国译员为一名美国学者做一场讲座的口译，在翻译时，该译员调整了一些英语的口语化表达，用更为正式的汉语来表述。译员如果不这样做，那这位学者的演讲和内容、气氛会很不协调。正因为这样，这位学者在与会者的眼里一下子便受到敬畏，令在场所有的人员刮目相看。第二个例子是有关一部美国影片，该片名为 *The last detail*。在这部影片中，两名海军战士受命负责把一名违纪被判刑的战友押解到美国某所监狱中。途中，海军士兵的对话从头至尾无不充斥着粗鄙的字眼，可谓俗不可耐。译制人员担心除非进行必要的删减、改动某些情节，否则会吓坏观众，于是在电影正式放映前，他们做出了调整，使得对话不那么下流无耻、低俗不堪。看来这么做不无道理：毕竟在绝大多数国家，整部影片毫无节制被低级庸俗的语言充斥仍不多见。对于一个稍有良知的译员，他会下意识地弱化粗俗的表达或淡化不堪入耳的言辞。诚然，有些客户并不欣赏删减、改动之类的做法。上述事例无非要表明：并不存在绝对严格的规则，也没有绝对意义上的标准。译员应该根据不同的情况酌情采取不同的处理方式，做到随机应变。

如上所述，与会人员是个广义的概念，它不仅包括发言人、听众、译员本身而且还代表他们的地位、与会的意图和态度。由于与会人员的地位、意图和态度因为文化的不同而发生变化,译员必须有所认识并能应对这一严峻挑战,学会处理文化冲突,满足各方诉求。

由文化引发的冲突司空见惯。但主要的冲突莫过于译员如何妥善处理好他和发言人之间的矛盾。也就是人们常说的译员如何才能做到与发言人或与与会听众心领神会。与发言人心心相印是一种修辞术语,意思是译员要译出发言人的交流目的、发言风格甚至他讲话的语气、语调,包括辅助语言和非语言信号如语速、音高、手势等。然而新的问题也随之而来:译员是否有必要、有可能把所有这些都译出来? 译员是否有必要把发言人的发言一切均和盘托出?

另一个值得关注的问题就是译员的角色定位问题。译员应该是被动消极的隐身人还是一个积极主动的配合者? 译员到底是否有义务对发言人的发言进行必要的省略、概括甚至擅自添加一些内容? 大多数发言人更喜欢译员扮演隐身人的角色,而不倾向译员充当积极参与者。然而,作为研究双语、二元文化的专家们一致认为,译员对翻译的内容作调整或介入并非可有可无,而是十分必要。Kirchhoff(1976),Morris (1989),Kondo (1990) 对这一观点做过研究,他们发现一个有趣的现象,译员往往会情不自禁地去取悦目的语的观众,这一观点与 Reiss 和 Vermeer(1984)的当代翻译理论不谋而合。该理论指出,发言人和源语文本并不是不可更改的绝对权威(Snell-Hornby,1988)。然而问题在于,译员是否有理由应该这样做? 在忠实源语,没有曲解源语的前提下,他们自由发挥的空间究竟有多大?

另外,人们还要考虑其他方面的因素——与会代表各方之间的关系。笔者可用下列公式来表示:发言人(S)→译员(I)→听众(R)。

David Snelling (1989)的研究至少提供了三种可能性,分别表示为:a) S=R b) S=I c) I=R 。这里的"="意思是指相似、价值观和背景。

先来分析 a) S=R。人们不妨以一场专业技术研讨会为例。所谓研讨会无非是指发言人和代表相聚一堂,讨论他们共同感兴趣的学术领域的最新发展、研究成果等。可以假定与会代表更关心的是文本的内容和术语的准确使用,而不是一味地对语言风格斤斤计较。即使此前译员做了充分准备,他仍有可能在知识背景方面无法和与会者所具备的专业知识相提并论。这时,译员必须采取另外的翻译策略来达到理想中的质量水平:他必须与发言稿或者发言人保持步调高度的一致。

以 b) S=I 这种情况为前提。译员和发言人在知识结构、文化价值观和语言上具有同一性。如果译员翻译的是来自异国他乡的文化,听众会期望他对所译内容作必要的拓展补充,解释特定的文化现象,不断调整源语文本的风格以适应目的语文化。译员这时扮演的角色很大程度上是个积极主动的角色。

c) I=R 这是前一种情况的翻版。这种情况下,译员与听众在知识结构、文化和语言上具有同一性,因此翻译源语文本时可以寻求捷径,此时译员扮演的也是积极主动的角色。这是简化后的三种假设,当然还可能有其他在口译过程中起重要作用的因素,如发言涉及的领域(议题、会议主旨等)、正式程度(如为政要、名流做的口译)及个人感情色彩。

有不少学者在该领域已经做过大量的研究,其中最值得注意的是 Buehler(1984)、Ilg (1988)、Kurz(1989)、Gile(1990)和 Kurz(已付梓)等人的研究,人们从这些研究中得到了灵感,因而有必要对其进行进一步探讨。人们通过对客户所作的一项调查来评估他们对会议口译质量的评价,看看他们对质量的预期。调查对象全是波兰籍人士,他们的职业涵盖一定层面,具有一定的代表性。

调查对象包括两种与会人员:听众和发言人。尽管提问方式有所不同,但问题基本一样,问卷的目的在于调查与会人员面对同一个问题的态度和观点。参与调查的人属于三个不同的专业领域,接受调查人当中有二十位属于人文学科领域学者 (H),他们中间有哲学家、史学家、律师、经济学家;另外一组由 23 位科学技术界人士组成 (S&T),他们中有科学家、工程师和医生;最后一组由 14 位外交家组成 (D),总计 57 位调查对象。问卷的对象不是普通参加会议的代表,而要么是国际会议发言人要么是主持人,或者以前既当过发言人又做过主持的人。

问卷主要针对下列三个问题:

(1a) 询问调查对象他们眼中口译功能的重要性

(1b) 随后的问题同(a),但所不同的是,要求调查对象对所列选项的重要性进行排序,这些建议如下:

——阐释文本 1 的总体内容;

——阐释文本 1 的翔实内容;

——准确使用术语;

——语言风格;

——语法准确无误;

——表达流畅;

——措辞;

——音质。

(2a) 下面两个问题与会议口译中最难接受的问题有关。要求调查对象依次写出他们眼中最不能接受的因素有哪些。

(2b) 要求调查对象对下列选项进行排序:

——术语使用错误;

——句子不符语法规范;

——语体错误;

——句子欠完整;

——行文欠流畅;

——措辞不当;

——语调单调;

——语速单一;

——语速快慢不一;

——对内容的阐述过于简略;

——对内容的阐述过于翔实。

接下来的是几个关系到译员角色的问题,他们在不同程度上扮演着积极主动的角色(影身人角色vs.积极主动参与者角色)。要求调查对象在"是"或"否"之间自己作出选择。问题如下:

1. 译员是否应该领会发言人的意图?
2. 译员是否应该熟悉发言人的说话方式,包括语速、音高和手势语?
3. 译员应该待在台前还是幕后?
4. 译员是否有权纠正发言人的错误?
5. 译员是否有权根据自己的理解发言?
6. 译员能否添加自己的解释以便使发言人的意思更明确易懂?

从表A1人们可以看出,发言人和听众都将"翔实阐述内容"摆在首位,认为口译内容比口译形式更重要的比例分别为78.9%和73.7%。其次是"术语的精确使用",持这种观点的比例分别为68.3%和68.5%。"形式"位于第三位:对发言人来说最重要的是译员的语言流畅,对听众来说最重要的则是译员的语言风格和语言流畅程度。

表6-A1 口译的功能(百分比):

功能	发言人			听众		
	1	2	3	1	2	3
大概内容	21.1			13.2	2.6	2.6
详实内容	78.9	5.3		73.7	13.2	7.9
精确使用术语		68.3	10.5	2.6	68.5	7.9
风格		5.3	21.1	2.6		28.9
符合语法		21.1	21.1	2.6	10.5	13.2
语言流畅			36.8		2.6	26.3
措辞				5.3	2.6	5.3
声音悦耳			10.5			7.9

H vs. S&T vs. D

通过对从事不同职业的人士所作的调查,我们得出了一个共同的结论:被调查人员认为最重要的是内容翔实,其次是术语的准确使用(三个小组的比例分别是75%、73.9%、71.4%和80%、60.9%、64.3%)。三个小组在译语的正式和非正式问题上意见不一:人文组更侧重语法和语体,而科技组和外交组更注重语言流畅程度。

表6-B1　口译的功能(百分比)：

功能	H			S&T			D		
	1	2	3	1	2	3	1	2	3
大概内容	20	5		13	4.3		14.3		7.1
内容翔实	75	5	5	73.9	4.3	8.7	71.4	21.4	
准确使用术语		80	5	8.7	60.9	8.7		64.3	14.3
风格		5	25		26				21.4
符合语法	5	5	30	21.8		8.7		14.3	21.4
语言流畅		20	4.4			30.5			35.8
措辞		5			8.7	4.4	14.3		
声音悦耳动听		10			13				

发言人和听众

发言人和听众均一致认为口译过程中最令人无法接受的错误是术语翻译出错(比例分别是47.4%和57.9%)。不过，对于第二大和第三大错误，调查对象各持己见，存在明显分歧。发言人所关注的焦点是译员是否准确翻译了演讲内容(该项位于第二位和第三位)，而听众在乎的是句子是否完整(位于第二位)和语法规范问题(位于第三位)。

表6-A2　无法接受性错误(百分比)：

无法接受的错误	发言人			听众		
	1	2	3	1	2	3
术语翻译错误	47.4	21.1	21.1	57.9	15.8	10.5
句子不符合语法	15.8	21.1	15.8		13.2	21.1
文体不当		5.2	5.2	2.6	7.9	10.5
句子不完整	5.2	10.5	15.8	18.5	36.8	10.5
语言欠流畅	15.8		15.8	7.9	10.5	18.5
措辞不当					2.6	7.9
语调单一		10.5	5.2		5.3	2.6
语速千篇一律						
忽快忽慢						
内容太简略	15.8	31.6	21.1	10.5	7.9	10.5
内容太详实				2.6		7.9

H vs. S&T vs. D

接受问卷调查的三个专业小组人士无不认同,口译中最无法接受的错误莫过于术语翻译出错。科技组对术语准确性方面尤为关注,将之列为第二大错误。对于人文组和外交组而言,第二大无法接受的错误是句子只译出一半,人文组还把句子不完整列为第三大错误,而科技组和外交组关注的分别是语言欠流畅和语法不符合规范。

表6-B2　无法接受的错误

无法接受的错误	H			S&T			D		
	1	2	3	1	2	3	1	2	3
术语翻译错误	45	15	15	74	26.1	8.7	42.9	14.3	21.4
句子不合语法		20	15		21.8	17.4	14.3	7.1	28.6
文体不当		10	10			4.3	7.1	7.1	14.3
句子不完整	20	30	25	8.7	17.4	8.7	21.4	43	14.3
语言欠流畅			15	8.7	4.3	30.5	14.3	7.1	
措辞不当	10		10			4.3			
语调单一			5		17.4				
一成不变的语速									
忽快忽慢								21.4	14.3
内容太简略	25	25	5	8.7	17.4				7.1
内容太翔实				4.3	4.3	8.7			

译员的角色(表A3)

所有参与调查的被测试人员均一致认为,译员应该领会发言人的意图,译员的角色应该是影身人的角色。就此下面进一步分析:

多数被调查对象认为,译员应理所当然地熟悉发言人的语速和音高,但可以无视发言人的手势语。

他们当中大多数还认为应允许译员在一定程度上有纠正发言人错误、添加必要解释的自由,这个观点似乎跟译员的影身人的角色有些自相矛盾。但令人称奇的是发言人高度赞赏译员纠正发言中错误的观点与举措,这一点与持反对意见的听众正好相反。但是多数调查对象对译员擅自概括发言内容持反对意见。

至于译员是否应扮演积极主动的角色,人文组对此持宽容的态度,外交组则极力反对这一观点,不排除这与外交人员严格的作风和一丝不苟的精神息息相关。

表6-A3　译员的角色

译员的角色	发言人		听众	
	Yes	No	Yes	No
领会意图	89.5	10.5	94.7	5.3
熟悉语速	68.4	31.6	68.4	31.6
音高	52.6	47.4	36.8	63.2
手势	21.1	78.9	7.9	92.1
隐身人角色	57.9	42.1	84.2	15.8
纠正发言	52.6	47.4	60.5	39.5
概括发言？	42.1	57.9	31.6	68.4
增加解释？	52,6	47.4	52.6	47.4

表6-B3　译员的角色（百分比）：

译员的角色	H		S&T		D	
	Yes	No	Yes	No	Yes	No
领会意图	95	5	91.3	8.7	100	
熟悉语速	50	50	73.1	26.1	85.7	14.3
音高	25	75	47.8	52.2	57.1	42.9
手势	15	85	4.3	95.7	14.3	85.7
隐身人角色	75	25	78.3	21.7	78.6	21.4
纠正发言	50	50	69.6	30.4	57.1	42.9
概括发言	35	65	26.1	73.9	50	50
增加解释	50	50	60.9	39.1	42.9	57.1

　　根据问卷调查结果得出以下结论：被调查对象的观点基本上趋于一致。在涉及口译的主要功能时，全体成员都认为内容相对形式而言更为重要。因此，他们把内容的翔实和术语的准确性排在首位。被调查人无不认为，术语错误是所有错误中最难以接受的错误。但是在译语是否应该正式的问题上，被调查对象虽然各执一词，莫衷一是，但多数人认为译语应该保持高度的正式性。尽管所有参与调查的人都倾向译员扮演隐身人角色这一观点，但他们并不排除译员积极主动参与的做法。发言人、听众和各专业小组在译员积极主动地参与是否应该视为自然行为问题上各执己见，分歧严重。

　　很显然，上述数据还不足以客观评价同声传译质量。要想真正对质量进行比较全面、客观、公正的评价，还需通过多种渠道，采取灵活多样的方法：如调查口译过程中的译语输出的正式程度、各种会议的口译分类、译员应对这些会议采取的各种策略等等。只有这样，才能确保无论在何种环境下译员都能发挥出色，奉献高质量的译语。

第二节　语言水平与同传质量

背景

Osaka (2002)指出,同声传译是一项要求高、难度大、工作记忆处理几乎达到极限的任务。要想完成该任务,译员需同时具备良好的听辨、理解、储存、提取、输出、监控等处理能力。除了听辨与输出同步固有的难度外,信息输入的语速、信息量及发言内容也加大了译员的处理难度(Darò, Lambert, & Fabbro, 1996; Setton, 1999)。因此,即便是资深的专业译员在信息输出过程中,面对诸如省略、漏译与欠连贯这类棘手的问题也同样一筹莫展(Barik, 1994; Gile, 1997)。

为了揭示同声传译的本质,研究人员曾一度以职业译员、纯双语与单语者为控制组的实验对象来探索它们之间在认知、甚至神经心理学上的差异(如 Green, Vaid, Schweda Nicholson, White, Steiner, 1994)。也有学者曾不遗余力地从信息处理策略与认知资源的有效管理入手探究其本质(Lambert, 1988; Liu, 2001)。工作记忆自然是这些研究的重中之重。工作记忆在信息处理中有其局限性,它在其他认知任务正在执行的同时将源源不断的信息加工并储存。Gile(1997)研究发现,工作记忆在诸如源语听辨、重组、储存、输出以及分配是否合理将直接影响译出语质量。

Cowan(1999)的工作记忆模型是一个嵌入式模型,它包括(1)中央控制、(2)长时记忆、(3)积极记忆以及(4)注意力分配四部分。它所涉及的三项任务是:(a)精力集中的记忆;(b)精力不集中但经过临时激活的记忆;(c)通过适当线索提取的消极记忆。积极记忆是长时记忆的一部分,而精力集中又是积极记忆的一部分,精力集中由中央控制系统决定。

换言之,"有些信息处于休眠状态;而有些却十分活跃,随时待命高度集中;另有一些是可以随时提取的长时记忆里的相同或相似的语境"(Cowan,1999)。Cowan 又把他的模型称作"虚拟"短时记忆。事实证明,记忆激活受时间限制,除非被重新激活,这种限制使得它常在 10 到 20 秒之内便很快退出记忆。精力集中也有其局限性,一般来说,人们很难将注意力集中在 4 个以上的、互不相干的事物上,虽然通过联想有可能提升注意力 (Cowan,1999;2001)。任何有意识回忆的信息均有其局限性,只有精力集中的信息才可能用于认知、用于输出转换(Cowan,2001)。由于精力集中受限,一旦信息超过其限度,此前存储的信息将失效进而被取而代之(Haarman and Usher,2001)。研究显示,相对于未经训练的双语人士而言,训练有素的译员更能抵御发音抑制带来的影响(Bajo, Padilla, & Padilla, 2000; Padilla, Bajo, & Macizo, 2005)。

加工和储存系统为争夺有限的资源相互博弈(Just 与 Carpenter, 1992)。实践证明,处理认知任务能力强的译员其工作记忆力同样也强 (Miyake, Just, 与 Carpenter, 1994)。Wickens(2002)认为,工作记忆力弱或不能有效分配精力的译员可以通过训练得到提高。严格的训练有助于译员在实际工作中更好地分配各种认知资源 (Liu, 2001),从而增强工作记忆力。正因如此，不少学者通过快速阅读、听力、或数的训练来提升译员的记忆力。鉴于这些研究与本文息息相关，因而值得重新回顾。

Bajo et al. (2000)对专业译员与学生译员、纯双语人士以及非语言领域中的专业人士进行的研究发现，训练有素的译员不但阅读速度快而且理解力强，在词汇、数与短语记忆能力的测试上明显强于后者。不仅如此，在发音抑制条件下，他们同样表现不俗。

Christoffels, de Groot, 与 Kroll (2006) 研究发现，荷英学生译员在单词记忆、快速阅读、演讲能力，以及荷英词汇互译方面要超过纯双语学生。但与教师的工作记忆力相比，荷英学生译员要明显逊色口译教师(Christoffels et al., 2006)。测试还发现，教师的母语记忆力要胜过其外语记忆力，而学生译员的母语与外语记忆力却相差无几。

虽然 Padilla et al. (2005)的研究不是侧重工作记忆，但阅读成绩则是他选拔被测试对象的条件之一。他将心理学学生与专业译员与非双语专业人员进行比较。结果显示：虽然前者拥有较强的工作记忆力，但在发音抑制情况下，他们对单词或数的回忆却显得力不从心，而译员则处之泰然，应对自若。

将职业译员与学生译员对比进行研究是学者们常用的方法之一 (Köpke & Nespoulous, 2006; Liu, Schallert, & Carroll, 2004)。Liu et al. (2004)研究比较了 11 名汉英专职译员与 22 名学生译员(研一与研二学生各占一半)。结果显示，虽然两组在听力测试上无明显高低之分，但在翻译测试中职业译员的判断、归纳能力要远远高出学生译员一筹。Liu et al. (2004) 对这一现象的解释是，职业译员之所以表现非凡源自其娴熟的专业技能而并非普通常识。

Köpke and Nespoulous (2006) 对英法职业译员、同一年龄的双语人员、研二口译学生，以及与之同龄的单语人员的听觉记忆、语音及语义任务进行了全面测验。结果显示，无论是在职业译员和学生译员间还是在译员和非译员间，两组的差异并不明显。尤其是在听力上，学生译员和专业译员之间并无明显差别。学生译员在听、译的测试中，明显要胜过纯语言人士。在语义判断上，职业与非职业译员表现略胜单语人员一筹。但是，双语人士对此项任务的完成要好于单语人士，可见，差异与口译训练并无直接关联。Köpke 与 Nespoulous (2006)围绕语音环进行的各种记忆测试也表明，无论是职业译员还是新手他们的短期记忆并非优于控制组。

上述研究说明，同传训练与实践对工作记忆密不可分，但也有研究结果与之相反。同样值得深思的是，有些研究揭示了工作记忆力对同声传译的重要性，而有些却强调专业知识是成功的保证。导致这一结果的原因是学者采取了不同的测试项目、被测试对象，如有学者采取单语形式而有些则用双语。

本节研究

本节旨在通过学生译员与双语控制组来探讨同传训练与语言水平对工作记忆力及同传质量的影响。

本节在吸纳前人研究成果的同时也赋予了其新的设计理念。Christoffels et al. (2003)与 Liu et al. (2004)等通过现场同传来探索工作记忆的本质，前者针对纯双语控制组,后者侧重学生译员。与 Liu et al.(2004)、Köpke 与 Nespoulous (2006)等学者的研究相同,本节将重点探讨训练对工作记忆和语言处理的影响。笔者将借助快速阅读及数的测试来验证两者之间的关系,所用数据是汉语与英语。鉴于 Liu et al. (2004)的研究并未涉及被测试人员的语言水平,本节将被测试人员的语言水平作为独立变量纳入研究,对译员语言水平越高,其汉英记忆力均强这一假说加以验证 (Chincotta 与 Underwood, 1998; Service, Simola, Metsänheimo, Maury, 2002)。

本节研究的问题如下:

1. 同传训练。研二生的工作记忆是否比研一或控制组更有优势?训练是否是提高快速阅读的有效途径?研二生的同传质量是否胜过研一或纯双语人士?

2. 语言水平。双语水平强的译员其工作记忆是否超过外语水平相对弱的译员?双语俱佳学生的工作记忆是否比双语水平较弱者更具优势?双语水平高是否说明同传质量上乘?

3. 工作记忆与同声传译质量的关系。工作记忆与同声传译质量是否成正比?

研究方法

研究对象

36 名年龄在 22 岁至 32 岁之间的实验对象参加了本次实验。这 20 名(19 名女性,1 名男性)是某高校的在读翻译硕士研究生,他们当中 11 名刚刚修完研一课程,另外 9 名已顺利完成 2 年学业即将毕业,他们均自愿参加本实验。被测试人员的外语成绩均通过了专业八级且成绩优良。其余 16 名被测试人员(12 名女性,4 名男性)分别是该校不同专业的在读硕士生。

工作记忆测试。

通过对数与快速阅读的测试来检验被测试人员汉英工作记忆能力。数的测试是从 0 到 9,所选数均是从网上随机下载而来(Daniels, 2003)。数从小到大依次排列,最大数值为 10,测试前已用录音机录制。阅读设计是根据 Daneman 与 Carpenter (1980)的阅读测试法,本次测试涵盖 42 个中英文句子,每个句子由 13 到 17 个不等的单词组成。所有句子摘自中、英文原文。句子不含专业术语,句式结构和句子内容相对简单。

语言水平测试。

语言水平测试是根据被测试人的专业八级成绩、行为法以及 Vaid 与 Lambert (1979)的问卷调查三部分,按照七分制原则(1=知之甚少,7=外语接近母语)对汉语与英语分别就听、说、读、写能力进行考查。

语言水平行为测试主要考查被测试人员汉英句子阅读速度。考前,视屏上出现随意排列的 20 个英语与 20 个汉语成语词组。汉语词组(已译成英语)摘自 Situ(2002)编写的汉语成语词典。测试要求所有被测试人员每读完一个词组后便迅速按下按键。阅读速度是衡量被测试人员语言水平的标准。结果显示,外语阅读速度要明显慢于母语阅读速度(Frenck-Mestre, 2002; Hoover & Dwivedi, 1998)。

同声传译测试。

用于同声传译任务的语音文本摘自2012年元月英国女王伊丽莎白的新年致辞原文，每分钟130个单词。

研究过程与数据分析

测试选在隔音室里进行。被测试人员先进行中文数的测试，后进行英语数测试。本测试以 Christoffels et al. (2003)的数测试法为依据，要求被测试人员将事先录制的、每秒一组的速度完成所有数的组合。被测试人员需先用汉英分别听三组四位数句子，并随后按顺序大声复述。所测最大数值为10位数，最终得分取三组数中正确的一位。

数测试完后是汉英快速阅读测试，先从汉语开始。考前，测试人员有两次热身机会。视频上依次出现从一至五组排列的句子。被测试人员在大声读出每组中的三个句子的同时，还需记住句末的最后一个单词。每两个句子之间有片刻停顿。被测试人员需回忆每个句子中的最后一个单词并将其记下。评审人员将根据被测试人员所记单词总数来评价其阅读速度。

随后是快速阅读测试。此项测试要求被测试人员按住空格键，仔细阅读屏幕出现的汉英词组，读完一组松开按键继续下一组，如此重复。汉英句子理解平均时间将作为语言行为测试标准。

同声传译测试。测试内容选自 Christoffels et al. (2003)的材料，演讲稿篇长为15分钟，录音机播放，耳机接听。材料为英译汉，翻译全程录制。两名资深同传译员按照 Christoffels et al. (2003)标准，对翻译质量进行两方面评估。SI-T 考察被测试人员 10 个句子的翻译情况，测评标准为0-3。0表明句子未翻译，3说明翻译完整充分。评审员视情况而定还可考虑使用半分。最后计算总分，最大值为30分。第二项测评采用的是 5 分制，该测试在考核翻译的准确性的同时，还检查被测试人员语音语调与自信心情况。最后规定每个被测试人员完成一份问卷调查。

设计和数据分析

为了探究训练与工作记忆的关系，本文对数与快速阅读测试结果分别进行了3×2的差异分析（ANOVAs），即纯双语人士 vs.研一学生 vs.研二学生与语言（汉英）。为验证被测试人员受训程度的不同对同传质量的影响，每项测试得分将计入独立的单向差异分析，各组函数作为自变量。

为探明语言水平对同传质量的影响，本节对每项工作记忆测试结果（语言水平相当 vs.语言水平参差不齐）与语言测试（汉语 vs.英语）进行了单独的差异分析，以此来验证工作记忆和同声传译之间的关系。

表6-1 口译专业训练时长下的平均工作记忆数值

各小组		未受训练(n=16)		一年训练(n=11)		两年训练(n=9)	
		M	SD	M	SD	M	SD
数	汉语	7.5	1.55	7.91	1.3	8.67	.71
	英语	4.69	.70	4.91	.94	5.78	.67
阅读	汉语	29.19	3.12	34.73	4.08	34.11	3.86
	英语	25.31	4.87	28.18	6.18	31.78	5.38

结果分析

数对工作记忆的影响

表6-1是三组两种语言数与阅读水平测试的平均值。结果显示,数对各组的记忆力产生明显影响 $F_{(2,33)}=4.87, P<.01$。分析表明,研二学生数测试的得分要高于纯双语人士,$P<.05$。语言的影响不容忽视:$F_{(1,33)}=177.13, P<.0001$,这表明被测试人员汉语数的记忆要优于英语对数的记忆(M值分别为8.03与5.13)。各组受语言之间的相互影响并不明显($F<1$)。

阅读对工作记忆的影响

阅读分析显示,训练的作用不可低估,$F_{(2,33)}=6.74, P<.004$。分析显示,研一与研二学生的阅读得分要高于纯双语人士,$ps<.05$。然而,研一与研二学生在阅读上的差异并不明显。语言影响,$F_{(1,33)}=32.6, p<.0001$,说明,汉语阅读得分要高于英语(M值分别为32.68与28.42)。但同一语言在各组间无明显差别,$F_{(2,33)}=23.29, p<.1$。

训练对同传质量的影响

为保证测评的公正,本次实验邀请了两名资深同传译员参与此次的测评工作,评审员间信度真实可靠,$SI\text{-}T: r=.99, p<.001; SI\text{-}A: r=.97, p<.001$。

表6-2是各组同传质量的评估值。句子翻译差异分析显示了各组间的差异,$F_{(2,33)}=85.46, p<.001$。分析表明,研二学生明显优于研一学生,$p<.01$,但后者又好于双语人士,$p<.001$。分析结果反映了各组在质量上的差异:$F_{(2,33)}=73.83, p<.001$说明,研二学生发挥超过研一学生,$p<.001$,而研一学生的表现又好于双语人士,$p<.001$。

表6-2 同传质量与训练时长之间的关系

各小组	未受训练(n=16)		一年训练(n=11)		两年训练(n=9)		总计(n=36)	
	M	SD	M	SD	M	SD	M	SD
SI-A	.91	.44	2.45	.38	3.47	.78	2.02	1.20
SI-T	6.7	3.28	17.82	3.25	23.19	3.06	14.22	7.77

注:SI-A的最大值为5,SI-T的最大值为30。

表6-3 英汉工作记忆与同传质量的关系

工作记忆测试	同声传译SI-T	同声传译SI-A
汉语阅读	.59**	.52**
英语阅读	.50**	.43**
汉语数	.31	.30
英语数	.46**	.49**

** *p* < .01

工作记忆与同传质量的关系

为了揭示被测试人员的工作记忆与同传质量的关系,本文对汉英工作记忆测试与汉英同声传译测试作了皮尔逊相关系数计算。如表6-3所示,除汉语数测试一项外,两项测试都与工作记忆测试吻合;即汉英快速阅读与英语数测试得分较高者的同传质量要明显高出一筹。

语言水平测试

汉英水平的认定是根据被测试人员句子阅读的时间与汉英语言技能的自我评估。结果表明,英语词组的平均阅读时长要明显高于汉语。诚然,也有被测试人员的汉英句子阅读时长要低于平均阅读时间(如下图所示)。此外,在两种语言听、说、读、写的自我评估中,汉语水平要高于英语水平。

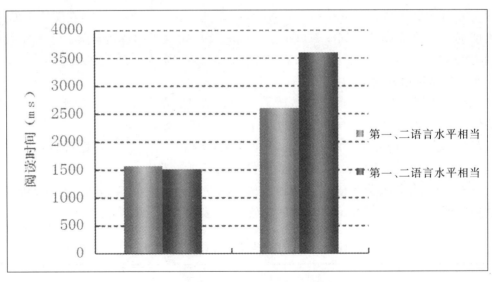

图6-1 两种语言水平的词组平均阅读时间

被测试人员分类:语言水平相当 vs 语言水平参差不齐

根据被测试人员的汉英阅读时间及汉英自测分高低本文将其进一步划分为"语言水平相当"组与"语言水平参差不齐"两组。鉴于多数被测试人员的汉英自测分比较接近,因此有必要对原分值进行等级排序来客观反应两个指标之间的差异。Spearman相关系数显示,汉语与英语有着十分显著的差异,r = .39, p < .05。12名被测试人员的汉英

水平比较接近;汉英阅读时间相差无几,因而被归为"语言水平相当"组,其余24名被测试人员被划分为"语言水平参差不齐"组。在第一组的12名被测试人员中,各有5名是研一、研二生,2名纯语言人士。换言之,语言水平相当组涵盖了45.6%的研一学生,55.6%的研二学生,12.5%纯双语人员。

如图6-1所示,语言水平参差不齐组的英语词组阅读时间($M=3501.43, SD=852.01$)要明显长于语言水平相当组($M=2548.86, SD=427.33$);$t(33.98)=-4.47, p<.001$。而语言水平相当组($M=1537.15, SD=459.06$)与水平参差不齐组($M=1498.55, SD-368.65$)的汉语句子阅读时间并无明显差异;$t(34)=.27, p=.79$。

表6-4 同传质量与语言水平的关系

	语言水平				
	水平相当(n=12)			水平参差不齐(n=24)	
	M	SD		M	SD
SI-T	19.04	5.51		11.81	7.69
SI-A	2.69	.95		1.69	1.18

表6-5 工作记忆、语种和语言水平间的关系

		语言水平				
		水平相当(n=12)			水平参差不齐(n=24)	
		M	SD		M	SD
数	汉语	8.58	1.0		7.58	1.41
	英语	5.33	.89		4.88	.85
阅读	汉语	34.17	3.64		31.08	4.46
	英语	30.42	3.73		26.5	6.38

通过比较两组汉英技能自测结果人们发现,汉语自测的值无明显差异,但汉语水平相当组的英语自测值要高于水平参差不齐一组。

专业八级成绩显示,语言水平相当组($M = 640.9, SD = 14.46$),要优于语言水平参差不齐组($M = 602.14, SD = 52.21$);$t(25.21) = 3.18, p < .01$。

语言水平对同传质量的影响

为了探究语言水平与同传质量的关系,本文进行了两次单向差异分析以此作为语言水平函数(见表6-4)。

同传质量测试显示,语言水平举足轻重,$F(1,34) = 8.39, p < .01$(SI-T测试),$F(1, 34) = 6.47, p < .05$(SI-A测试),这说明语言水平相当组的同传质量具有明显优势。

语言水平对工作记忆的影响

为探明语言水平对工作记忆的影响,本文进行了2(语言水平)×2(语言任务)的差异分析(见表6-5)。

对数测试的分析结果表明,语种不同结果各异,$F(1,34) = 188.57, p < .001$,表明,被测试人员的汉语数结果($M=8.08$)要好于英语数($M=5.1$)。此外,语言水平也不可低估,

F (1,34) = 5.13，p < .05，说明，水平相当组的数测试结果要好于水平参差不齐组（M值分别为6.96和6.23）。

同样，语种不同对阅读理解及速度也有显著的影响，F (1,34) = 26.6，p < .001。汉语阅读速度（M=32.63）要好于英语 (M=28.64)。语言水平不可小觑，F (1,34) = 4.98，p < .05，表明，语言水平相当组其阅读速度（M=32.3）要好于水平参差不齐组(M=28.79)。

讨论

本节围绕上述三个问题展开了讨论。通过对第一个问题的讨论人们发现，三组在英语句子阅读的速度上有明显的差异，研二学生的阅读速度均快于研一与纯双语人员。三组的口译质量由此可见一斑。

工作记忆分析结果显示，研一与研二学生的汉英阅读速度要明显快于纯双语人员。此研究结果印证了Köpke and Nespoulous (2006)的研究结果，即研二学生第一语言（母语）的听力得分要高于纯单语言人员。

研一、研二学生的工作记忆力优于纯双语人员说明，口译训练与提高工作记忆力固然密不可分，若要使训练更高效，仍有必要在本研究的基础上进一步完善。建议人们在实验前对三组被测试人员的工作记忆进行摸底测试。倘若无明显差异，但经过训练后差异明显，则说明训练行之有效。但本研究并未发现一年与两年的训练拉大了研一与研二学生在工作记忆力上的差距。上述研究结果与Liu et al. (2004) 与Köpke and Nespoulous (2006)对新手与专业译员的研究结果不谋而合。不排除被测试人员人数的增加有可能拉大研一与研二学生之间的差距。

诚然，训练有助于提高阅读理解与同传质量，但本实验中研一与研二学生的工作记忆相差甚微说明，一则训练力度不够，二则被测试人数不足。测试外语快速阅读中的工作记忆的效度应为(.65)，对汉英数的测试应分别为(.74与1.10)。这说明人数的增加能拉开研一与研二学生在工作记忆上的差距。

关于语言水平与同传质量及工作记忆的关系。与Chincotta & Underwood, 1998; Service et al., (2002)此前研究结果相反，本次研究并未发现英语水平较高的译员其汉英工作记忆力要比低水平译员有明显的优势。但他们母语的工作记忆力则要强于其外语工作记忆力。

关于工作记忆与同传质量的关系。研究发现汉英快速阅读与同传质量，英语数测试与同传质量之间存在正相关的关系。Christoffels et al. (2003)此前同样对同传质量与工作记忆的关系展开过研究，但研究仅局限外语快速阅读。而本节的研究结果充分说明，第一、第二语言的阅读速度对提升同声传译质量均起同等重要的作用。

训练对同传质量的作用

毋庸置疑，训练有助于提高同传质量，这是训练的本质所决定的。实验显示，口译学生和纯双语人员有明显差异：纯双语人员分值无一人超过1.75，而口译学生在SI-A测试中的最高分值却已达到4.25。此外，纯双语人员在SI-T测试中的平均分仅为6.7 (SD = 3.28)而口译学生的平均分为20.24 (SD = 4.13)。

评审员一致认为,训练是提升口译质量的关键。纯双语人员的翻译缺乏连贯性,往往在个别单词或词组上滞留时间过长,导致词不成句。在此需要说明的是,虽然没有受过训练,但两名纯双语人员的 SI-T 分值可与研一学生的分值媲美,因此将他们被归为汉英水平相当组。

语言水平与工作记忆测试

研究译员母语与外语与工作记忆的关系是本文的首创。人们原以为,汉英水平高者,其工作记忆力理应更强。与 Service et al. (2002) 的研究结果所不同的是,外语水平较高者,其汉英工作记忆力并不理想;相反,汉语工作记忆力强才是分水岭。诚然,汉英水平较高的被测试人员在所有的工作记忆力测试中要比较低者更有优势。值得一提的是,由于被测试人员的汉语水平旗鼓相当,唯有英语水平参差不齐,因此,真正区分汉英水平相当组和水平参差不齐组是英语水平。本节的研究结果进一步印证了此前的研究,母语工作记忆力强占有明显优势,即便是高水平译员或外语水平高的译员也不例外 (Christoffels et al., 2006)。

本研究同时还发现,英语水平高的译员在英译汉时发挥出色。虽然 Liu et al. (2004) 的研究证实专业译员的口译水平比初学译员更具明显优势,但研究并未对两者的第一、第二语言水平进行评估。而本研究对两者进行了评估,得出的结论有力地支撑了语言水平的高低是决定工作记忆与同传质量优劣的关键性因素的理论。

结 语

本节对工作记忆与双语水平,训练与质量的关系展开了探究。结果显示,研一学生的阅读能力要强于纯双语人员,研二学生的阅读速度与数记忆力均胜纯双语人员一筹,但记忆力与研一学生相差无几。研二学生的同传质量要优于研一学生。综上所述,语言水平是工作记忆力与口译训练的基础。本节从某种角度为学生译员的遴选与培养提供了客观、科学的依据。

第三节 文本分类与翻译质量

一、文本类型

按照 de Beaugrande 和 Dressler (1981) 的观点,一篇标准文本材料从撰写和文本的分发无不倾注文本撰写人的心血和智慧。Bell (1991) 是这样对文本定义的,他说一篇特定的文本和其他普通文本应享有一定的特征,即文本使用者有似曾相识的感觉。Neubert 和 Shreve (1992) 把文本看作文本类型概念,把文本区分排在类型区分的第一类。他们的观点认为,文本的使用应侧重文本使用人,而不是文本分析家。也就是说,读者应一眼就能辨认一篇文本是属于科技范畴还是属于文学类型,读者应该从文本本身不同的特点和术语的使用便有一目了然之感。

从功能上看,文本包括叙述、记叙、议论三种。以下我介绍的是 Reiss 根据 Karl Buhler 的语言符号功能三种模型的传统分类,Reiss 本人的分类我们将在随后介绍。

Buhler

语言符号功能

Stiehler

人类认知类型

Coseriu

语言形式

Reiss

二、文本类型

信息型（Darstellung）

思维、感知

叙述、陈述、信息型

信息型

富有表现力的（Austruck）

感觉

富有表现力的、有影响力的、情绪激昂的

富有表现力的

呼唤语（Appell）

乐意

呼唤语、祈使句

有影响的

材料

三、文本类型和翻译质量

Reiss（1976）指出,要达到翻译标准,译员首先必须了解文本的类型,只有对上述三点有了明确的认识,对该文本的背景知识以及译文质量要求了如指掌,译员才有可能根据自己的实力来判断是否能胜任该项任务。

文本概念

翻译类型

翻译目的

文本=词汇量

逐字逐句翻译

比较语言研究

文本=句子数量

直译

外语学习

文本=基本语法符号

学术性翻译（注明+注解）

跨文化学习

文本=交际过程中的口语成分

交际性翻译

a) 一般情况下

b) 特殊性

a) 综合性交际

b) 各种功能变化

翻译分类

Katherina Reiss 的文本分类

为了对翻译文本进行分类，Reiss (1976) 最初根据文本的具体性和特殊功能从交际情况入手。根据 Karl Buhler 的语言有三个特点的提法 darstellung, Austruck, Apell, (Buhler 1934)，口译基本上也有三种相应的材料类型：

（一）信息型

单纯用于客观实际交际的（新闻、知识、信息、辩论、舆论、情感、判断、意图等），在这里，主题在交际意图中占突出位置。它同时还包括应酬性交际，信息本身是交际的实际信息价值，以及交际过程本身的信息。用于这类交际的文本一般以语义、语用为主。

（二）表现型

这类文本主要以艺术创造性为主，作者占中心位置。作者自己创作主题，借助语言尽情抒发思想感情。这种文本的特点无论在语句层面上还是艺术性方面均特别富有个性，文本本身也必须具备很强的表现性。

（三）感召型

文本激起行为上的反映，在读者中引起反响，掀起波澜。这种形式主要以文本对象为主。文本编写在语义结构上、说服力方面、艺术结构别具匠心。感召型文本必须满足语言和心理两方面的诉求。

四、同声传译文本分类

Kopczyn'ski (1980) 指出，会议发言材料包罗万象，有事先毫无准备的即席发言，也有一字不差的发言稿宣读等，但归结起来大致有以下几种：

1. 即兴发言或演讲（如致辞、声明、自由讨论）；

2. 事先草拟的要点发言（如讲座、宣读论文）；

3. 提前准备的口头发言（如讲座、宣读论文、作报告、发表演说）；

4. 口头发言用的书面材料（如公报、决议、草案文件等）。在这四项类别中，第三项的形式最为常见。

Kopczyn'ski的研究向人们表明,译员的译出语在某种程度上是另一种形式的即席演讲。不过所不同的是,译员在整个交际链中扮演的是配角角色,因而他的作用不是真正意义上的毫无准备的即席发言人,因为他毕竟借助了发言人手中的发言稿。这里所指的译员即席含义是指他事先并不知道他的译出语。Kopczyn'ski这一观点是建立在翻译人员对他的翻译相关领域有一定背景知识并熟悉相关的专业术语基础之上的。从这个意义上讲,即席翻译具备了即席发言的许多特征。此外,Kopczyn'ski从口、笔译次代码和符号学角度对翻译进行了诠释,他把翻译分为以下几个类型:

类型1　即席翻译

口译次代码L1→口译次代码L2

类型2　精心准备,有要点翻译

口译次代码L1→口译次代码L2

类型3　有准备翻译

书面次代码L1→口译次代码INT(符号翻译)→口译次代码L2

类型4　书面发言稿用于口译形式的翻译

书面次代码L1→口译次代码INT(符号翻译)→口译次代码L2

与同声传译相比,交传译员还必须做到边听边记,这个过程要相对更复杂些:

类型1和类型2口译次代码L1→文字INT→口译次代码L2

类型3和类型4口译次代码L1→文字INT→口译次代码INT→口译次代码L2

受Kopczyn'ski(1980)启发,Niedzielski (1988)根据会议翻译文本的特点也对同声传译进行了分类。他同时还把de Beaugrande和Dressler (1981)文本标准学用于指导理论,并且在原来7个标准的基础上又发展了一条新标准即信息密度。为此,他把译语输出时间、词义密度、复杂句数量、声音清晰度、传递速度统统比喻为数学中的积。不仅如此,Niedzielski在7大类文本材料中区分了2种同声传译用文本,即无稿同传和有稿同传两种。

口译文本

口头文本材料主要包括:即席的、草稿形式的、部分准备的、精心准备能倒背如流的、录音材料;

笔译文本

此文本分背诵和朗诵两种。

综上所述,同声传译文本分即席和朗诵两种。Niedzielski的研究发现了一个有趣的现象,他发现译员翻译发言人的正式发言稿时倾向用口语的方式翻译,而当发言人即席发言时,译员反而却格外注意自己的遣词造句。Niedzielski在解释这种现象时指出,这是因为人们总是习惯性地把译员的角色更多地看成是代言人。其实对于译员来说,他之所以这么做无非是让听众更好地听懂发言内容,也就是提高文本的认可度。另一种解释是,译员是想通过一条中间途径来找到一种大家都能接受的译出语,这一点颇像笔译人员。

对此,Strolz (1992)提出了第三种解释。他说,译员倾向口语化的翻译是由于他毫无顾忌,显得完全放松,因此他的话语要多于发言人,也就是说在有意识的发言中增加了一些无意识的多余词句。为了避免此类情况发生,更好地应对超负荷中的转换、输出译语,译员在对一句话只知其一不知其二的情况下,他只能凭借预测推断,因而不得已必须采取口头形式。再者,如接踵而来的句子与译员的推测相悖,译员不得不重译该句,这样难免听起来显得累赘。

为了减轻认知负荷,译员同样可以减少多余的信息。Chernov把它这一过程称之为"压缩"。下面的例子说明有些信息是多余的,压缩并删除这些信息对原文无大碍。

1. in this connection I have had/some contacts with opera research

    In this connection I have to some extent been in contact with opera research/

2. and I am now going to change language

    I am now next going to change language

3. since this research project is carried out in Finnish

    since the project is in the Finish language

4. like I said I have

    I have as I said

5. had the chance in my own research

    in my research

6. to get to know Finish opera

    got into finish opera

Gentile (1988) 提出在文本标准的基础上对文本分类再进一步研究的观点,他认为,de Beaugrande 和 Dressler (1981) 提出的文本分类标准是有价值的,尤其是对文本使用人来说,特别是涉及可取性、信息度、场合、文本对比性等方面。研究文本分类除了有助于开展理论研究外,还有助于队译员的训练。以下的观点对进一步研究文本类型有一定裨益。

Alexieva 的语义模型

Alexieva建立了同声传译深层次结构模型,该模型主要是围绕一个三级语义单位:

a) 区分因素的最小语义成分;

b) 语义词组(宾语和谓语);

c) 谓语关系。

在这一框架下,作为语言基本单位的一句话的含义可以通过一组谓语关系来体现(深层语义结构)。这种分析结果有助于人们从文本或者会议发言稿中找出主要的谓语关系,建立会议微观文本和语义之间的关系。反过来它又有助于人们确立会议文本的类型。更为重要的是,它为人们探索主旨演讲的趋势,建立语义层面的预测机制打下基础。

建立翻译文本等级分类体系

Heinemann 和 Viehweger (1991) 进而提出了建立文本类型和根据文本划分体裁的建议,此举得到了有识之士的广泛支持。根据他们的观点,类型是指用于各种翻译场合和根据各种不同需求而撰写的文本;体裁是指文本的表现形式,是根据文本不同的特征从理论上进行的分类。它们受历史和社会制度制约并随时代变化而变化。文本体裁囊括以下内容：

1. 功能；

2. 场景；

3. 行动；

4. 文本结构；

5. 句型。

根据 Reiss 对文本的定义，文本功能应具备 a) 信息、影响、说服力、能交流感情；b) 场景、即翻译现场、与会代表人数、议程目的等；c) 行动决定体裁；d) 文本战略即宏观文本、文本使用的艺术语言以及文本的审美观；e) 句型，是否是常见短语、寒暄用问候语、礼貌谦让语句等。

第四节　数的记忆与翻译质量

凡是从事口译工作的译员，难免常碰到一些数并为之焦头烂额。初看起来，人们也许会难以置信，数居然会引发如此多的问题。要弄清这个问题，请看看数的本身便可见一斑。数最主要的特点是单义性（Alessandrini 1990），人们会认为这翻译起来理应相对简单，其实不然。数在很多语言中有两种形式：一是基数词，比如"五"，在英语中是"five"，另一种是序数词"5"，在英语中是"fifth"，有时也用特殊符号来表示数字，比如用"·"或"＊"的个数来表示阿拉伯数字"1、2、3……"（Hurtford 1987）。阿拉伯数字在各种语言中大体是统一的，但不同语言中，为便于口头、书面表达对数的说法是特有的。众所周知，阿拉伯数字可以组成无限大的数。几乎所有数都可以在遵循约定俗成的句法和规则的基础上，代表着一个单一的概念。数的最基本的构成单位是 0 至 9 十个数字，每两个的组合，便产生一个不同的两位数，并且在此基础上就有了另外两个词义单位十、十几和几十几。35 这个数字英语要用两个单词来表示，而若要表述 35,035 这个数则需要六个单词如"thirty five thousand and thirty five"，由此顺推。如此看来译员不仅面临记忆上的困难，而且为了记住一个概念，他往往还需要记住它的复杂表达方式。

数的记忆和同声传译的关系

记忆是一项复杂的认知活动，它包括理解、存储、信息输出三项功能。这些任务的完成依靠两种记忆模式：短时记忆和长时记忆。需要短时记忆存储的信息（1.5-2 秒）需短时记忆来处理，而长时记忆负责长时存储的信息，时间从几分钟到几年不等（Atkinson 1999）。短时记忆的一个重要功能就是存储并处理用于认识活动的信息，这些活动包括推理，计算等。由于这个原因，有人把短时记忆称为工作记忆，（Baddeley 1990）。工作记忆是对暂时存储信息的处理过程（Baddeley 197：34）。在过去几十年的实验中，学者们（Miller 1956, Craik 和 Lockhart1972, Baddeley1987, Harrington1992）发现,工作记忆在与语言相关的认知活动、任务组织和策划也发挥重要作用。然而,工作记忆也有其局限性。最明显的一点便是它的有限的记忆负荷。Miller(1958)在《神奇的数字7》一文中指出,工作记忆一般平均只能记住7±2个不相关的数字。减少记忆数字量的一个有效的办法就是把相关的成分连接起来(Bowers和Springston 1970)。数字之间的连接是可行的,但是将数字和单词连接起来似乎不太可能。根据记忆内容的复杂程度(字母、单词、句子、篇章)和任务的性质工作记忆的容量也不尽相同。有时为减轻记忆负荷,可以通过降低信息储存来翻译大段文章,也就是说译员可以省略某个单词或句法结构而只记住该句话的大意(Carpenter等1994)。一旦复杂结构给工作记忆造成压力,人们可以借助预测来处理信息。从语言规律角度来看,预测遵循语言结构,是以一系列的可能性为基础的(Baddeley 1990,1993)。比如英语中冠词后常跟名词或形容词,不可能是动词。对于数而言,句子中没有任何其他成分可以对其进行预测。诚然,有些表达像"the rate dropped by"或"the number of X is"会明确表示数量单位的出现,但却不能有效地推测该数的具体大小。同声传译是一项复杂的认知活动,数在其中的难度也人人皆知。数对同声传译译员来说,他需要几乎在他听到信息的那一刹那起将其译出。但这种情形很少在交传中发生。一般来说,在源语和目的语之间发言人会有意识地停顿,以使交传译员理解、转换并将其译成目的语(Setton 1999)。

基于上述研究不难看出,数,特别是大数,增大了译员的工作记忆负荷,干扰了对信息的正常理解、存储和检索。

Gile精力分配模型

精力分配模型主要涵盖两方面内容:一是人类大脑的储存量是有限的;二时间的紧迫和同时处理不同任务时的注意力分配给翻译造成了一定难度(Gile 1995:91)。在该模型里,同声传译的实质就是要根据各项任务特点,在特定的时间里来平衡各项任务的处理的注意力分配。

精力分配模型又包含三种非机械的翻译能力:

1. 听力理解和分析力:译员接收源语并对其进行加工处理;

2. 译语输出力:从译语输出到目的语重组的一系列脑力活动;

3. 工作记忆力:从信息接受到转化为目的语或从记忆中消失过程中的所有脑力活动。

以上三者之间的分工管理会进一步消耗脑力。在同声传译进行的每一时刻,不同的能力负责处理它管辖的不同部分(Gile 1995:99)。三者所需脑力之和代表了整个脑力消耗,但不能超过各能力的承受范围。如果三者中某一个能力突然需要更多资源来处理较难部分,其他两部分的注意力将必然分散减少,就会打破三者之间的平衡。但如果三部分的注意力都达到了各自的极限,精力的突然变化必将导致一个或多个错误的发生。

Gile还创立了"绳索假设"理论(Gile 1999:157)。他认为,译员在多数情况下都是在近乎饱和状态下工作。因此,即使是微乎其微的额外注意力增加也容易导致译语出错。从某种意义上说,这个假设证实了同声传译中高频率错误和大量省略的原因。如果译员在远低于饱和状态下工作,错误只会出现在比较难以处理那部分。

Gile 在他的文章中曾反复提起数的翻译(如 1984,1995,1999),在他看来在同声传译中数字重复出现率高,是造成错误的罪魁祸首。他的观点是,数对译员增加了听力和记忆上的压力,加之译员很难从文章其他部分对其进行有效地推断,因而人们丝毫不能怠慢数的翻译。(Gile 1995:108)

数的另一特点是低预测性 (Braun 和 Clarici 1996)。这也无形中增加了听力和记忆的压力,因为任何预测对于数将束手无策。数只能在说话人说出的那一刻被理解。此外,数还具有含高信息量的特点(Alessandrini 1990)。信息量大的翻译增加了各个处理能力的压力,译员必须在单位时间内处理、记忆和翻译更多的信息。

综上所述,可见翻译数是极其消耗精力的一项脑力劳动。每一个过程都需要额外资源去处理它,这样就使整个大脑处于饱和状态,没有足够的精力来同步工作。这也恰好说明了为什么同声传译中数,特别是一连串大数往往翻译不到位的原因。

同声传译中数的处理

在翻译特别复杂段落时,Kalina(1992:254)认为"近似值"不失为行之有效的方法。她将此解释为译员精确表达前提供的部分信息法。然而对于数的翻译,此方法只会适得其反,因为延长时间会增加记忆的难度。

鉴于数处理和记忆力息息相关,目前通用的办法就是通过笔记把听到的数字记录下来。其实,笔记是交传译员不可缺少的帮手,也是帮助长期记忆广泛使用的一个方法。尽管记笔记意味着精力的分散与消耗,它却是同声传译中减轻短期记忆压力的有效方法,尤其是对于数和专有名字的翻译。此外,人们还可以借助超语言密码阿拉伯数字来帮助自己正确翻译数。当然这些只是理论上的假设,还需进一步实践证明。Crevatin(1991),Braun 和 Clarici(1996)曾做了一些关于同声传译中数翻译和笔记的作用方面的研究。研究结果表明,准确度低和省略是两大最常见问题。这两项研究都证实了笔记在"被动"同声传译中(译成母语)有帮助。但是因为研究所采取的方法不同,被研究的语言各异,实验的细节和系统对比难以操作(一项实验是将意大利译成英语,另一项是意大利语译成德语)因而只能做参考。

本文旨在对以下几个问题展开探讨:

1. 数是否会给同声传译带来难度(如果答案是肯定的,原因何在);

2. 数是否会影响临近数及其周围句子的理解和翻译;

3. 哪类数出错率最高;

4. 笔记在同声传译中是否真实有效。

实验的目的是验证为什么数对于广大译员来说是令人头疼的事情,特别是牵涉到需更多记忆力的大数目。但笔者认为,笔记也许是一个行之有效的解决方案。本文就这个问题进行专门探讨。

本次聘请的15名实验对象为年龄均在20—28岁之间的学生。他们已在意大利

Forli大学口译和翻译专业学习了近三年时间。所有的实验对象都擅长两种语言,意大利语是他们的母语,英语是他们的目的语。此外,他们各自还掌握了至少一门其他外语。虽未做调查,但根据笔记推断,他们都是习惯右手写字。15人中有12名男性,3名女性。本次实验是三篇同声传译练习材料,要求测试人员将它们从英语译成意大利语。第一篇的内容是一篇普通演讲,另两篇是包括了数的练习篇章,但只允许测试人员在第一篇测试中做笔记。另两篇是关于美国近年出生率的趋势和有关如何做称职母亲的题材。源语由一位母语为英语的该大学教授朗读,同时还配置有外接麦克的录音机录制。Text 0是一篇普通文章,把它作为考试内容有双重目的:一是为了检验测试人员对于没有数的文章能否准确翻译;二是为被测试人员提供相关背景知识和必要的专业词汇。另两个实验结构是相似的,所不同的是Text 1允许记笔记,而Text 2则不能记笔记。两篇文章都包括一个没有数的简介。两分钟内的朗读包括了一些具体细节;第二部分别涵盖67和60个数,其中没有数字的段落偶有出现,以便评估被测试人员对这些无数段落的翻译能力。

数分为五类,这对译员带来了不同程度的挑战。因为此前的同声传译训练并没有对数进行分类,分类练习是专门针对本次试验设计的。A类数:大于或等于1000的整数(含4位或更多位数),B类:小于1000的整数(不足四位数);C类:小数;D类:给数分级;E类:日期翻译。其中有些数字会重复出现,比如1998在两个实验中都重复出现,这样做的目的是便于了解数字在多次出现时是否相对更容易有助于翻译。其他数字是组合数字。在实验之前,被测试人员已经知道两篇材料中都有数出现,但只允许他们听第一篇材料做笔记。考前对他们进行了简短的交代,比如一些关于术语的翻译,以确保他们在术语翻译上不投放过多的精力。

第1篇测试完毕后,要求被测试人员上交笔记,1号译员是盲人未作要求,9号没有做任何笔记,15号的笔记不慎丢失。第二篇测试中不允许被测试人员做笔记,但可以借助此前的术语进行翻译。所有被测试人员们的翻译遵循统一的顺序即按T0,T1,T2的顺序依次进行。实验室是该大学的同声传译室,配备了完整的录音设备。除了1号和14号被测试人员外,其他人的测试在不同的时间进行。实验结束后,每个被测试人员发给相同的一份问卷调查。根据不同的选项,此调查被分成三大类共10个问题。分别是关于文章的难度,数对翻译的影响和笔记的重要性等。问卷调查的目的在于:

1. 文章除数以外是否相对简单;

2. 检验被测试人员的真实水平(比如,他们在T1和T2的不同表现,数对翻译的影响及笔记的作用)。印证研究人员假想,文章总体简单但涉及数的部分则较难;数不但本身翻译有难度而且会对上下文的理解造成影响;第二篇翻译难于第一篇,证明了笔记在口译中的作用不可低估。

错误分类是根据Braun和Clarici在1996年创立的理论。为简化分类本实验把相似的错误归为一类,最后总结为6类错误,它们分别是:

1.省略:数被完全省略,取而代之的是一个广义词,如:一些,很多等等。

2.近似值:数的位数未变,但都变为了整数。由于译员没有把握但又不得不翻译这些数,所以只好在其翻译中增加某些在他看来可以勉强应付的数(如3,941,553被翻译成大约 3,900.000 几乎 3,900.000）。

3. 词汇错误：数总体的大小未变，但构成数的成分顺序被调整或错位，比如 346 被译为 436，1989 为 1998.

4. 句法错误：数的顺序排列正确，但数的位数发生变化，或数的性质发生了改变（如 110,000 被译为 1010，51.1/1000 被译为 51.1%，423% 成了 423）。

5. 发音错误：发音错误常出现于发音相似的数中，如英语中的"17"和"70"。

6. 其他类型错误：这类错误和上述 5 类错误有所不同。由于这类错误不是特别明显，因而难以把它们归类，在此单独列出作为一类。不过，人们在分析这些错误时，应该需考虑其在原文中的位置，弄清是否相邻的数字导致了该数翻译错误。另外，所有数根据其翻译的正误及错误类型用不同颜色分别标注。

测试实验 1、2 的错误分析主要集在以下几方面：

——错误数的总数；

——出错率类型高的数；

——不同错误类型的总和；

——最常见错误；

——导致问题凸显的数。

试验结果以百分比形式计算，以确保实验 1、2 错误比例和不同类型数之间的可比性。笔记在试验 1 和试验 2 的作用，以此来证明数在同声传译中的重要假设地位。所使用的测试是配对测试（C.I.=95%）。

本节对笔记的分析主要是验证：(1)被记录的数的比例；(2)笔记详实性和翻译水平的关系。与此同时，本节还把由数引发的错误与笔记的数进行了比对，通过笔记分析了哪类数做了记录和错误的代表数。

实验结果

就内容而言，所有被测试人员对不含数篇章的翻译都令人满意。研究人员通过分析含数和不含数两篇文章来确定译文的准确性。为确保含数和不含数两篇文章的信息量有可比性，所有句子被划分为意群。数和它相近的部分为不同的意群，这是因为在很多情况下，虽然被测试人员省略了数但其余部分翻译得基本正确。

译员在不含数部分的平均正确率为 81.8%。而在含数的篇章得分仅为 53.9%。这说明，含数的篇章翻译起来较难而且准确率低。考虑到各译员在流畅度、表达能力、风格等表现差异，其他因素并未考虑在其中。总而言之，含数部分翻译的准确率大大低于不含数部分。

实验证明，两项测试中的数翻译的准确性有很大差异。第 1 篇测试中的 67 个数就有 50 个错误，平均错误为 30.2（45.1%）个，也就是说几乎一半的数都未能得到准确翻译。并且，准确率超过 50% 的只有 8 人，这当中有 3 人准确率超过 70%。第 2 篇测试结果也大同小异：60（76.7%）个数中错误多达 46 个，平均错误为 29.9（49.9%）个，测试 1 中的表现优于测试 2（t=2.882；df=14；p=0.012）。由此可见，记笔在同声传译数翻译所起的的作用是举足轻重的。

两次测试结果均表明，数引发的翻译错误不容小视。同样引起人们关注的是数的类型及其在句中的位置，它们也会影响翻译。表6-6是测试1和测试2不同类型数出错的比例。下列数据显示，四位、四位以上数和分数需要引起高度关注。数变化也不容忽视，特别是在测试2里。然而翻译的准确性与不同的数有直接关系，比如不同的日期，分数和整数等。

表6-6　测试1测试2各项错误比较

	测试1	测试2	Paried sample T-Test		
			T	df	P
A)Large whole numbers	67%	82%	-2.287	14	0.038
Small whole numbers	37%	49%	-2.682	14	0.018
A)Decimals	56%	63%	-2.433	14	0.029
Rangers	47%	57%	-2.674	14	0.018
Dates	41%	35%	*Difference is not significant*		

结果表明，四位数以上（A）和百分数（C）对译员困难较大，不足四位数和日期相对容易。（D）也存在问题，尤其是在测试2里。除日期外，表6-6和表6-7的差别很明显。需要注意的是，1000在测试1中出现一次，测试2出现两次。数1000是"底线"，因为它由4位数构成，顺序简单而且是整数。若将其除外，测试1和测试2的错误数量便是相同的（91.7%）。尽管略有差别，但记笔记并没有对普通数造成影响。

分析显示，省略在测试1和测试2的比例是相同的，而近似值，词法错误和发音错误在测试2中更突出。只有句法错误在测试1中比例略高。

表6-7　显示了两组翻译错误比列。

	测试1 错误分解	测试2 错误分解	Paried sample T-Test		
			T	df	P
Omissions	30.1%	30.2%	*Difference is not significant*		
Approximations	6.7%	20%	3.877	14	0.002
Lexical mistakes	4.1%	4.9%	*Difference is not significant*		
Syntactic mistakes	4.6%	2.6%	*Difference is not significant*		
Phonetic mistakes	1.1%	4.8%	3.609	14	0.003
Other mistakes	13.5%	13.5%	*Difference is not significant*		

省略是最常见的错误。和其他类型错误不同的是，多数情况下省略发生在数相邻的句子里：要么增加了词，要么遗漏了词，甚至还有整段或整句被遗漏的情况。究其原因主要是测试人员有意遗漏以便赶上发言人的节奏。近似值是第二大错误。它常出现于A类数中，也就是大于1000的数，在测试1的错误比例为30%，测试2中为60%。数使记忆饱和，数越复杂，翻译准确的难度就越大。出错的原因是译员意识到他遗漏了一些

具体信息，由于当时无法记住这些信息，因而采取简化数的办法。近似值也经常用于百分数翻译（测试1有17%，测试2有20%）。这印证了此前的推测，大数和分数最容易译错，结果这些数不但被省略，同时还经常被译错。

数据表明，近似值在测试2中出现频率最高。由于缺乏笔记的帮助来保留这些数，测试人员只好把它们当整数来翻译。

词汇和句法错误所占比例较小，只有A类数在这里出错。大的数不但因其直线型结构，也因译员有限的记忆空间，需要重组数字的信息没有得到应有的储存，所以导致错误频频发生。因发音译错的数在测试中所占比例很小，测试1和测试2的区别在于后者包含数多，便有可能和其他数在发音上产生混淆。在两项测试中，三分之一的其他类型错误都源自"回声效应"。

语境在数翻译中的影响

有27%译错的数并不包含在测试1和测试2中，它们的所指与测试1和测试2内容无关。

多数翻译正确的数总体上和上下文有密切的关系，但也有一部分译错的数与上下文毫无关系，它们的比例分别为测试1占5.2%，测试2占3%。还有很大比例的误译数在原文里并没有出现，这主要是省略引起。在这部分错误中，省略导致上下文出错比数引发的错误要多。在测试1中，整段省略和数省略的比例大约在2:1，测试2为3:1。这也许是因为在处理和数相近的信息时缺乏应有的记忆力，加之没有笔记帮助所致。如果不计省略错误，整段错译和数错误的比例比较接近。某种意义上，低比例说明了测试人员基本上能意识自己译语的准确性。最典型的例子是，只要有上下文支撑，一般均能译对。这种情况的发生主要是因为被测试人员一旦觉得难以表述，便干脆放弃整个部分。反之，如果对数只觉无法把握时，他仍能译出其他部分。

上述这些数据表明，译员不但对数本身翻译有困难，数也会对他对上下文的理解增加难度。测试1的笔记记录了39.4%的数，其中记录正确帮助译员翻译准确的数占66.6%，即25.9%的数。因笔记错误导致翻译失误的占全文数的10.5%。笔记正确但不能在译语中正确表达的占6.2%，也就是2.5%的数虽记录准确，但翻译时出了错。如果把记录的数和翻译质量相比较，人们会发现翻译的正确与数的记录准确性密切相关。因此可以肯定地说，笔记在同声传译中的作用不可低估。

通过分析还发现，译员对于复杂的数会用更多的笔墨记录，这当中分数记录最多，其次为较大的数。然而令人遗憾的是，准确数不到一半。小数和日期属于简单数范畴，因而也很少被记录。不过，无论这些数频率出现多高，译员只要记录一次，便可以集中精力记下面的数。

问卷调查

测试1和测试2的问卷调查结果完全一致，下面本文逐一加以分析。

一、文章的难度

被测试人员认为文章的难度略低于平时水平,但数部分较难。这便印证了试验人员此前的预期。另外还有一个值得注意的有趣的问题是,被测试人员普遍关心的"文章总体朗读速度"和"数部分朗读的速度"的问题。凡带有数部分的速度要快于无数部分的速度,他们便以此认为速度是导致翻译困难的一个诱因。实际上,文章的速度始终如一,甚至考虑到发言人在数部分要尽可能发音清楚以减少理解障碍,这部分的速度稍慢于其余部分。这个结果说明了主观感觉有悖于客观现实。测试人员把不能跟上发言人节奏归咎为发言速度太快,其实不然。真正的原因是数增加了他们的翻译的难度。

二、数对译语的影响

问卷第2部分是有关数对译语的影响问题。测试人员不但对数的翻译感到吃力,数甚至还影响到译员的理解和数周围部分翻译的准确性。很明显,凡是含有数部分的翻译测试人往往容易出错,然而测试人员似乎对其原因知之甚少,这进一步说明笔记的重要性。问卷调查显示,只有60%的被测试人员称在同声传译过程中做了笔记,而86.7%的人只记录数部分。由此可见,笔记在数翻译中的重要性可见一斑。

对于译员的总体发挥分析表明,有数段落翻译的准确性低于无数部分。这进一步印证了数在同声传译中是影响译语准确的因素。

数翻译的准确度较低,平均为5%。数的独特结构不但影响其本身翻译而且对上下文的理解造成困难。结果证明,约27%的数或所指代内容翻译有误。不同的数的类型也造成不同的结果。4位或大于4位的数出错率最高,其次是分数,小数变化,小整数,日期。最常见的错误是译员省略不译,这种情况约占整个数的30%。本次测试数据结果也和其它早期有关同声传译数的分析的结果有相同之处 (Crevatin 1991, Braun 和 Clarici 1996)。即便是不容易出错的小数,如果出现频繁也同样增加翻译难度。对于出现频率高的数,译员会很自然地借助笔记帮助。数越大,对笔记需求也越高。因此,这再次证实了笔记是减轻记忆压力的有效手段。测试显示,同一数频繁出现似乎并未减轻翻译难度,并没有帮助译员避免重蹈覆辙,犯相同错误的尴尬。这只能说明,数一旦被翻译了之后,便退出了记忆,当再次遇到这些数时,译员必须重新唤起回忆,重启记忆。错误分析的结果和Gile(1995)的精力分配模型研究相吻合:数字需要更多的精力去储存和处理,且时常超越人们注意力可控范围,由此可见,它在同声传译中的错误便不足为奇。

在测试2中,被测试人员的总体表现低于测试1的被测试人员。究其原因很大程度上归结为笔记的作用。笔记对于出现频繁的数位多的数的有效性在此研究中得到了证实。但结果同时表明,对于A类数字笔记作用并不明显。这也许是因为整数过多没有时间一一记录的原因。换句话说,额外的笔记抵消了本来用来减轻记忆压力的笔记优势。相反,虽然分数和数变化比例较高,但被记录下来的却微乎其微,不过被记下来的这些数相对正确。

通过比较两项测试人们还发现了另一个有趣的现象,测试2的平均出错率明显高于不习惯记笔记的测试人员。这可能是因为他们平时依赖于笔记,一旦没有笔记便倍感不适。另一种可能是因为他们理所当然地认为没有笔记难以保证翻译质量。相反,那些不习惯笔记的被测试人员在测试2中表现得更从容自信。

也有被测试人员认为做笔记与否与同传无关。的确，这些人员在两项测试中数的出错率都低于他人，这或许有力的证实了他们的自我感觉。尽管这样，他们在含数段落的翻译仍不如无数部分的翻译。

综上所述，此研究表明在无笔记情况下，分数，数变化，小整数的翻译错误率明显增加，因为这些数对记忆增加压力，导致译员不能完整输出译语。

尽管本测试是在教室进行而且翻译篇章略短于正常篇章，但本实验在很大程度上营造了现场同声传译气氛并取得了真实同声传译的效果。

不可否认，因本实验唯一目的是研究数在同声传译中的翻译，所以翻译内容是录制的，环境也是人工模拟的。然而，由于人们不可能具备如此多的资源让被测试人员能在同一时间、在同一现场进行录制，加之同声传译设备条件的制约，因此，试验者只能反复重复播放同一发言内容，这样难免会有播放速度快慢不一之嫌，数的语音语调和实际同声传译环境下有一定出入。本文把本测试控制在一定范围内是因为想减少任何影响结果变化的因素。此外，被测试人员都是学生，并不能完全反映职业译员的实际水平。不过只挑选了母语为英语并经过至少三年训练的学生，以确保各被测试人员具备最低同声传译要求所需要的水平。

本书只分析了笔记这一变量在被动同声传译中的作用。建议有兴趣专家学者可在日后将口译作为变量，或研究相同条件下的现场同声传译。此外，考虑到各个语言的词语长度和句法特点，如用其他语言而不是英语或意大利语对此进行研究可能会产生不同的结果。因此，建议采用其他语种作类似研究，研究词语长度和数的关系以及其对翻译质量的影响。

总而言之，迄今为止人们仍未找到一种行之有效，综合详尽的策略来处理这些高难度的数语言符号。在目前的条件下，人们只能建议让同声传译室的搭档帮助记录发言中出现的姓名和数字信息。这种方法实际已被广大译员所采用。个别译员在没有助手的情况下也可采用省略或近似值的方法来处理较大或信息量丰富的数。正如 Pearl (1999:3) 指出的那样，笔记不是应对同声传译中数的万能之策，它的唯一优势只能是使同声传译错误降到最低限度。

第七章

同声传译技巧

第一节　视译、有稿同传与同传注意力分配

通过对视译和同声传译测试进行比较时人们发现，被测试人员在进行视译信息处理中如能借助视译材料，翻译的质量就会明显提高。研究结果表明，视译和有稿同传的分数远远超过同声传译的分数。研究说明借助视译材料进行翻译非但不会干扰被测试人员超负荷的同步听、说能力，反而能提高被测试人员的发挥。从教学的角度而言，倘若教学能把视译纳入同传译员的训练，无疑将大大提高他们的认知能力并最终提高翻译质量。

注意分配与翻译熟练程度

长期以来一直困扰专家学者的问题是，人类在信息处理过程中能一次性的同时处理多个信息，还是当人们进行处理多个信息时，唯一能做的是从一个信息快速切换到另一个信息（Broadbent, 1958）。与同声传译不同的是，在日常交谈中，往往在一方说话时另一方聆听，鲜有两人同时说话的情况。Miller (1963) 曾指出，这种依次说话的方式可能是人类语言交际的共性，但是人们平时之所以不听、说同步，"并不是因为听力或心理障碍而无法同时听、说；而是由于灵敏度和注意力限制所致，或许语言器官中的某些关键部分还没有完全启动或激活。"（Miller 1963, pp. 417~418）

早期有关注意力的研究显示，注意力似乎每次只局限一项活动。只有当两项同时执行的任务整合为一项有序的活动时，此时有意识地分配注意力才成为可能（James, 1890）；否则，人们要么进行快速切换（Paulhan, 1887; Jaffe, Feldstein and Cassota, 1967）；要么两项任务中至少有一项是在不受控制的情况下已变得自动（Solomons and Stein 1897; Hirst, Spelke, Reaves, Caharack and Neisser, 1980）。

在以往大多数有关选择性听力的实验中，人们只要求被被测试人员跟读其中的一句话，而对另一句话却忽略不计。

学者们不遗余力地曾先后进行了大量的实验，实验的目的是对两项任务展开研究。在众多的实验中 Allport et al. 的试验独领风骚（Allport, Antonis and Reynolds, 1972; Shaffer, 1975; 与 Welford, 1968）。Allport et al. (1972)的实验结果显示：被测试人员能做到在不遗漏任何信息的情况下，同时执行两项任务。试验中，他要求被测试人员在一系列复杂而毫无关联的场景下，甚至在钢琴伴奏视唱练习的嘈杂声中不断复述源语。通过这一实验 Allport et al 发现，当两个需要处理的信息或两项需要执行的任务截然相反时，同时执行两项任务并非不可能。Allport et al. 的实验为跟读练习奠定了理论基础。

Allport et al. (1972) 在解释这种现象时指出："其实人们并非不能超越人脑极限来处理某个单向任务，而是人们难以将两条相似却又无关的信息区分开来（Allport et al. 1972, p. 226)。"Shaffer (1975) 的研究发现，一名熟练的打字员在跟读或背诵的同时仍能

保持快速打字的速度,其速度并不因为跟读或背诵而受影响。然而,一旦要求打字员一边听打字声一边跟读时,她便显得无所适从。因此 Shaffer 总结道,对大脑干扰最大的是相同的回应材料而不是刺激材料。

Spelke, Hirst 和 Neisser (1976) 的实验要求两名被测试人员边读短篇故事边听写单词。在经过几周的训练之后,被测试人能够做到在听写单词的同时,仍能辨认词汇间的有机联系,并且能做到保持正常速度阅读的同时,根据意思将单词归类。此前,被测试人员无意识做到这一点,他们只知一味地抄写词汇,而对词汇的理解置之不顾。从某种意义上来说,抄写过程可以视为"机械"性抄写。但随着实验性质的改变,外加对被测试人员的额外训练,他们已经学会根据意思对这些词汇进行分析归类并能找出它们之间的内在联系。最后,两名被测试人员在不影响阅读速度和理解的基础上,做到了对所听写的词汇成功归类。更重要的是,他们的写作不再是"机械"性的写作。从狭义上讲,他们真正做到了合理分配注意力,做到了在读、听的同时又较好地理解了阅读内容。

另一种办法是多渠道处理,即一次性处理两项或多项任务,但前提是任务之间不能因争夺某个渠道的使用权而发生冲突,而且次渠道也需经过严格训练。如前所述,Shaffer (1975)的打字员不能做到一边听打字声一边跟读或大声朗读,造成这一原因有三种情况,即打字的节奏、听觉任务相同、各任务为言语输出相互竞争模糊了听力材料。

对此,其他专家提出了自己各自的假设:Brooks (1968) 认为,听、说同步是冲突所致。Crowder (1970) 则认为,尽管被测试人听到与他相似的声音时会在获取信息方面占优,但是,这有可能会对他提出额外的要求,而这些要求在他被动和不明显的发声里并不存在。Jaffe et al. (1967) 指出,同时听、说的困难在于尽管被测试人可以同时应对两种声音,但如果当其中一种声音是来自他本人,这反而会加大困难。

听、说同步与自动性密不可分。一般而言,只要人们熟练地掌握某种技能,便不再需要刻意地对其分配过多的精力。换言之,即便人们分散了注意力,仍然可以熟练地自动完成该任务而不会因干扰而中断 (Norman 1976)。在经过大量训练后,回应变得自动,也就是所谓的"无意识行为"(Neisser 1967)。

尽管经验加练习有助于被测试人员同时处理两项任务,但这种技能仍被认为属超自然行为。同时听、说极大地考验了人类信息容量的能力,从某种意义上说,它解释了为什么职业译员通常需要每20分钟轮换一次的原因。为避免同声传译中连续作战的压力,有学者建议,译员应该充分利用源语输入中的短暂停顿。"发言人连篇累牍中的停顿对译员非常宝贵,如能捕捉这些间隙并充分利用,他的译语输出会更自然流畅"。(Goldman-Eisler, 1968, p. 128)

Poulton (1955) 在对同声传译与交替传译进行比较时发现,相形之下,同声传译译语中有大量的漏译或误译现象。Barik (1973) 对 Goldman-Eisler 于 1968 年提出的观点进行了进一步论证,他发现,原来人们误认为译员的译语不受源语发言人停顿的影响。恰恰相反,译员在很大程度上利用了源语的停顿。Barik 同时发现,源语停顿一般以意群为单位。既然译员是以意群而不是以单词为单位翻译,在源语输入停顿的刹那开始翻译便不足为奇。一旦译员灵活抓住了源语中的停顿,将大大降低同时听、说的强度。当然，这还涉及一系列复杂的处理过程 (Barik 1973)。用 Barik 自己的话说，"很显然，为确保翻译效果，译员必须以意群为单位而不是机械地逐字对译。所以，理想的做法是发言人按意群发言时译员可只听不译，意群一结束时译员便着手译" (Barik 1973, p. 263)。此前，Barik 做了一个有关深度处理的研究，研究主要针对口译中的听辨、跟读、同传与交传。结果显示，一旦被测试人员闭口不译而只是全神贯注处理信息，他的听辨/交传效果要好于跟读/同传效果。在解释这一现象时 Barik 指出，被测试人员在从事同声传译任务过程中，他们对内容进行深度处理的能力受到一定影响，这便是冲突产生的症结所在 (Lambert 1988)。

同声传译是注意力分散的典型代表，究其原因主要是它必须在同一时间里处理若干不同的认知任务。在译员执行两项或多项任务时（如听辨源语并将其译为目的语），注意力必然分散。在翻译过程中，译员不仅要时刻注意自己的译语输出，还必须不时检查对照原文，确保译出语恰当、准确。

Padilla, Bajo, Cañas 和 Padilla (1995) 对同声传译的过程进行了翔实的描述："可以肯定地说，在对此前的意群进行输出之前，译员必须将新意群储存于工作记忆当中，对其中的词句进行破译并将之与已储存在长期记忆中的信息匹配。这项任务要求极高，必须在一定的时间内完成。在此期间，译员还必须做到快速存储并清除其工作记忆。"（Padilla et al. 1995, p. 62）

研究人员进行了一次实验，他们对部分入选学生进行了为期半年高强度的训练。训练目的是根据不同任务分配注意力。结果显示，训练后的学生掌握了某些特定的技能，这种技能使他们不仅能够一次单独处理某项或同时一次处理多项任务 (Spelke et al. 1976; Hirst et al. 1980)。不过令人费解的是，如果译员按初学者的要求刻意将注意力放在源语输入和译语输出上，他的译语效果则大打折扣。(Lambert et al. 1995) 对此做出了以下三种解释：

1. 额外精力：执行同步任务资源的增加要求被测试人员投入更多精力。

2. 注意力转换：被测试人员并不完全以相同的投入完成不同的任务。相反，他知道如何快速地从一个任务切换到另一个任务中。

3. 自然心理活动：一旦具备了善于分散注意力的能力，被测试人员就不再通过中央处理系统来检测每一步单个心理活动，因为他的处理能力已变得自然。

Gran 和 Fabbro (1995) 研究发现，在进行注意力分散的语言任务如同声传译的处理时，初学者不是把主要精力用于信息接受上，就是放在译语输出上。因此，尽管竭尽全力做到一丝不苟，却往往事与愿违，译语效果不是不得体就是不到位。有鉴于此，研究人员对初学者进行了一次实验，检验其在视觉辅助的情况下的译出语效果，探究文本对译员的发挥是起积极作用还是反之。

近来，学者根据视译，有稿同传和同传各自信息处理的特点对它们进行了分类：

a. 视译是指用将书面语转化为口语的过程。由于它涉及口头和视觉信息处理，视译有时被视为是一种特殊的笔译或者另一种口译的形式。

从人类信息加工的角度来看，视译与同声传译有许多相似之处，因为两者都涉及时间压力、预测和概括大意等一系列变数,而笔译不存在这些因素,即便有也是极其有限,微乎其微的。

给视译定义并将它与有稿同传区分开来并非多此一举。首先,视译的挑战性不容小视。根据难易程度视译又有强弱之分。对于简单的视译片段译员一般只需约10分钟的时间便能轻松应对一段300字左右的片章。然而,也有一些文本难度大,译员既不能事先准备,也不能浏览材料内容,他需即兴翻译,这类情况在法庭翻译中司空见惯。当然,合格的译员上岗前已经经过严格的训练,学会了随机应变、遇事不惊的本领,否则他难以胜任法庭翻译之类的工作,因为法庭译员常常需要当面将证人、证词、法律文件译成目的语。

b. 有稿同传又称"带稿"同传,是同声传译的另一种形式。它是目前各大专院校口译培训课程的一部分,也是口译专业招生考试的必考课。视译不同于有稿同传,它更接近于同声传译,因为两者的信息都是通过视觉和听觉同时传递的。在一般情况下,考生有5到10分钟来准备书面材料,考试时要求考生把从耳机里听到的源语译成目的语。鉴于发言人有时可能偏离原文,考生需紧跟发言人思路,不像视译练习那样仅仅对文章进行逐字逐句翻译。

将有稿同传作为口译必考科目在国外颇有争议。有人认为,有稿同传与视译相比,难度更高,即便不需数年至少也需几月的时间才能掌握。因此,不能用它作为一种考核手段,而应该把它作为为期一学年的口译训练课程。但也有人认为,如果考题不是明显太难,而且语速适度,考生有时间来浏览原文,这样可以做到两者兼顾:擅长视觉的译员与擅长听觉的译员。

c. 同声传译,有稿同传和视译最明显的区别在于:同声传译是直截了当的翻译,译员只能通过耳机接听源语,无法借助文字材料与视频。早期有学者对视译进行过一定程度的研究:Moser-Mercer(已付梓),Viezzi (1989), Howard (1986), Weber (1990), Carpenter (1987) 等人都对此进行了初步研究,由于篇幅,本文这里只对其中两位学者的研究作简要介绍。

Moser-Mercer 长期从事视译课程教学,她发现,在视译过程中"初学者倾向按顺序翻译,而且对每个词都力求找到一个恰当的、对应的含义;而有经验的译员则相反,他更倾向采取非线性的方法。比如他在翻译前只注重有关主谓宾之间的关系,然后在翻译过程中再对译语做必要的调整和补充。老道的译员一般倾向意义驱动规则"。

Moser-Mercer 同时还发现,初学者的翻译速度大约为每分钟60字,而职业译员则多达115字。职业译员可以自如地完成从书面语到口头语的切换,而初学者仍受困于书面材料。初学者不善于添加、删减词汇之类的做法,而职业译员为了译语通顺则会在翻译中添加必要的过渡词,尽管这些词在源语信息中并不存在。至于译语错误,职业译员很少误读原文,而初学者则常常犯理解性错误。Moser-Mercer 进一步研究后还发现,与同声传译相反,视译是典型的输入和口头输出的方式操作,两者分明,互不影响。这便恰恰佐证了 Shaffer's (1975) 的论断:干扰最大的是回应材料而不是刺激材料。

Mauricio Viezzi (1989) 认为,信息记忆是视译过程中心理激活的一种手段。Viezzi

通过听、读外文材料，通过视译和同声传译来分别验证信息记忆程度的优劣。实验使用语言是法语和英语。

Viezzi 的实验表明，视译的记忆率要低于同声传译的记忆率。Viezzi 认为，这个意外的发现或许可以用 Craik 和 Lockhart (1972) 的深层处理论来解释。该理论宣称，信息记忆是一种处理时间和深度的功能。在视译中，大量信息已经存在，译员无需处理额外的信息，不需时间储存来输出译语。而在同声传译中，信息呈现的形式给译员造成了沉重的存储负担，导致信息处理时间过长，处理程度加深，而视译不存在这种情况。这便是为什么视译的记忆率要低于同声传译的记忆率的根本原因。

在视译、有稿同传和同声传译这三种翻译模式中，学者关心的另一个问题是，具备视觉材料究竟是否有助于提高译出语质量。

如果视觉材料（打印的讲稿）与译员听辨的内容相一致（如果发言人不偏离讲稿），人们发现，视觉材料的确有助于增强翻译效果。但如果译员在同声传译期间既要听发言，又要调整他的译语输出，此时的视觉材料不仅无助于翻译效果，反而会起干扰作用，增加额外的负担。如此看来在同等条件下，视觉材料对同声传译的（译员在同声传译中既听发言，同时又听自己的译语）干扰比只处理不同的器官的视译要多得多。

实验研究

为了验证三者之间的差异，人们进行了一次实验，对译员在视译 (ST)、有稿同传 (SIT) 和同声传译 (SI) 的具体表现分别进行评估。研究人员的假设是有稿同传的得分要高出同声传译，视译得分又要高出前两者因为视译不存在同步翻译。也就是说，译员在视译中的得分最高，其次是有稿同传，最后是同声传译。

为确保材料一致性和可操作性，实验是一段 20 分钟的演讲，对被测试人员的专业词汇没有特殊要求，实验分为三部分：

1. 视译：有几分钟热身的时间，这个时间不计入测验时间。14 名被测试人员先对第一部分进行视译。

2. 有稿同传：第二部分测试发给被测试人人手一份打印材料，被测试人有 10 分钟时间阅读熟悉讲稿内容。准备就绪后，要求被测试人员不看原文边听边译。

3. 同声传译：这个环节要求被测试人翻译发言中的第三部分内容。被测试人通过耳机在无任何视频资料的情况下，听源语并将其译成目的语。

14 名被测试人都是渥太华大学四年级翻译专业学生，目前正主修"人类信息处理"课程。所有入选的被测试人都是该课程的尖子生，修同一门课程，同时都有 3 个月的同声传译实践经验。学生的第一语言为英语，第二语言为法语。

实验要求被测试人将法语译为英语。为保证效果，现场进行了同步录音。测试前每位被测试人都有 5 分钟时间准备。在此期间他们既可以聆听又可跟读（用相同语言复述），又可尝试性翻译。多数被测试人员都选择听热身练习。

全体被测试人都按同一顺序来完成三项任务，即视译、有稿同传、同声传译。整个实验持续了 40 分钟，而真正翻译的时间为 15 分钟，这低于常规的 20 分钟疲劳期，剩余的时间由被测试人自行安排。

为便于评分,对每位被测试人的翻译均进行了记录并由三位评审将其与原始讲话的翻译进行比对。评审给被测试人的译语正确率均为 0.93。值得一提的是,评审对实验的条件和目的事先均一无所知。

鉴于该实验涉及面广,而参与实验者人数有限,建议以下结果仅供研究参考。表7-1 是被测试人在三种不同情况下的表现:

三种情况下的表现率

表 7-1

(ST)视译	(SIT) 有稿同传	(SI) 同声传译
82.43	82.00	69.5

表 7-1 中的数据显示,视译 (ST) (= 82.43) 和有稿同传 (SIT) (= 82.00)的得分远远高于同声传译 (SI) (= 69.57)。

三种情况下的平均分数和标准差

表 7-2

	视译	有稿同传	同声传译
平均值:	= 82.43	82.00	69.5
标准差:	=13.21	13.19	14.33

上述数据显示,视译(82.43)和有稿同传(82.00)的得分比较接近,这说明增加听觉材料并无干扰作用。同声传译分数较低佐证了 Shaffer's (1975) 提出的干扰最大的是回应材料而不是刺激材料的观点。

视译得分最高在情理之中。因为早期的研究 (Gerver 1974, Lambert 1988, Viezzi 1989) 发现,译员对输入处理投放的精力越多,信息处理的程度越深,记忆就越强。但令人不解是,有稿同传的得分和视译的得分竟如此接近。

同声传译被测试人的得分并非意外。实验心理学以及口译教学的经验表明,由于部分被测试人员此前接受了半年以上针对分散注意的特殊训练,掌握了所需的技巧,所以在执行不同任务时,他们做到了有针对性地对一个或多个任务进行注意力分配 (Darò 1995)。

如果说同声传译被测试人员得分较低是因为缺乏经验,那么有稿同传为何在增加了额外信息处理的情况下(即视觉材料)得分却反而更高呢?如果译语输出和被测试人的文本材料相差无几,那就说明没有或者只有少许干扰。有稿同传的问题源于发言人突然偏离主题,在实际生活中类似情况时有发生。一旦碰到这种情况,译员会或多或少受到影响。译员应忽略文字材料而将精力集中应对信息处理。现实生活中,有些译员无需借助文字材料,但也有译员仍能做到从头至尾浏览文本、术语、理顺句子结构以及猜测发言内容,这些细微的举动有助于提高译语质量。

本次实验对象是初学者，它与 Viezzi (1989) 实验对象有明显区别。Viezzi (1989) 对里雅斯特大学四年级学生的实验显示，视译记忆不如同声传译记忆。这是因为视译译员能借助现成信息，他省略了信息处理环节，无需译前储存这些信息。而同声传译的信息对译员认知构成了挑战，导致了长时和深层的信息处理，这种情形在视译中罕见。这也是视译和同声传译记忆差异的原因所在 (Viezzi 1989)。

按照 Viezzi (1989) 的观点，实验用的语言至关重要。在英译意的转换过程中，句法差异使译员不得不花大量精力转化表层结构。信息（记忆）处理与句式转换成反比，这种现象与 Lambert 此前的研究结果不谋而合。Lambert 的实验要求被测试人员将法语译成英语，人们知道，英法句式差异不言而喻。本次实验记忆消耗的精力与 Viezzi 的实验信息记忆所耗费精力成正比。

Viezzi 同时指出，视译与同声传译都涉及精力消耗问题，这与信息加工是同理。精力付出多寡取决将源语译为目的语句式的复杂程度。信息记忆不仅受翻译过程的限制，同时也受语言结构的限制。

Viezzi 最后指出，视译的处理方法与同声传译的处理方法截然不同，两种信息呈现的不同形式要求译员采用不同的对策。这便影响了信息处理的方式，产生了信息记忆的明显差异。

其他的实证研究 (Allport et al. 1972, Spelke et al. 1976, Hirst et al. 1980) 也表明，在获取信息的初始阶段注意力需要有意识激活并分配到不同的技能上。这个阶段是初学者译语最容易出错的地方。只有通过不断的实践，初学者才能像职业译员那样掌握某种程度的"自动性"，即全力关注信息的输入与输出。

同声传译信息处理研究表明，它的基本策略是"程序"，它能够被储存并不经意地保留到记忆里。如若引入其他系统刻意地将注意力激活，会干扰该"程序"的正常运行，这就是译语出错问题的关键所在（Daro 1995a,1995b）。

总之，在从事同声传译之前，有志于从事同声传译事业的有识之士需避免过分依赖视觉和文字材料，而要做到这一点，视译训练不失为一种有效的过渡手段（Dejean-Leféal 1997）。

第二节　精力分配模型与"走钢丝说"

学者对 10 名职业译员的同一篇发言稿进行的同声传译研究显示，翻译后源语不是被错译便是被漏译，其中很大一部分错误仅在翻译一开始就已出现。令人不解的是，同一个译员即使在第一遍译对的情况下在第二次重复该句时，竟然出现了新的错译和漏译现象。这些发现印证了精力分配模式的"走钢丝说"，即多数错译和漏译并不是源自源语本身的语句难度，而是译员处理能力已接近饱和所致。译员的处理能力一旦接近饱和，任何额外的处理将犹如压在骆驼背上的最后一根稻草把他压垮。

精力分配模式的本质

早在20世纪70年代,学者(Gerver 1975, Moser 1978)便创立了以信息处理为基础的模型,并将其用以解释同声传译的心理过程。 最近,在认知学的基础上,Setton (1997), Paradiş (1994) 与 Mizuno (1994, 1995) 等学者又纷纷推出了自己的模型。所有这些理论的建构价值不言而喻,因为他们将认知心理学、神经语言学和语言学的相关发展囊括其中。然而遗憾的是,在实践方面这些模型并没有得到有效的、系统的验证。诚然在很大程度上 ,它涉及复杂的心理过程(Lambert 1995, Moser-Mercer 1997:2, Massaro 和 Shlesinger1997:14, Frauenfelder 和 Schriefers 1997:55),加之缺乏探索研究所需的机制以及相应的人力和财力资源。80年代初,不同的观念催生了不同的模型,与描述同声传译的过程不同,新模型注重解释同声传译和交传译员在传译过程中的省略和遗漏并对它们进行了深入的分析。研究结果显示:人们不能简单地将这类错误归咎于译员的语言能力、知识面或外部环境的影响。为了进一步验证这一观点,Gile (Gile 1995, 1997)的"精力分配模式"开了先河,做了大胆的尝试。这些"精力分配模式"将翻译过程归纳为三个"精力付出", 即:

L — 听与分析力

P — 输出力(同声传译译语输出,交传译员正式翻译之前的听、记笔记阶段)

M — 短时记忆力(包括听辨源语,目的语重组或脑海中记忆消失过程)。

精力分配模型是一个破解操作的模型,它不是构建模型,不涉及特殊的精神元素和信息处理流程。事实上,凡是稍微具备认知学常识的人,都能提出一套自己的翻译标准。但与广义上的认知学所不同的是,本节只侧重它的实际用途而不是它的构建价值,也不考虑它的成分或流程上的删减或补充。此外,由于其独特的性质和目标,它不会直接与建筑模型相冲突。虽然人们对它的构建没有进行深入细致的分析,对它的广泛性和代表性缺乏认真的研究,但它是建立在认知概念基础上的模型。

精力分配模型的核心是,尽管一些认知资源在特定的长期记忆中得到了共享,但译员在翻译时仍未得到充分利用。这说明了三种精力分配模式间的区别:一是理解上,二是同声传译中的译语输出或交传中的笔记阶段,三是短时记忆活动。众所周知,同声传译的特点是听辨输出不是同一语言。交传的特点是笔记,这便是同声传译和交传的不同之处。将记忆归纳为特殊成分未免牵强,因为感知记忆和工作记忆共同存在于理解和输出中。因此,人们可以说,一个由理解阶段和输出阶段组成的二元模式便足以解释该模型,它也代表了实际的认知构建理论。模型的集中记忆具有以下特点:

a. 短期记忆(感觉记忆与工作记忆)包括同声传译源语要素和目的语要素、交传笔记阶段所记录的术语、词汇以及源语中能诱发译员短期记忆活动的要素。某些诱因(如对源语和目的语储存的不同、抑制与激活、两种语言词汇对接,等等)对于非职业译员、发言人以及普通笔录者记忆的要求并不苛刻。

b. 从战略角度看,由于译员记忆容量超出了一般性演讲所需的容量,超出了普通的译语输出所需的自然记忆的极限,所以他对听、译享有自主选择权(如在听、译的时间把握,能否跟上发言人速度等)。这些应对之策自20世纪60年代起便一直是学者思考的话题——(参照 Fukuii 及 Asano 1961, Oléron 及 Nanpon 1965, Kade 及 Cartellieri 1971, Daró 及 Fabbro1994, Osaka 1994, Padilla 1995, Gran 及 Bellini 1996, Chincotta 及 Underwood 1998)。除此构建理论外,另外还有以下三大操作性假设:

a. 三个"精力分配"均缺乏自动因素。因此,三者都需要额外的注意力资源。

从认知心理学和心理语言学的角度来看,一般认为,言语理解和言语输出包含非自动因素。因而,那种认为同声传译的言语理解比通常情况下更具自动性的观点是站不住脚的。至于谈到自动译语输出机制,这种情况只能发生在逐字逐句、一对一翻译时有才可能不假思索脱口而出,然而两种语言词句完全对应的例子微乎其微。就短期记忆注意力而言,它并非自动,因为它涉及存储和检索不同的信息内容(关于三个"精力分配"非自动性的详细叙述,参见 Gile 1995)。

b. "精力分配"在一定程度上具有相互博弈、互相竞争的特点。具体而言,即使在三者都共享同一资源且相互配合的情况下,它们各自为了提升自己的处理能力免不了相互排挤,这就是所谓的"竞争说"。这里人们不妨借用数学公式来解释"竞争说"以及它的表现形式:TotC 分别代表 L、M、P 消耗量及三个"精力分配"间协调(C)的深层消耗的总和,即三个"精力分配"精力分配的管理:

(1) TotC = C(L) + C(M) + C(P) + C(C)

(2) C(i) ≥ 0 i = L, M, P

(3) TotC ≥ C(i) i = L, M, P

(4) TotC ≥ C(i) + C(j) i,j = L, M, P 且 i 不同于 j

——等式(1)表示总处理能力消耗,

——不等式(2)表示三个精力分配均需处理能力,

——不等式(3)表示总能力消耗等于任何单个精力分配的消耗,

——不等式(4)表示总能力消耗等于两个精力相加分配的消耗(增加第三个精力分配意味着进一步增加消耗能力)。由于"竞争说"比较直白且又有趣地解释了译员的困境,因而它在从业人员中能引起共鸣,被欣然接受,此外,它还受到了从事认知学研究的学者的一致好评。然而,由于它缺乏必要的论证,因而它还有不尽如人意之处。

c. 本节将对译员工作接近饱和"走钢丝说"进行尝试性论证。

理论论证

在精力分配模式的基础上,人们有必要进一步提出新的假设。人们应该承认"问题诱因"的客观存在,尤其是在富含复杂句、专业术语的发言稿中,这些发言稿需要高度集中注意力。有鉴于此本节的假设是,一旦译员的处理能力达到极限,接近饱和,精力丝毫的分散都有可能导致误译或漏译。本节提出的另一假设是,译员对于信息含量低的发言稿同样不可低估,因为处理稍有不慎就会造成注意力分散,引起错译。Gile(1984)通过研究发现,译员对专有名词翻译所出现的错误要远远高出普通词汇。Gile 对此的解释是,部分原因是形态上的低信息所致,部分原因应归咎额外注意力的增加。

不过,含低密度信息的发言稿有时能降低认知压力。Barik 和 Goldman-Eisler 研究的停顿解释了低密度现象(Gerver 1976年)。但也有一些语言其特定的结构同样能降低认知压力,日语便是其中一例。Gile(1992)发现,日语的词尾有时长达十多个音节,这些词尾可预知,有助于译员预测推断。但从精力分配角度分析,把日语译成其他语言冒一定风险,一旦译员注意力分散,即便懈怠一秒钟,他有可能为此付出译语出错的代价。遗憾的是,人们对此没有进一步论证。

从精力分配模式人们不由得提出更深层的假设:一旦精力甲挤占了精力乙,错误或失误便由此而产生,虽然表面上此举挽救或译对了某个句子,但实际上它是以牺牲其他句子为代价(Gile 1995)。Granacher(1996)与他的学生进行了一项实验,试验前他列出了有可能诱发译语错误的词句。实验结束后他将源语和目的语进行了比较,以此来探究翻译失误的原因。他发现,错译和漏译在所难免,容易诱发错误的词句在意料之中。遗憾的是,该实验设计缺乏科学性,没有得出令人信服的结论。究其原因是他的结论是以推测为基础,依赖被测试人,而被测试人的反馈不足以支撑最终的结论。

通过精力分配模式人们还发现,句法结构不同的语言组合精力消耗更大,对注意力要求更高。为此,Dawrant(1996)对这个假设进行了佐证。有趣的是也就是在此基础上,他后来提出了翻译节约法。他指出,汉语的句式结构别具特色,因而在汉译英时人们需要调整语序。进而他还用口、笔译译文对汉语中的句式结构——双动词并用现象进行了比较。结果表明,译员在翻译源语时,倾向用预测和线性规律的节约机制来减轻因重组而造成的记忆负荷。

Lamberger-Felber(1998)在刚完成的博士论文中,通过精力分配模型对一系列不同类型的错译和漏译 (如数字、专有名词、概念性错误以及长句的省略等) 进行了验证。此外,她还通过三种假设来论证不同类型的错误和遗漏,即倘若译员提前得到发言稿并有时间准备;假使有了发言稿但无时间准备;如果译员事先根本没有发言稿。她的测试结果显示,提前获得发言稿并了解会议内容能降低处理能力,能极大地增加预测效果。该实验同时也表明,精力分配模型对于交传译员也同样适用,未经训练不擅长笔记的译员难以保证译语质量。但是,为了确保翻译质量译员必须考虑如下因素:

——记什么、如何记,这无疑需要额外的处理能力

——笔记过程需要增加额外的处理能力

——对于同样的发言内容,笔记占用的时间通常比翻译的时间长,这种滞后性有可能增加工作记忆的负担。Gile(1995)在一次交传实验中发现,记笔记的学生译员不能译出专有名词的比例通常高出不记笔记的学生。

走钢丝说

这里,本节将探讨前文所提的第三点假说,该假说在整体上与精力分配模型密切相关。即,一旦精力总消耗量接近译员的总体处理能力,此时增加丝毫的处理能力都有可能导致译员认知资源负担加重或局部注意力欠缺,最终影响译员的译语质量。"走钢丝说"比较形象、贴切地解释了翻译出现的高频率错误及遗漏问题。按照 Gile(1998)的观点,如果源语在没有特殊专业术语的情况下,那么译员低于饱和状态下工作所犯的错误

只会出现在词句较难的部分。为了印证这一点，本节拟从职业译员的一篇普通发言稿入手来揭示译语错误的原因。

实验表明，此类错误及遗漏并非空穴来风。本节的假设是：如果所有被测试人均对源语束手无策、望而生畏，这只能说明源语本身有一定难度（如过分专业、发音不清晰、语速太快以致无法将其译成目的语等）。一旦出现这种情况，人们只能爱莫能助。反之，如果只有少数被测试人心有余而力不足，上述解释将难以成立。相反，这进一步支撑了处理能力欠缺的假设。由此可见，对不同被测试人的译语效果进行对比研究有助于提供有力的证据。

在此同时还进行了另一项实验，该实验要求被测试人对译过的发言稿进行重译。考虑到译员已大体上熟悉了原文内容，在第二遍重译时会对第一次翻译所犯的错误予以纠正。结果发现，虽然重译的质量比第一次在整体上有所提高，但仍有部分被测试人第一遍译得正确，而重译时反而译错或译漏，这进一步说明处理能力欠缺假说。

看来人们很难给出合理的解释。译员第一次翻译正确，而第二次重译时反而不如第一次，这只能说明：译员第一次翻译时已理解了源语内容，具备了相应的语言知识，也掌握了一定的翻译技巧。

测试方法

发言稿来自电视录像，是柯达公司为新任执行总裁召开的新闻发布会。Gile 亲自翻译了该录像内容。此处引用的245字的摘录是总裁回答记者提问时的全文。摘录全长1分40秒，场面逼真，无需事先了解内容，且通篇只有一个专业术语，即"卤化银"。译员是职业同传译员。正式开始前，译员在同声传译间里进行了一两轮热身试译。此前，已派专人告诉译员"卤化银"的法语解释（halogénure d'argent）。实验在同声传译间进行，源语从一个便携式录音播放器输送到标准型耳麦，目的语事先录制在便携式录音机里。第一次实验结束后，要求被测试人员译第二次。同时还聘请10名译员，要求他们完成会议主办方布置的三项不同的翻译任务。他们被分成3组：第一组法语为第一语言，第二组英语为第二外语（非母语，但能熟练自如转换）以及第三组双语人士组。除一人的从业经验为7年外，其余人全部拥有15年的同传工作经验，且都是国际会议翻译协会的成员。它们既为民间组织工作，又服务于国际组织，如经济合作发展组织及联合国教科文组织。因此，其资格过硬，毋庸置疑。

试验要求译员先浏览译文并找出错误及遗漏。值得一提的是，这一方需慎用，不同的译员对评判标准也有所不同，译文中的错误从口语的角度有时可以接受（Gile 1999）。为了做到公正客观，在没有明显错误及遗漏的情况下，每个译员按要求需提出2条意见。

人们对错误及遗漏的定义趋于保守，忽略了许多其它导致错误及遗漏的因素。但无论如何这减少了主观臆断性，维持了有效性。本节所关注的问题是：

a. 在译文中，测试人员的错误及遗漏数。

b. 在第二次翻译中，被纠正的错误及遗漏。

5.3. 定量分析

表7-3

n°	被测试人员源语片段	A	B	C	D	E	F	G	H	I	J	第一次中的错误及遗漏
1	我肯定，我的	0	0	0	0	0	1-0	0	0	0	0	1
2	我甚至还不认识这些人	0	0-1	0-1	1	1-0	1-0	0	1-0	0	1-1	5
3	科学家和工程	0	1-0	0	0	0	0	0	0	1-0	0-1	2
4	足够好	0-1	0-1	0	0	1-1	1-1	0	0	0	0	2
5	但由于我不知道产品是什么	1-1	1-0	0	1	0	1-1	1-1	1-0	1-1	0	7
6	我可以泛泛的讲	0	1-0	1-0	0	0	0	0	0	0	0	2
7	柯达相机的成像	0	0	0	1	1-0	0	0	0	1-0	1-0	4
8	让我们集中精力于这	0-1	1-0	1-1	1	0	0	0	0-1	0	0-1	3
9	可预见的未来	0	0	1-0	0	0	0	1-1	0	0	0	2
10	就捕捉镜头而言	1-0	0	0	0	0	0	0	0	0	0	
11	最高分辨率	1-1	1-0	1-1	1	0	1-0	1-1	1-1	0	0	7
12	因为我的东西当然与我一起	0	0	0	0	0	1-0	1-1	0	1-0	0	3
13	过去两晚	0	1-1	0	1	1-0	1-0	1-1	0	0	0	6
14	它们真的令人兴奋	0	1-1	0	0	0	0	1-1	0	1-0	0	4
15	"百分之九十""百分之十"	0	0	0	0	0	0	0	0	0	1-0	2
16	*我的想法*	0	0	1	0	0	0	0	0	1-0	0	2
17	这将是杀手锏	1-0	1-1	0	1	1-1	1-0	1-1	0	1-0	1-1	8
	也许(仅限第二次)	0	0-1	0	0	0	0	0-1	0	0	0	
	第一、二次中错误及遗漏总计	4-4	8-6	5-3	9	5-2	8-2	7-8	4-2	7-1	5-5	
	"新"错误个数(仅限第二次)	2	3	1		0	0	1	1	0	3	

第一次和第二次重译中的错误和遗漏 (0 :正确; 1 :错误或遗漏)

表7-1进行了量化分析。结果显示,在译语输出的17处错误和遗漏中,有8处(47%)只有2名译员出错。且这2名译员中有1人错误未超过5个(测试人员A, C, E, J),他们属于测试中表现较为优秀者。因此,从这些错误和遗漏来看,源语片段中不存在固有翻译困难(读者从表中所列内容和上述给出的错误和遗漏可以清楚地看到,原文并不涉及专业术语或特殊复杂语句),这更有力地印证了第二部分中提到的走钢丝假说。

第二次重译结果显示,译语输出总体水平达到了预期:有5名测试人员(B, E, F, H, I)的错误和遗漏数量明显减少,2名测试人员(A, J)的错误和遗漏数量与第一次试译持平,测试人员G增加了一个错误。有趣的是,9个被测试译员在第二次重译中有6个(66.6%)(如先前所提,测试人员C只有部分记录)出现了一个新错误或遗漏。其实,他们在第一次翻译中译得出色。这表明这种现象屡见不鲜,这进一步支撑了第二部分所提到的"走钢丝说"。

如上所述,本研究的目的旨在最大限度地降低译语错误。至于人们担心它有可能对错译和漏译的界定门槛过高,这只能说明实验的形式单一,未能启用其他形式来检验认知负荷。这里值得注意的是,本节在此并未探讨临界点,尚无有效机制来分析译语输出的质量,仍未能对韵律变化或音质进行评价。假如现有的测试工具灵敏度低,无法得出令人信服的结果,人们有必要设计出灵敏度更高的工具。但即便是这样,人们仍不能保证它绝对的可靠性。所幸的是,试验结果证明现有的工具是可行的。从某种意义上讲,在研究初始阶段使用原始工具往往比那些更精致、更脆弱的工具更为有效。

本节的结果有力支撑了走钢丝假说,作为一概念性工具它对精力分配模型给予了支持,解释了译员的认知局限。然而,作为操作工具的精力分配模型的实用性及其进一步的发展前景,它仍有待更多、更精确的量化分析,特别是在现场翻译过程中额外精力资源消耗的量化分析。当人们更多地了解译员工作时的饱和状态、复杂句对额外精力的耗费,以及失败原因,那时人们就能找到更好的测试方法来求证精力分配模型,评估它的实际意义。需要指出的是,目前的方法过分间接且比较原始,难以对模型进行系统的验证(Massaro 及 Shlesinger 1998:43)。值得庆幸的是,Schjoldager (1996) 与 Sabatini (1998)以口译为核心进行了实证研究,为翻译理论作出了贡献。这使得人们有理由相信:人们在对一个理念或一种模型进行科学探索时,简单易行才是上策。

第三节　口译精力分配模式

口译研究中最令人关注且最具挑战性的课题之一,莫过于译员口译时面临的困难。有鉴于此,本节拟提出一套模式来探讨这一困难。此外,本节还将探讨如何更好地选择口译策略与技巧来提升口译质量。

口译译语质量问题不仅出现在语速快、信息量大、专业程度高的发言稿中,即便是在语速缓慢、发音清晰的发言中也在所难免。令人费解的是,这种困难令人捉摸不定,有时甚至出现在表面上没有明显听辨和理解障碍的发言稿中。不仅如此,错误和遗漏不仅在教学过程中时有发生,就在职业译员中也颇为常见。根据Gile(1989)的案例分析,即使是受过良好训练与经验丰富的译员,在非专业性翻译时如果译语输出是一篇70秒的讲话片段,难免会出现10处欠佳甚至明显拙劣的译语。看来这类现象并非个案,在实验中普遍存在。为了探究这一原因,研究人员分别向职业译员与学生译员播放同一篇发言录音并听完后翻译。以下摘录的就是职业译员在口译时出现的部分失误:

（1）将 that wasn't my fault 译成了 it is my fault

（2）有一位译员将 the Vietnamese government 译成 the governments,另一位译员甚至把它译成了 the Chinese governments。

（3）将 and you think they think you're foolish 译成 you think they are stupid 等。

这些错误的出现,并不是因为译员的英语水平欠佳。事实上,上述失误的出现都集中在一位译员身上(共有6名译员自愿参加了本次实验)。因此,人们可以排除录音效果差的嫌疑,否则犯这样的错误将不止一个译员。在这次试验中,有两位译员对发言进行了同声传译,他们对某些信息片段第一次译得准确到位,但在第二次翻译时,却都相继出现了失误。人们不禁要问为什么他们在第一次翻译时发挥正常,而对原文更加熟悉、有更多的时间斟酌的情况下,反而在第二次翻译时却表现欠佳? 这个问题令人深思。究其原因很可能是译员疲倦所致。耐人寻味的是,该发言时间不足11分钟,译员在第二次翻译前已休息了几分钟。人们知道,现场同传译员每隔30分钟轮换一次,因此这不能完全归咎于疲倦所致。

职业译员对于一篇普通的发言稿在翻译时竟然出现这样的低级错误,这实在令人费解。看来人们有必要探讨其背后深层的原因。值得一提的是,探究其背后的原因不仅有助于提高教学质量,使学生译员认识同声传译的特点,而且有助于人们研究应对之策,为译员提供有效的方法来避免这类错误。

早在20世纪70年代后期,曾有学者开始反思同声传译面临的困难,并着手对此进行研究。他们所做的第一步是建立一个同声传译精力的分配模式,毋庸置疑,此举某种意义上受到了Gile(1983b)翻译难点探讨一文的启发。自此,精力分配模式和理论得到了进一步研究和揭示,特别是交传中的精力分配模式(Gile1 990a)。本文认为将最新研究成果应用于实践不仅有助于促进口译教学、加强译员训练,也有助于提高翻译质量。

处理能力与口译精力分配

这一模式的建立是基于以下两个假设为前提:

——口译需要某种智力能量而该能量的供给并非无限;

——译员在翻译时几乎要耗尽所有的能量,有时候甚至要超过现有的能量,一旦出现这种情况,口译质量无疑大打折扣。

口译质量的下降与译员的记忆"超负荷"运行息息相关,这是不争的事实。Pinter (1969)和其他专家此前就这一问题曾有过精辟的论述。不过,他们 (Fukuii 和 Asano 1961, Kade 和 Cartelieri 1971, Lederer 1978, Moser 1978, Wils 1978) 主要是从短期记忆的角度来探讨的。此后,又有不少学者撰文围绕口译中的注意力问题进行了探讨。他们的研究为直观探讨和实证研究之间建立的有效联系提供了新的启示。

20世纪40年代末期,传播工程师 Claude Shannon(1948)提出了一个观点,称任何传播信息渠道的传播能力都不是无穷尽。一旦传播超过了该能力,就会导致信息的丢失。该观点的初衷原本是用于电力传输的研究,但后来被认知心理学家所借用,用于人脑的研究(Broadbent 1958, Moray 1967, Kahneman 1973, Norman 1976)。该观点认为,某些脑力活动(非自动行为)需要注意力或处理能力,而有些脑力活动(自动行为)则不需要。非自动行为的脑能需要使用有限的处理能力。如果不能满足某一特定任务所要求的处理能力,那么质量将无法得到保证。

从以上观点不难看出,如果口译行为是非自动行为,那么人们就具备了针对处理能力的要求和局限来构建口译模式的基础。

按照认知心理学的观点，非自动行为是指那些不能自行完成的行为，比如不能对突如其来刺激作出反应、对陌生刺激不能辨认、对恶劣条件下提供的熟悉刺激麻木不仁、不能为未来储备信息、不能应对非自动反应、缺乏对动作精确性的控制、认知过程中缺乏对象征的把握等等。自动行为恰恰相反：它指能在有利条件下对熟悉的刺激作出应有的反应、能激发自动反应、能操作无控制的动力系统（Richard 1980: 149-150）等等。不过，这种分类未免过于简单化，它只能对人们在难以区分长刺激和短刺激，熟悉的刺激和陌生的刺激的关系时起作用。下面本节将要讨论口译中的非自动现象。

根据同声传译的特点，人们可以为它建立一个模式，该模式包含三个主要部分：听辨部分、译语输出部分以及短期记忆部分。当然，也可能存在其他与同声传译密切相关的因素，人们未能在此一一提及，不过即便有，它们对处理能力的要求不像上述三种模式如此至关重要，如此必不可少。有一点是显而易见的，上述三个基本组成部分对口译中困难的解释具有较强的说服力。

聆听与分析

人们可以把聆听和精力分配视为所有的理解行为，这种行为包括从对声波（声波将源语通过耳麦传入译员耳中）的分析，到词句的辨认，以及再到对译语输出含义的最终确定的全过程。

目前，对于源语信息应分析到何种程度才能达到译语输出的要求，人们对此仍莫衷一是。在讨论专业文本的口译和笔译翻译质量时，曾有学者提出，分析的程度必须是以人们充分理解每个句子的内在逻辑为前提，但人们仍无法考证是否所有的句子都必须经历该过程。然而，即便是按照最保守的翻译标准的要求，除了专有名词外，因为对于专有名词译员只能按照语音模仿，口译的起码要求是译员必须听懂并领会源语的词汇。仅凭这一点，人们便可以将聆听和分析归类到非自动化范畴。

理由是，译员所听辨的词素、单词和意群并不能与他脑中的这些要素一一对应、相互匹配。这一点语音学家无不认同：单词的发音存在变数，不仅人与人之间发音存在差异，就是同一人在不同时间读同一篇发言稿时，对部分语言片段也可能存在语音差别。这就是为什么人们难以准确区分单词声谱图的原因。即便是精通语音、语法和句法的专家，他仍对声谱图的语音片段中的75%以上语音感到无奈（Guibert, 1979）。所以，机器人无法辨认自然的、连续不断言语也就不足为奇。因为机器人所能处理的语言和句法的信息量以及对世界的认知水平是有限的，远不及人类。为了辨认单词，译员就必须分析输入语音的发音特征，并将它与其长期记忆中的发音类型相比较。通过对语言结构知识、语境和情景的分析，与会人员会发现特定的发音序列是与特定的单词相对应的（Hormant 1972, Clark 和 Clark 1977, Costermans 1980, Noizet 1980, matthei 和 Roeper 1985, Greene 1986）。由此可见，口译中对发音的辨认是一个非自动的过程。

事实上，很多研究表明，口译中的理解不仅仅是对单词的理解。Chernov (1973)曾做过一项实验，他要求学生翻译部分句子，这些句子表述的意思相同，所不同的是句末偏离了主题，话锋急转直下。这个实验使他发现，译员在翻译句子时，往往倾向于按照句子开始时的语义逻辑定势，很少关注句子最终的落脚点。此项实验表明，译员不仅需要了解单词,而且还要对单词的含义进行推理和必要的预测。这一点,Gerver (1976),Lambert (1988) 及其他研究人员的研究都一一证实。研究还发现,译员在翻译时并不局限于单词层面,相反,他已经超越单词的理解层面,译员有时能凭常识判断发言人下一句的大意。

要证实口译中的理解不完全局限对单词的理解,人们有必要对此进行更深层次的研究。值得庆幸的是,人们已经具备了大量的现场翻译的一手材料,以及现场录音,它们为证明这一点提供了不可多得的素材。Dillinger (1989) 的最新研究表明,口译时人们对输入语的推理与日常交谈的推理并没有什么本质的区别。为了验证这一观点,他进行了一次实验。以下便是5位职业译员对同一篇英语发言稿片段的法语译文。

发言人(原文):I was hoping to encourage the oil people to give a little bit back to the countries that they take the oil from

法语译文:

译员甲:Je voulais encourager les petroliers a render un peu de leur butin aux pays ou ils vont le prelever(我曾想激励那些石油巨商拿出他们收益的一部分来回赠给他们的国家。)

译员乙:Je pensais pouvoir encourager les companies petrolieres a restituer un peu des profits aux pays qu'ils exploitent(我曾认为能够激励那些石油集团还少许利益给那些他们正在开采的国家。)

译员丙:J'esperais que les companies petrolieres rendrainet quelgue chose a ceux don't ils prennent le petrole(我曾希望石油集团能够拿出点什么给予那些他们获取其石油的国家。)

译员丁:Je voulais encourager les petroliers entre guillemets a render un petit peu de ce qu'ils ponctionnent aux pays qui ont du petrole(我曾想激励那些加引号的石油巨头们还少许他们所攫取的给那些拥有石油的国家。)

译员戊:…pour en quelgue sorte sensibiliser les gens du secteur petrolier afin qu'ils rendent un petit peu de ce qu'ils gagnent aux pays ou ils prennent le petrole (为了激起石油界人们的强烈反应,以使其还予少许给那些他们从其攫取石油的国家。)

上述译文表明,译员不仅领会了发言的经济含义而且还了解了发言人的道德观、价值观,尽管这两者在原文的纯语言信息中并没有提及。关于这一点,其他专家也有类似的研究,特别 Seleskovitch 和 Lederer 两位学者。这些实验只是进一步确认了口译和笔译的区别,及其人与机器翻译之间的区别。机器翻译的劣势在于,目前它仍然无法将语言符号与普通常识有机联系起来,因而它不能区分也无法纠正译语错误,无法纠正偏离标准的语言和逻辑错误。

严格地讲,译员所需的理解力要高于一般的与会人员:

——译员在翻译时,他必须全神贯注地聆听发言人的词句,而与会人员则是选择性地挑选他们感兴趣的内容。

——译员掌握的语言外知识,以及语言知识中的术语部分要逊色于与会人员。

因此,人们可以说,口译中的理解是非自动行为,而处理能力的协调性显得尤为重要,对此本文下面将进一步讨论。

译语输出精力分配

这一术语是针对口译中的译语输出部分而言的。在同声传译中,它指一系列行为活动,包括信息的分析、目的语的重组以及译语输出等。在交替传译中,它还存在两种输出:译员笔记阶段;重组后的译语输出阶段。这里,本节讨论的是第二阶段。由于受篇幅限制,笔记部分将不在此讨论。

有人曾一度认为,人们对发言的理解可以不假思索领会其精神,这种说法后来被证实是站不住脚,不堪一击的;同样,那种认为译语输出毫不费力的观点也是毫无根据的。对此,Matthei and Roeper (1985:114) 特别强调指出:

> (译语输出)的难度显而易见,毋庸置疑。不要说所有的人,至少绝大多数人无不为之谈虎色变,几乎无人在一开始时不犯抢先说的错误,夹带一些"恩""啊"之类的口头禅,而且说话语无伦次,这些现象足以表明,译语输出对语言系统的要求极高。(Matthei and Roeper 1985:114)

Holmes (1988:324) 的研究表明,"发言人在实现其讲话意图过程中,很难做到既流畅又无任何错误而言"。Clark 和 Clark (1977:226) 甚至还认为,"讲话就是解决问题"。尤其是当发言人为遣词造句左右为难、犹豫不定(Maclay and Osgood 1959)时,便显得格外突出。要找到恰如其分的词句需要时间和精力,进行重组时同样也要耗费时间。这个过程中的迟疑是一种症状,它使发言人及其听众都意识到译语输出的艰辛。迟疑也是影响话语速度的主要原因(Goldman-Eisler 1958, Clark and Clark 1977, Costermans 1980)。

译语输出说明了许多有趣的现象。最有趣的莫过于发言人倾向信手拈来如现成的句子、短语和习惯用法(Goldman-Eisler 1958:67—68)。Cherry (1978:79) 解释说:"每个人都有自己一套习惯表达方式。用自己习惯的表达、方言土语和口头禅远比那些需经过反复推敲、仔细斟词酌句的表达要来得快。"Goldman-Eisler经过研究发现,"所谓流利的演讲或陈述其实反映的是语言圈内共有的语言习惯,因而或多或少具有自动性"(Goldman-Eisler 1958:67—68)。因而它的意思需符合这些人群的习惯,随着这些习惯而修正和调整。这些实验反映了口译条件下译语输出面临的困境:译员不能随心所欲表达自己的观点、不能进行必要的重组、不能调整思维的排列顺序。同样,他不能随意通过增加或删除修饰某些成分来达到表述的目的。相反,译员必须不折不扣地随着发言人节拍起舞,朝着他指定的路径前行。此外,不同的语言有不同的"词句表达习惯"。可见,译员面临的困难远远超过发言人所面临的困难。

话虽如此,发言人词斟句酌在某种程度上反而帮了译员,不过前提是要看他能否在目的语中找到对应的词句,至少通过某些些词句的提示他可以找到对应的词句。其实,译员已这么做了,有时必须有意识这么做,否则,他无法在原来的基础上提升输出速度、流畅程度。

反之,如果译员使用源语的词汇和结构来重组他的译语输出,他在译语输出过程难免面临不少麻烦:

第一,在译语输出中一丝不苟地按照源语的词汇和结构翻译是一种冒险行为:由于两种语言之间存在语法和句法方面的差异,译员中途有可能会被卡住,无法继续其译语输出。这里人们不妨举一例说明:在一次英译法的课堂训练中,曾有位学生用发言人的语言结构来表述其译出语:

The movement was shown by our team as consisting of three parts...

该学生的译文是这样的:Ce mouvement a ete montre par notre equipe...(这一行动是由我们小组指出的)。突然他意识到难以继续往下译,因为法语动词的被动语态后面是不允许有as consisting of这样的结构。该句的贴切表达应该是将team放在目的语的前面,如:Notre equipe a montre que ce mouvement se compose de trios parties...(我们小组曾指出这场运动包括三个部分)。

第二,除了冒被卡住的风险外,一味按照源语结构的翻译会使译员失去自主权,本该轻松译出的部分反而变得困难重重。

第三,这种译法还受两种语言之间的相互干扰,这些干扰会导致语法、发音、同形异义引起的错误(两种语言的词汇形态上相似,但意义、含义和用法不同),或其他微妙的干扰。这些干扰将直接影响译语输出,结果是译员的译文不地道、不清晰,听起来生硬呆板。

第四,如果一味地关注语言,译员有可能会更注重输入语的表面意思,而忽略原文的精神实质,导致重组的译出语与源语有出入,这种不假思索的行为有时还会酿成大错。由此可见,口译并非可以随心所欲,无规律可循,人们必须不折不扣地忠实源语的真实含义而不是仅仅停留在单词的表面。

口译的限制与规范使译员不得不摒弃原来习以为常的译语输出习惯。从这一点人们不难看出,为什么学生译员口译练习时的译语质量往往有不尽如人意之处。有学者曾经观察过巴黎高翻学院的5名法国籍发言人,他记录了译员翻译时的译出语错误。发言稿字数在100字左右,翻译练习分为三种不同的类型:学生演讲、交替传译、同声传译。目的语都是法语。结果发现,交传译出语严重偏离了源语,而同声传译比交传则更有过之而无不及(Gile 1987)。

值得注意的是,多数错误并不是由于两种语言之间的差异所致,迄今为止人们并未发现直截了当干扰引起的错误。目前,人们仍然缺乏一套对职业译员的译文质量有效分析的评价体系。但当人们通过分析其他针对交传和同传译文的实验时发现:职业译员的译语错误总体而言要低得多。口译限制对同传译语输出的影响要超过交传,因为两种模式在处理能力的协调方面有差异,时间压力有所不同。

导致这种结果的另一个原因是,译员鲜有在自己非常熟悉领域从事翻译活动,相反,他常常不得不与自己陌生的领域打交道,在两者之间来回切换。自然,他对该领域所使用的语言、专业词汇、术语与风格等不如业内人士。这再一次表明口译中的译语输出是一种非自动的行为。

记忆力分配

在口译中,由于听、译的间隔原因短期记忆运行(最多几秒)有一定连续性,即在聆听、译语输出这段间隙里。在此期间语音片段进入短期记忆,在此得到分析和辨认直至找到相匹配的词句和语音。在此不妨举个简单的例子,人们在拼写一个从未听说过的外国名字时,如"Denmark 中的 D"字母,该字母的发音先会停留在人们的记忆里,直到它与 Denmark 这个词相匹配为止,这就是为什么人们不大可能将 D 与 T 相混淆的原因。其他短期记忆行为与译语输出的时间有关。输出前,发言人的观点和思想需要在记忆中进行语言处理,这种处理也包括适应某一特定发言人及其演讲的特征。如果发言缺乏逻辑、加之信息密度大,甚至一些鲜为人知的方言土语或口齿不清,译员需要等待片刻适应之后才能重组如同声传译与交替传译笔记。这种情况也发生在需要短期记忆的特定语言行为,如在"system and application strategy"这个短语中,很明显,system 和 application 的发音和意义都必须先存储于译员的短期记忆中,等到 strategy 这一单词出现后译员才能将其完整地译出。

由此看来,短期记忆行为属于非自动行为范畴,因为它包含了为日后而储存信息的行为(Richard 1980)。人们有必要对此略加补充:不同的会议议题对储存的信息要求也不尽相同,而且每一次发言的过程因人而异。因此,一劳永逸的事似乎不太现实。再者,储存信息的多寡与储存的时间节点也有所差异。因而要流利地重复相同的译语可能性微乎其微,将此过程自动化则更是异想天开。

同声传译的精力分配模式

根据这些定义,同声传译(SI)可以看作这样一个过程,即它包括以上提到的三个任务:聆听和理解 L、短期记忆 M、译语输出 P 以及协调任务 C(用于协调其他三个任务)(Eysenck and Keane 1990):

(1) SI=L+P+M+C

从时间上看,每项任务都有具体处理能力的要求。这主要取决任务的种类,比如理解、短期记忆和译语输出。由于能力具有一定的变数,处理每一项任务对能力的要求也随时间的变化而变化,而且有时速度很快,多则几秒少则几分之几秒不等。

一般来讲,每一任务针对的是不同的发言片段。简言之,译语输出针对片段 A、记忆任务对应的是 B(在 A 之后),聆听和分析任务与 C 相对应(在 B 之后)。在口译过程中,还会有重复和换位的可能。人们知道,有时源语信息并未传递到译员的耳际,但译员凭借预测机制,可以用目的语将其顺利译出,这种情况并不少见。因此,人们需了解处理不同片段任务的规则,因为它有助于人们制定应对之策。

另外要说明的一点是,每一项任务处理能力的需求不仅取决于它各自本身的要求,而且也取决于它们之间的互动关系。这是因为两种语言之间存在干扰,如若要避免这种干扰就需要额外的注意力。众所周知,来自源语对目的语的干扰在口译现场司空见惯,所以译员在训练期间就应引起足够的重视,学会合理分配精力以适应这种环境,如在译语输出时,尽量避免使用与源语相类似的词汇和句子结构等。

其他处理能力相关的问题

可以说,同声传译的各项任务都是同时进行的。这一点 Lambert(1992)早就明确指出,译员在翻译时必须做到听、译同步,听、译并举是同声传译的特点。TR 的总体要求可看作是各个能力要求的总和(不完全是数学意义上的总数,因为部分资源是共享的):

(2) TR=LR+MR+PR+CR

LR:L(聆听)的能力要求;

MR:M(记忆)的能力要求;

PR:P(译语输出)的能力要求;

CR:C(协调)的能力要求。

如若要确保翻译顺利进行,以下 5 个条件必须得到满足:

(3) TR≤TA

TA:可用的总处理能力。

(总处理能力不应该超过可用的总处理能力)。

(4) LR≤LA

LA:可用的 L 能力。

(5) MR≤MA

MA:可用的 M 能力。

(6) PR≤PA

PA:可用的 P 能力。

(7) CR≤CA

CA:可用的 C 能力。

最后四个不等式表明,每一项任务的可用能力应足以保证完成该任务。

区别不等式(3)到(7)的两个前提条件至关重要。第一个条件是处理问题的总能力。如果本条件未能得到满足,就会出现能力饱和状态。假如发言人速度太快,发言稿信息含量大,这就需要每单位时间处理更多的信息,因此能力要求将大幅提高,因为它超出了译员本身可用的能力。条件(4)到(6)难以满足,即便是总能力要求低于临界。比如译员有可能尽力想把 A 句译得比较出色,殊不知他忽略这么做潜在的危险:他有可能缺乏足够的能力来处理蓄势待发 B 句的聆听任务。当然,如果译员仅仅满足简单的译文,他有足够的精力来处理任务 L。换言之,这与饱和无关,而是处理能力协调不当所致,最终导致其中某一项任务的处理能力过度消耗。

也许读者对上述所列数学公式觉得不知所云。不过下面的解释会令人茅塞顿开:人们不妨把同声传译比作一次聚会,在这次聚会中 L、P 和 M 都是特邀嘉宾。为了确保他们尽兴,主人必须满足两个条件:首先他要准备充足的酒水或饮料,否则客人会嫌主人小气,准备不充分;其次,主人要时刻留意客人的杯子是否喝干,一旦发现杯子快空时,他应该立刻满上,否则客人会扫兴,主人颜面扫地。

这个比喻比较形象，它解释了口译中固有的困难，它有助于澄清口译领域常见的问题，而这些问题人们过去缺乏通俗易懂的概念来加以分析。

处理能力要求的提高引发的问题

a. 越是信息量大的发言稿越会加大处理能力的难度，因为单位时间内需要处理的信息的增大。聆听、分析以及译语输出无不如此，因为译员的译语输出节奏受发言人制约。高语句比重含量的发言稿是翻译出错的诱因。

语句比重含量大主要与以下因素相关：

——讲话语速太快。不过值得注意的是，有些发言人语速虽然很快，但信息量含量低，因而语句比重含量相对也低。

——发言语句比重含量高，即使语速很慢的发言，这种情况有时也会出现。特别是在频繁列举、罗列例子的情况下，因为这些内容如影随形，而内容与内容之间没有语法或其他低密度的功能词或词组与之相连。另外，有准备的讲稿也属此类。发言人照本宣科，只顾宣读，中间无任何停顿和延缓，此类发言比即席发言的语句比重含量密度更高（Halliday 1985, Dejean Le Feal 1978）。

b. 外部因素，音质在到达译员耳机前就已经下降，如频道夹杂噪音或刺耳的轰鸣声。这些因素也会增加聆听和分析任务处理能力的负担（Gerver 1974b）。同样，翻译难免涉及某些专业术语，如果译员的知识库里正好缺乏这些专业术语，那他不仅需要更多的处理能力来理解，而且要花更多的精力对术语重组（Gile 1985b）。浓重的口音、错误的语法以及用词不当也会增加聆听和分析任务处理的难度。另外，个人独特的语言风格和逻辑思维方式也会加大额外的处理能力的难度。

c. 较长的专有名词，加之译员不知道该名称的目的语的对应词，这些因素也会极大地提高对记忆任务处理能力要求。如"An International Cod of Conduct on Transfer of Technology"。译成汉语是"联合国国际技术转让行为守则"。如果译员此前不知道该汉语名称，为了把它译成英语，他就得在脑海中搜索这一名称，然后决定哪个单词应该先译，接着继续往下搜索，在确认了排列顺序和词汇匹配后，然后通过再次来回搜索，最后根据汉语的意思才最终敲定它的排列组合。这样的名称对译员来说有一定难度。这一点 Gile（1984b）在他的实验中已有详述。

d. 随着处理短期记忆任务能力要求的增加，随之而来的将是饱和状态的出现。当源语和目的语在句法上相距甚远，在毫无相同之处的情况下，这种情形会迫使译员花时间储存大量的信息，然后重组，最后才输出译语。这种情况在德语/法语或日语/英语之间时有发生。

弱符号问题

发言片段是问题的另一个诱引。发言片段无需要求太多的处理能力，但在短时储存处理能力方面比其他片段更容易出问题，因为它们持续的时间短，缺乏供参考的多余信息。这类情况以数字、人名、地名的简称居多，最明显的当属首字母构词，如AIIC（国际翻译者协会）。它越是不引起人们的注意，人们就越容易忽略它的信息。这应该算是第二个常见的典型错误。它产生的原因不是因为能力饱和,而是由于用于某一任务的处理能力不足所致。在一项口译实验中,实验人员要求15名职业译员翻译一段录音,录音中包括8个人名,语言重组率非常低。结果显示,即使是听到最简短的人名如"Jim Joseph"(Gile 1984b)时,译员对它的无奈超过人们的想象。

失误的连续性

在某种程度上,问题诱因有可能导致译语输出的质量下降,但不一定会带来严重的后果。一般来说,在译语中,较长的名字出现在句末的情况更为常见,鲜有出现在句中,而且之后会有一段比较长的停顿。在这种情况下,译员的聆听和分析随着发言人结束而结束,此时便可以将所有的处理能力用于记忆和译语输出上。不过,如果该名称紧跟其后的是一个新的句子,有可能会引发新的问题,因为大部分精力此刻已经转移了。

另一点需要澄清的是,译语质量的下降并非像有些学者所想象的那样严重。处理能力会导致两类截然相反的情况:目的语质量下降(如出现错误、遗漏等等)或译语转换的效果欠佳(如译语输出、音质、语调等等)。有时,内容不完整不一定轻易就被察觉。至于译文的转换,除非发言人在不同时间内明显自相矛盾,否则很难判断错误的译文就一定比正确的译语更糟。另外,人们也很难将某一质量下降与特定的因素挂钩,因为口译质量下降的原因错综复杂。就一个句子而言,质量下降与它所处的位置有关,有时它影响的不是本身而是相邻的句子,因此很难断定究竟是诱因导致了结果还是其他原因所致,还是两者兼而有之。但老道的译员心中有数、心知肚明。他能够对整个过程全程回忆,能详细地进行描述。不仅如此,有些理论模式也可以对一些现象提供合理的解释。有了这种解释,人们就能进一步研究如何提高口译质量,如何制定应对策略。

有些失误连续性还可以通过一些例子来验证。人们知道,聆听和分析中的注意力会发生瞬间转移,这种注意力转移会导致输入信息诸如名字或数字的消失,面对这种情况,译员会束手无策,很难用目的语将其译出。再者,即使没有这种注意力转移,一些突如其来、始料不及的源语片段的出现也会影响到译语质量。因为这种困难是出乎译员意料之外的,译员没有足够的精力兼顾听辨和分析,因而也无法完成聆听和理解任务,从而影响了译语输出的质量。

但是聆听和分析精力欠缺也会诱发一系列意想不到事件,尽管这一系列事件持续的时间很短,只有几秒钟。如,译员有可能将太多的精力倾注在译语输出阶段以使自己的译语高雅、流畅,因而用于聆听和分析任务的处理能力便相对减弱。要么,译员将太多的精力放在记忆任务上,如将比较长的名字"联合国国际技术转让行为守则"翻译成英文,这需要调整词序(英语全称是"An International Cod of Conduct on Transfer of Technology"),这样做需要投入更多的精力,译员因而也无暇顾及随之而来的源语片断,难免错过某些信息。有趣的是,Mackintosh(1983)在口译实验中发现,虽然被测试人准确地译出了数(问题根源),但却是以牺牲相邻的信息为代价。

下面是其他两种情况:

——当较长的名字出现时,译员往往选择停止片刻或者放慢翻译速度,将精力全部集中在名字上。其初衷应予以肯定，无非想尽快将其译成目的语，减轻记忆负荷的压力。殊不知这么做有一定危险，很可能前面的信息早被忘到九霄云外了。

——非母语发言人的口音常令译员将更多的处理能力用于听辨和分析中，因而放慢了译语输出的速度。这反过来加重了记忆任务的负担，导致信息丢失。再者，即使记忆负荷不大，他仍将面临译语输出的困难，因为译员需加速赶上发言人的速度，这样自然地影响了译语的质量，减少了用于聆听和分析任务的处理能力，导致后续信息丢失。

当然，还有其他一些连续性情况，同样会导致本来简单的发言片段由于处理的时机欠佳而丢失，如缺乏足够的精力，不能及时及应对相关的任务。

预测技巧

预测技巧长期以来一直是译员有意无意地运用的一种技巧，这种技巧也是译员熟能生巧的结果，其作用可见一斑（Moser 1978, Dejean LeFeal 1981, Cartllieri 1983）。但是如果人们用精力分配模式来对它进行分析，其优势将更明显。这里本节重点讨论两种预测：语言预测和语言外预测。

1. 语言预测

发言稿有其自身的特点，这一点毋庸置疑。无论在何种语言中，词与词位置的搭配并不是随意的，而是有规则的，但又具有不同的概率：比如在英语中，冠词后接名词或形容词的概率很高，而跟另一冠词或动词搭配原则上不太可能。尽管它很少引起人们的注意，但如果人们了解这些规则，会有助于人们降低发言稿里句与句之间过渡的不确定性，从而会减轻输入语的处理能力要求。语言预测是听辨过程中一个不可拆分的部分，是人类理解语言的核心（Richaudeau 1973: 101）。其实预测机制早在阅读中已被广泛使用，读者会不经意地运用过渡词或短语来判断词句之间、词句在上下文之间的关系（Hormann 1972:97-101）。因此，译员若能掌握并灵活运用于自己的翻译中，在同等条件下，他会大大降低理解对处理能力的要求。一个人的语言能力高低，不仅要看他对单词和句子结构的熟悉和熟练使用程度，而且还要看他对过渡词的灵活运用能力，看他是否能将其自如地用于理解中。这种高超的语言能力在日常生活中并没有特别的要求，也显示不出它的优势，因为在日常生活中几乎所有的处理能力大多用于聆听任务。而在同声传译中，两种其他的任务与聆听和分析博弈，以赢得更多的处理能力，因此掌握过渡词并能灵活使用就变得至关重要。

预测的重要性在日语的例子中可见一斑。日语的句子结尾为人们提供了许多可预测成分，这与它的主、宾、谓结构有关。正如 Gile（1992a）所说，日语句子的信息内容往往集中反映在句末。为此，Gile 还对日语句子结尾对预测的影响作了理论分析。在一个含有高密度信息的简单句中，如果将三个任务中的每一项任务的处理能力要求叠加起来，接近总处理能力要求，那么就会出现两个总要求高峰。这两个高峰使译员对输入信息需要的处理能力不足。如果该句有可预测的结尾，第二个高峰便会消失（如图 7-1 所示），这样就会减少译员的无助状态。需要指出的是，在这一时间节点上，这种分析完全属于纯理论性，尚未经过实证研究。若要进行实证研究，人们还需相关的方法论。

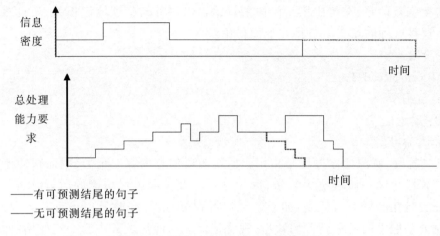

——有可预测结尾的句子
——无可预测结尾的句子

图7-1 口译中总处理能力要求的理论比较

2. 语言外预测

除了对源语进行语言预测外,对会议情况的了解,对发言主题的熟悉程度,以及对发言人本身的了解也有助于译员对发言人的观点和思想进行预测。当然,这里所指的预测不是对发言人的用词的准确与否进行预测,而是在某种情况下,对发言的方式以及与会者的反应有理性的认识。

一个称职的译员能做到会前进行必要的准备,会通过会议文件和大会章程来获取会议信息,如会议的名称、会议讨论的主题、讨论中可能用到的专业术语等等。这样,译员就可以提高他的预测水平,从而降低聆听和分析任务对精力的需求。这样做,不仅可以提高用于其他两项任务的能力,同时还可以降低与处理能力相关问题出现的频率。

交替传译的任务模式

模型建立的初衷是针对同声传译而设计的,后来在此基础上用相同的原理为交传建立了同样的模型。

根据交传的特点它分为两个阶段:聆听、笔记阶段以及译语输出阶段。

第一阶段

口译=L+N+M+C.

L:聆听和分析。

N:笔记。

M:短期记忆。

C:协调。

在阶一段,L担任的任务跟同声传译中扮演的角色相同,M与同声传译的记忆模式也相似。但是,在交替传译中,它还指信息的接听与笔记之间的时间差,或者信息接听与译员决定不做笔记之间的时间差,甚至是信息接听与信息从记忆中消失之间的时间差等。在同声传译中,它指的是信息的接听和重组、有意识省略或遗漏之间的间隙。另外一点需要强调的是,交传中第一阶段的译语输出任务与整理笔记相关,与自然译语输出无关。这种区别的意义本节将在下面讨论。

第二阶段

口译=Rem+Read+P.

Rem：记住。

Read：读笔记。

P：译语输出。

在第二阶段,所谓记住过程是指用于回忆源语信息内容的精力,因而跟短期记忆不同。第二阶段比第一阶段更为复杂,因为它还涉及长期记忆功能的运行(Rem)和阅读笔记(Read)所耗的精力。但是,如果笔记记得到位,这将有助于Rem有效运行,可以降低Rem对处理能力的要求。人们知道,视觉记忆能在回忆发言中起一定作用：如果笔记既简单,又规则并且按顺序排列(Rozan 1956),那么,笔记排列本身就可以视为讲话逻辑结构的记忆视觉驱动器。另外,第一阶段受发言人节奏的制约,而在第二阶段译员可以按照自己的节奏自由地完成三项工作任务。第二阶段不像第一阶段也不像同声传译那样,译员无需在不同任务之间平衡处理能力,特别是在处理能力接近饱和的情况下。因为,此时任务的积累在时间压力条件下,不会造成能力要求达到顶峰时出现的各种问题。在模型的第二阶段,也没有必要引入协调任务。从处理能力角度来看,这便说明为什么第一阶段对译员造成的压力最大。可以推断,在交传模式下,不等式(3)到(7)针对同声传译所设定的操作要求在第一阶段意义重大。

与同声传译模式相同,要使交传顺利进行,须满足以下条件：

(1) LR+NR+MR≤TA.

(2) LR≤LA.

(3) NR≤NA.

(4) MR≤MA.

(5) CR≤CA.

假设公式(1)不成立,则会出现饱和状态。如果(2)(3)或(4)不成立,尽管有可能实际的能力数量超出总要求,但翻译难以成功。

交传、处理能力、笔记

同声传译和交传的一个主要区别在于,交传里的理解和译语输出是分开的,这就意味着,译员避免了译语输出的高要求以及短期记忆的负荷(这种负荷是来自于源语和目的语之间的语言差异,在笔记阶段也存在额外的能力要求)。

人们发现,在交传的第二阶段即在译语输出阶段,译员所支配的精力和时间比同声传译要多,这便是为什么译员更愿意做交传中的母语翻译(把外语译成自己的母语如英译汉),而不愿意做同声传译的非母语翻译的原因。

即便是在由发言人控制节奏的第一阶段,交传的限制远不如同声传译的限制,因为笔记给予他自由支配的时间要多于译语输出的时间。记笔记并不受语言、句法、风格等规则的约束。这一点本文将在下面讨论,笔记的记法有很多回旋余地。如果聆听和分析任务的处理能力要求过高,译员可以通过减少笔记量来释放部分压力。在同声传译中,降低译语输出速度会导致迟疑,会加大记忆负荷,同时也会相应提高后面的译语输出对能力的要求。在交传中,减少记录信息量,不会加大储存信息的能力,也不存在随后译出语信息增多的问题。为了进一步说明这个问题,人们先来看一段发言稿的节选,这是一位职业译员的笔记:

源语讲话片段:

...because every child has the same needs, and the right to a basic education, the right to food, the right to shelter, and the right to basic health and every child needs a friend...

交传笔记:

all same

rights   ed.

        shelter

        health

need friend

由此可以看出,译员除了把上述"because""every child""needs"和"basic"等词汇以及一些功能词作了记录外,其余的译员并没有全记,但却能忠实地将源文再现出来。这表明笔记相对灵活。需要明确的是,笔记不能重现源语发言,它的作用无非是记录一些提示符号,帮助译员记忆而已。

显而易见,在交传的第一阶段,问题发生的原因跟同声传译模式有相同之处。但两者之间的主要的区别在于笔记:记笔记比译语输出需要更多的时间,因为它涉及手的动作,且不说还需要全神贯注,因而会延缓速度,因此对记忆能力的要求更高,反过来也减少了用于聆听和分析的精力。

从某种意义上来说,笔记所需要的时间比译语输出的时间要少,因为笔记只是记录一些简单的词句和讲话片段的重要信息,而在译语输出阶段,需要用完整的句子表达出来。另外如前所述,笔记只能记录部分信息,其他信息还需依赖记忆,这是无可争议的事实。但不管记录何种信息,时间因素都很重要,特别是在译员没有现存的符号和缩写来代表信息的情况下更是如此。

可以说,从处理能力来看,笔记是关键的一步,这足以说明为什么人们有如此多关于口译笔记的相关文献,包括从 Rozan (1956) 到 Matyssek (1989) 等的著作便可看出这一点,在此不一一赘述。从实证研究角度看,笔记的关键特性已经在实验中得到证明(Gile 1991a)。实验表明,缺乏口译理论和技能训练的学生译员在翻译时往往会遗漏专有名词(名称/名字是很敏感的指标(Gile,1984b))。

在口译研究中,学者对于笔记的数量、笔记的语言以及符号的使用等的看法不一,智者见智,仁者见仁。笔记属于处理能力概念范畴,它的实用性很少得到应有的研究。现在人们面临的问题是,如何在减少笔记处理能力的要求和满足时间要求的同时,继续保持高效的记忆力。从这个角度看,如果译员已经完全掌握笔记技巧,使用符号和缩略语从逻辑上讲不失为上策(否则,从记忆中提取信息,将其写下然后再重组,将要消耗更多精力）。正是因为这个原因,有学者提倡译员掌握一套笔记符号,反对临时即兴自己编一套。同样,用目的语做笔记从理论上讲比用源语做笔记更消耗处理能力,因为用目的语记笔记还涉及一个转换过程。如果译员已经接近能力的局限,用目的语记笔记并不明智。这与某些口译教师的说法刚好相反。他们认为,用目的语做笔记优于用源语做笔记,因为这样可以使译员更专注于聆听,并且在重新组织语言阶段不需重译,译员可照笔记宣读。

在获得实证证据之前,很难说哪一种实用价值更高,尽管它们在理论上的价值大同小异。但有一点是共同的,人们普遍认为,笔记有助于节省时间,有助于降低对处理能力的要求。

视译的精力分配

视译在口译中不像同声传译和交传那样广泛使用。视译要求用目的语大声"朗读"源语文本。它通常出现在以下情况:与会人员接到文本,需要当场口头翻译时;文本的某些部分前面已经有所提及,但其余部分需要交传译出。

视译的聆听和分析任务成了阅读任务,不过译语输出任务仍然存在,但已缺乏同声传译和交传模式相似的记忆任务,因为将要翻译的信息发言材料已经提供。换句话说,口译的两种制约因素在视译中均不存在。

此外,在阅读任务中,译员(以下称视译员)缺乏发言人应有的语调变化、迟疑或其他停顿中的语音提示,视译员必须自己整理译文的"译语输出单位"。阅读时,他不能将全部精力都集中在对文本的理解上,而必须同时思考如何用适当的译语表达,以确保译语输出流畅。如果两种语言在句法上相似,源语的风格清晰可辨,或者句子较短、或独立句居多,这种情况对译员不会构成太大的困难。反之,如果句子较长,里面包含若干关系从句或子句,在译语输出前,视译员要阅读的内容超出翻译单位,这会耗费更多的时间与精力。这种情况尤其在将德语或日语译成法语或英语及其他西方国家的语言时有发生。这种困难在交传和同声传译中都存在,但如前所述,在视译中,视译员需独立承担分句的任务,他不能像交传那样提前得到发言人的提示。

如果视译员提前得到文本,他便有时间在视译前将句子进行划分,在适当的地方做标记,如将句子划分为意群,这样他的翻译更高效。其实,视译员已经开始这么做,包括标上目的语相对应的词句等等。一旦遇到转换困难的句子,视译员也可以在句子的某些部分上面标上数字如下所示,以便在用目的语表达时按语序进行:

1　　　　5　　　　4　　　　3　　　　2

An International Cod of Conduct on Transfer of Technology.

译成汉语如下:

国际(1)技术(2)转让(3)行为(4)守则(5)

如果译前译员有所准备,那么他将大大减轻每项任务的负担。但是,对于初涉译坛的视译员来说,他还需要克服另一个困难:人们知道,口译中的源语声音停留的时间有限,很快便会从译员的记忆中消失。因此,译员只能结合语义内容来进行重组,而不是凭借单词和语言结构;而在视译中,单词和句型结构一直都在译员的视线之内。这就大大提高了两种语言之间的干扰风险,这也是为什么人们一般不提倡将视译练习放在低年级学生译员训练的原因,当然,除了在高度控制的条件下或者是为了锻炼反干扰练习也未尝不可。

有稿同声传译

有稿同声传译比较常见。发言人事先将讲话稿提供给译员,发言人在照稿发言时,译员进行同声传译,这个过程就称为有稿同声传译。这种同声传译和视译的结合有以下特点:

① 有利的一面:

——译员可以获得发言人的语音提示,尽管效果不如即席发言(dejean LeFeal,1978)。

——译员可以边听边看材料,这样可减少记忆负担及语音方面的困扰。加之,不需要专注于聆听和分析,因而大大降低了失误的可能,特别是人名、地名和数。

② 不利的一面:

——与口语相比,书面语的语言结构严谨,遣词造句考究,信息密度大(Halliday,1985)。

——存在语言干扰的风险。

——译员既要倾听发言,又要关注讲稿,有时他会情不自禁地将注意力放在发言稿上而不是把精力锁定在发言本身,无形中增加了额外困难。这么做还潜在另外两种风险:第一,因为材料包含全部信息,译员必须尽力全部再现,这样他不仅无法跟上发言人的速度而且译语与发言步调不一,有时甚至远远落后于发言人,无意之中便丢失了部分信息。第二,发言人常常脱离原稿,穿插一些评论,跳过某些句子甚至某些段落或者做必要的补充。如果译员一味将注意力专注于文本,他有可能遗漏这些内容。

可以说,有稿同声传译是一项有难度的翻译,不过它在听、译同时进行的情况下的确使得翻变得相对轻松。反之,如果没有书面材料翻译的难度会更大。

任务模式与翻译

那么,同声传译与交传相比,哪一种模式使译员的处理能力更接近极限?哪种任务要求更多的处理能力?在何种条件下要求更多的处理能力?两者最常见的错误有哪些?这些问题至今仍悬而未决。不过归根结底,它说明人们仍然缺乏口译处理能力的量化研究。

但是,缺乏量化研究并不意味人们不能提出必要的假设。本书的假设是:笔译对处理能力的要求远远低于上述两种口译模式,因为笔译不存在不同任务之间精力的博弈。因此,笔译工作者可以将全部精力用来阅读和分析(类似于口译中的听辨和分析)以及书写(类似于口译中的译语输出部分)。另外,由于笔译是逐句翻译,因而单位数量少,不存在时间压力。再者,笔译人员可以仔细品味、推敲源语文本,从单位时间的处理能力来看,他的阅读精力要求比口译的听辨和分析任务要低得多。同时他的目的语输出可以做到从容自如,反复推敲直至不断完善,因而它比同声传译的处理能力要求要低,也比交传记笔记时的处理能力要求低,因为交传涉及快速反应。人们在区分口译和笔译之间的差别时,往往会忽略这一点。理论家关注更多的是口头语与书面语在语言上的区别,为此他们的观点是,掌握了此语言并不意味着同时也掌握了彼语言。他们甚至认为译员的翻译速度理应快于笔译。要求证这两个观点,人们需从处理能力角度来进行分析。

可以说,即便笔译人员口语上乘,假使他缺乏足够的口译实践,他口头表达能力或理解力仍远不如同声传译译员的能力。这便是为什么虽然笔译人员双语能力与译员相差无几,而且也深谙口译和笔译的基本原则与理论技巧,但却不能胜任同声传译的道理。处理能力要求并不排除有时笔译员能够在他熟悉的领域进行交替传译的可能。这是因为他对某一领域已做到驾轻就熟,能够预测发言的大部分内容,因而不需要作太多的笔记,自然降低了处理能力的要求。

最后,除了处理能力本身要求之外,良好的协调能力(处理能力在不同任务之间进行分配和转换)对口译也必不可少。要掌握这一能力,译员需要进行严格的专业训练(见 Pinter 1969)。这便是笔译人员在没有经过训练情况下难以胜任口译的另一原因。

处理能力与训练

目前,人们对学生译员的初始状况和总体能力的变化之间缺乏应有的研究。正如 Carroll (1978:266) 所言:

"可以肯定地说,个体之间不仅在对信息的认知,而且在储存、提取和分析信息的成分均存在差异"。

这种能力是否可以通过相应的训练来提高,在多大程度上得到提高?这个问题值得人们研究。迄今为止,这类研究仍未展开,而且研究方法也有待进一步探讨。

口译训练针对的是每一种精力分配模式的协调能力和任务要求,因而不一定能培养学生译员的处理能力。人们不能断言,译员某一方面或者几方面能力的提高就足以说明其口译质量的提高。对此,人们有一些成熟的案例:在一次把母语译成第二语言的实验中,教师要求学生译员用简单的词句进行翻译,此举是为了减少译语输出对精力的压力。当他们在进行德、法同声传译时,研究人员要求他们将德语句子分成若干意群或片段(Ilg 1978:88),并按要求紧跟发言人的语速以免滞后。这种训练就是一种能力协调技能的训练。

目前,能力协调在译员训练中没有得到应有的重视。人们对译员的训练过分侧重实践,诚然,这样做无可厚非。但如果人们缺乏统一的训练标准,势必会导致各行其是,无序状态。人们对译员的训练更多地把精力集中在注意力分配的练习上,如有的采取边听边数数的做法,而有的则更推崇影子练习(Moser 1978; Lambert 1989, 1992; Watanabe 1991)。这些训练归根结底仍局限于实际的口译练习,不过它的优势在于它能使学生译员无意识或半意识地通过体验错误过程获得必要的能力协调技能。有些教师,特别是法国巴黎高翻学院的教师反对影子练习这种教学形式,称这种练习不仅效率低而且"危险",原因是它一味注重简单的重复而忽略了分析的重要性(Thiery 1989, Seleskovitch and Lederer 1989)。目前,上述两种观点孰是孰非尚没有实验证据。但是,在1991年2月布鲁塞尔召开的一次国际翻译者协会教师研讨班上,与会教师一致认为,影子练习仍不失为课堂口译教学不可缺少的训练方法,而且绝大多数与会人员赞同该方法在培养学生从事同声传译起到了责无旁贷的作用,这一观点也得到了Lambert(1992)的支持。在日本,这是绝大多数院校对译员训练通行的做法(Gile 1992 b)。

教学建议

处理能力概念和以上提到的两种精力分配模式都属理论范畴,教师有必要将其作为一个重要的组成部分用于学生译员的训练,因为它不仅有助于学生译员了解口译中遇到的困难,而且也有助于他们把学校所学的口译策略和技巧付诸实践,包括如何进行会议准备、熟悉了解客户对翻译的要求、如何有效地作好交替传译中的笔记,以及如何提高语言表达能力等等。可见,这一概念既有理论又有实用价值,因此人们有理由相信一旦学生译员掌握了这些概念定会从中获益。

本节建议处理能力概念的介绍安排在大纲的前几章,如在"翻译质量"和"忠实原文"等相关章节之后。这么安排的用意是让学生译员意识到,口译时的聆听比日常生活中的一般意义上的听需要更多的注意力。具体操作可以尝试如下的训练方法:课前先准备一篇简短但信息量大的发言稿,由教师或者一名学生译员朗读,朗读完毕后,选一名学生译员用源语重复发言内容。一般说来,学生译员难以做到滴水不漏、无可挑剔。复述完后,要求学生找出遗漏的信息,参与者越多越好。忽略某个单词甚至某一段的大意并不足为奇,教师应鼓励他们积极参与,找出遗漏和问题所在。事实证明,问题发现越多证明改进的空间越大。教师应使学生译员意识到,他们并非没听懂而是没有完全记住。症结在于,他们的精力不够集中或者集中的时间不够长,因为翻译中的听辨与日常生活中听大相径庭。同时,还向学生译员解释译语输出中处理能力的作用。如处理不当,有可能导致译语输出出现迟疑现象。这样做有助于避免译语输出过程中所出现的问题。学生译员应清楚地意识到,译语输出既要流畅,又要忠实地再现源语精神;懂得用标准、高雅的正式语表述。假如学生译员已经开始学习交替传译的笔记方法,教师应讲解交替传译的精力分配模式。

可以将学生分为两组进行交替传译练习。要求一组做笔记,另一组专记数字、人名、地名以及专业术语等。教师准备一篇简短的发言稿,演讲中应包含若干个人名和地名,抽一名学生现场翻译,其余同学作记录。当该同学译到人名和地名时,其他同学对照笔记进行比较以此来评价该同学翻译是否准确到位。练习的最后,将两组所听到的专有名词的数量进行比较。一般来说,笔记记与不记应泾渭分明。通过以上练习,学生译员自然意识到笔记需要占用一定的处理能力(该能力本来可以用于听辨)。这一做法可以用来介绍整个精力分配模式的开始。这些模式以及处理能力的概念,在分析口译困难和学习应对技巧和策略时，需要反复的提及，不断强化。

第四节　同声传译的省略、补充及纠错

同声传译译员的译文有时与源语大相径庭、相距甚远，究其原因不外乎有以下三个因素：(1) 省略。如 translator 一词省略为 T。(2) 添加。译员补充或者替换源语内容，导致译语与源语不尽相同；(3) 由添加与原文相悖而出现的误译错译。现在人们不妨来分析探讨这一原因，人们知道，揭示这一现象背后的原因不仅有助于译员提高翻译质量，而且有助于推动人们对这一领域展开进一步研究。

省略——所谓省略是指译员在翻译过程中对一句话或者一段话未能完整译完。这里的省略不是译员简单地用甲代替乙，后者属于替换和错译范畴。翻译时是否需要省略关键取决于演讲内容。如果发言人讲了一句在译员看来无关紧要的话，而译员并未将它及时译出，这不算省略。概括起来，省略主要有以下四种形式：

省略 1：跳省——指译员省略某个词或者某个短语，如某个形容词、介词、连词。这种省略并未改变整个语法结构，也不影响句子的基本含义。如：

S（发言人）：这一局面极其有利。

I（译员）：This is a good situation.

这种省略在同声传译中不仅司空见惯而且也是允许、可接受的。有些介词、连词和冠词可以省略，因为它们并不影响句子的结构和含义。如：

S：这一局面亟待改变。

I: This is the situation that needs (an) urgent change.

省略 2：理解性省略——指译员未能理解或抓住原文意思，导致漏译或翻译过程中出现中断。这种省略比前一种省略所产生的后果更为严重。造成这一原因主要是原文太长。这种省略往往使人有译文不畅、不连贯的感觉。如：

S：Here we are talking about climate change which is, probably long term, the single most important issue that we face as a global community.

I：我们相聚在此讨论气候变化……最重要的问题……国际社会面临……

省略 3：由滞后造成的省略——指译员在翻译过程中，发言人已经开始发言，而译员却错过了发言的部分内容。此时，译员面临两种选择：要么等待发言人的下一句，要么索性饶过不译，否则他将更加难以跟上发言人的节奏。与省略 2 不同，省略 2 里的译员不能理解源语，因而难以完成准确的译出语；但省略 3 的情况更有过之而无不及，倘若译员精力高度集中，及时跟上发言人的语速，他本来完全可能译出该句。显然，这一切源自译员精力不集中，造成了滞后情况的发生。

省略 4：复合省略——指译员通过省略把一句话中的某个部分移到另一个句子里，虽然大意不变，但意思变了。上述三种省略无论是哪一种，均会在某种程度上导致句子不连贯、残缺不全，不过句子的逻辑关系和语法结构并未发生改变。如：

S：While the economy is experiencing an unprecedented recession worldwide, the situation with migrant workers has improved to a considerable degree despite the global economic downturn in this country.

I：虽然全球经济正经历一次史无前例的大萧条,但农民工的情况得到了改善,尽管中国大幅度的经济下滑。

虽然译文大意未变,但不难看出,句子的错位导致了意思的改变。这种省略虽不常见但值得玩味。有时译员长时间停留也会产生复合省略,尤其是在译员正在处理某个句子还未处理完时而发言人却开始了他的下一句的时候,为了弥补错过的这一句,译员只好将该句的某个句子或者某个短语拼凑到下一句,殊不知这样的句子不仅很别扭,而且意思混乱。

除了上述省略外,还有其他一些省略,如连词、短语,有时也有整个句子以及一些多余但是无法译的部分如 well, now, you see 等插入语。不过值得一提的是,这些省略并不影响与会代表对整个句子的理解,从某种角度上,这种省略在同声传译中是正常现象,有时也是必需的。这里人们所要探讨的是那些影响句子意思、偏离源语导致一语下降的省略。

添加词——顾名思义是指译员有意识增加的部分。原文里没有,只是译员添加部分引起的错误不算是添加词,而属于替换范畴,重复或语误不属此列。导致译员有意无意添加的词大致有如下四种情况：

1. 添加修饰词。如：

S：他们均植根在他们脑海中……

I：They both have deeply rooted within themselves...

译员很可能出于强调,在这里添加了原文中没有出现过的 deeply 一词。

2. 增词过分。如：

S：我们必须意识到其公正性……

I：We must be aware and conscious of what is just and fair...

上述 and conscious 和 and fair 均属于过度增加部分。

3. 增加因果关系。如：

S：我非常欣赏演员的表演,他们是大牌明星。

I：I also enjoyed very much the performance of the actors...because they are famous stars... 这里的 because 原文里没有的,是译员随心所欲额外的添加。增加因果关系的做法需谨慎,虽然该句大意没变,但它增加了新的信息和内容。

4. 封闭式增词——是指译员重新斟酌词句或误译所致.如：

S：决定书的出版、如何出版的人一定是主编……

I：...man who decides...the selection of a book which is going to be published and how it is going to be offered to the public...is the editor...

此句虽然大意讲得通,可以说译员出现了误译。如何出版 的直接翻译应为 the way in which they are going to do it 或者 how they are going to publish it。原文并未提及 offered to the public。

除了上述提到的添加外，还有其他一些增词现象。由于它们不足以影响句子大意，因而往往未被引起足够的重视。人们不经意就很容易增词的有：this / that；滥用冠词如the President George Bush, 以及部分介词等。

3. 替换错误——指译员用词或语句替代原文。这种替代有时是一个词，有时是一句话。有些替换并不影响人们对原文的理解，而有些替换则有可能酿成大错。常见的替换错误有以下几种：

1. 轻微用词错误——指用词不当造成意思有出入、有误差。如：

S：他这人待人接物都不错……

I：...he never showed an evil mind or an evil reaction...

这句译文有些勉强，显得尴尬，不过幸好大意没变。

2. 用词不当——指用词不当导致意思被误解。这种情形大致又分以下三种情况：

a. 同形同音异义词，如：

S：这件事我们只好对簿公堂……

I：We have no choice but to compare notes to the public...

b. 由于模糊性造成所指物欠明了：

S：首先，要进一步落实科学发展观，继续深化改革开放……

I：First and foremost you should implement the vision of scientific development and continue to pursue reform and opening up…

c. 成语意思含混不清引起的错误：

S：我们公司的业绩，比起他们公司的业绩，只是小巫见大巫……

I：The performance of our company is more or less the same as theirs...

d. 由习惯语理解不当导致的错误：

S：我受省委省政府的委托来看望大家。同志们，你们辛苦了……

I：On behalf of the provincial committee and provincial government, I am here to see you all. You are tired.

显然，译员对中国文化特有的"辛苦了"这几个词含义不是很了解，导致了译语不当，翻译出错。正确的翻译应该是You must have been working too hard.

另外还有一些没有意义的、意思模糊不清的、意思相反的、变疑问句为陈述句之类的例子。由于篇幅原因，这里本文不一一赘述。

第八章

同声传译与认知

第一节　心理语言学与同声传译

西方同声传译研究回顾

Gile (1994)把西方对同声传译的研究分为四各时期。

第一个时期始于50年代,但当时的研究仅局限于个人的一些体会感受而已,没有任何理论依据。不过这时期研究涉及了不少基础性问题,至今这些基础性研究正在被一些学者如 Herbert (1952)、Rozen (1956)、Llg (1957)、Peneth (1957) 等进行进一步探索和挖掘。

第二个时期是在60年代及70年代初,又称实验心理学阶段。这期间一些学者如Treisman, Oleron 和 Nanpon, Goldman-Eisler, Gever, Barik 对影响同声传译因素如源语、噪音、语速等提出了一系列假想,但这些研究没有产生重大影响。

第三个时期是在20世纪70年代初到80年代中期。这个时期比较有影响的是Pinter Kurz(1969),他一人独自发表了20多篇论文,对同声传译进行了深入的探讨。巴黎高级翻译学院对他的研究产生了一定的影响,之后他的研究便发展成著名的"释义理论"。该理论对早期研究有一定影响,由此还发展了几个模型。但遗憾的是,这些模型缺乏足够的理论依据和实践基础,不能有效地支撑假想 (Moser 1978, Gerver 1976, Gile 1990, Déjean Le Féal 1978)。

第四时期是80年代末的"复兴时期"。这个时期涌现了大量的先验性研究,研究人员和译员进行了空前的合作。这个时期的具体代表人物是 Gran 和 Fabro 1987,Tommola 和 Niemi 1986。除此之外,学者与学者之间也进行了广泛的交流。学者们表现出空前的活跃,这使得曾经名噪一时的高级翻译学院也黯然失色。

这个时期的研究对同声传译后来的发展、探讨起了十分重要的作用。尤其是在心理语言学方面开了先河。学者们之所以把它称之为心理语言学,是因为它有别于以文本研究为中心的同声传译研究。不过有一点是值得肯定的,那就是心理语言学的研究同样有助于人们对语言材料的研究。

巴黎学院对早期同声传译的研究功不可没。巴黎学院创立的翻译理论无论是在译员的培训,还是在同声传译理论的研究方面都曾一度产生了重大影响。该理论的核心是翻译并非基于词汇或语言结构,而是以意义为基础的过程,也就是后来著名的"释义理论"。现在这一理论又被称为口译理论。

按照释义论的观点,如果翻译文本中的7至8个词能保留在大脑短时记忆里达几秒钟的话,作用于这些词的"认知补充"就把这些词转化为意义单元。这些意义单元形成后便进而融入到更大的意义单元里(Seleskovitch 和 Lede1989)。于是,释义论便得出这样的结论,那就是文本中的7至8个词,经过瞬间的短时记忆保留2至3秒钟后,便作用于音位输入。这一理论给认知赋予了新的涵义。根据这一理论于是本书把同声传译划分成三个阶段：

1. 动词阶段——源语输入；

2. 非动词阶段——转换处理；

3. 动词阶段——译语输出。

在非动词阶段中动词阶段被分解为意义单元，与译员已有的知识融汇（专业知识或普通常识）同时进入认识记忆，由此动词失去了它的形态转而成为意义。Macintash (1985) 指出，翻译过程并非是将源语的语言意义直接转换为目的语，而是通过中间纽带非动词思维先从源语转换为意义。译员一旦抓住了这种思维，无论源语是何种语言，均可将其译成目的语。释义论最早是神经生理学家 Barbezier 提出来的。释义论在教学中曾发挥了一定作用，因为它有助于译员集中精力，更好地倾听发言的整体内容以避免把主要精力放在个别词汇的理解上。正因为释义论这些独到的观点，因此许多译员接受了这种模型的熏陶和训练。该模型主要侧重译员对源语内容的理解并且在此基础上经过消化，然后输出高质量的译出语。该理论反对一加一式的对等翻译。

尽管上述理论削弱了动词的地位，不过该模型也有一些例句中的动词并没有失去原意，在这些例句里动词原意得到了保留，只是它们的词性发生转变，被专有名词、数词、标准化的专业术语所代替。通过这一实证人们发现，译员有时采用两种方法，一是按照数字和词性的轻重在小范围里进行转换，二是根据意义恢复其意义单位。

Barbara Moser (1978)曾用语义流程图模型解释同声传译。在该模型中，她针对巴黎模型对各个阶段记忆水平的不同进行试验。她试验的结果显示，在第三阶段时动词便已经分化组合，有趣的是译出语居然符合目的语的句法规则。然而遗憾的是，这两种模型并没有解决译员翻译过程中的超负荷问题，毕竟译员在词汇截然不同、句法相悖、风格各异的两种语言间来回转换。针对同声传译的特点，Chernov(1979)为此又把同声传译分为三个阶段：

阶段 1，译员只有一次倾听到源语的机会，且源语如流水般源源不断（他把这一现象称为自左至右法，也叫右分支法）。

阶段 2，两种语言转换：一边听源语，一边将其译成目的语，自始至终同步进行。

阶段 3，在瞬间完成倾听源语、重组、译语输出的整个过程需中需要平均不到几秒钟内完成。

Chernov 的第三阶段表明，在同声传译中译员每次只能处理少量的单位信息。为了应对这一情形，译员只好采取预测机制或者预先合成法，即在译语输出过程中，译员对变化中的客观事物做出应有的本能反应。

Alexieva (1985)指出，译员能听懂源语并有效组织目的语，只有而且只能在他觉察到他是在处理一组语义结构体时，否则他的译语会语不成句。在她的研究中，她提出了深层次语义结构概念，该结构主要是建立在自然语言发展而成的人工语言基础上。在分析一句话的含义时，人们总是喜欢把自然语言作为人工语言，这样便产生了大量的多余信息，这就是为什么人们说话时不太容易让人感觉到模棱两可的原因。在这一点上，她的观点与巴黎学院派的观点背道而驰。巴黎学院派认为，译语是译员大脑转换后形成的无任何语言形式的智力表现。

无动词概念的论证

Isham (1994)指出,所谓无动词一说无从考证。众所周知,同声传译译员是在发言人开始发言后便开始正式翻译。Goldman-Eisler等(1972)研究也发现,译员之所以要略晚于发言人,实际上他是在等待一个主语或名词短语和一个谓语的出现,也就是说一个句子的出现。一句话在完全形成一个主题句(有实际价值的意义单位)之前,这句话是不完整、不明确的。因此译员开始其译语之前,他必需等候他所预期的那个真正意义上的主题句的到来。Isham 在 Jarvela(1971) 的实验基础上进行了新的实验。12名通晓英法双语和9名职业译员参加了本次试验。实验是倾听两篇节选,每篇节选包含两个分句组成的一组句子,在每一组句子的最后部分,不仅意思相同,而且句式结构也相同。实验的目的是为了探明译员在何种情况下停顿;也就是说,译员的停顿到底是以分句为界限还是以句子为界限。

A: The confidence of Kovach was not unfounded. To stack the meeting for McDonald, the union has even brought in outsiders.

B: Kovach had been persuaded by the officers to stack the meeting for MacDonald. The union had even brought in outsiders.

在第一句里,最后两句从属同一个句子,而第二句则不然。Jarvela (1971) 指出,在逐字逐句翻译的听译过程中,对于译员来说末句的印象要比句前部分印象更深,记忆更牢。因而,上述例子里的A句在译员脑中的印象要比B句清晰明了得多,也就是说同一个句子里的分句记忆起来相对更容易些。研究表明,在逐字逐句翻译的记忆过程中,通过记忆来进行预测不是靠几个词,而是通过句子边界的位置来确定的。一般情况下,主语通常解释头一句话的内容,因此译员记忆更清晰明了。另外,Isham 的实验还取得了一些出乎意料的收获,职业译员对末句的记忆不如与会人员那么深刻。Isham 认为这很可能是音位推断造成的,也就是译员在倾听新的信息的同时还必须留意他的译语输出。接着 Isham 把职业译员分成了两组,一组要求他们逐句记忆,另一组则按常规进行。结果发现,逐句记忆这一组得分最高。通过这项试验 Isham 得出结论并称,译员在处理信息方面不仅仅是靠一种方法,而是几种。其中之一就是不纯粹依靠记忆而是更注重源语的结构。

至于 Isham 的研究是否有力地证明了非动词论的可行性还有待进一步探讨。

首先不同的实验场地很可能会产生不同的效果,尤其是对职业译员而言,它毕竟有别于现场同声传译。一般说来,译员在做现场翻译时比较兴奋、情绪激昂,唯恐译砸。

其次,实验例句也有不尽如人意之处,因为它是量身定做,特地编写的,缺乏代表性。

长期以来,心理语言学把句子看成是认知过程中的基本单位。但是 Kintsch (1979) 的研究表明,人们在处理语料时不是根据句子而是根据它的主题句。在以下的记忆实验里,主题句的数字原文(1)和经修改含长句但主题句相同的版本(1a)之间并没有什么不同。

(1) A great black and yellow V-2 rocket 46 feet long stood in a desert in New

Mexico. Empty, it weighed five tons. For fuel it carried eight tons of alcohol and liquid oxygen. Everything was ready. Scientists and generals withdrew to some distance and crouched behind earth mounds. Two red flares rose as a signal to fire the rocket [etc.]

(1a) With eight tons of alcohol and liquid oxygen as fuel to carry its five-ton frame, a 46-foot black and yellow rocket stood ready in a New Mexico desert. Upon a signal of two red flares, sicentists and generals withdrew to crouch behind earth mounds.[etc.]

de Beaugrande 认为,从方法论角度来看,主题句应该按轻重顺序排列,比如"rocket standing ready"主题部分应优先于"火箭"为"46英尺",也应优先于"火箭为黑黄两种颜色"。在另一项实验中,学者还发现语用因素也起同样重要的作用。对于听众来说,他只是关心对他有用或感兴趣的那一部分内容(Anderson 和 Pichert1978)。心理语言学所关注的焦点是,译员在同声传译中是如何做到听译同步。为此,学者通过对原始录音和译文的比较分析,通过对起关键作用因素的比对,如在诸多的因素中,发言人的语速对译员译出语的影响等,揭示了同声传译背后的秘密。这期间影响较大的莫过于 Gernov(1975)的研究。他的研究发现,每分钟 100 至 120 个单词的语料为最佳刺激材料。他1969年的试验结果表明,一旦超过这个单词量,那就意味着增加译员的认知负荷,结果会导致错译、漏译情况的发生。

Le Ng(1978)指出,就如何提高同声传译翻译的质量而言,问题的关键并非完源自发言人的语速,而是不时出现的信息量问题。对于同一长度的句子,处理时间的长短取决于该句中主题句数量的多寡。同声传译译员的听、译时间差在众多的研究中是研究的焦点。有些研究表明平均听、译时间差在2至6秒之间,但大多数研究认同平均2至3秒的居多 (Barick1969, Gerver 1976, Vamling 1981, Cokely 1986)。这期间,许多学者在对同声传译中的同步性进行研究的同时,不由得对同步性产生了质疑,尤其是源语中的停顿问题。Barik (1969) 经过研究发现,某些译员能充分利用发言人片刻的停顿,但Gerver(1975) 则持相反的观点,指出瞬间的停顿太短暂不足以对译员起到多大的帮助。而 Goldman-Eisler 和 Cohen (1974) 的研究显示,真正使停顿发挥作用是译员能在句末恰如其分地运用好停顿,而不是在发言人一句话未完中间突然的停顿。Vamling (1981) 认为,发言人语速加快会使同步性增强,同时也越能彰显一个译员的翻译水平。与此同时,学者还对发言人的发言时间和译员翻译实际花费的时间之间的同步性进行了研究。结果显示,平均发言和翻译时间在 65% 到 75% 之间 (Barick1969, Gerver 1976, Gerver 1975, Vamling 1981)。

早期的研究表明,译员在输出译语之前实际上已经在大脑中进行了复杂的预测、存储和转换工作。Goldman-Eisler 和 Cohen (1974) 也对译员的听、译同步性进行过研究。他们的研究发现,听、译同步意味着预测和重组,也就是说一方面译员要解码;另一方面又要编码,从而做到重组和译语输出一气呵成。这就是为什么要求同声传译译员精力高度集中,因为解码不仅需要高度集中而且还需较强的理解力。不过多数学者们认为,从严格意义上讲,既然同声传译涉及认知活动,因此根本不存在同声传译一说。虽然听、译可能同步,但重组与输出应视为第二阶段。不过 Goldman-Eisler 和 Cohen 则认为同声传译这一概念是成立的,原因是译员所译的多数语言材料并非天文地理深不可测,无非是普通的且含多余信息的材料而已。正因为这样,做交传的译员同样也可以做同声传译,无非是一改把注意力从记笔记到译语输出变成把精力放在对句子的预测上来。

Cenkova (1989) 认为,停顿在同声传译中所起的作用不像人们所想象的那么重要。他的研究向人们揭示,只有在发言人语速较慢的情况下,译员才能充分发挥好停顿的作用。他的理由是,发言人的停顿一般很短,译员不可能左右发言人的发言速度,同时他也不可能擅自拖延译语输出前的时间。为了证明这一点,在一次实验中,发言人和译员连续不断地工作静时长达百分之94.6的时间,即总时间减去停顿占用的时间。他的研究结果印证了他的观点。

Katavina Vamling (1982) 是最早用俄语和瑞典语进行同声传译研究工作的。她从心理语言学的角度通过刺激材料来检验语速、语速和停顿之间的关系、译语输出缓慢、漏译、重组、错译以及抢先说等原因。Vamling研究的中心问题包括以下内容:

1. Vamling在实验中用一些无关的材料来检验译员的翻译水平,这些材料无论就内容还是语法而言都是规范、标准的材料,但材料之间缺乏必要的关联。实验要求译员同步翻译这些材料,还具体规定了翻译的时间、翻译的同步性、内容和译出语等均需符合现场同声传译的要求。该试验结果表明,在主题不同的情况下同样可以做同声传译。不过值得注意的是,该实验只启用了三名译员,其中只有译员甲是职业译员,并且译员甲本身的翻译也有出入。译员甲在翻译无关紧要的句子时,语速显然要低于他翻译关系密切句子的速度。译员B和C两人的翻译也出现类似情况。

2. 在对刺激材料进行重组时,译员甲重组句子数要低于刺激材料中的实际句子数,而且译员甲习惯把刺激材料中的意群并列翻译。译员B和C两人的翻译也大同小异。译员甲重组时的意群要比原文中的意群长而译员B和C两人重组时的意群则相对短些。不过该实验并没有涉及重组或拆分等问题。但有一点是肯定的,Vamling的研究对于进一步探索该领域奠定了一定的基础。综上所述,人们不难发现,同声传译译员为了保证翻译质量,通常采取两种策略来应战:一种是拖延术,即译员故意延缓译语输出,从而达到同时听懂的目的;另一种是强逼术,为了更有效地听辨,译员下意识地加快译语输出的时间,变被动为主动。

译员译语输出随着发言人发言速度的变化而变化。一般说来,译语输出越快,越能显示译员的娴熟的翻译技能。就同步性而言,Vamling的试验印证了早期 Gerver(1975) 和 Chernov(1978) 的研究结果。Gerver 的研究结果显示,译员听、译总时间是65%;Chernov的研究发现,发言人的时间一般为70.5%。时间差为2至3秒。发言人语速越快,漏译现象越严重,但如果译员熟知翻译材料,则漏译会大幅降低。译员翻译时往往遵循输入序列,即按照常规遵循主、谓、宾(有时无宾语)和状的顺序。从源语到目的语翻译过程中停顿相对要少。译员抢先说问题属于心理语言学研究范畴,本文在此不作进一步探讨。

第二节　口、笔译材料的使用

材料标准

de Beaugrande 和 Dressler (1981)对语言材料(有时也称文本)是这样的界定的,称无论是口译材料还是笔译材料,它们的用途无一不是用于交际。但为了有效地交际,材料的标准应满足以下6项要求,这6项要求中任何一项出了偏差,再好的材料也难以彰显其交际的本质。这6项要求如下:

1. **粘着**

粘着和连贯是基于材料的一对概念,是针对材料来确定的。粘着是一个常用词,按一定顺序、有机的外部联系。

2. **连贯**是指材料内在的联系。

3. **意图**指材料制作人、撰写人的态度。材料应是具备粘着、连贯性,是按照制作人的要求和条件完成的。

4. **可用性**指的是客户的态度。材料应是粘着、连贯,对客户应具有价值。

5. **翔实**材料应与实际情况相符。

6. **有参考价值**材料应具备参考价值。

Searie (1965) 认为,上述6条标准是衡量材料的基本原则。该标准不仅确定了材料交际的功能,同时还为材料交际制订了规范。不仅如此,他另外还制定了三条指导性原则:1. 效率性,指对客户方便有效;2. 有效性,材料是否有影响,是否能达到预期;3. 适度性,是否与上述6条标准相吻合。

粘着

粘着是 de Beaugrande 和 Dressler 确定的6项标准之一,由于它在书面语中比较容易确定,因此一直是学者广泛研究的对象,受到传统语言学家的青睐。不过,概念的确立并非易事,相反它时常招来非议。鉴于粘着对口译材料、笔译材料的重要性,有必要在此对它进一步澄清。从严格意义上说,译员和发言人都离不开粘着的运用。Halliday 和 Hason (1976) 在《英语中的粘着》一书里,把粘着视为意义与材料密切相关的语义概念。Renkema (1993) 把粘着喻为纽带,认为它的作用是把材料中各成分有机地结合起来。Schifrin (1987) 指出,粘着是译员和发言人揭示句子背后隐含秘密的手段。Halliday 和 Hason进而把粘着分为语法粘着(替代、省略、连接、指代)和词义粘着两种。

替代与省略

语法粘着功能之一就是替代。替代又分两种:一是甲代替乙,二是省略,省略中无替代。替代词又分三种情况:名词替代词,动词替代词和分句替代词。

1. 名词性代替

a) These biscuits are stale. Get some fresh ones.

b) These biscuits are stale. Those are fresh.

2. 动词性代替

在英语里 do 通常用来代替谓语动词部分。

a) A: Have you called the doctor?

   B: I haven't done it yet, but I will do it.

   A: Though actually, I think you should do it.

b) He participated in the debate, but you didn't.

分句代替词 分句代替的词有"so"和"not"

a) A: Are you still arguing in there?

   B: No, it just seems so.

c) Who wants to go shopping? You?

连接

de Beaugrande 和 Dressler(1981)把粘着界定为连接,为此他们还提出了与之相关的四种用法。按照他们的观点,连接词的运用应存在于现实生活中,且应具有同等地位的方能连接。连接词又称未履行的连接词。在一般情况下,事物应在材料中自然有机地连接,这样可以避免在每一句里添加 "and""also""in addition"等诸如此类的连词。连接词的正确运用只有在相互之间的关系欠明了的情况下使用。

非连接

是指在现实生活中,连接的两件其中只有一件是真实可信的事物。最具代表性的这类词有 "or"一词,有时也包括 "either/or""whether/not" 等。在句子中,"or"一词表示两者必居其一的概念,而且常常有事后才想起某事或某物的意思。使用非连接词应注意语句严谨,切忌模棱两可。

反连接

是指连接两个相同特点的事物。在现实生活中,他们之间的结合常引发出一个原因和一个意想不到的结果。比较典型的词有 "but""however""yet""nevertheless"等。它们的作用只是起到在两件事物不可能合并的情况下润滑、缓解和过渡的作用。

从属

连接的是一对相互依赖的事物,在某些情况,某些条件下事物是真实的。这类连词不少,如:"because""as""thus""while"等。此外,从属连词使粘着关系明确如(原因,理由),使时间关系明确("then""next""before""after""since""whenever""while""during"),等;表示事件、情况的可能性和或然性的词"if"。

照应

照应同样是语言学家长期研究的一个概念。它是由 Halliday 和 Hason (1976) 最早提出来的。"照应"又译作"所指",属于语义范畴。对于一个词语的解释不能局限于该词语本身而必须从该词语所指的对象中寻求答案,这就是产生照应关系。照应又分语外照应,语外照应是通过上下文以外来实现的;语篇照应是通过语篇本身的材料来实现的,它包括后照应和前照应。Halliday 和 Hason 把照应分为以下类型:人称照应是指用人称代词,物主代词以及相应的限定词表示的照应关系。指示照应是指用相应的限定词或者表时间、地点等副词。比较照应是指用比较事物异同的限定词、形容词和副词、介词词组以及形容词和副词比较等级等表示的照应关系。

照应的广泛使用毋庸置疑。这一点只要人们仔细审视口译语料库,便不难发现,发言人和译员无不频繁使用照应这一技巧。由此可见,译员只要掌握好照应就能在长篇的、纷繁复杂的发言中保持思路清晰。

1. //eh when I/read **this** programme of your seminar

When/eh I read the programme of this seminar

语外照应:programme sheet

2. then/ I think

I noticed that

3. **there** are many very interesting / issues

at display is a great number of very interesting issues

后照应:programme (1)

4. and and **certain** themes which are going on / still

And **many of these** themes are / still of current interest

后照应:issues (3)

5. and (1) **whose** basis and roots go back (2) **as far as** (3) **the** literary situation

and **they** (1) are based eh / (2) **furthermore** (3) on that literary situation

(1) 后照应:themes (4);(2) (3)前照应:literary situation (6)

6. **which** we have had the opportunity to experience / eh

which I have had the opportunity to experience

后照应:situation (5)

7. from eh may be the end of of / of the sixties/

starting already at the end of the sixties

8. and of **these issues** I myself have maybe

and I myself have / maybe regarding **these issues**

后照应:themes (4) / issues (3)

9. felt / eh mostly connected to / eh the question / **about** eh/ the female author's language

been mostly interested in the question / **which concerns** / eh the language used by the female author

前照应:female author's language (9)

10. and **its** relation to reality /

and **its** relation to reality

后照应:female author's language (9)

11. maybe one of the reasons for **the fact that**

one reason for **the fact that**

前照应:women are left outside (12)

12. that that women so easily / left outside / of the dominating / leterary channel /

women so easily eh are left as outsiders / and **in other words** do not belong to the main channel of literature

前照应:(reiteration of the theme)

13. depends on **the** conflict between language and eh reality /

maybe is due to **that** conflict going between language and reality /

前照应:conflict (13);后照应:relation (10)

14. and here surely we will during **these days** eh/ get many illuminations

and during **these days** surely / we can / get a lot of additional information and /

语外照应:conference

15. and also maybe many /eh problematisations

eh / we may notice also what the problems are like

16. (1)**which** see this issue and (2) **this** conflict in a from a new eh / perspective

and we may be able to study (1) **them** from a new angle

(1)(2)后照应:problemasations / problems (15)

(2)也是前照应:conflict (reiteration)

词粘着

词粘着不涉及语法、语义,但与所使用的词有关联。所选词语义应该相近。单一的词粘着虽有一定意义,但不能说明情况,不能表达思想,只有当词粘着和其他的词搭配,才具有述说的性质。词粘着有两种形式:强调和搭配。

表示强调的有以下一些手法:

1.重复(须有对象)

A conference will be held on national environmental policy. **At this conference** the issue of salination will play an important role.

2.同义词(须有对象)

A conference will be held on national environmental policy. This environmental **symposium** will be primarily a conference dealing with water.

3.下义关系

We were in town today shopping for furniture. We saw a lovely table.

4.转喻(部分对全部)

At its six-month chek up, the brakes had to be repaired. In general, however, the car was in good condition.

5.反义词

The old movies just don't do it anymore. The new ones are more applealing. Lahdenmki (1989) 把上述手法视为"直接同义词",理由是他们只不过用不同的词来代替同一词罢了。(如:I met a man yesterday. The bastard stole all my money.)

搭配

在语言中有明显的词、语义关系的,当做单个词项看待的两个或两个以上的词,习惯上连在一起使用。如:"sheep"对"wool""congress"对"politician""college"与"study"等。

Red Cross helicopters were in the air continuously. The blood bank will soon be depsperately in need of donors.

The hedgehog scurried across the road. Its speed surprised me.

和同义词一样,搭配必须有明显的所指对象,但是现在性质发生了变化。搭配不像原来那么直截了当,那么容易确定了,一切取决于当事人的大脑思维。如:(I looked into the room. The ceiling was very high)。译员在碰到这样的情况时,只能凭借他的知识面和判断力。

词粘着在翻译中的使用

译员有时通过增加额外的粘着词来使其翻译流畅连贯。在下面的例子中,所指物是一本书。发言人在他的第二句里使用的是人称代词,而译员用的是一个同义词:

in Finland we have just received in connection with the large Nordic research on women's literature a thick book about eh Finnish eh female eh autho_authors and there / you can see very clearly this development in Finland we have just received in connection with the large Nordic literary research project / a comprehensive book dealing with / female arthors / in that work / you can clearly see what the development has been like /

粘着与连贯

粘着一词常常被人们误认为是连贯。这里,笔者有必要既从理论又从实践的角度对其加以澄清。实际上,连贯有多重涵义,是一个备受争议的词。虽然 de Beaugrande 和 Dressler(1981)把它看着是材料标准之二,而 Carstens (1997)在其南非荷兰语语言材料研究中,把连贯的位置排在最后。在他看来,连贯囊括了其他6项标准的内容。这一观点得到了 Lundquist (1989) 的认同。Lundquist 认为连贯并不是一个典型的语言现象,而是一个解释人类口头和非口头活动一般性问题。连贯也并非是材料中固有的内在本质,而是读者赋予它的特性。换言之,材料并不是天生就连贯,而是取决于材料使用人的态度。

Lahdenmaki (1989) 强调指出,连贯纯属语篇、语义范畴,而粘着侧重的是语篇的句法形态。材料中的连贯和语义紧密相连,是一个完整体,表明的是密切关系。如句子中的时间、地点、原因等。它必须存在于现实生活中,必须是人们能亲身体验感受到的。每个句子必须服从它的主题,主题限制或界定与之相关的概念。因此,如果两个概念在语义上逻辑联系不密切,即便表面上有明显的连词将它们连接,其连贯也只能是貌合神离。相反,一篇连贯的材料应是直接或者间接的句子间词义的自然联系。

在这里,本节对连贯是否完全建立在以材料为基础上不作进一步探讨。然而,从交际观点出发,译文材料应当是连贯无误才能使听众明白。有时人们可以通过粘着来达到连贯,即发言人材料中的提示性词语;人们还可以通过使用以客户为中心的材料标准如编写材料的意图、可用性、翔实性、是否符合条件以及材料之间的内在联系等达到连贯。

人们不妨引用 vanDijik 和 Kintsch (1983) 的论断来结束本研究："通过仔细分析不难发现,几乎所有的表层结构都具有语义、语用、认知、社交、修辞、和文体功能。这样完全验证了索绪尔的论断,那就是表层结构无不反映所有的深层（语义、语用等）结构。然而,人们的译文不能完全严格地按照表层结构中的语义、语用和互动功能的要求。有些语言有完全不同的表层结构,因而很难达到理解统一和译文完全一致。要想弄清不同语言的句子功能结构和认知之间的关系还有待进一步研究。

材料与同声传译

Hildegund Buhler (1990) 把 de Beaugrande 和 Dressler 的材料标准作为其理论研究的基础,对翻译中的口译和笔译材料进行了研究并进而提出了三种观点:媒介的特点,它所发挥的功能,以及它所彰显的特征。口译与笔译最明显的差异是信息容量的不同:笔译中词汇量比口译几乎要多一倍,口译含大量的多余信息。一般说来,口译具有较生动、即席、转瞬即逝、且应变性强等特点。同时口译还具备短暂沉默,间断和不间断的停顿、犹豫、抢先说、重复和插话等特点。相反,笔译是静态的,它讲究遣词造句,它的语法结构比较严谨。较口译而言,笔译规范、严谨。因此为了表达思想,译员必须注重语言结构。这一点它不像口译,因为口译有具体的语境,说话双方无需严格规范的语法也能知道对方要表达的意思。

Buhler(1990)曾经提出,众所周知,会议发言分即席无稿和精心准备的有稿发言两种。然而,会议翻译的实质归根结底是口头活动形式。如果这一观点成立又假使人们依照这个逻辑,那么口译和笔译之间势必发生了冲突。即席发言的特点无疑会反映在最后的译语中,它不可能是笔译所讲究的那种完全书面的形式。因此,Buhler 呼吁应制定材料标准,对材料进行分类,这样不仅能帮助译员较好地完成翻译任务,同时也有助于译员训练的教学工作。

笔译的特点是章节分明、段落清晰,而口译则生动有趣富有活力,能在空中萦绕回荡。但正如 Seleskovitch 等人所指出的,它也很容易像蒸汽一样转瞬即逝。根据这一观点,学者们认为,源语虽然能在译员的短时记忆里保留几秒钟,但很难保留译语输出所需的语言记忆痕迹。在翻译过程中,存留的只是那些专有名词、数字以及被替换的或者经过了词性转换的准标术语。这一理论把整个翻译过程分成了三个阶段:分析、转换、重组。由于口语具有节奏、等待和翻译交替穿插、组织和输出循环往复等特点,在紧跟发言人发言节拍的同时,译员能分辨出意群并同时能根据意群将源语译成目的语。除了词语提示之外,译员还能借助发言人的音质、音高、洪亮程度、节奏等超音质特征和手势、表情等非嗓音动作,这些无不有助于译员很好地理解与表述发言内容。

译语的粘着

虽然笔译可以通过句子表面结构完成粘着,但口译则能通过其他一些技巧如节奏、音调、重音、音的亮度、音质、停顿和断句来实现粘着。David Brazil (1975)对音调在材料和语篇材料中的作用和材料对音调的要求进行了研究。他把语篇分三种类型进行实验:熟悉材料和陌生材料以及介乎两者之间的中间材料。在上述每一篇材料中,他对英语的音调的不同作了认真的研究。他还从音阶的角度来分析,音高在特定的环境里是正常还是异常。

翻译的音调

Miriam Sclesinger (1994)曾先后做了两次实验,他把具有明显特征的音调从语言材料中拆分开来,并以此来检验记忆和理解的关系。研究结果表明,语法结构中的停顿对音调高低起着至关重要的作用。译员在缺乏音调的情况下很容易做出一些不必要的停顿,影响正常的理解。比如在分句和句子之后,能听到译语句末停顿,但停顿不干脆,不果断。犹如插入语一样,停顿显得犹豫不决,模糊不清,严重影响了语义效果。此外研究还发现,音调变异使译员不能正确有效区分新、旧信息,音调使用不当不仅影响理解,音调错位还导致判断失误或者模棱两可。另外,语速的无常变化也会引起理解偏差。因此,听同样一篇译文的听众对材料的理解和记忆,要明显低于听大声朗读的听众的理解和记忆。

Williams (1995) 研究也发现,重音不规则往往使译员莫名其妙。如译员上句不规则的重音往往在他不知不觉的情况下就被下一句句子重音代替,这犹如他上一句还没完全译完就故意重读刚听到的新句子。后来学者对此现象进行了解释,他们认为,导致这种现象的发生有两种原因:一种是在某些情况下,译员使自己的音调同发言人的音调相一致;另一种解释是译员潜意识地把音调同发言人的音调融入一体。

口译和笔译

Halliday (1987) 在批评那些认为口语是一种无序、缺乏特征的排列的学者时指出,诚然,口语的确包含了犹豫、抢先说、改口、语误、重复等现象。不过,这些现象的出现毕竟不像人们想象的那样频繁。但是有一点人们必需认识到,那就是口语的特点更多的在于它自我意识强,容易明白它所表达的内容,比如参加一个学术性讨论会。反之,假如发言人有意识地逐字逐句地按照发言稿照本宣科,人们会觉得这样的发言未免太拘谨、犹豫、缩手缩脚、做作、甚至支支吾吾。然而,即兴发言与此不同。即兴发言使人们能自如发挥,因此即兴发言流畅、自然、系统、合乎语法结构,有明显的节奏感。

那种认为口语零乱松散的说法追根溯源不外乎两方面原因:一是来自未经整理的原始讲话录音;二是来自社会上的一些偏见,于是就把口语说得一无是处。口语和和书面语的区别在于,口语的特点是言既出无法收回。如果人们说话真像写文章那样,那话语里就要涵盖许多诸如删减、更正、修改以及修改过程中的冥思苦想等程序,否则将无法证明作者的写作全过程。严格地讲,除了教育和临床特殊性外,被删掉的那些词语应是微不足道的,否则它们就会使人们的文稿杂乱无章,晦涩难懂,还显得蹩脚怪僻。更糟糕的是,这种做法耗时,无任何可取之处。

词的密度

词的密度是指语篇中词汇的数量。Halliday (1987)曾经用两种方法对口译和笔译材料中词的密度进行过分析,尤其是词汇的出现频率和分句的比例。他的结论显示,笔译中词汇量多寡并不是由于词数量的增加决定的,而是由于起语法作用的辅助词和分句数量的减少造成的。那种声称口译中的词汇和分句要多于笔译是毫无道理的。如果人们留意词与分句的构成,就不难发现,口译里的句子结构远比笔译的句子结构复杂。这样口译中词的密度就底,但是语法结构功能词汇增加了。在一次实验中,Halliday 发现有一篇口译译文居然多达 13 个分句。不过,这些分句并不是那么井井有条,而是混杂在一起的一些并列句和从句。最典型的一个例子就是两个分句之间出现并列句和从句,有时并列和从属交替出现。

越是自然的、任意发挥的演讲,它的语法结构就越复杂。一般说来,人们之所以要这么讲是因为笔译其实要比口译更费心。当然也有处心积虑的演讲,这种演讲和人们从书面上见到的无异;同时也不乏有即兴的写作,口、笔译毕竟是意识中的外部表现形式而已。

由此可见,出于语法原因,口译中的分句要多于笔译中的分句,但词汇密度不如笔译,这一点笔译正好相反。但这并不是说,口译里每一句的平均分句都要多。比较可靠的说法应是,分句越复杂,越能体现即席演讲的特点。

同声传译翻译的流畅连续性

Shlesinger (1990) 对目的语在同声传译翻译中,如何保持与源语同样流畅性问题进行了有效的探索。流畅连续性是各种材料特征的综合反映,其中有 5 个系数最具特色:计划的周密性、资源的共享、背景知识、词汇量、投入程度以及非文字特征的作用。Shlesinger 长期研究的目的在于验证一种假想,即如何使同声传译的流畅连续体能达到与原文同等的效果。为此,他通过仔细研究几篇从希伯来语译成英语的同声传译译文时发现,由于此前缺乏足够的经验,流畅连续体并没有得到有效地研究,究其原因主要是人们把译员看成了发言的对象所致。

即席发言

Enkvist (1982) 最初提出了即席发言这一概念,对此他做了以下界定:有些情况需要人们无论从真正意义上还是小范围内快速处理人们的言词,这一过程就叫即席发言。然而,无稿发言并不等于毫无准备。也有一些无稿发言事先做了充分的准备,尤其是政治家们的演讲。Enkvist 认为,发言稿的精心准备是十分有必要的。一篇精心准备的发言稿能做到有备无患,不受外界干扰。人们知道,教学用讲稿需要人们提前准备,节目主持人,记者从来不打无准备之战。诚然,被采访者常常处于被动局面,不过他们能随机应变(Lehtonen1982)。

Lehtonen(1982)根据发言的特点对发言进行了分类:即席发言——事先毫无准备的发言;临场发言——事先有准备、但讲究临场自由发挥;精心准备的发言——发言或发言稿能做到倒背如流;有稿发言——照稿宣读。即席发言也分正式和非正式两种,发言的正式与否取决于发言稿本身的要求,也决定交际文体的使用。一般来说,含信息量越大的发言,语言词汇越丰富,宣传和号召力越强的发言越正式。

第三节 同声传译认知模型

交际和信息理论常把多余信息视为抵消噪音、保持正常交流必不可少的手段。

Krippendorff (1986) 的调查显示,英语里仅是英国人能发现并可以更正的多余信息就占大约 50% 之多,而实际输出的有用信息只占一半。Chernov (1979,1985) 曾多次指出,同声传译少不了多余信息,否则,同声传译将无法进行下去。可见,多余信息在同声传译中所起的作用不可低估。

Chernov (1985) 研究还发现,人们对语言的理解,其实是建立在人类具备了分辨、判断错误的基础之上。有时一句完整的话还未听完,人们往往可以通过语言、认知、推断、论证等机制就能推测出这句话的大概。要使这一复杂的过程在同声传译里变成可能,那么译员的译出语难免会含多余信息。这样一来,同声传译中的多余信息或者赘词的比例要远远高出书面语。另外还有一个有助人们理解的因素,人天生就具备了上天赋予的预测能力,也就是人们常说的预测机制。有了它,人便可以根据环境做到随机应变,这一点与神经系统的工作原理分不开。人的中枢神经系统能够适应变幻莫测的大千世界和突如其来的各种变化。Chernov 还对主观、客观多余信息作了区分。客观多余信息能反复重现并能相互依存,这些因素不妨碍信息接收。多余信息是听众根据一句话的含义和上下文之间通过推断积累起来的。推断具备了语言、认知、情景和实用功能。

语言推断是根据信息的口头形式获得的,与话语语义结构所指的相关成分密不可分。句法和语义在语言推断中所起的作用不可替代。这样,根据听话人对谈话的知识了解的多寡,作为多余信息客观因素的语义便成了听众语言推断的主观因素。认知推断是建立在一句真正有意义的话的基础上,也就说刚说完的一句话的语义成分与听话人的背景知识产生互动,引起了共鸣。假使人们要听懂 "he studied at Eton" 这一句话,那听话人必须知道英国的 Eton College 这一背景知识。

情景的推断离不开交际情景或上下文语境。如发言人说到 "Mr. President…" 时,他可能指国家主席、也可能指公司总裁、或者指联合国主席等,Chernov 为此还专门列出了 8 种同声传译情景:

1. 源语特征:即发言人是谁。
2. 发言主题:发言内容是什么。
3. 发言和内容之间的关系:发言针对什么。
4. 信息接收人、听众:发言对象是谁。
5. 时间:何时发言。
6. 地点:何处发言。
7. 发言的目的:发言要阐述或解决何种问题。
8. 动机:发言人发言的动机是什么。

语义推断是听众根据发言内容,他的背景知识,以及他对现场的了解的情况,最后对发言人的社会地位所做出的判断。

多余信息与篇章

人们知道,在发言过程中,信息的内容和多余信息的分布是不均匀的。Chernov 认为,多余信息一般集中在主题句中,而信息高密度则集中在一句话的述位之中。为了简明扼要起见,有时人们便可以通过减少音节、简化句法结构、词汇和语义成分来压缩一个句子甚至一篇发言稿。如联大主席宣布"现在请尊敬的坦桑尼亚联合共和国代表团发言"这句话可以直截了当地压缩为"坦桑尼亚"。这样,只是述位——关键词在这一句话中保留了下来,它并不妨碍人们理解。

人类辨认物体是通过曲线,并非直线。因而,相对静止物体的流动物体更易受人们关注。Chernov因此便得出结论说,对一句话的理解或明白其中的含义跟视觉原理有很大关系。这就是为什么在听一句话时,人们总是把注意力放在含新信息的句子上。同样,译员总是喜欢把精力集中在全句的述位上。Chernov接着进一步指出,对发言稿中的多余信息和无关紧要词句的误读或漏译很容易弥补,但是对述位(关键词)的丢失往往会导致误译。

同声传译预测

同声传译中的预测有四种形式,它们分别是:

A 音型(音节、音调、重音及其他超音质特征);

B 语法(句法)、语义特征;

C 语义层;

D 意群。

有效地预测机制应建立在音节、词、词组、句子、篇章和上下文语境的基础上。它们分布层面如下:

信息多余层

(a) 超音质:音律

音节、词、词组、句子

(b) 句法:语法特征和语义类型

词组、句子

(c) 语义

词组、句子、篇章

(d) 含义:意群

句子、篇章、语境

Chernov信息多余层级

一般来说,发言人、译员、会议主办方早在会议正式开始之前就进行了良好的接触、沟通,这样才能确保会议的顺利举行。假如译员和发言人之间彼此熟悉了解的话,这无疑是如虎添翼、锦上添花,因为这样有助于译员对发言内容进行有效的预测。加之此前对相关语境的了解,译员便做到了胸有成竹。这一过程从上至下开始,是预测的最高层级。此外,就是听辨和超音质层级预测。这是一个自下而上的原则,它包含句法和语义层级。

如译员既不了解发言人,又不熟悉发言内容,他的猜测是自下而上的。不过一般情况下,在听完发言人发言后的几分钟或者听完发言人几句话后,译员自然对发言内容有大概的了解,此时上述所有的层级开始产生互动,发挥各自的作用。不过一旦互动失灵,错译、漏译就会随之而来。但是,随着译员对发言内容进一步了解、熟悉,他的预测也会变得越发肯定(概率=1)。相反,如果发言人进入了一个新话题,概率推测便又重新开始。

概率预测是一个反馈过程,它是在内在程序,语句准备潜意识作用下产生的。只有当认知出现困难,注意力才会全部转向意识和理解中来。导致这种情况发生要么是噪音干扰,要么是语速太快,以至产生了低层级多余信息分辩意识减弱。其次是句式结构复杂或者源语中本身错误所致。另外还有一个原因是译员不熟悉专业术语,对发言稿内容陌生,导致了语义层面多余信息的产生。一旦出现上述情况,译员的译出语开始含糊不清而且往往对于错译、漏译熟视无睹。

认知问题案例分析

曾有这样一个案例,案例中的译员对源语中的瑞士语"母系"一词感到茫然,不知所措。起初该译员有意回避这个词,然而在接下来的句子里,该词频频出现,译员发现再也无法回避这个词。万般无奈的情况下,译员干脆把它译成"matriarchal"。这显然是风马牛不相及。

1. ...he describes the prehellenistic word // which was a word / eh a matria_matrilineal word / a word a matrar_a word / which as you know / as we believe / worshipped the great goddess /

2. ...he describes this prehellenistic ti_word / a word / eh where / a word / as you know / or at least / so we believe / there they worshipped / eh the great goddess /

1. ...but it followed the **matrilineal** line and / the man moved to the woman's house / all this that you probably know and / and these are ethnographic facts that / that the matrilineal eh / world it still does exist in some places /

2. ...but everything followed the **matrial** line and / eh and the man moved to the woman's house and so on / eh it this world does still exist / in some areas /

1. ...stages in the transition from the mother goddess and to the male gods and from all of this form of organisation which is / the **matrilineal** / system to the patri_ / p_patriarchal /

2. ...stages where they change from the mother god / to male gods / and from the whole **matriarchal** system / to this patriarchal system /

第1句是译员翻译的原句,是错句;第2句是经修改过的,是正确的句子。

不难看出,译员一开始就对 matrilineal 一词没有把握。经过一番犹豫之后,又出现了一次语误,发现不对接着又改口译成 matrilineal 一个世界/正如你们所知/我们认为/崇拜神灵。且不说译员是否知道 matrilineal 一词的含义,她第一次省略不译,不失为一种选择。她的意图很明显，那就是她怀着侥幸心理想等待下次这个词是否会再出现。由此可见，这个案例向人们揭示了一个事实，译员的译出语实际上受到了音律和形态的影响。

Chernov 的模型从不同侧面向人们展示了预测的各个环节（从下至上，从上至下）、多功能信息处理以及各层级的相互关系。这是一个极富个人见解的模型。

Alexieva 模型

值得人们关注的另一个模型是 Bistra Alexieva 分别在 1985，1988 和 1994 年建立的理解和输出模型。虽然她注重研究段落、篇章，但她却把自己创立的模型称作语义模型。Alexieva 给同声传译过程下了四个定义：

A 级：翻译的临时特征（语速、停顿次数、停顿时间长短和停顿功能）。

B 级：其他口译因素，即语音、超音质特征、副语言特征和语言外特征，如音高的变化、响亮程度、发声。

C 级：语言层面，分为三部分：形态、句法、词法。

D 级：超出词面含义的语义体，如词组、段落、句子、超句段。

Alexieva 提出，低层出现的现象可以通过分析高层翻译来得到解释。

第四节 口译战略

口译战略："Translatorese"

在翻译文献中，"Translatorese"这一概念是用来指译文的总称。从语言功能和翻译研究角度出发，人们有必要探讨一门语言经过翻译后不同的译文、不同的翻译版本以及其发展趋势。故此，人们在此不妨把"Translatorese"一词看成是一个抽象集合名词。

以下例子表明，同一句话有两种甚至多种翻译，往往因人而异，无一成不变的定式。同时，翻译还受多种因素的影响，影响最大的莫过于译员的外语水平、译员个人的母语修养、对源语的理解能力以及有效地把源语译成目的语的能力等。

译员的翻译风格

Katarina Vamling (1982) 通过比较俄语和瑞典语翻译后发现，译员采取各自不同的翻译战术，其中比较突出的有两种：一种是"拖延战术"，另一种是"强逼术"。"拖延战术"顾名思义就是译员为了达到更好地听懂源语的目的，有意延缓译语输出；"强逼术"指译员下意识强迫自己加快译语输出以便节省时间听懂下一句，从而尽量达到听、译同步。除了以上两种常用的战略战术外，译员还采用一种"分析型"策略。以下是同一句话翻译的不同版本：

在正式开始前略等了几秒钟后，译员甲便开始了翻译。她的翻译比较流畅，富有节奏，在整个翻译过程中她采用"分析术"，较好地运用了归纳、省略、解释说明，无偏题，无漏译现象发生。

"分析型"译员：

eh then it may also good to have this seminar ducumented on tape *afterwards* for all of us *who are able to be here*.

and of course it is good perhaps for all of us that this seminar is documented and taped

and about those contacts / I would like to introduce them too because they will be here in the front of the room eventually / and they are right at the back just now

and about those contacts I would like to introduce these **contact persons** since they are also going to be here / they are at the moment further away over there at the back.

斜体部分为应删除部分，黑体字属于增加补充部分，因为在这里 'contacts' 一词意思不是很明确，因此译员把它改为"contact person"。

"强逼术"译员：

从下面例子人们可以看出，"强逼术"译员想尽量做到面面俱到，力争一句不漏。和译员甲一样，在正式开始前略等了几秒钟后，译员乙便开始了正式翻译。她翻译起来争先恐后，你追我赶，几句话还没译完便出现了几处错误，还额外增加了一些无关词句，与甲的翻译相比较，译员乙的翻译显然错误多，不到位。

I think it is very important that we clearly set our goal / forward.

　and in my opinion it is very important / that we **clear** think / eh about our goal so far as **that** it is in the future

从上述两个例子人们不难看出，在同声传译中语篇分析型有助于人们更好地理解原文，传达译文。这个例子同时也向人们说明，"分析型"不仅适用于宏观的语篇材料，而且也适合微观的形态、语态。倘若人们在此基础上融入认知学原理，效果会更理想。

第五节　语篇翻译种类

如何选材并设计合理的语篇不仅有助于更好地训练同声传译译员，而且也有利于开展理论研究。在选材前，教师需要考虑如下因素：

1. 语篇的功能性 也就是按照 Reiss 的观点，语篇是否涵盖了足够的信息、是否有丰富的表现力、是否具备可操作性、是否有足够的说服力、是否具备交际能力；

2. 现场情景 会议举办地点，与会代表人数、与会者的职业情况、会谈的内容等；

3. 翻译文体 用 Faucoult 的话说，选用什么样的语篇风格；

4. 语篇宏观结构 是以辩论性为主还是艺术性为主；

5. 语篇原型 常规的客套词句、礼貌性称谓等。

专业语篇材料翻译中的所指、理解、译语输出战略

探索专业语篇材料翻译中的所指、理解、译语输出不仅有利于进一步推动翻译理论的研究，同时还有益于语篇和术语研究的发展。在上述三点中，最重要的莫过于理解。人们知道，作为沟通的重要桥梁，译员自己必须先弄清发言人的发言内容。然而，对发言人的发言内容似懂非懂的译员并不在少数。其结果可想而知：理解偏差所导致的错误层出不穷。在翻译专业技术会议中，从表面上看，"所指"并不是那么显而易见，即便是连贯往往也是通过所指暗示出来的。那么，面临这样的情形译员该如何应对呢？在前面，本节提到了一个碰到了一个似懂非懂的单词的译员，她企图绕过并搪塞过去的例子。这个术语是 matrilineal。译员当时是这样处理的：

她首先采取的是忽略，当她第二次碰到该词时把它误读成"matrial"，第三次则把它读成了"matriarchal"。

译员这么做的原因可能是：第一，由于时间紧，一时无法回想起这个似曾相识的词来；第二，也许根本不知道目的语里的这个词的含义；第三，或许她并不懂得该词在源语里是何意。然而，由于发言人不断地使用这个词，她万般无奈硬着头皮肯了这块硬骨头。所以她选择了"matrial"，并且一连用了两次。最后，她干脆把它译成"matriarchal"，殊不知这个词与源语大相径庭。那么，译员最终是如何理解这个词的含义的呢？

SØrensen (1992) 指出，作为行动链的一部分，材料的主要目的和它的特殊用途应是通过它们之间相互关系体现出来。一旦交流无法正常进行，译员只能做出响应对策，对行动链条作出应有的反应。特别是对于一个受过专门训练的职业译员来说，他没有理由回避，相反，她应竭尽全力将其译出。众所周知，专业性讲座或发言不言而喻专业性强，这是由专业特点决定的，目的是为了力求简洁来满足行动链的要求。因为，与会人员的专业知识在此是心照不宣的。然而，语句简洁、缺乏连贯、全篇充满专业术语的文本对于译员来说无疑是个挑战。专业技术翻译犹如破译密码，必须要懂得密码的人方能破译，要么是直接参与了这条行动链的人才能破译，要么是至少必须了解这个行动链的人。

Halliday 和 Hason (1976) 指出，"连贯"是通过遣词造句获得的，一般是通过使用词义相近的词语如普通名词、同义词等来实现的。连贯本身并不能表示它具有连贯性，它需要所指或者需要与材料中其他词句的合理搭配。

搭配是指词义上有明显关联的词组。这种关系是间接的，很难做出界定，它需要读者或听众的联想。这种关系的理解完全取决于听众对发言主题的背景知识的了解情况。词句之间的关系表面上含蓄、模糊，但对读者或者听众来说他则心知肚明。听众往往根据发言的上下文来推断，再则，也取决于他对话题本身相关知识的了解多寡。

词语问题

译员面临的尴尬境地是，尽管此前他对会议涉及的内容略知一二，但面对所有的与会人员都是业内专家的情况，他仍然必须做出相应的推断。即便译员熟悉讨论的议题，

对术语也比较熟悉,他仍然面临如何准确地把这些术语译成目的语的困难。从一种语言到另一种语言的知识转换,需要创造新的术语使用新的规范词语,以及建立两种语言对新词的契合。作为起承上启下的中间环节的译员,他必须要参加到这个环节当中。

第九章

同声传译的特点

第一节　同声传译风格

同声传译评价标准

为了研究同声传译风格,迄今为止专家学者已经探索出一些工具与模型来对其进行量化分析研究,这些手段无疑将有助于人们对相关问题进行深入的探究。不过,研究人员当前仍然面临许多悬而未决的问题如译员如何破译源语信息？究竟在多大程度上再现了源语(发言人)信息？他是如何进行信息重组的？此外,研究人员还研发了一种实用性检测手段,这种手段旨在用图表来揭示源语语篇和同声传译的线型发展。这样,人们不仅可以对源语和译语中的相同点和不同点进行分析,而且人们还可以对译员译语输出的周期、连贯性、流利性、节奏感、镇定性、和紧张程度进行评价。

同声传译的翻译风格在口译研究中至关重要。它关注的是口译的方法而不是信息的传递。因此,对它的讨论不可避免地涉及口译的技巧、策略和认知等问题。

人们心目中理想的口译标准说到底就是同声传译的风格。鉴于理论工作者与译员管理部门目前对译员需遵循的规范和质量尚缺乏统一的标准,同声传译风格未能得到应有的研究。其实,那种认为人们缺乏评价同声传译质量或风格的方法的观点并非空穴来风。Pöchhacker (1994: 235)曾经指出:"我们似乎知道何谓同声传译译语标准,然而在实际的操作过程中我们却缺乏如何保证高质量译语的方法。显然,专家学者、教育工作者和译员均需思考这个问题,这对他们来说责无旁贷。"

国际会议口译者协会(AIIC 1982)对会议翻译的性质也没有明确的界定,而笼统地把它定义为"是一件捉摸不定、人人皆知但又爱莫能助的头痛事"。无独有偶,同声传译风格也是如此。它是一个译员能够主观感受到,但却无法客观描述的概念。与会人员可以大体判断一次同声传译的优劣和好坏,但一提起侧重点、风格、理解和标准便各执一词。鉴于质量评价者的标准不同,Seleskovitch (1986)和Gile (1991a)认为,归根结底是由于对译员的期望值不同,质量评价者难以做出统一的评价。

早在1994年图尔库召开的口译大会上,专家学者们曾一度尝试制定"优质同声传译标准"(Shlesinger1997: 123)。与会者在同声传译质量的研讨会上从市场、科研和教育三方面对该问题进行了讨论。与会人员对标准各持己见,各执一词,无奈之下他们只好借助客观标准来评价同声传译质量。

由于发言人和听众在质量标准的界定上意见不一,于是要求出台更为客观的评价体系的呼声此起彼伏,一浪高过一浪。评价的焦点集中在成功口译的定义、它由何种因素构成、如何建立务实的标准来评价口译质量中隐性方面的因素等。此前也有研究强调确立客观评价方法的必要性,这当中Gile (1991b)所做的一项研究功不可没。他的研究显示,在发言人看来,译员译语的忠实性、准确度、清晰度以及术语的准确运用如果离要求相距甚远,则需要极大地改进。

在评价同声传译客观发展方面,Cartellieri (1983:213) 提倡应采取以量化形式来制定质量评价标准。这一观点得到了 Pöchhacker (1994: 234) 的积极响应,他提出人们应把这一观点上升为"如何对译员的翻译作为一个实体来进行界定和分析,什么是决定同声传译质量评价的参数和变数,如何对这些参数和变数进行衡量和量化"的高度。

同声传译风格的量化

人们可以通过多层次、多渠道对同声传译语篇进行处理:语用或语义、材料内在特质与材料间的特质、定性与定量等。用 Pöchhacker's (1994: 238) 的话说,译文是"口头交际的综合性整体"。

Pöchhacker (1994: 236) 进一步指出"同声传译文本是一个多参数符号的完整体,因为它复杂异常,所以人们难以确定其风格"。为此,他提倡"我们必须制定一种以口头——近似口头的肢体语连续体为基础的,囊括听觉和视觉成分的两种文本模型"。在这个"视、听材料"中,Pöchhacker 建议:"我们可以获得诸如语误、译语的结构转换,支吾犹豫、音质和发音特性、对视觉信息(如PPT)的运用(口头或书面形式)以及超音质和肢体语等一系列材料特性和参数" Pöchhacker (1994: 236)。

在这些材料要素中,Pöchhacker (1994: 236)又增加了风格量化内容,也就是人们常见的"速度、停顿和节奏感等时间要素,这些要素常常决定听众对译语质量的认可"。正是这些要素,外加犹豫这一因素,决定了听众对一段译文的流利性和优劣程度的评价。当然,在翻译过程中,还有其他影响译员对时间把握和处理的能力量化方面的因素,并在某种程度上影响着译语的准确性。例如,延迟和语句拆分在译员的时间处理控制上具有重要作用,它间接影响到译员是否会采用 Gile (1995) 所谓的"省力法则"并进行非战术性省略。

Pöchhacker 所谈及的时间现象和 Goldman-Eisler (1968), Barik (1969), Gerver (1969) 及 Chernov (1969) 等早期学者的研究不谋而合。这些学者把时间同样视为衡量同声传译译语水平的量化标准。本节将采用统计手法对同声传译的两个方面进行量化分析和研究:流利性和语句拆分。不过,这似乎自然地间接涉及到第三个方面的内容:延迟。但我们应当注意,在量化框架下讨论同声传译的质量与风格,并没有对其客观性提出特殊要求。在质量评价中,对口译篇章进行语言分析较为可靠;但如果能将同声传译的量化特征与某些以内容为基础的标准联系起来的话,那么定量分析无疑是锦上添花。如果能将两者有机结合,人们便能证实和支持任何以口译为基础而做出的判断分析。现在本节来讨论同声传译风格中的量化要素:流利性、语句拆分和延迟问题。

流利程度

人们知道,发言人和听众操的是各自不同的语言,因而听众只能通过同声传译译员的译语来对翻译质量进行评价。具体地说,他们往往只看翻译是否流利、译语是否合乎目的语的习惯和规范、是否地道等来评价译员的翻译水平。Kopczynski (1994) 通过对发言人和听众做的一项调查发现,在与会人员的眼里,有些因素是决定同声传译质量优劣的关键。他发现,发言人和与会人员都倾向,内容和词的准确运用远比流利和风格更为重要。Jones (1998: 130) 指出,一个经验老到的译员和一个新手译员的差别就在于:"前者不会因为措词或者还没等发言人把一句话讲完就中途人为地停顿。"他的研究发现,与会人员更希望同声传译间里的译员的译语最好"不间断,输出尽量做到一气呵成。"这样他们才能跟发言人保持步调一致,才不至于错过源语的内容。Jones (1998: 128)认为,听众眼里高质量的翻译应是"译员的译语自然、地道,给人感觉如同是在听母语,而不应使人觉得他在听译语"。(Jones 1998: 90)

但 Kopczynski (1994) 对流利程度情有独钟。他认为,译员不仅在翻译过程中需要做到流利以获得发言人和听众的认可,同时还需要与发言人说话的节奏和强度保持高度的一致。Kopczynski 发现,他调查过的对象中绝大部分人认为,译员应该以发言人的口吻进行翻译。尽管这一提法引起了某些争论,也引起了对潜在结果的怀疑,但正如 Kopczynski 本人指出的那样,这说明听众对目的语质量的重视。鉴于流利程度对衡量译员翻译水平的重要性,因而将流利性作为同声传译风格的一个参数应是合乎情理的。流利程度与译员译语输出的方式直接相关,因而它代表了译语的流畅性和稳定性。所以,将流利程度作为同声传译风格研究的一个内容应顺理成章。

如果人们赞成构成流利程度的要素可以包括翻译自如、流畅、平稳,那么,人们就可以对流利性进行定量分析。毫无疑问,通篇充满抢先译和支吾犹豫之类的翻译不能算作流利。这对于句子结构不完整、延迟时间过长和大量停顿的翻译也是同理。因为这些因素能立即被识别,由此看来流利性是可以量化的。假使一段翻译有40%的停顿、10处抢先译、15处犹豫支吾、13个结构不完整的句子和7次延迟,那么它的流利程度显然不如另一段只有30%的停顿、5处抢先译、5处犹豫支吾、3个结构不完整的句子和4处延迟的翻译。

语句拆分

语句拆分是同声传译风格中另一个重要的因素,因为它直接影响译员对源源不断的源语信息的处理能力。它同时也是译员使用的一种应对策略,这种策略有助于译员将源语中的零散的词组成有意义的意群,或将译语中的长句按一定的意群拆分输出。Gile (1995: 196) 提出将语句拆分作为一种应对策略是因为"这种方法的有效性在于:它快速地卸载记忆中的信息,增强了保存短时记忆的能力"。与此同时,Jones (1998) 建议教育工作者以语句拆分为基础作为技巧,他美其名曰"萨拉米香肠技巧"。这种技巧的核心就是将长句拆分为短句。他说:"这种技巧特别适用于对擅长使用长句和复杂句的语言,例如德语中的所谓 Schachtelsätze 语的翻译。这类语言有类似俄语的那种木偶式结构,即第一个从句修饰第二个从句,而第二个从句又修饰主句。"(Jones 1998: 102)

语句拆分是衡量译员译语的一个风格量化特征。只要人们将源语中的发言与目的语中的译语输出进行对比,便可以得出一个指数,该指数能告诉人们发言人和译员在处理语句拆分的方法上的差异。这个指数的价值在于,它可以使专家学者就译员的重组策略作出相应的评价。当译员的译语数超过发言人发言的语句次数时，这明显地说明他采用了"萨拉米香肠法"来重组源语句子。这种明显的差异便表明了重组程度的次数。反之，如果译员译语输出次数少于发言人的语句次数，这显然表明译员是通过将若干源语中的小意群重组为整句或者整段后才输出其译语的。这些结论可以使专家学者对同声传译的风格做出客观的评价，该评价的特点是介于源语和目的语的语言文化基础上的评价。

延迟

同声传译风格的另一个重要特征是，译员同时应具备对如何对听、说，解码、编码以及之后的认知功能的处理能力。他的应对策略以一开始的源语输入，到译语输出时间为界，这段时间便是人们通常所说的"延迟"或"听、说时段"。

Gile 曾对同声传译做过描述，他说同声传译有四种精力分配形式：听辨、记忆、输出与协调。良好的同声传译质量要求译员的认知处理能力能够匹配甚至超越源语任务的认知要求。如果上述四项精力分配缺少其中任何一项，其结果是"要么译语输出延迟，从而给处理随之而来的信息的能力造成沉重的认知负担，要么次序颠倒，要么就根本无法完成译语输出任务"（Gile 1997: 200）。Gile 还进一步指出，过分延迟会使译员的认知不堪重负，因为如果译员将全部精力都集中在听辨上，这无疑会影响他其他能力的发挥；他的记忆、输出和协调性就会因此受到影响，最终导致要么误译，要么干脆放弃该句不译。要做到对"听、说间隔的有效控制，译员必须要平衡短时记忆与译语输出之间的关系。译员越是落后于发言人，越是能更好地理解发言人的意思，也越有利于其译语重组，但反过来译员的记忆负担也越发加重"（Gile 1997: 207）。

延迟是同声传译的固有属性。众所周知，译员在翻译之前需要先倾听发言人说什么。不同的源语和目的语（发言的速度、信息密度、多余信息、词序和句法特点等），在延迟持续的时间上也不同。受语言组合、演说类型、信息密度和个人喜好等因素的影响，延迟持续时间的平均值也不一样。然而，不少专家学者曾一度对特定语言组合的延迟时间进行过平均值计算：Oléron 和 Nanpon (1964) 以及 Barik (1969) 等计算结果是 2 ~ 4秒，Lederer (1978) 算出的是 3 ~ 6 秒，Treisman (1965) 的结果是 4 ~ 5 个词，而 Gerver (1972)则认为是 5 ~ 7 个词。Goldman-Eisler (1972) 声称，延迟时间的最小值随着语言的不同而各异。经验丰富的译员并不太关注延迟持续的时间长短。为此，Jones (1998:83) 建议初学者"最好与发言人沟通，尽可能多的获得必要的信息，做到胸有成竹后再译"，以保证延迟的稳定。

既然延迟是源语输入和译语输出之间的时间差，那么它就可以用语言单位或时间单位来衡量。因此，人们就可以将源语这个基本概念转化成指数，用它来对源语的风格进行研究和探讨。只要了解延迟的持续时间和译员的听、说方式，人们就可以对译员的源语处理方式和译语转换处理方式下结论。如人们可以了解过度延迟将在何种程度上干扰了译员译语输出的节奏，延迟长短与源语信息的遗漏会导致何种结果等等。

翻译的连续性与重组

因为发言人与译员是在同一时间内表述同一内容——前者陈述,后者翻译,所以对他们的表现进行比较并非不可能。如他们在时间处理上有多大差异?他们的节奏有哪些不同?他们之间谁更流畅自如?谁的发挥更为稳定?他们在多大程度上做到了同步?诚然,没有任何一个译员乐意与发言人进行任何形式的比较,因为在他们看来两者没有可比性。更令他们担心的是,一旦这么做,媒体和听众的舆论有可能对他们日后的翻译工作带来不良的影响。虽然这种担心情有可原,但这并不妨碍广大的听众做出比较。很难想象如果他们的耳机里鸦雀无声,却能清楚地听到发言人滔滔不绝地发言,他们的抱怨并非没有理由。他们不满的情绪必然会自然而然地流露出来。

通过对译员的表现和发言人作比较,人们就能了解大量的有关译员译语的流利性、连贯性、同步性、节奏和时间掌控规律等启发性的信息,这无疑有助于对源语和目的语语篇线性发展的研究。只要人们对发言人和译员在停顿、输出(发言和译语)所做的系统性的安排进行研究,人们就会弄清他们对发言稿进行重组的方法与技巧、流利程度以及译员的延迟规律。掌握了这些情况之后,人们就可以对同声传译的风格进行量化比较。对译员的速度、节奏、翻译的稳定性和连贯性,以及流利程度的研究就会成为可能。同样,一旦人们了解翻译的稳定性和流利性后,人们就可以间接地对译员的镇定程度和紧张程度进行探讨。现在本文将对此进行进一步分析研究。

译员要面对接踵而来的信息;他的任务是将这些信息转化为目的语,而发言人不可能为此给他专门留有译语输出时间,也不可能等他一切准备就绪之后才开始发言。鉴于译员幕后工作的性质,他需要在听发言人讲话的同时,通过耳麦将之传译给目的语听众。另外,为了能够胜任高难度同声传译的工作,他必须迅速掌握发言人的信息输出方式并为此找到他自己的应对策略。如果一旦源语信息量大到使他的认知能力不堪重负的话,那么他需要作出理智的选择:划分信息并进行拆分。Gile (1995: 195)的研究证实了这种方法:"如果译员的记忆面临潜在超负荷压力时,他只好选择提前重组译语,有时甚至在他对发言人讲话内容还没来得及完全理解的情况下便开始"。反之,如果发言人的信息量小而零碎,译员则会把它们合并成可以控制的有意义的信息群。简言之,译员这么做的目的无非是对源语信息进行重组,更好地听懂源语。唯有通过这种方式,他才可以成功解决听辨、认知处理和译语方面的问题。

重组是一种适应性较强的处理方法。有时,译员会将源语语句分解成若干个相对较小的意群,有时候为了翻译需要他将零星的信息整合为较大的意群或目的语单位。无论译员采取哪种方式,他的选择都是由语言或辅助性语言因素决定的,但其终极目标无非是顺利地应对源源不断的源语输入。由此可见,译员不时地将重组与实际情况相结合,充分显示了他的高超组织的能力。

目的语翻译中重组的次数、重组语句的长短、花费的时间以及总的译语输出时间对专家学者的研究极有价值。这些因素与重组策略相关,而且能够通过量化来揭示一段译文的翻译风格。以信息重组量为例,如果人们将目的语中信息群的总数与源语中的信息群总数进行比较,并以此来找出它们之间的差异,那么人们就可以得出这样的结论：译员根据源语中信息量的次数要么通过合并，要么通过拆分的方法，在对信息进行一定程度的重组之前。同样，如果人们对信息群的平均次数进行比较也会得到相似的信息。不仅如此，如果人们对源语和目的语中的语句和停顿的数进行比较的话，人们就会知道译员翻译的流利程度。一般来说，接听过一大段源语信息后的译员，他的译语输出量不可能太小。如果译员的停顿与发言人的停顿欠协调，听众就会立即意识到他的译语欠完整。身为一名经验丰富的译员，Jones 本人 (1998: 78) 对此深有感触，他说："如果发言已经开始，而译员却还无动于衷，即便他耽搁只是几秒钟，听众也会情不自禁地惴惴不安。他们会向同声传译间打手势，甚至还会打断发言人的发言、喝倒彩等。"（Jones 1998: 78）针对这种情况，Jones (1998: 78) 建议道："当译员意识到讲话即将结束时，他应当稍微加快翻译速度以便在发言人发言结束前同时结束翻译。"听众对翻译很敏感，任何长时间的停顿都会引起他们的猜疑，认为他们错过了该译的重要内容。因此，要想保证流利，译员的译语次数最好不要超出发言人的发言语句数，当然更不能太少。

通过对译语输出和停顿次数的监测并将其与源语语句数进行比较，人们就可以用图表来显示二者的线性发展。如果人们对译语输出和停顿数进行计算，就会从中知道译员翻译的流利程度；通过了解译语流利程度的起伏变化，人们就可以揭示译语输出进程的频率。Chafe (1988)宣称，停顿是口语的标点符号；例如，逗号的停顿时间要比句号短，逗号在句末的停顿又比一段结尾的要短等等。这样，翻译的节奏或者速度便可以通过停顿时间长短来表示。因此，译语中的句子、段落和章节可以通过其停顿时间长短得到确认。

译语输出和停顿的次数还能揭示译员的镇定及紧张程度。通过观察译语输出和停顿的次数的变化，我们就能了解译员译语和停顿的次数是否与源语语句和停顿相一致，我们就可以断定译员是否处于可控状态。不过，如果译员译语和停顿的次数变化很大，那便意味着他翻译的流利程度缺乏稳定性，他在流利和非流利之间摇摆不定。这进一步说明他要么缺乏镇定，要么在理解和重组方面存在困难。很显然，如果译员能驾驭节奏，他就会保持较为稳定的流利性。Jones (1998: 87) 在谈论发言人的发言和译员译语输出的时间差时证实了这一点，他说道："译员与发言人的时间差应保持稳定。"他进一步补充道："不过这并不是绝对的，有些变化仍旧是必要的。这取决于发言人源语输出的节奏、风格和内容，也取决于特定的句法难度。"（Jones 1998: 87）尽管 Jones 的评论是针对翻译中的延迟问题，但它同样适用于流利程度的变化。这里，人们不妨假设两位译员分别翻译四段时长为一分钟的片段。第一位译员翻译采用交传策略，在翻译第一个和第三个片段时非常流利，但在翻译第二个和第四个片段时停顿时间过长；而第二位译员在翻译四个片段中做到了一气呵成、同等流利。毫无疑问，第一位译员翻译的流利变化程度要明显大于第二位译员。因此，人们就可以理直气壮地说，第二位译员的翻译比第一位译员要流利，他的心态也更镇定。

不过，在通常的同声传译风格分析当中，人们并不直接把译员的翻译与其他译员进行比较。惯用的做法是，首先把每位译员的译语输出与发言人的发言进行比较，然后再对译员的译语优劣参数进行彼此比较，即先将译员的译语对照发言人的发言稿，把发言人发言的语速作为衡量标准尺度,有了统一的标准后,然后再进行比较。这样,如果发言人的流利度变化大,它会很自然地在两位译员的流利性变化中有所反映。不过,如果其中一个译员的流利变化太大,人们有理由相信这位译员一定遇到了一些理解或者重组方面的障碍。

因此,同声传译风格的量化主要取决于源语的时间特性和目的语的译语输出次数,而后者的连续性发展是建立在译语输出和停顿次数的基础之上。尽管量化方法并不直接反映信息内容,但是通过它可以对令人难以捉摸的流利性、节奏和紧张程度有不同程度的了解。实际上,人们完全可以用这些量化来间接评价译员的翻译质量,当然要做到这一点人们必须通过实验来加以验证,否则这与纸上谈兵无异。

同声传译风格分析工具

现在,对两组译员的翻译风格进行研究,并论及分析工具:一组是有十年以上经验的职业译员,另一组是从未经过正式训练的新手。实验将把他们的风格参数与跟读者的进行比对,此项研究只要求跟读者对源语信息进行模仿。众所周知,跟读是同声传译的一项同步练习任务,不过它不像译员那样要面临语言转换上的障碍。之所以要用跟读者还有另一个原因,实验需要跟读者对源语语句跟读的数据并作比较。按理,译员的译语输出的量应更接近跟读者,相对于新手职业译员应更接近跟读者。鉴于这三组各自不同的特点,所以本文可以从量的角度对他们的表现进行准确定义。据此,研发的这些分析工具的有效性可以得到初步验证:只要三组实验对象在数据上有巨大的差异,那么就有理由相信,它们即可被视为可靠的同声传译风格分析工具。为此,可用一段10分钟长的阿拉伯语来作为刺激材料。人们要求三位职业译员和三位新手将刺激材料译成英文,另外6名大学生按要求对其进行跟读。

在以下的篇幅里首先探讨同声传译风格的理论性构想,然后通过分析工具来研究这些片段,观察三组实验对象的风格是否存在明显差异。分析是通过比较实验对象的译语输出系数和发言人语句数量而进行的。由于实验对象均在同一时间框架内进行操作,而且他们有赖于发言人的信息输入,所以发言人发言的时间会在实验对象的翻译时间中有所体现。Barik (1973: 266) 早期研究得出的结论显示"翻译的时间随着源语的变化而变化"。人们分析的结果是建立在对源语和目的语的总停顿时间、停顿的平均持续时间和停顿的总数进行比较的基础之上的。由于停顿和译语输出是对称的,这种方法在分析发言语句参数时也同样有效。

Goldman-Eisler (1968: 31) 认为译语重组是自发性特征,"是一个与发言同步密切的认知过程"。在对复杂的认知信息与停顿之间的关系所做的调查中,Goldman-Eisler 发现"个性差异意味着在处理停顿时的性格特点,但是个人花费在停顿上的时间似乎能决定个人口头表达的智力素质"。与此同时,Barik (1975) 还发现,低译语数输出是能力相对较弱译员的特征;而 Yaghi (1994) 发现,对目的语进行的非技术性省略(即漏译)是相互关联的:一方面与译员的译语比例有关;另一方面与发言人语句输出量有关。所以停顿在对同声传译发言稿的分析中责无旁贷,甚至在同声传译策略的研究方面也起着独特的作用。如前所述,停顿次数的差异可以反映出译语输出的重组情况,反过来它同时揭示译语和源语的匹配程度和重组语句数量的吻合程度。

重组

虽然人们的首要目的不是评价译员和发言人两者的表现,但是人们需要对他们的重组方法进行比较以便对译员的风格作出客观评价。通过这种比较,就能了解不同的源语发言稿对译员的发挥会产生何种影响。这种比较将揭示源语与译语的相同点与不同点,这种对比有助于人们研究译语能在多大限度上反映重组的风格,它和源语的差别究竟有多大。如果源语信息在译语中没有丝毫遗漏,当然,在现实中这是不可能的,那么人们就有理由相信,源语和目的语的重组指数差异为零,二者信息输出量、平均持续时间和语句次数是一致的。鉴于发言与停顿是对称的,人们便可以就发言人和译员的停顿做出如下假设:

$$等式一：\# P_1 - \# P_2 \approx 0$$

$$等式二：\Sigma P1 - \Sigma P2 \approx 0$$

$$等式三：\mu P1 - \mu P2 \approx 0$$

$$等式四：\frac{V2}{V1} \approx 1$$

在该假设中,P_1代表发言人的停顿,P_2代表译员的停顿,#代表停顿的次数,Σ表示停顿的总和,μ是停顿的平均持续时间,v_1是发言人停顿的变化,v_2是译员停顿的变化,$\approx$表示约等于。

为能如实反映结果,前三种等式的值需要为零,第四种等式的值则需要为1。第一种等式只是用来表示译语输出数是否和源语语句数一致,译员停顿的次数是否和发言人停顿的次数吻合。不过,这还不足以证明译语输出数就等于源语数,因为它不完全代表译员总停顿的次数,他的总数还可能不同;译员的停顿可能比发言人的停顿有长短之分,但停顿是必需的。与第一种等式相反,第二种等式意味着源语与译语停顿的次数相似。第三种等式考虑到了停顿的次数和长短,即译员停顿的频率和持续时间与发言人的一致。第四种等式则表明译员和发言人停顿时间长的变化相似,即二者停顿的长短变化趋于吻合。有了这四种等式,人们不仅可以对译员的重组策略进行评价,而且还可以通过比较译员和发言人指数差异来评价译语的信息重组程度。在前三种等式中,小于零的值意味着译语有三种可能:(1)较为零散(因为停顿数量过多);(2)休止状态过长(因为总停顿时间较长);(3)译语输出耽搁太久(因其停顿的平均时间长增加)。与之相反的是,大于零的值意味着译员通过合并源语又进行了重组,译员的译语输出率大于发言人,并且做到了片刻停顿后就开始了译语输出。第四种等式计算了译员相对于发言人的变化率,因而在两者变化程度相似的情况下值为1。大于1的值意味着译员停顿时间的变化频率高于发言人。

为进一步阐明这些等式的实用价值,本节分别对跟读者、职业译员和新手的各自的数值进行了计算,每个被测试人的值标注在下列四个图表中。图中的横轴代表职业译员和跟读者的代码:0-6代表新手,7-12代表职业译员,13-24代表跟读者。图中的纵轴分别代表四种等式的值:停顿次数、总停顿时间(以百分之一秒为单位)、平均停顿时间(以百分之一秒为单位)和译员相对于发言人的停顿变化率。

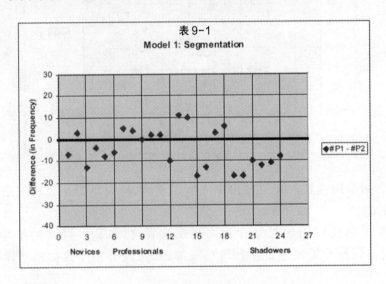

表9-1为第一种等式的数值,即源语和目的语停顿的次数。

如图所示,新手的值比职业译员的值要低,而职业译员的值又比跟读者的值要低,但高于其他人员的值。然而,职业译员、新手和跟读者在停顿频率方面却没有明显差异。换句话说,第一种等式无法证实这三组实验对象重组策略的不同。当ANOVA(数据分析)对表一所示数值起作用时,上述观察便得到了证实,它说明这三组实验对象在熟练度上没有明显区别 [F(2,23)=1.338, p=0.2838]。当人们对不同实验对象的平均值进行比较时发现,职业译员的源语和目的语的停顿次数差异为0.5,新手是-5.8,而跟读者是-6.3。这些平均值无疑把职业译员、新手和跟读者区分开来,但却没有显示新手和跟读者平均值之间的巨大差异。这表明,第一种等式在这种情况下没能达到预期的效果。

尽管得出了如此的结果,但第一种等式毕竟提供了有关实验对象信息重组程度的有价值的信息。职业译员与发言人的停顿频率相当,这表明他没有进行多少信息重组。而新手停顿的频率高,这意味着他的信息重组反而使译语显得更为零碎。跟读者出现了两种情况:一种与职业译员相差无几,另一种则更接近新手。为了全面评价重组风格,还需要对其他三种等式进行计算。计算结果将证实上述结论并将弥补第一种等式的不足。

表9-2为第二种等式的数值,即翻译中停滞状态的次数。

如图所示,跟读者分为两种情况;一种是忠实再现了源语发言的内容($\Sigma P_1 - \Sigma P_2$的平均值为-1.72秒,为最小值);而另一种则是采取放任自由的方式,停滞更长($\Sigma P_1 - \Sigma P_2$的平均值为-22.79秒)。两类跟读者之间出现了如此大的差异有两种可能性:一种是跟读语速较快,跟读者用了较短时间完成了语句输出,而且还有时间剩余;另一种可能则是跟读者在源语中增加了自己的内容。只要人们进一步观察就不难发现,第一种可能

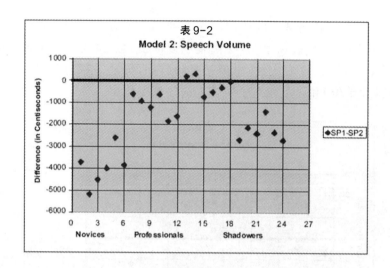

性是成立的。两组跟读者的译语输出率之所以不同,原因是语速较快的跟读者处于长时间的休止状态。

职业译员的休止时间的长短介于两类跟读者之间($\Sigma P_1 - \Sigma P_2$的平均值为-11.31秒)。这表明他既没有做到不折不扣地再现源语,又没有完全自如地对译语输出进行重组。

初学者与职业译员和跟读者不同。他们的休止时间最长,平均超过发言人达39.74秒。然而,人们不能简单地将这一现象归结为初学者的译语输出速度过快。因为与跟读不同,口译涉及语言转换技巧,转换过程较为耗时。其实,造成他们大量休止的原因不是别的正是非技巧性省略和翻译失效的程度过高。新手在一段翻译中的平均漏译程度竟达47%之多。显而易见,造成新手在翻译过程中大量休止的原因是因为他停止了译语输出。

当ANOVA应用于表二所示数值时,便证实了人们的观察 [F(2,23) = 17.946, p = 0.0001]。因此,人们可以推断,$\Sigma P_1 - \Sigma P_2$所显示的源语和译语中休止时间的长短表明了三组实验对象的熟练度。这就是说,第一种等式反映了译语输出的零碎程度,第二种等式反映了目的语相对于源语的休止程度(译语输出与源语输出不成正比)。

表9-3为第三种等式的数值,即停顿的持续时间。

正如人们所料,表9-3与表9-2相似,因为译语输出次数影响对平均值的计算。如图所示,其中一组跟读者的平均停顿时间与发言人的时间极其相似(两者平均值的差异仅为 -5.6 cs),而另一组跟读者的平均停顿时间则要多出32 cs。职业译员的平均停顿时间比发言人的要长,但是与发言人和第二组跟读者(29 cs)之间的平均停顿时间不相上下。这当中新手的停顿时间最长。他的平均停顿时间比发言人的要长82 cs。导致停顿时间较长的原因是新手在翻译过程中漏译严重所致。

当ANOVA应用于表9-3所示数值时,人们便得出了这样的结果[F(2,23)=19.416, p=0.0001]。这表明$\mu P_1 - \mu P_2$所显示的源语和译语平均停顿时间的差可以很好地证明三组实验对象的翻译熟练度。因此,人们可以断定跟读者、职业译员和新手延迟时间的长短完全不同,跟读者的最短,而新手则最长。

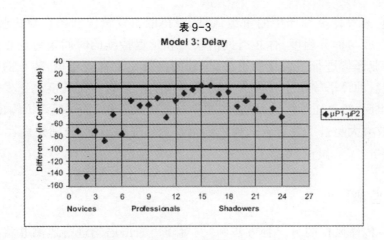

三组实验对象以不同的方式改变他们的语句输出时间：新手的变化频率比其他两组高得多，他们的平均变化率为4.14，是发言人的4倍。跟读者较好地、较稳定地再现源语的变化（他的平均变化率仅为1.17，即他的变化程度与发言人的变化程度相似）。就职业译员而言，一部分职业译员试图保持与发言人相似的语句变化，而另一部分则更自由灵活一些。不过，平均而言，译员的语句长度变化要高出发言人（2.21）。ANOVA证实了三组实验对象的语句变化程度不同[F(2,23)=15.809, p=0.0001]。跟读的语句时间与源语最接近，这说明跟读者的镇定性和稳定性均好于其他两组。新手与发言人相比差异最大，这反映了他在翻译过程中过分紧张，缺乏稳定性。

表9-4显示了源语和目的语之间语句长度变化的差异。图表反映了实验对象相对于发言人的语句变化比率。当等式四的值近似于1时，这表明译员和发言人的语句变化方式是相似的。值大于1说明译员的语句变化增大；当值小于1时，发言人的语句变化大于译员。

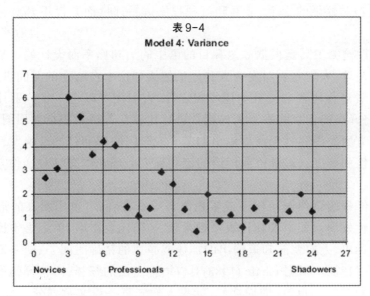

迄今为止，上述4种等式使人们对译员的停顿策略有了比较清晰的认识。因此，人

们可以通过它来对译员翻译中的重组风格、源语的再现情况和译语输出量进行论证。人们可以就合并与拆分程度、休止时间的长短和延迟持续的时间来讨论重组。如在上述例子中,职业译员进行了大量的重组,停顿的次数比发言人要少,休止的时间比发言人要短,在随后的译语输出也比发言人要慢。他们的语句变化程度也比发言人的要高得多。与之相反,新手任意性大,停顿的频率与发言人不相上下,但译语输出漫不经心,并且休止次数大大超过了发言人。他们的语言变化捉摸不定,分别是发言人的5倍,职业译员的3倍。

实用性监测

研究同声传译风格的另一种方法则是,对译语输出语句进行监测并将其与源语中的语句进行相应地比较。鉴于译语输出的多寡是衡量译员发挥的一个重要量化环节,定期对其进行记录可以作为一个衡量线性发展的实用性标准。译语与源语是否内容一致,本文暂时无法用这种量化方法来检测。不过,人们不应将此视为监测的缺陷,因为这种监测方法是为研究同声传译风格设计的而不是为了内容而设计的,其主要目的是为了让人们能够对翻译的重组、节奏和流利程度进行评价而并没不是对它的准确性进行评价。

这种实用性检测工具是根据源语和目的语中的语句比率而设计的。从数学角度而言这个概念很简单:人们需要对发言人和译员的语句比率在特定的时间进行计算,算出结果后再对二者进行比较。完成上述步骤之后,人们便可以进一步分别计算二者的累积指数,然后将译员的指数和发言人的指数进行比较。若将累积指数用图表来表示,它们可以反映三方面的内容:(1)译语输出的节奏或时间的周期;(2)反映发言人或译员心理状态的镇定性和难度;(3)源语或译语的流利程度。现在本文将对这种方法的可行性进行详细阐述。

对于每次停顿的单位语句比率或累积语句比率,人们可以用图表的形式来反应源语或译语的线性发展。如果X轴代表停顿指数,Y轴代表比率,单个语句比率按每次停顿在坐标轴上标出,人们就能知道输出的加速或减速的精确时间了,即人们就可以从中观察流利的韵律特征。根据 Chafe (1988)对口语标点法的解释,语句停顿率图表可以用来表示语篇材料的标点单位(即周期)。如果人们先将一篇文章划分为章节,再由章节划分为段落,再由段落划分为句子,再由句子划分为从句和短语,那么,一段译语或译文便可以看做是一篇文章。假设发言人在发言中的确是按标点逐句宣读,人们便可以把源语和译语输出单位视为书面语中的语句单位。鉴于停顿是发言人使用的一种标点工具,发言语速下降也意味着停顿的开始。因此,源语或译语图表中的最低点,即语言比率达到最低值时,代表了发言中最大的语句单位,就如同章节是一篇文章中最大的单元一样。最长的停顿就如同一篇文章用来区分段与段之间的空白处。拥有相对较高的语句比率的停顿,人们权且把它看成一篇文章中的段落,而遇到更高语句比率的停顿,人们就把它理解为一篇文章中的句子。换句话说,通过用图表来表示单个语句比率的停顿,人们可以比较译语输出的进展、周期和节奏。当人们将源语和目的语的线性发展置于同一图表中时,人们就可以比较二者的吻合程度并确认相同点和不同点。如果人们想对两位译员对同一段翻译的译语输出进行对比的话,人们可以将发言人和译员的线性发展置于同一图表中,这样人们就能对译员的译语和发言人的源语进行比较。

源语和目的语的连续性发展,同样可以通过累计语句比率图表的形式来表示,图中各点表明起始和结束的语句比率。由于每个点代表它之前的语句比率,这种累计语句比率图表对偶尔发生的变化不太敏感,对于总体发挥态势效果明显。因此,它特别适用于描述流利性和稳定性(流利性或变化性)。通过计算译语输出中的每个停顿的累计语句比率,然后将它们置于与上述相同的图表上,人们就会知道说话人的流利性和他的发挥水平。徘徊在 Y 轴上的点线便是译语输出的流利程度。线上的波动幅度代表了发挥时的变化,它显示发挥不正常,缺乏稳定性。

源语和译语的连续性发展都可以用该图表来表示,这样专家学者可以从视觉上对它们进行对比。如下所示的第五种公式将用来计算两个人发挥的数值差异。两人当中既可以是发言人和译员,也可以是翻译同一篇章的两个译员。人们可以通过固定的停顿来确定精确度、相同点和不同点的位置,从发言人或译员的累计语句比率中的停顿扣除每次译员的累计语句比率,这样人们就能清楚地知道他的流利性和稳定性。如果我们要对两个译员进行对比,人们可以从译员 X 的每次停顿累计语句比率中扣除译员 Y 的累计语句比率。他们之间的差值越是接近于零,源语和译语越是相近。当差值为负时,译员 Y 更流利,反之,则译员 X 更流利。差值的大小代表了二者翻译的差异程度。实际上,某种类型的延迟可以通过比较比率线推测得出。积累率线上的每个点都代表了译语中的停顿,而比较性比率线上的每个点代表了源语和目的语各自的积累比率线上的相应点之间的差值。因此,如果将比较性比率线上的每个点的值与停顿的时间相乘,人们便能得到以百分之一秒为单位的源语和目的语的语句比率每次停顿的差值。换句话说,比较性比率线上的每个点代表的是偏移、周期变化以及发言人与译员译语输出的时间差。

为确保实用性监测的值,人们首先要构建可行的数学模型,然后将其应用于实验对象,这样人们就会知道跟读者、职业译员以及新手之间的差别。

语言监测公式

为了计算停顿语句比率,人们需要把用于比较的两段篇章被划分为对等时长的片段。人们把两篇分为每段 5 秒钟。这样划分时间是有一定道理的,假设正常语速为 3.5 音节/秒的话,那么用五秒钟大概能说完一个句子。每五秒钟含有 16 个音节,由八个音节长短相当的词组成,每个词含有两个音节。假使有兴趣的学者想获得小于一个句子为单位的细节,他可以将篇章分为更小的片段。语句比率将通过计算来算出每一片段的时间,然后用片段的时长除以总时间。两段篇章的语句比率中的停顿是单独计算的,然后它们将按照先后顺序排列在图表上。源语和译语的语句比率单独计算,但为了便于比较而绘制在同一张图表上。

从另一方面来说,使用累积语句比率的语言监测模型稍显复杂。它是专门针对译员与译员之间或者译员与发言人之间的比较。其公式如下：

$$\left(\frac{\sum\limits_{j=1}^{n}\sum\limits_{i=1}^{k_j}S_{ij}^1}{\sum\limits_{j=1}^{n}t_j}\right)-\left(\frac{\sum\limits_{j=1}^{n}\sum\limits_{i=1}^{k_j}S_{ij}^2}{\sum\limits_{j=1}^{n}t_j}\right)\approx 0$$

在该等式中，I_1 代表源语或译员 X 的指数，I_2 代表目的语或译员 Y 的指数，t 代表停顿时间，该时间由专家学者决定。S_1 和 P_1 是第一括号的语句和停顿时间（即源语或者译员的译语 X），S_2 和 P_2 是第二括号的语句和停顿时间（即目的语或者译员的译语 Y），Σ 是停顿时间之和，设 j 值为 1 到 n；Σ 是发言之和，设 i 值为 1 到 k_j（小于停顿 j），代表第 j 个停顿时间。

当两个大括号分成等长的时间 (t) 时，如上所述，语句比率是在这些时间里进行计算的，产生了时间语句比率（r）。然后，通过每次依次递加时间语句比率并除以所加时间数来分别计算两个大括号的累积比率，即 $(r_1+r_2)/2$，$(r_1+r_2+r_3)/3$，$\cdots$ $(r_1+r_2=r_3+\cdots+r_n)/n$。字母下标表示语句比率进行相加的时间。最终值形成源语或目的语的累积比率，即该等式所说的"发言人和译员指数"，分别为 $I_1 (t)$ 和 $I_2 (t)$。最后，源语和目的语的累积指数（或者说是进行比较的两位译员的指数）将通过第一个指数和第二个指数中相减而在每个时间来进行比较。近似于零的值表明译员的译语输出量与源语基本一致；负值则表明译员的译语输出量相对大，但正值则表明译员的译语输出量相对小。

应用

前面笔者用图表充分展现了源语和目的语的间距，积累和比较性语句比率以及源语和目的语的发展态势。不仅如此，还通过图像来了解它们的周期、稳定性和流利程度。周期是用间距比率图表中的曲线来表示的，语句比率先升至波峰，然后又跌至波谷（如表 9-5a 和图表 9-5b 所示）。稳定性是通过图像的直线来表示的。流利程度是通过累计图像交汇点来表示。为作更好的理解图解，本节将对一位跟读者、一位职业译员和一位新手进行一段两分钟的刺激性源语材料的表现进行分析。人们先来了解源语材料。下方的表 9-5 描述了源语的发展态势。

如图所示，发言人的起始线含较高的语句比率周期，结束时语句比率相对较低。显然，这些周期可以用不同的方式来进行描绘，这取决于人们是关注较详细的周期规律还是总的周期规律。其中一种观察源语周期的方式是，设定第一个周期位于第 1 个区间和第 4 个区间之间，语句比率开始时为 100%，结束时为 41%；而第 2 个周期则不太引人注目，位于第 5 个区间和第 8 个区间之间，语句比率开始时为 89%，结束时为 81%；第 3 个周期位于第 9 个区间和第 11 个区间之间，语句比率开始时为 92%，结束时为 83%；第 4 个周期位于第 12 个区间和第 14 个区间之间，语句比率开始时为 90%，结束时为 82%；第 5 个周期位于第 15 个区间和第 18 个区间之间，语句比率开始时为 88%，结束时为 62%；第 6

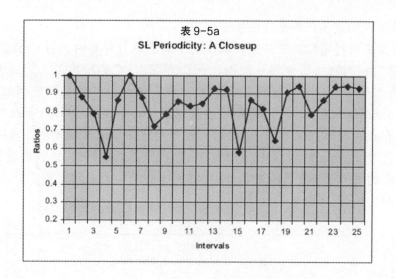

个周期位于第19个区间到第22个区间之间,语句比率开始时为92%,结束时为82%;第7个周期位于第23个区间和第24个区间之间,语句比率开始时为94%,结束时为74%。

如果人们想研究周期的总态势,人们需要将这一篇章材料设定为3个周期:第1个周期位于第1个区间和第4个区间之间,第2个周期位于第5个区间和第18个区间之间,而第3个周期位于第9个区间和第24个区间之间。要是源语较长,人们还可以获得更大的周期总态势。为了便于示范,下方的表9-5b所示的单位间距的语句比率时长为365秒,源语开始前和结束后各有120秒。这样,源语就位于第26个区间和第49个区间之间。365秒是人们用来分析口译刺激材料中源语材料的一半的时间。

如图表所示,这段长为6分钟的源语材料有两大周期,第1个周期延伸到第1个区间和第29九个区间之间,第2个位于第30个区间和第73个区间之间。人们研究的测试人员在第2个周期内呈明显下降趋势,但却横跨两个周期的交汇点;在第1个周期内有4个区间下降,而在第2个周期内则有19个区间下降。如果对整篇源语材料都进行分析

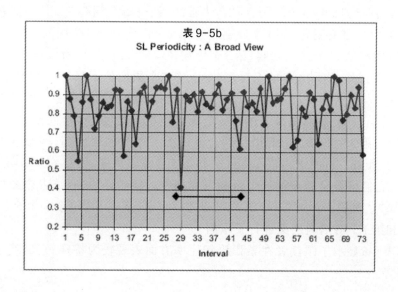

的话,那么该周期的整体态势都会发生变化。

不过,对篇章材料结构的了解使人们明确了周期的研究方向。与 Chafe's (1980) 所说的"焦点群"大致相似,短语和从句由停顿作为标志;它们形成了人们所说的最小周期。所以,含有短语和从句末尾停顿的间距比没有停顿的部分具有更高的语句比率。一般来讲,句子的周期越长,它们的停顿也就越长(Crystal1969: 172; Chafe 1980),所以当末尾停顿在某一间距内减弱时,它的语句比率会比短语或从句末尾的间距的语句比率要低。换言之,用 Chafe's (1980) 的术语来说,段落的周期越长,停顿也越长。含有此类停顿的间距的语句比率比含有短语、从句和句子的间距的语句比率要低。总之,篇章材料单位时间越长,周期也越长。

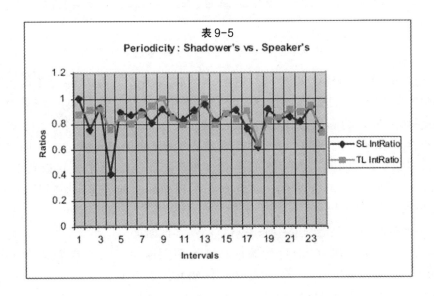

现在如果人们将跟读者的单位语句比率与发言人的进行对比(如表9-5所示),人们会发现两者极为相似,几乎处于同一水平(两者分别为86%和84%)。然而,在发言人的线路图中,其周期长为3~4个间距,即15秒到20秒长(每个间距为5秒);而在跟读者的线路图中周期则更富有变化:第1个周期位于第1个区间和第4个区间之间,第2个周期位于第5个区间和第11个区间之间,第3个周期位于第12个区间和第14个区间之间,第4个周期位于第15个区间和第18个区间之间,第5个周期位于第19个区间和第24个区间之间。显然,发言人和跟读者周期的态势不同。然而,将后者重叠于前者之上有助于两者间的比较。如图所示,跟读者的第1个源语周期的跨度为4个间距,但停顿不及发言人长。然而,第2个和第3个源语周期合并成为一个目的语周期,即跟读者通过合并的形式进行了重组。目的语再现了第4个和第5个源语周期,而第6个和第7个源语周期尚未再现,它们均被合并在第五个目的语周期中。换句话说,跟读者企图如实地再现第1个源语周期,对第2个和第3个源语周期进行重组,复制了第4个和第5个源语周期,但对第6个和第7个源语周期又进行了重组。

下方的表9-6显示了跟读者在累积语句比率方面表现较为特殊,它反映了源语和目的语的总态势。

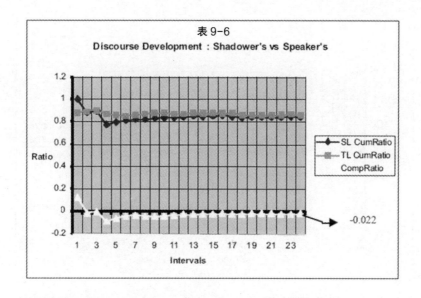

表9-6
Discourse Development : Shadower's vs Speaker's

　　图表中的3条线给人的总体印象是：源语累积比率显示了源语在语句比率方面的走势，目的语累积比率显示了目的语跟读的进展，而比较性比率则显示了源语和目的语在通过实用性监测模型计算的累积语句比率方面的相同点和不同点。

　　表示跟读累积比率的线路图只比源语的线路图略高。这些线路图告诉人们：源语和目的语在流利程度方面差异极小，发言人和跟读者两者的连贯性均达到了84%-87%。

　　正如前面所提到的，源语和目的语的累积比率的水平显示了各自的流利程度。图像直线反映了说话人的连贯性，换言之，它也表明流利性的变化程度。能够保持流利程度表明发言人张弛有度；与之相反，图像的曲线则表明流利性欠稳定。上方图像所显示的跟读者的表现，表明了他的流利水平与源语发言人的速度相吻合。

　　底部的比较性比率图线在零周围上下浮动，它反映了源语和目的语在流利性和偏移度方面的差异。该图线略低于零（最后一个值为-0.04）这表明跟读者流利性较好，语速比发言人稍快。跟读者的语速比发言人的约快0.2秒，这个值是通过用平均比较性比率-0.04乘以人们所设定的间距的时长5秒而得出的。

　　为了更进一步了解跟读者发挥的情况，人们需要对职业译员和新手的表现进行分析。先来看表9-7。

　　职业译员的周期比跟读者的周期在长度和语句比率上变化更大。在该图表中，目的语包含6个周期：第1个周期位于第1个区间和第5个区间之间，第2个周期位于第6个区间和第9个区间之间，第3个周期位于第10个区间和第11个区间之间，第4个周期位于第12个区间和第15个区间之间，第5个周期位于第16个区间和第21个区间之间，第6个周期位于第22个区间和第24个区间之间。间距之间的语句比率从100%到11%不等，平均值为69%。

　　职业译员语句比率的周期变化明显大于发言人和跟读者。源语周期语句比率的标准偏差为0.12，而跟读者周期的语句比率的标准偏差则更小，为0.8。而职业译员周期语句比率的标准偏差为0.20。职业译员周期内的语句比率较大变化是口译过程的必然

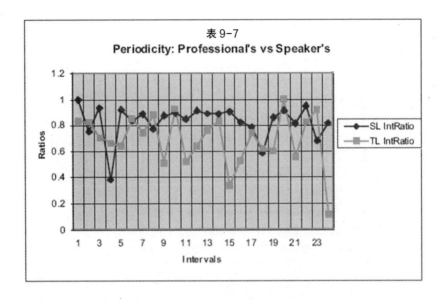

表9-7
Periodicity: Professional's vs Speaker's

结果。职业译员的停顿要长于跟读者，这是由于他先对源语信息进行破解，然后再将其译为目的语的结果；因此，他输出目的语时便自然地的增加了语句比率，而他的源语输入却减少。尽管译员意识到他必须"尽量以一种自然、地道的方式来再现源语的信息，使之准确、流畅"（Jones 1998: 90），但较大的语句比率变化是翻译过程中固有的内在本质，译员无法规避。

下方的表9-8描述了职业译员的译语输出相对于发言人的译语输出的发展变化。紧接着第一个周期之后，虽然职业译员的图像相比之下波动较大，但是目的语和源语图像都保持了较为平稳的走势（分别为74%和84%）。累积比率图像中的波动均显示了连贯性和稳定性的欠缺。这说明，职业译员的表现不及发言人的稳定，这进一步证实了Barik（1973: 267）"译语很难做到象源语那么富有节奏感"的论断。

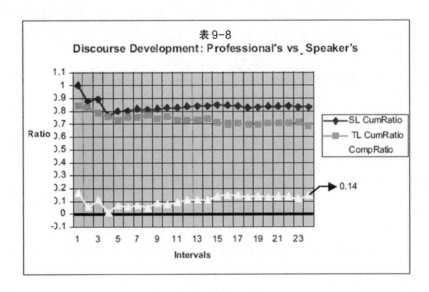

表9-8
Discourse Development: Professional's vs Speaker's

译语在累积语句比率图像中的浮动情况是预料之中的。因为控制译语输出的节奏是发言人而不是译员。发言人作为信息源将信息以口头形式输出,这就形成了人们所说的周期;因此,知道信息的容量大小也非他莫属。再者,因为他控制源语,他可以按照自己的周期性意愿或有节奏地输出信息。一般而言,译员不可能知道源语发言的结束时间,更不用说了解源语信息总体输出的规律了。Gile (1995: 195)调查发现,一旦译员面临潜在的记忆超载,加上源语和目的语语法结构相差甚远时,"译员对译语重组及输出要早于往常,他会选择提前输出,有时甚至是在他对发言人的大意还不完全了解的情况下便开始"(Gile 1995: 195)。由于译员处于被动状态,他在不知道接下来语句意思的情况下,不得不提前处理最先来到的信息,自然他的语言周期变化就大。此外,为了适应目的语听众的需要他还需对某些源语信息进行调整,这也是造成他们改变源语周期的另一个因素。表9-7显示了源语和目的语在周期上的差异程度。

当对源语和目的语的语言走势进行比较时,就形成了表9-8底部的比较性比率图像。只要人们注意观察就不难发现,译员总体上不如发言人主动,具体地说,译员的译语输出量比较小。通过图像人们可以看出,译员在第1个周期的末端做到了与发言人的节奏保持一致,但随着发言的进行,译员的速度便逐渐滞后。在第15个间距处(第4个周期的末端),译员的翻译逐渐趋于稳定并能保持稳定的语句比率水平(源语和目的语语句比率之差为14%)。如果用一句话对该比较性比率图像进行概括的话,那就是译员在开始时尽量保持与发言人相同的流利性,但随着发言的进展,译员后退至某一固定水平并在那里保持相对稳定。这表明,译员开始翻译时显得较为急促,但随后便稳定了下来。在延迟程度方面,职业译员的偏移度为 0.7 秒。

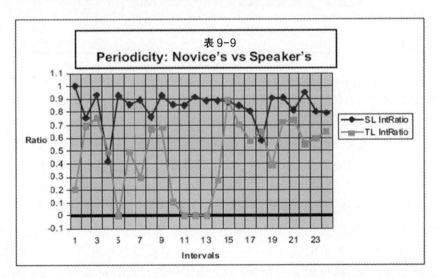

如表9-9所示,新手的表现与跟读者和职业译员的表现大相径庭。人们先来分析跟读者的语句比率的周期和范围:第1个周期位于第1个间距和第五个间距之间,语句比率为20%~0%,第2个周期位于第6个间距和第13个间距之间,语句比率为49%~0%,第3个周期位于第14个间距和第19个间距之间,语句比率为27%~39%,第4个周期位于第20个间距和第24个间距之间,语句比率为72%~65%。如表所示,语句比率在第1

个周期和第 2 个周期的末端数值最低。无论职业译员还是跟读者的语句比率都从未降到如此低的程度。究其原因，原来新手在第 2 个周期的末端有 15 秒的时间没有任何译语输出，而发言人在第 1 个周期末端的发言降至 41%，跟读者和职业译员则分别降至 65% 和 11%。新手显然想与发言人的周期保持一致，然而却力不从心。他发现他难以同时驾驭听、说同步，无奈之下他随后采取了交传形式，即先听完发言人的发言，然后再进行翻译。这就是第 3 个周期和第 4 个周期的流利程度略高的原因。

　　如图所示，新手的平均语句比率要比发言人、跟读者和职业译员的要低得多。新手的语句比率为 46%，这意味着他们在超过一半的时间内处于不作为状态，他的译语输出为零。同时，新手的翻译也比跟读者或职业译员的要显得急促。新手周期的语句比率的标准偏差为 0.28，这说明他的翻译变化程度极大，而且缺乏连贯性和稳定性。

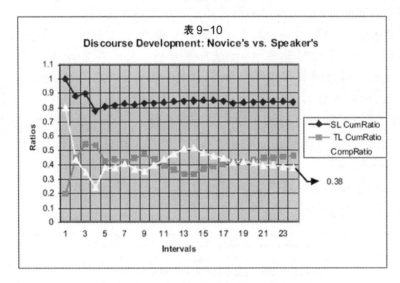

从上方的表 9-10 里人们不难看出，新手在翻译过程中采用了交传策略。新手必须要听完整句方能对句子意思明白理解，而并没有对内容进行调整便将源语译为目的语。结果，不但这名新手的语句比率很低，而且漏译程度也很高。

　　表 9-10 显示了源语和目的语在累积比率方面的差异。目的语累积比率图像处在一个较低的水平，这说明流利程度的欠缺，而且图像本身也比跟读者和职业译员的图像波动更大。新手的表现明显起伏不定，缺乏稳定性。不过，比较性比率图像显示了新手在应付连续不断的源语流方面所做的精力分配。最低值出现在第四个间距处，这显示了新手的最佳表现，中间的凸起部分为其最差表现，而末尾的平缓处代表了其相对的稳定的一面。在延迟方面，新手的值为 1.9 秒，这在所有实验对象中是最大的。显然，这是位极度缺乏经验的译员，但他的表现证明，上述第 5 种等式在分析同声传译风格方面具有较大的潜力。

语言变化监测模型

　　如果在以往的模型中人们不能完全用图表来充分说明变化，对稳定性和连贯性尚缺乏量化机制的话,人们不妨再尝试另一个公式。通过这个公式人们可以计算累计方差来监测译语输出的变化和停顿时长。正像语言变化监测模型所示,人们可以用该公式对两位译员之间或译员和发言人之间的稳定性进行比较。

在第4种公式中,差额计算整个第2道语篇,并将其方差作为除数被第1道译语输出的总方差除;因此,用它来描述方差的比率。为对该比率进行监测,人们需要对每个区间进行累计计算。该公式与前面提到过的语言监测模型相似,因而人们仍旧借用这个公式。

$$\left(\dfrac{\dfrac{\displaystyle\sum_{j=1}^{n} \sum_{i=1}^{k_j} \left(S_{ij}^2 - \bar{S}^2\right)^2}{\displaystyle\sum_{j=1}^{n} k_j - 1}}{\dfrac{\displaystyle\sum_{j=1}^{n} \sum_{i=1}^{k_j} \left(S_{ij}^1 - \bar{S}^1\right)^1}{\displaystyle\sum_{j=1}^{n} k_j - 1}} \right) \approx 0$$

第4种公式可以表示为:其中,v_1和v_2分别代表轨道一(发言人或译员 X)和轨道二中(译员或译员 Y)源语或译语的方差,S^1和S^2代表轨道一和轨道二中的源语,$\bar{S}^1$和$\bar{S}^2$代表轨道一和轨道二中先前所有区间中的源语的平均值,$\sum\limits_{j=1}^{n}$代表从1到n的所有区间之和,j代表在总数为j的区间内的从1到k的源语之和,kj代表总数为jth的区间内源语的量化。

在语言监测公式中,区间的语句比率是进行累积计算的。轨道二中的第1个区间的语句方差由计算得出,并由其在轨道一中的对应项相除。然后,轨道一和轨道二中的第1个和第2个区间的言语声方差由计算得出,并由其在轨道一中的对应项相除,以此类推直到最后一个区间。每当人们对第2道中语句方差进行计算时,无论怎么看,都能得到一个稳定性、连贯性和困难性数值。每当人们用该值在第1道中的对应项除以该值时,人们可以得到一个比值,该比率可以显示两段译语在稳定性、连贯性和困难性的相似程度。当该比值约等于1时,两段译语的稳定性较为相似;但当该比率大于1时,比值为分子的译语的稳定性要相对差一些。因此,该公式计算产生的比值可以显示译员表现的稳定性。

通过前面的一系列模型的叙述,人们探讨了同声传译中的显性层面与隐性层面。人们现在可以从量化的角度来揭示重组、源语再现和重组以及回顾源语整体的输出态势。人们现在不仅可以通过译员的目的语周期来对其节奏进行评价,而且还能通过其翻译的稳定性和流利性来了解他的镇定性和紧张感。

通过分析研究目的语对源语的重组，人们不仅了解译员对信息的反应程度，而且还能够对译员表现做出客观评价。通过上述一系列模型，人们已经知道职业译员如何对源语信息进行重组，如何全力避免源语信息的零散化。同时，人们也了解到新手无法有效地对信息进行重组，他充其量只能做到把译语输出控制在一定的范围内。Barik(1973: 267)最早意识到该问题，他指出："缺乏训练译员的译语往往不是凌乱不堪就是杂乱无章"。

通过对源语再现的研究，人们对源语和目的语的输出量进行了比较并研究了目的语输出延迟的时间问题。实验对象中的职业译员在翻译过程中显然比新手更为主动，他翻译的语言比率仅次于源语。而且，他的延迟时间比新手要短得多。

实验中的跟读者则分为两类情况：一类跟读者能够做到避免使源语信息零散化，尽力与源语的语句比率保持一致，译语输出也相对较快；另一类跟读者与新手无异，他的跟读非常零散，但其跟读的语句比率却比新手的要大得多，而其延迟的时间也与职业译员相似。

第5种等式的实用性检测方法使源语的线性发展可以用图表来表示，这样人们就可以将目的语和源语的输出进行对比，对两者的相同点和不同点进行分析评价。第5种等式可以使人们通过计算区间语句比率、累积语句比率和对比性语句比率来量化译语输出情况；这些数据揭示了源语发言的周期、稳定性和流利性等隐形层面。对分析译语的流利性、译员的风格提供了可量化的数据。

如前所述，虽然专家学者长期以来对同声传译的质量以及性质进行了不遗余力的研究，催生了大批有关同声传译质量研究的成果，但人们对于质量的评价仍显力不从心、爱莫能助。究其原因主要是缺乏应有的实用性工具和大量的数据支撑，因而评价起来不能做到胸有成竹，理直气壮。本模型从不同的角度通过风格的分析为同声传译质量评价拓宽了视野，开辟了方向。它使人们在分析评价同声传译质量时做到了有章可循、有据可依、实事求是。

第二节　同声传译语句比重

在同声传译中，语句比重是指说话时间在同声传译总时间中所占的比重。因为言语表达是译员或发言人处理信息的结果，所以每一方的语句比重都是信息处理速度的重要标志。为减少发言时的过多停顿，发言人需要对句子进行精确组织或从长期记忆中搜索恰当措辞。Garman(1990)认为，人们在言语表达和主要的词汇组合之前最易频繁产生停顿。当发言人需要通过停顿来斟词酌句时，此时作为听者和说话者的译员也需要同样的停顿空间来理顺他的译文，更何况，停顿在很大程度上有助于听辨理解和语言转换。

语句比重高的演说不仅只有小部分停顿空间，并且还承载着非常密集的信息；而在语句比重低的演说中，停顿为译员提供了更多处理信息的时间。发言人的语句比重在决定译员信息处理的速度方面,如在同声传译时理解、转换和表达的过程中起着重要的作用。因此,发言人的语句比重可视为决定源语难度的因素之一,而译员的语句比重,则可视为从对源语的理解到目的语的表达这一动态信息处理过程的指数。姑妄言之,译员的语句比重越高,口译就越忠实。对译员来说,信息处理的效率不仅取决于理解阶段节省的时间,而且取决于利用所节省的时间来转换和表达信息。

同声传译中的听力理解

同声传译涉及信息处理、转换、输出以及检测对源语的听辨理解等过程。显而易见,任何一个环节出错都会殃及其他环节。在这种情况下,译员首先应在译前对刚接收到的一定量的信息进行处理。然而,大多数从事英译汉同声传译的译员是以汉语为母语。因此,他们无一例外地听第二语言——英语,并说第一语言——汉语。与听第一语言不同,只有对英语(第二语言)准确理解,才能取得令人满意的同声传译效果。这是英译汉同声传译的关键所在。正如 Weller(1991)所指出的那样,同声传译过程中对源语篇的理解,最难的莫过于把第二语言译为第一语言。Call(1985)也特别强调提出,一般说来第二语言的记忆容量要小于第一语言的记忆容量。Griffiths(1990)用数字进一步说明了这一点,母语的记忆容量如果是9个单词,而第二语言则是5个。除了这些明显差别外,还有另一个差别,汉语译员长期记忆英语词汇、音标和句法规则的能力弱于以英语为母语的发言人在这方面的能力。所有这些因素都会导致汉语译员的信息处理能力弱于以英语为母语的发言人。

译员往往被动接收英语,他的言行受发言人的速度左右。这种情形为译员提供了一个完全不同的社会语言背景。人们知道,口译与阅读不同,后者可通过暂停或重读以求更深的理解。口译与一般会话也有区别,说话人可通过观察对方的面部表情来调整措词,或者使用"外国人式的交谈"来促进交流。正如 Seleskovitch(1978)所言,不能按照自己的速度工作是同声传译最大的特点。在这种情况下,译员只有两种选择:要么快速地处理源语,要么因能力不及,舍弃某些部分不译或忽略不计。

除了在源语和目的语之间进行有效转换并同时表达译语内容之外,同声传译的另外一个特点是,它的听辨理解比一般听辨理解需要更多的信息容量。当然,听辨理解本身并不是被动的,相反,它是一个积极的、有创造性的活动,是对听众的非语言学知识加以运用和处理的过程。Cele-Murcia(1991)认为,听辨理解有两种处理形式:从下至上——利用声音、单词和词组来识别语言;从上至下——利用听众的背景知识和预测来识别语言。这两个过程互相交织,某一层面的信息不足时,可以通过检索另一层面的信息来加以弥补。译员应该充分利用这两种处理形式,争取对源语较好的理解。因为译员不能等到听完一个句子之后才开始翻译,所以从上至下的处理方式在同声传译中的作用尤为重要。通过利用预测机制,译员尽可能快速地输出接收的信息。译员的预测能力一般要超过听众的预测能力,而且需要更多的注意力。在这一过程中,译员还需综合考虑事先准备的"术语词汇表"、理解或"笔记"。译员还要检查自己的发音、音量、句法、语境以及需要保持在可接受范围内的停顿次数和停顿时长。会场的可视信息,如演讲人的面部表情以及观众的举止同样也可视为从上至下处理方式的一部分。因为观众的反应同样会影响信息处理的效果，所以译员对他们的观察并非可有可无。因此，尽管通过复杂的信息处理来破译未知信息只是同声传译的一个方面，但是译员仍需进行此项工作。事实上，译员的处理能力不能仅仅用于理解，他还必须为诸如对目的语的转换和表达之类的其他任务预留一部分精力。为了能够成功地做好一场同声传译，译员必须构建一个能够处理多项信息的注意力分配系统，这是横亘在他们面前的最大障碍。

英译汉同声传译

同声传译译员在口译过程中面临的另一困难是，即便是在信息等量的情况下，汉语的词语需求量要多于英语。Tae-hyung Lee（1995）研究发现，在笔译中，汉语比英语多30%的音节，在普通的一部译制片中要多出44%个音节。其中，汉语译员的语句比重最多占整个表达的80%。这意味着，在译语输出之前译员至少必须用同声传译总时间的20%来聆听和转换。为确保译出语准确流畅，译员需要每分钟说310多个音节来处理每分钟160个单词（英国本地人的正常语速）的英语演说稿，鲜有译员能达到这一语速。有研究表明，央视播音员在朗读预先写好、经演练的文稿时，每分钟充其量是330至350个音节。不过，在同声传译中译员可以通过运用特定词汇如学术词汇的缩写，以及少用或不用日常口语，来减少汉语音节的数量。然而，这类学术词汇在日常生活中并不常见。因此，从长期记忆中搜索出这些词语，要比搜索一般词语花更多的时间，并且，这会在同声传译中产生不必要的停顿。如果把语句比重增加到80%以上就会直接减少听辨与转换的时间，这种选择也有风险。研究还表明，译员认为最理想的语速是每分钟120个单词。尽管在实际的同声传译中，语速是不可调控的，不过为准确进行同声传译而放慢速度也实为不得已而为之。尽管英译汉同声传译人员为充分利用多余的源语信息已殚精竭虑，但是语速上的障碍使他们别无选择，只能有所舍取。试看以下两例：

1. 人人有权自由参加社会的文化生活，享受艺术，并分享科学进步及其产生的福利。

2. 人人对由于他所创作的任何科学、文学或美术作品而产生的精神的和物质的利益，有享受保护的权利。

1. Everyone has the right freely to participate in the cultural life of the community, to enjoy the arts and to share in scientific advancement and its benefits.

2. Everyone has the right to the protection of the moral and material interests resulting from any scientific, literary or artistic production of which he is the author.

以上分析结果显示：译员的说话时间多于发言人。例句一的英语句子中只有15个单词（不包括介词、冠词、连词）而汉语译文则多达33个字；例句二的英语句子中只有19个单词，而汉语译文则多达42个字。这就意味着译员需要比发言人具备更强的处理能力，因为他需要处理的信息远比发言人的复杂。正如前文所述，听第二语言的译员必须激活其预测、转换、译语以及自测的能力，所有这一切都离不开超强的处理能力。如此复杂的信息处理同样也增加了停顿并降低了语句的比重。

质量与高语句比重

同声传译的质量与高语句比重发言有密切关系:原发言稿中的停顿有助于同声传译。语句比重高的发言稿、停顿次数少或停顿时间短对译员的压力显而易见,他没有足够的时间理顺其译出语。如前所述,停顿不仅为译员进行多项处理提供有效的空间,而且有助于加快处理转换过程。然而,翻译含高语句比重的发言稿涉及多项处理系统,使译员在超负荷情况下处理信息。面对这种情况,译员只能采取有的放矢,对有些词句只能爱莫能助,望洋兴叹,译语的质量下降便不足为奇。

尽管译员均具备相当的语言能力,但是,语句比重过高会耗尽他的能力,从而造成译语不到位。总而言之,译员的能力是有限的。对此,Weber(1990)在其"临界"理论有精辟的论述:

听众与生俱来就具备了某种"临界",一旦听辨超过这个界限,人们就不再接受和处理信息。当人们听母语时,这个临界会高,反之,这个临界自然就低。

Gile(1991)认为,只有总的信息处理能力等于或大于聆听,人们才能进行一系列诸如源语分析、译语输出以及短期记忆的工作,同声传译方可进行。一旦发言人的语句比重超出译员的能力,便产生超负荷。听第二语言的译员,比听第一语言的译员更容易受此影响。因此,无论译员能力多达,本领多高,面临高语句发言的不利情况他只好就范,因为他缺少处理空间,导致译出语不准确不到位。在这种情况下,源语发言有意义的停顿无疑就成了信息处理的润滑剂。Blau(1990)对此予以证实,他指出,适度的停顿不仅有助于理解而且有助于译语输出。

结果显示,译员的语句比重和口译质量之间存在正面的相互关系。有关文献也证实了这一点,正如Chernov(1992)指出:

研究发现,成功的同声传译一般是译员停顿的比率(或语句密度)与发言人的比率相等或多于0.8;相反,低于0.8比率的传译难以获此殊荣。Barik(1973)也认为,言辞冗长难以保证高质量的译文:

译员的译出语比源语冗长的结果不言自明,它会增加许多不确定因素,如译出语失控,译员不得不花时间精力斟酌其译语。

如果人们把以上理论用于分析当前研究的结果,便可做出合理的推测:译员如能与演讲人保持较高的语句比重,他的信息处理能力就会高效,译语也会更到位。反之,如果译员对语句不确定、术语不熟悉或者花过多时间搜索对应的词汇以此来降低语句比重,他显然力不从心。针对上述情况,译员可以采取两种策略:一、在信息处理不完整的情况下继续不停地翻译。不过这会使译语输出显得相对拙劣、不到位。二、把更多精力用于听辨力求理解到位,并输出时作必要的停顿。当然,这也会降低口译的语句比重。综合考虑这两种策略,训练有素的职业译员会选择后者。他会本能地把更多精力用在处理有难度的未知信息上,而不会把有限的精力耗费在冗长的语句上。否则,会产生不必要的停顿和降低语句比重。一旦听众察觉到译员已捉襟见肘、疲于奔命时,敏感而老道译员也会在翻译中添加一些赘词以分散听众的注意力。

一名合格的译员知道如何自然地、有意识地、迅速敏捷地平均分配其注意力,这与

Lambert(1995)有关高度自动分配任务的猜想如出一辙。犹如杂技演员走钢丝时为保持平衡而必须控制钢丝的长度一般,译员应从较轻松的语句部分省出精力来应对较复杂的语句,这便是同声传译的本质:自动的多项处理系统。因此,训练有素的职业译员能运用大量词汇来获得高语句比重。原因很简单,他不仅对信息的处理能做到游刃有余,而且还能做到对接踵而来的信息的处理随时严阵以待。同理,如果译员因为频繁的长时间停顿而导致语句比重降低,这说明,他未能合理分配好他的精力。结果,他将需要用来转换和输出的注意力全都消耗在信息的听辨上。

上述研究为完善对译员的训练提供了新的尺度,它有助于培养译员的精力自动分配,把多余的时间与精力用来破译信息和增强预测能力,从而使他的翻译快捷、高效。

第三节　译出语欠流畅

引言

同传的特点是听辨输出几乎同步进行,因而要使各项任务协调一致其难度可想而知,这便是目的语与源语不对等,听起来别扭的原因所在。从表层结构看,不对等似乎就是不流畅,不流畅又与错误息息相关。不流畅的译出语犹如发言人吞吞吐吐 (Gósy 2005)、缺乏抑扬顿挫一样令听众乏味、使会议沉闷。研究译出语的不流畅有助于人们探究语言输出运行机制,有助于找出输出错误的原因,最大限度地保证输出流畅。

众所周知,处理同声传译多项任务要比处理单语输出复杂得多,因为同传的源语听辨、转换、目的与输出以及监测几乎要一气呵成,正因为这个原因 Klaudy(2004)将同声传译喻为是一种心理语言学的体验。其实,影响同声传译的转换与输出远不止以上这些因素。人们知道,译员的目的语输出是建立在不完整的源语信息对等的基础上;他不仅需要随时调整听、译时差,还要根据源语结构调整目的语输出。更重要的是,他必须保持精力高度集中(G. Láng 2002)。由于上述种种原因,译员难免在其目的语输出中出现与源语不对等的现象,这样的结果是要么译出语与源语不对称,要么语音语调不到位。

文献回顾

时下,解释译出语输出模型最具代表性的应首推 Levelt(1989)的模型。该模型的主要特点在于它的语义、语用布局、破解语法与语音的公式以及执行语音的发声器官等概念。该模型的词汇存储功能是将心里所想变成言语,而言语又有宏观与微观之分。在宏观谋划中,发言人决定信息的表达并下令贯彻执行(Levelt 1989: 138)。宏观之后是微观谋划,语音公式根据语前的信息概念激活属于词典概念范畴的词条,发言人再根据词条句法信息,完成语法编码的表层结构,语法编码完成后进入语音编码程序。语音谋划在发声前存储在发声缓冲之中,若要进行发声,发声缓冲必须具备部分语音条件,至少是一个单音节词。

自我监测是译出语输出过程的一部分。在语义与语法编码中，人们可以在概念与语法系统中调整理顺词句，译员在语音编码中自我监测语言输出系统。按照 Gósy (2007)的观点，输出不畅的原因是译出语输出受到干扰，表述中缺乏命题内容所致。为此，Gósy(2004) 根据 Levelt 的语言输出模型对输出不畅进行了分类。该分类不仅囊括了影响译出语不畅的各种因素，更重要的是它有助于人们进一步认识译出语输出过程。Gósy 归纳了两种译出语不畅的现象：(a)犹豫引起的不畅与(b)错误引发的不畅。犹豫不畅主要包括：犹豫、填充、重试、重复、单词音节拖长或音节停留时间过长。错误不畅主要有失语、语法错误、词句搭配不当、脱口而出、欲言又止、更改、语误频繁。

不畅还与译出语系统的其他方面协调不当有关。谋划协调不当会引起失语，语法编码过程协调出现偏差会导致语法错误与词句搭配混乱。不畅还与词汇搜索阶段协调衔接不当有关，具体表现在激活不恰当的词与更改该词。词汇搜索与输出谋划之间的不协调常常引起重试、音节人为地拖长、停顿。排序（预测、言语持续、重音错位）不当引起的错误说明译员译出语谋划不周。口误（增词、删减、替换）的产生往往与译出语谋划与实施脱节有关(Gósy 2005)。

不畅与同传

如前所述，对译出语输出不畅进行分析有助于人们更好地了解目的语输出处理过程，因为，协调不当诱发不畅说明目的语输出过程出现了问题。Petite (2005)针对口误与不畅对修复与自我监测进行了研究，不仅如此，她还对译出语的适度性、译出语错误与其他修复策略进行了探索。Van Besien 与 Meuleman(2004)的研究则主要针对发言人的错误以及错误的更改。

译出语不畅早已受到译界的广泛关注。Pöchhacker (1995)亲临同传现场，对译员译出语口误与重音错位展开实地调查。他的研究主要是英语和德语组合。他最初的假设是，发言人的口误与重音错位要低于译员，因为，后者的译出语受前者的语速、发言内容的制约。他在此基础上得出的第二个结论是，译员的译出语口误、语误频繁是自然现象。Pöchhacker 还对更改过的与未经更改的口误如抢先说、词句搭配不当进行研究。他的结果显示，译员的口误与音节错位的比率要明显高出发言人。他认为这是一种普遍规律，并非同传独有的特征(Pöchhacker 1995: 82)。发言人错误的规律是口误与走漏嘴比率较高，而译员输出中最常见的错误是词句搭配混乱。

为了探究源语不畅对译出语质量的影响，Tissi 对同传中的沉默与不畅进行了深入的研究。她首先对同传常见的不畅进行分类，接着重点研究交际价值与战术运用导致的不畅。她研究的类型包括：不畅与无声停顿，后者又包含有声停顿（有声停顿还可细分为有声犹豫与元音、辅音拖长）与中断（可细分为重复、重组与口误）。结果显示，它们之间千差万别，无规律可循(Tissi 2000: 122)，它们对源语文本的影响并不像人们所想象的那样严重。她还发现元音、辅音拖长在目的语输出中较为普遍，语误（张口出错）只出现在译员的译出语中。Tissi(2000:121)的研究还涉及了译员战略性使用的不畅（如更正前的沉默或有声停顿）拖长声调、更正前面漏译的词句。

本节是以 Setton(1999)的同声传译模型为基础,因为该模型吸纳了 Levelt 的同传语言输出模型的精髓。Setton(1999:63)指出,同声传译具有多学科、交叉性强等特点,而 Setton 的模型正是"综合了目前最有影响的研究成果"。

虽然 Setton 模型中的译出语成分是源自 Levelt 译出语输出模型,但他在此基础上进一步做了补充和发挥。从 Setton 的模型里人们看到 Levelt 的概念是由执行与译出语监测机制分别承担的。在语法编码过程中,译员选择相应的结构、词汇、音调来表达执行完成后的语气、态度与意向。虽然 Setton 强调成功传译的主要过程是通过概念与意向来体现,但他并不排斥走捷径的做法,如通过捷径执行功能可从存储获得未经概念化的片段供给语音公式。Setton(1999:95)提出,多余或无意识的捷径需要特殊的监测。多余的激活是由听觉记忆力存活几秒钟的源语语言形式引发的。

Setton 在 Gerver(1976)模型的基础上把同传自我监测运行机制分两个层级:前发声与后发声。Gerver 认为,译员译出语输出前先接受安检,顺利通过安检后才做出发声动作。发声后的部分又进一步接受安检,倘若安检失败,译员需另辟蹊径,谋求别的途径。Setton 与 Gerver 的模型均包含了附有前后发音分枝的自我监测环。

目的语不畅

Pöchhacker (1995) 研究发现,目前,人们对目的语输出不畅的研究仍停留在错误引发层面,交传对不畅的研究则主要围绕犹豫展开(Mead 2002,Tissi 2000)。Tissi 利用学生译员作为实验对象,不过学生译员缺乏实践经验。Pöchhacker 对现场同传译员的译出语输出进行研究发现,影响译员的正常发挥涉及诸多因素。迄今为止,研究组合主要集中在英意、意英、英德、德英、英法、法英之间(Piccaluga et al. 2007)。本文探讨的是英语与匈牙利语组合,重点探究译出语中错误引发与犹豫导致的不畅。本文探究的目的是研究错误引发的不畅是如何产生的,常见的不畅有哪些。

鉴于同传聆听与输出的同步特点,目的语输出不仅受源语文本无动词化语义的影响,而且还受源语语言形式干扰的双重影响。心理语言学对这一方面的研究捉襟见肘,人们对受源语干扰导致的目的语不畅的研究仍知之甚少。有鉴于此,本文重点探究译出语输出不畅对跨语言的影响。

虽然 Petite,Pöchhacker, Tissi 等学者对译员自我监测与不畅进行了研究,但他们的研究并未涉及译员对其输出是否进行了有效的监测、修复、回忆这类问题。本节采用访谈来探索同传译员的自我修复机制。也就是说,本节探讨的是译员是否对其译出语不畅进行了修复,对不畅是否仍记忆犹新。

研究不畅的最有效的方法莫过于将源语与目的语文本进行比较(Pöchhacker 1995,Van Besien 与 Meuleman 2004)。本节试图通过同一发言人的即兴演讲与即席演讲来揭示不畅的本质,探究同传常见不畅的类型。

众所周知,主题结构在听辨与输出中均起着重要作用,因为,源语文本主题结构决定了同传输出过程。因此,弄清源语主题结构如何影响译出语,在多大程度上导致译出语不畅意义深远。目前,口译界争论最多的是语言组合与译出语方向对译出语质量的影响(Godijns 与 Hinderdael 2005)。本节将通过分析匈牙利语、英语以及德语的目标语输出来探讨同传译员的目的语输出不畅的原因。本节研究发现,超音段是影响目的语输出的罪魁祸首(Ahrens 2005, Shlesinger 1994, Williams 1995)。为此,本节重点研究源语重音对目的语重音的影响。

实证研究

1. 不畅。根据 Gósy (2008)噪音对译出语质量影响的研究,本节认为抢先说、语法错误是目的语输出不畅的一大特点。由于译员精力高度集中,他很难保证其译出语输出流畅连贯。研究发现,犹豫产生的不畅在很大程度上是源自源语主题结构本身。本节的结论是,学生译员输出不畅的概率要远远超过职业译员。

2. 不畅与跨语言影响。Toury (1995) 与 Setton (1999)均一致认为,译出语中错误引发的不畅很大程度上与跨语言有关。

3. 不畅与自我监测。根据 Gile(1995)的精力分配模型,同传的多任务处理使译员顾此失彼,无法顾及自我监测,难以在其译出语中挤出足够的精力来分辨与修复错误引发的不畅。

4. 不畅与语言组合。同传特有的复杂性决定了译员目的语输出不畅并不受语言组合制约。

5. 目的语输出与即兴演讲中的不畅。即兴发言有几种形式:有稿发言与即兴发言。在实际同传过程中,译员的译出语有可能来自有稿,也有可能来自即兴发言(Barik 1972, Goldman-Eisler 1968, Seleskovitch 1982)。译员有稿、即兴与目的语输出错误引发的不畅因人而异,不尽相同。即兴发言有重复性词句多的特点(Gyarmathy 2009)。

6. 源语文本主题结构与目的语输出不畅的关系。不畅不受源语文本风格的影响,但源语文本主题结构影响目的语输出并导致不畅。

7. 目的语中的重音措位。跨语言是影响目的语输出超音段错误的主要特征(Ahrens 2005, Shlesinger 1994, Williams 1995),在译员目的语输出中,重音错位必然反映了它与源语文本重音相悖的现象。

实验

为了探究不畅的原因,本节对不畅进行了实证研究。参加实验的测试人员是5名翻译硕士研究生与5名职业译员。实验要求两组译员将英语译成匈牙利语,实验人员录制并分析了他们的目的语文本。目的语的不畅按照 Gósy (2004)的分类法进行了分类,因为该分类对目的语输出的分析比较客观、科学。每一句不畅从概念谋划到语法解码直至到最后表述都可找到与目的语对应的词句。通过比较译员目的语不畅,人们对目的语输出各系统协调不当一目了然。

分析显示,错误引发的不畅占主体,但也出现了重新开始与重复等情况。笔者以为,加上这两项有助于人们对同传译出语更完整准确地了解。

结果

1. 不畅与重新开始。重新开始是译员与学生译员译出语不畅最常见的形式。学生译员的词汇错误与语法错误要明显高出职业译员。重新开始大多与词汇搜索与输出谋划协调不当有关。输出谋划不协调导致译出语模棱两可(Gósy 2005:103),不过这种模棱两可是任务的复杂性决定的,在很大程度上与译员精力分配不当分不开。

通过分析重新开始人们发现,职业译员与学生译员的区别在于,前者单词一出口便能立刻意识并及时纠正,而学生译员的第一个音节尚未完全发完便意识欠妥,于是戛然而止。换言之,发言人激活了词元,但未能到达对应的词位(Gósy 2005)。译出语与源语不对等大多是由于译员译出语重新开始的比率过高引起的。单词的第一个音节读错说明了译员词汇搜索时犹豫不决,译出语语法错误主要与源语不同的语法结构有关。

词汇错误说明了译员词汇搜索的失败,译员没能激活目的语与源语的子系统。职业译员词汇错误要低于学生译员,这说明职业译员已做到了驾轻就熟,自然他搜寻目的语对应的词句所耗费精力要大大低于学生译员。不仅如此,译员听、译时要比学生译员表现得自信、镇定自若。

2. 不畅与跨语言影响。学生译员与职业译员目的语均出现了受跨语言影响导致不畅的情况。这说明 Lederer 与 Seleskovitch (1978)的无动词化概念在实际同传中并非时常发生。译员并非习惯性去掉动词,而无动词化机制只是译员运用的策略之一。另外值得一提的是,学生译员的目的语输出受跨语言影响较为明显。这说明掌握无动词技能是一个长期的过程,这种技能绝非一夜之间就能练就。本节的研究支持了 Paradis (2004)的猜想,为 Setton (1999)的源语与目的语子系统之间的存在捷径一说进一步提供了实证支持。分析跨语言影响人们发现,目的语明显折射了源语的痕迹,译员的斟词酌句明显受到源语的影响。

3. 不畅与自我监测。通过分析目的语文本人们发现,目的语不畅首推重新开始,其次是语法错误与自我更正。

4. 不畅与语言组合。通过分析德英组合的目的语文本发现,不畅是同传一大特征,它并不受语言组合制约,它是由同传的复杂处理过程决定的。德英目的语文本中的重新开始占的比例较高,语法错误频繁,这说明,译员注意力分配不当、听、译时间过长、注意力欠缺。

5. 译员目的语输出与即兴发言的不畅。译员有稿与即兴发言译出语不畅存在明显差别。译员的即兴发言的重复率要远远高于有稿发言的重复率。Gyarmathy(2009)认为,重复说明译员优柔寡断、犹豫不决的心态。

6. 源语文本主题结构与目的语输出不畅之间的关系。通过对译员目的语输出中的停顿分析发现,源语文本的主题结构决定了听、译成败,也是目的语文本不畅的根本原因。

7. 目的语输出重音错位。本节结果印证了 Ahrens(2005)、Shlesinger (1994)、Williams (1995)等学者的研究,译员目的语输出重音错位在很大程度上取决于源语文本。同传不规则重音主要是发言人根据听众调节音量所致,译员倾向用自己的音量来监测与调整随后的译出语的音量(Williams 1995)。

第十章

同声传译质量评价

第一节　建立同声传译质量评价体系

同声传译质量有别于一般的普通概念,因此要对它的质量准确定义也并非轻而易举。它的特殊性就在于它介乎于理论与实践之间。尽管如此,为了建立有效的同声传译质量评价机制,长期以来专家学者无不为之殚精竭虑,不遗余力地为之努力,业内人士为之关注,客户为之期盼。何为同声传译质量标准,谁为之制定,标准针对的对象等问题一直是人们关注的焦点。在这个全方位充满质量管理专家和形形色色的质量评价体系的时代,同声传译研究者也似乎不甘示弱,纷纷跻身于这一大潮之中,以期探讨如何完善该行业质量评价体系。

为此,ALLC(国际会议口译者协会)专门在土耳其召开了一次国际翻译者大会,探讨了如何建立有效的质量评价体系问题。会后ALLC针对大会精神还专门印发了相关文件。文件指出,鉴于越来越多的有识之士对翻译质量的高度关注,把质量视为行业生存发展的生命线,鉴于质量问题决定着本协会前途和命运,因此,改革同声传译业,提高服务质量势在必行,迫在眉睫。

业内人士对质量的规定其实也反映了大多数译员的诉求和心声。有些规定甚至要求译员做不折不扣的忠实代言人:译员不仅要忠实于原文而且在其译语里还要体现发言人的神态、举止、人格魅力等(Harris 1990)。但是人们不解的是,在这样一个模糊的规定之下,译员在多大程度上才算真正达到客户的预期?众所周知,专业技术翻译与翻译文学类题材有所不同。从事文学翻译的工作者拥有大量的文献资料参考,而同声传译译员所译的材料文献则是寥寥无几,杯水车薪。诚然,不排除个别译员特别擅长某领域的相关知识,甚至也不排除他有幸参加过类似的国际研讨会,但这并不能保证译员的翻译就能完全做到驾轻就熟,游刃有余。

令人遗憾的是,在同声传译的发展如火如荼的当今世界,在译员十分紧缺的当下,在同声传译研究的历时和共时发展已经长达数十年之久的今天,人们对翻译质量却仍然仅仅局限于几要几不要,几准几不准之类的规定,这只能说明人们缺乏与时俱进,求真务实的精神,这种做派严重妨碍了同声传译事业的健康发展。其结果是,任何有识之士若要进一步深入了译语质量的低劣、好坏等只能凭借主观臆断;翻译标准只能靠行业自律。当然,人们并不排除在一些经常举办大型国际会议的中心城市如布鲁塞尔、日内瓦、纽约、巴黎等,它们有一套明文规定,译员对此早已耳熟能详。另外就是高级翻译学院的学生译员,各校也有一套各自针对译员的训练标准。值得一提的是,人们尚且缺乏译员自我评价机制,尤其是在实际工作中他用何种标准规范自己言行的机制。

早期的翻译理论侧重直觉,注重表象,而且对此还津津乐道,沾沾自喜。以下笔者仅引用两条报道便可见一斑:

> 曾几何时,联合国高级官员们亲临纽伦堡考察同声传译并对译员出神入化般的表现赞不绝口。

同时处理多种任务所需的速度、密度、结构、复杂程度令人为之惊叹。无疑,这些只能通过而且只有译员才能做到,他们居然做到了口头同步译出异常复杂的书面语,其难度不亚于一台电脑对信息的处理难度。(Jumpet 1985)

倘若人们按照上面的评语来作为评价译员的翻译质量标准,未免显得太主观、太臆断。幸好随着时代的发展,专家开始注重宏观和微观分析。宏观分析就是建立译员包括质量参数在内的任务模型(Buhler 1989, Alexieva 1992, Scheweda-Nicholson 1993, Gile 1995)。微观分析侧重的是译员发挥的指标如音调、连贯性、术语使用、省略等,另外还涉及听众对译员的评价(Kurz 1993,1994,Shlesinger 1994)。这种质量评价强调了整体效果和语用内涵,提倡根据不同的语境采取不同的对策(Stenzl 1989)。正如Kopezynski(1994)所指出的那样,质量应细化、具体化,在他看来具体化的质量应囊括以下内容:

1. 发言人、与会人员各自的身份情况;
2. 举办本次会议的目的及演讲内容;
3. 发言人对听众的反映;
4. 听众对发言稿和发言人的反映;
5. 译员的语言表达能力、判断力、态度和应对能力;
6. 发言稿采用的体裁;
7. 发言内容的表现力;
8. 现场互动情况及效果;
9. 会议现场总的情况。

质量研讨会

作为资深译员,最值得骄傲的莫过于有机会观察、聆听同行的翻译和亲眼目睹他们的表现,莫过于与同行们切磋技艺,共同提高。因此,在最近参加的一次同声传译质量研讨会上,资深译员们纷纷就存在的问题进行了深入细致的分析讨论并提出了以下3方面建议:

1. 市场方面

研讨会就市场前景展开了热烈的讨论,中心议题是客户对翻译质量的评价,客户的关切,提供的服务是否达到了客户的预期。

2. 研究方面

翻译质量存在的不足,拟改进的方法、应采取的措施。

3. 科研、教学与培训方面

教育工作者需要在哪些方面加大力度来提高译员的综合素质和翻译水平,如何提升译员的翻译技巧以确保翻译质量。

讨论前,7位代表分别作了5分钟的简短发言,整个会场气氛活跃,与会人员各抒己见、畅所欲言。讨论围绕问卷调查展开了热议,对此人们褒贬不一。有两点特别引起了与会人员（其中也包括译员）的广泛兴趣：服务质量的对象是谁，谁是最终的质量评定人；其次是如何建立行之有效的质量评价体系。

质量服务对象

质量应是达到目标的功能，高质量的翻译是满足发言人和与会人员的基本诉求。既如此，译员应高标准严要求，视高质量的翻译为己任。然而，Sergio Vioggio 以出席联合国大会的中国代表团为例指出，中国代表团翻译时讲究直译，并不特别关注翻译风格和流利程度。毫无疑问，这说明中国代表团对质量的要求大大出乎职业译员的预料之外。Ingrid Kurz 研究发现，不仅中国代表团，其他国家的代表团也有各自不同的质量标准。为证实这一点，他播放了一段现场录制的翻译实况的录像。结果显示，听众对翻译质量的评价出乎意料。在他们的眼里，译语是否完整到位并非重要，重要的是译员的译语是否流利、发音是否清晰、标准。Maorizio Viezzi 把同声传译喻为交际行为，他说："译员这一行为必须满足各方要求，无论是听众、发言人还是会议举办方"。实际上，与听众意见相比，满足发言人的要求难度更大。首先对于译员而言，无论有无听众，保持高质量译语是他的本分，质量是他的立足之本，他别无选择。至于听众的意见仁者见仁智者见智，他不是裁判无权对翻译质量评头品足。何况他的评价难免有偏见，评价很大程度上根据自己的品味、兴趣与喜好。再者，听众缺乏必要的评价质量的手段，缺乏对源语的了解。他眼中的流利很可能会给人们造成一种假象：貌似流利的译语却原来很多信息不是被曲解就是被遗漏。另外一种可能是，译员对某句根据源语意思本来已译得准确到位，但听众仍觉别扭、不悦，于是便认为错译。Ann-Lena Nilson 发现，无独有偶，哑语翻译也不例外。哑语翻译中的信息常常译得短斤缺两，但观众却认为是一次成功的翻译，殊不知成功的背后却遗漏了一些关键性词句。

质量研究

所有与会人员一致认为，人们不能单纯按主观臆断讨论质量问题。要想收到应有的效果，人们必须制定出一套切实可行的措施和方法。因此，在设计评价目标材料（译文）时，人们至少应该考虑以下三方面内容：

1. 材料内在关系——对源语材料和目标材料进行分析比较，从中找出差距；
2. 材料内在特征——根据音质、语言、逻辑来分析译语；
3. 实用性——分析与会代表对译语效果的反应。

与此同时，代表们无不认为问卷调查仍不失为行之有效的手段之一。对此，代表们还专门发表了以下观点：

在人们没有找到其他更为行之有效的方法之前，问卷调查的作用仍不可取代，它的独到之处仍不可低估。Gile（1999）曾指出，"问卷调查是了解翻译质量最直接、最科学的方法"。质量评价不能仅仅局限于译员或者客户之间，还应该考虑专家的意见。如美国新泽西州立法院设有专门负责监督检查翻译服务质量部门。他们惯用的方式是采取问卷调查,通过问卷调查,就能从专家获悉法庭审判中译员的表现。在此基础上,他们又通过对每一位译员的表现来评价整个翻译团队。这样,有了问卷调查结果,主管译员和翻译服务质量的最高法庭特别工作组就能给出最终评价。这套问卷调查涵盖27项内容:发音、要点的把握、肢体语言的模仿、原文忠实程度、准确性、技巧的合理使用等等。

出席本届研讨会的专家中有4名曾经亲自参加了上述问卷调查分析总结研讨会。他们认为,作为评价质量的手段,问卷调查仍有其局限性,其有效性明显不足。目前广泛使用的问卷调查主要侧重译(Buhler1986, Meak 1990, Gile 1990, Vuorioski 1993, Marrone 1993, Moser 1993, Kopczynski 1994, NG 1994,Kurz 1993,1994)。诚然,译的重要性不可低估,但问卷也应考虑其他方面的因素如设计思路、不同的目标群体等等。

翻译中的措辞模棱两可也是被调查人所关心的问题之一。除此之外,大家关心的问题就是音质。ALLC根据问卷调查结果,专门把音质作为考核录用译员的一项重要指标。不过,ALLC对音质的甜润程度没有明确的规定。Kurz(1994)为此专门撰文批评指出,"ALLC所谓的音质的甜润是指十分甜润还是一般甜润?还是甜润不够以致伤害了听众?"由此可见,问卷调查并不是万能药,有时同一个问题还会引发诸多的分歧。如果问卷调查引发的问题多于问卷本身提出的问题,那人们不得不说这样的问卷结果只能适得其反,毫无可取之处(Seleskovitch 1986)。

此外,口音也是译界专家学者长期争论不休的问题。不过在这次调查对象中,多数与会代表一反常态,接受译员操外国口音的观点,甚至认为口音不应该是评价翻译质量的唯一标准。Gabriele Mack 和 Laurella Cattaaruzza(1995)使用的问卷调查表明,在客户眼里,他们更看重的是翻译的整体效果。至于局部或个别因素他们并不太关心,他们认为这是专家学者们应尽的本分。Gabriele Mack 和 Laurella Cattaaruzza(1995)还认为,目前之所以缺乏完整、规范、系统的问卷调查,归根结底是缺乏一套行之有效的、统一的翻译质量标准。就这一点,即便在场的代表尚且不能义正辞严地区分翻译标准与传统约定俗成的做法之间的差别。有专家理直气壮地指出,一个责任心强的译员能做到一句不漏,能避免重复发言人的错误。(van Dam 1989)但这一观点立即招来了反驳:实践证明不仅客户而且发言人倾向译员如实再现发言人的风格,哪怕是瑕疵也毫不保留全盘译出。

Helge Niska以瑞典政府官方翻译资格证考试为例来说明人们对质量的界定。他指出,该考试难度大,极具挑战性。若要顺利通过,译员必须流利地译出90%以上具有实际意义的词组和短语信息。Bill Isham 以美国哑语翻译资格注册考试为例,阐述制定高门槛的重要性。该考试自80年代以来进行多次修改,制定了新的翻译标准,规定了"最低限度技术水平"。要求专家在制定新标准前观看一段录像,对报考的译员形象、表情打分,最后再综合评价。在此次会上,Frank Rochhacker 呼吁建立一个以认知为最终目的的质量评价体系。他建议评价应包含如下要素:语速、停顿、犹豫、音调、流利程度、语误、更正、语域、粘着技巧、命题结构等。有代表提出囊括音质,不过这个建议没有被采纳。代表们讨论的最后议题是翻译技巧。Karla dejean Feal 强调,译员应具备自查自纠意识,为此他呼吁译员每一次工作完毕,反复倾听自己的录音,分析译语错误的原因,以避免类似的错误。Sergeo Viaggio 针对目前翻译界的现状批评指出，我们有不少优秀译员从未听过自己的录音，也不知自己的音质是甜润还是干涩，时常乐而忘忧，殊不知他们需要改进和完善的空间还很大。不过，人们必须承认，要想正视自己的错误需要足够勇气，人们不能指望人人都能做到这一点。

上述研究表明，同声传译理论和实践严重脱节，特别是在语篇分析、材料语言学、认知心理学和语用学方面。问卷调查和其他形式的评价体系在同声传译质量评价中发挥了良好的作用，如人们可以通过研究分析译语输出（内在关系）、源语输入（内在特征）、对客户产生的效果（实用性）等方面对质量进行评价；但人们也应看到，要想找到切实可行的评价体系仍不容乐观。不过值得肯定的是，人们要树立良好的质量观意识。因为质量意识的提高是从事专业技术翻译工作者的生命线，是广大客户理应享受的听觉盛宴；更重要的是，它对人们培养一支质量过硬的翻译队伍能奠定良好的基础（Rochhecker 1994）。只有这样，人们才能一反过去单凭印象来衡量翻译质量，只有这样人们才能通过总结经验教训回归到理性中来；远离主观，回归到客观现实中来。Karla dejean le Feal 指出，鉴于英语作为通用语在当今世界地位逐渐确立并日渐增温，鉴于翻译行业变得越来越奢华的今天，高质量的翻译已迫在眉睫，刻不容缓。不管人们采取何种形式，是通过问卷调查形式来监督质量标准的实施也好，通过现场录音手段对译员加强监管，还是通过后续的复制模拟现场的形式对源语和译语进行分析也罢，代表们共同的愿望是，建立一个质量评价体系已经到了刻不容缓的时刻了。质量评价体系的建立健全不仅对译员有促进作用，也有利于人们对同声传译译员进行更科学的、系统的训练，促进同声传译事业更加蓬勃健康地发展。

第二节　同声传译质量评价

引言

一名专门负责欧盟同声传译的官员，就学者们关心的口译质量问题曾做出这样回应：无论口译环境如何纷繁复杂，高质量地完成口译任务是译员责无旁贷的职责。考虑到口译质量评价涉及面广，人们需要有相应的概念与可行的方法，为此，本节将就这一问题展开分析讨论。本节将首先探讨质量概念的界定与质量评价的标准，随后再对口译类型、口译质量的实证研究的方法与意义进行梳理与解读。鉴于篇幅的局限，本节将重点讨论案例研究所采用的方法。本节同时也呼吁不同学科门类共同来探讨口译质量，确保口译质量的研究做到客观、公平、公正，以便更好地夯实口译质量研究的基础，满足不同领域对质量的诉求。

概念性问题

　　译界普遍认为，对概念达成共识是口译问题研究的前提。本节提及的口译被赋予了不同类型活动的概念。虽然本节将通篇使用这一约定俗成的术语,但需要指出的是,同声传译与社区口译不可同日而语,两者的出发点与落脚点完全不同。前者是以国际间的交流为主,对象属于不同的民族,涉及跨国交际。后者则是介于一个特定的社会或团体的机构间的互动,对象是个体与这个机构的代表之间的内部交流。

时下,译界对口译质量问题的研究不仅杂乱无章,而且形势也不容乐观。虽然同声传译的质量得到了一定程度的研究,但人们对社区口译质量的研究仍显杯水车薪、捉襟见肘。有鉴于此,人们有必要先回顾 Gile(1991)、Moser-Mercer(1996)、Shlesinger(1997)、Kahane(2000)等人对同声传译质量的评价以及他们所倡导的评价标准。

质量透视

同声传译质量的实证研究始于上个世纪80年代末,研究获得了重大突破,首次将听众对质量的客观评价置于优先考虑的位置。Kurz在总结这一时期的研究特点时指出,研究强调客户对质量的心理预期,研究对象囊括了听众、发言人等不同群体。

Gile(1991)的交际结构模型不仅包括他所称的"传递人"(译员)与"接收人"(听众),而且还包括客户或雇主。不仅如此,译员的搭档、客户代表以及专家学者也纷纷加入到口译质量评价人的行列(Pöchhacker,1994: 123, Moser-Mercer,1996: 46)。Viezzi(1996: 12)又进一步把译员与客户(听众与发言人)与专家学者区分开来。为了便于理解,这里作者姑且用以下图10-1来加以说明。

图 10-1

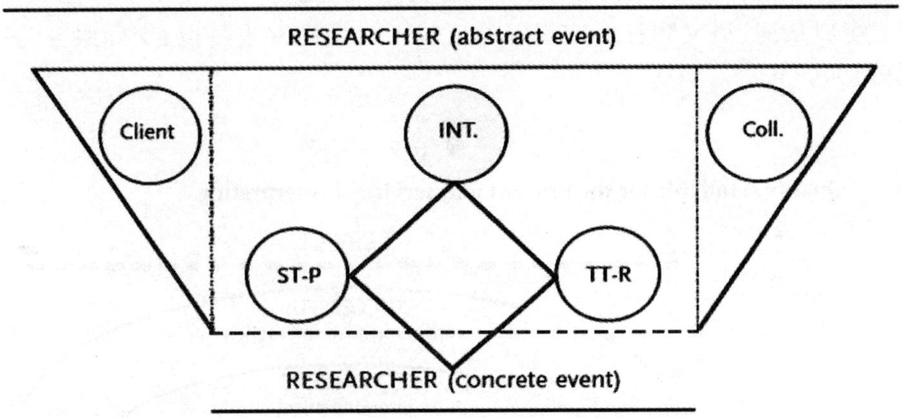

(◆ = communicative event, ST-P = source-text producer, TT-R = target-text receiver)

虚线中的三个圆圈是交际行为互动中文本输出与接收的核心,分别由译员(INT.)、发言人(ST-P)与听众(TT-R)构成。客户(雇主)与译员的搭档在虚线以外,在评价中处于从属地位。

除了多视角、全方位地展示对质量的研究,图10-1还强调了分析口译质量时应注意的事项。首先,研究人员既可以从外部抽象地研究口译,也可从一个特定、具体的交际行为入手。后者意味着亲临交际行为现场,上图10-1中虚粗线代表的是研究人员参与互动,与译出语输出不在同一范围。其次,在对具体口译行为质量研究时,人们既可以借助录音设备也可以对整个交际互动过程进行评价。人们知道,译出语与交际互动过程对于质量评价及其标准至关重要。

质量标准

虽然人们可以各抒己见地从主观角度来评价口译质量,但目前大量的文献表明口译质量的评价标准已基本约定俗成。尽管评价用的术语因人而异,但像准确、清晰流畅或忠实原文等概念已深入人心、无可争辩。这些参数与译出语息息相关,是质量评价的核心条件,其实质是检验目的语的"忠实程度"(Gile,1991: 198)或源语"准确无误的再现"(Jones, 1998: 5)。而清晰(或语言可接受性、风格贴切等)也是质量的一部分,有些文献笼统地将它描述为"听众取向"或者目的语可理解性。

人们除了用"文本内比较"与"文本间相互比较"这两种方法来分析译出语质量外(Shlesinger,1997: 128),译员需要充分再现发言人的观点、意图,也就是 Déjean Le Féal(1990: 155)倡导的同声传译译出语质量的"对等效应"。有时质量评价的焦点既不是针对源语,也不是针对听众或发言人,而是交际互动的过程。这样做的目的是突出口译"内在活动"而不是单纯地强调"文本处理任务"(Wadensjö,1998: 21)。所谓质量是指互动双方在特殊语境中的"成功交际",这种交际行为无论从主观还是从客观都经得起分析与检验。

如前所述,口译质量评价的条件涉及方方面面,其中也包括了译员、文本处理、为某一特定目的而从事的交际行为以及有助于交际互动的系统功能等。如图10-2所示,质量标准模型从词、语义到社会实用性均反映了口译的双重特点:交际服务与文本输出(Viezzi 1996: 40)。

图 10-2

Quality standards for the product and service of interpreting

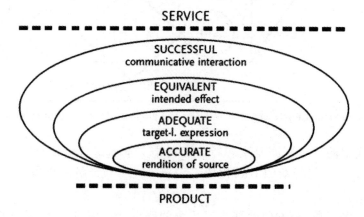

鉴于上述模型的多功能、多维度特点,研究口译质量的方法也应多种多样。下面本文将简要阐述同声传译与社区口译视角下的质量研究方法。根据本文原有的思路,研究会涉及整个口译活动。考虑到同声传译在其他的文献中已有介绍,(Viezzi 1996, Shlesinger 1997, Kahane 2000),本文将主要对社区口译层面的质量展开研究。

方法

迄今为止,虽然有这样或那样的口译质量的实证研究,最受追捧的首推调查研究。

调查研究

如图 10-1 所示,目前通行的问卷与访谈既有针对译员的职责,又有针对具体的口译行为。如果人们把口译视为既是个人(或团队)提供的服务又具有文字转换这样的双重性,人们可否将质量锁定在出色译员的条件、译文的标准等问题上? 其实,早在上个世纪 80 年代人们就这些问题对译员或客户展开过调查。Hearn(1981)等因澳大利亚两个地区的口译服务质量调查了 65 名译员。问卷调查涉及了优秀译员的条件,被调查对象一致认为合格译员应该具备双语娴熟、通晓外来文化、公正客观、善于待人接物、有强烈的责任感、诚实可信、知书达理、虚心好学等优良品质(Hearn et al.1981: 61)。访谈还涉及客户的关切与对译员的期望值,尤其是译员的职责与义务。问卷还包括"文化协调"一项,作为社区译员这是一个不容忽视的问题,Mesa(1997)在他的调查中对此有详细叙述。

在对会议译员的问卷中,Bühler(1986)要求 47 名译员就译员选拔的标准作出评价,标准涉及吃苦耐劳、气质、亲和力、老成持重、团队合作精神等。国际口译者协会德国区对 39 名译员就职业的发展、合格译员的条件与团队合作精神曾做过调查。问卷涵盖了语言、百科知识、音质,外表、气质、修养与灵活性甚至身体健康状况与心理承受力等(Feldweg,1996: 326-378)。

用户

在 Bühler(1986)的质量与客户(听众)研究的启发下,Kurz 对客户预期进行了问卷调查,并将研究进一步推向深入。虽然他对客户调查没有像 Bühler 那样聚焦同声传译中的译出语,但其他学者(如 Kopczynski1994, Marrone 1993, Vuorikoski 1993)已对同传、交传译员以及不同会议类型的其他口译领域有所研究。Kopczynski(1994)对发言人与听众的关系已有详述。虽然前者在很大程度上对译员的自由发挥与想象有所包容,但后者则希望译员扮演的角色最好是隐身人,他的译出语应不折不扣地忠实源语,即便是错误也应毫无保留地和盘托出。社区翻译的特点是以简短的对话形式见长,因而社区用户属于不同类型的听众。社区口译中的互动双方通常交替轮流发言,与机构的负责人所不同的是,他们常以代表的身份出场。因而人们习惯上要么把他们称之为"服务方"或"专职人员",要么把他们称之为非发言人。Mesa(1997)的研究侧重的是这两种类型的译员与客户,她调查了 66 名客户(含 11 种语言)与来自 Montréal 的 30 个不同医院的 288 名医护人员。前者按要求评价口译服务质量,后者则按规定根据三级标准给 30

名译员的综合素质与表现打分。在服务质量一项的调查中,得分最高的选项是"完全理解源语"(96%),"保密性强"(95%),"客户难以理解"(92%),"无可奉告"(91%),"忠实原文"(90%)。令人惊讶的是,得分最低的(61%)是译员是否需要对文化差异解释这一项,但也有些调查对象(47%)认为译员应该解释文化差异。

无独有偶,维也纳研究人员对译员在不同场合提供的服务质量也进行了问卷调查。Pöchhacker(2000)就译员的职业以及履行的义务访谈了629名医务人员与社会工作者。在语言与文化水平、学历、专业知识、传译经验、中立态度、连贯性、保密性等多项调查中,只有后两项得到了三分制中的"非常重要"的评价。客户对服务质量的要求异常苛刻,三分之二以上的调查对象把归纳总结、解释视为译员责无旁贷的义务,62%的人希望译员能解释文化差异并同时表明自己的立场。通过对专职人员(医生、护士、理疗师、社会服务者)的数据分析,人们发现他们的诉求各有千秋。护士对译员的要求相对于医生而言较为宽松,而社会服务工作者则把译员的角色完全当做文化协调员。正如Mesa(1997)所说,比起医护工作者而言,译员感到解释文化差异更是他分内之事(59%对83%)。

Kadric(2000)用类似的问卷调查了客户对法庭译员的反馈与预期。她的调查对象由200个地方法官组成。谈到译员技能时,133个被调查对象认为"口译技巧"与"语言文化水平"的重要性要远远超过"法律基础知识"与"法庭程序常识"。在评价译员的职责时,法官对译员的要求超过人们的预期(Morris 1995):接受译员归纳总结占46%,需要解释法官原意占63%,解释法律术语为72%,甚至还赞成译员代替法官例行询问与当庭警告。超过85%的被调查对象希望译员解释文化差异现象。

客户

在社区翻译文献中,客户是指机构或公共服务代理人,译员在这里的角色是个体。从广义上讲,译员的客户应该是聘用与支付其薪酬的个人或单位。虽然作为雇主的客户在图表中的角色是专职服务,然而人们对服务所提供的质量的研究却少之又少。Kadric(2000)对法庭翻译的研究发现,人们也可以通过聘请译员、口译费用的支付、成功的交际来研究口译质量(Kadric, 2000:126-136)。

在欧盟,对同声传译质量的监督检查主要是由该委员会翻译与会议服务部共同负责,它是迄今全球最大的口译服务部门。无疑,质量的优劣会增加它的管理成本,因此它对质量及译员表现的重视程度不言而喻(Kahane, 2000)。

案例调查

除了通过问卷对口译质量与译员的表现进行评价之外,人们还可对现场同声传译进行问卷调查。为了调查社区口译环境,加拿大文化译员服务部展开了一项案例调查(Garber 与 Mauffette-Leenders, 1997)。实验人员把问卷译成越南语、波兰语、葡萄牙语,由17名译员分发给34名以英语为外语的被调查对象,要求他们按6分制标准依据准确与客观原则给译出语评分。与此同时,他们还发给服务部一份详细的服务质量标准,以确保译员与服务部提供的质量有章可循。这与 Mesa(1997)分别对译员与服务部进行的调查有相同之处。Mesa 的调查不仅要求来自 11 个不同语言背景的 66 名客户评价译员的表现,同时也要求服务部就译员是否按规定满足了客户的要求给予评定。

一旦译员的发挥与表现不尽如人意,人们可以按主观标准进行评价(Gile,1990:68)。这种评价机制最早源自 Strong 与 Fritsch Rudser(1992)对手语译员做的实证研究。实验要求 6 名聋哑人与 6 名听力正常人根据语言能力、综合素质、译出语的效果评价 25 名译员的译出语片段,片段事先分别译成了手语与英语。结果显示,虽然得分低于客观评价数值,但评价人之间的信度呈现高态势。Strong 与 Fritsch Rudser(1992:11)提请人们注意"虽然主观评价提供了一种有趣的、可行的评价尺度,但人们不应因此而取代行之有效的客观评价法"。

上述案例说明了真实客观评价的重要性,指出了主观判断的局限性,更重要的是客观评价可以规避因个人或环境因素而产生的偏见(Gile,1998:74)。这里的"真实"是指译员的现场译出语。场外评价则主要以分析、评价文本语言数据为主。虽然研究人员可以使用实战中的真实数据,但像准确与适度这样的标准,作为研究设计的因变量主要应用于实证研究。

实验

20 世纪 60 年代掀起的同声传译实证研究,激发了人们对输入参数与译出语质量的研究热情。虽然实验并没有直接锁定质量研究,但研究译员的表现,译员如何应对高度紧张的环境不能说与质量毫无关联。事实上,多数实验的设计是为了论证诸如准确之类的参数。对数错译的研究(Barik 1971)、信息量与可理解性(Gerver1971)、对各种命题或术语运用的探讨(Mackintosh 1983, Tommola 与 Lindholm 1995, Lee 1999a)以及声学同步性模型(Lee 1999b,Yagi 1999)都是为客观评价译出语效果而设计的。只有少数学者在对文本参数的评价时涉及了质量问题。Mackintosh(1983:15)对此曾有过评述:"评价译文质量而设计的实验有待完善,评分标准亟需改进"。 对此,Barik(1971:207)也承认他的解码系统存在一定缺陷,"评价系统对译文的准确性或质量做了粗略评价,但对于输出中的语音语调、停顿等参数却一概视而不见,忽略不计"。其实,这个问题迄今仍悬而未决,正如 Gile(1999:20)指出的那样"……虽然(人们)缩小了对翻译质量主观的分歧,从深层看,口译界仍徘徊不定,仍未找到一种切实可行的、敏感的、可靠的方法来评价翻译质量"。若要突破传统的实验方法的局限,本文认为人们不能把质量置于从属地位,而应当将它作为实证输出变量来加以研究。

质量作为输入值

与前面提到的准确性有所不同,本文提倡人们对译出语研究时应考虑特定的听众与文本。这一观点有感于 Berk-Seligson(1988)法庭口译质量的研究。在实验中她要求实验对象模拟法官,所用的刺激材料是两种不同风格的目击者证词。她的实验显示,语域的差别不仅影响听众的听辨,同时也影响发言人意图的准确传递。

同声传译研究的创新点是直接锁定客户预期。Shlesinger（1994）在她的实验中向听众呈现了两种目的语版本,版本甲是她模仿口译情景中的语音语调,而在版本乙中她用的是标准的语音语调。结果显示,版本乙比版本甲正确率高出20%。在另一项实验中,Collados Ais（1998）分发给被调查对象三份带不同语调的会议发言,要求经验丰富的雇主按问卷要求评价译员的译出语效果。结果表明,语调单一对译出语质量的影响不可小视。

由此可见,译文质量对听众的认知与实用价值都有影响,这就是 Déjean Le Féal（1990: 155）推出"对等效应"的原因所在。就方法论而言,为了规避实证研究的不足,上述实验均使用了刺激材料作为研究设计。不过人们必须承认,多数交际场合的参数有人工模拟之嫌,缺乏研究人员亲临观摩所获得的第一手资料。毋庸置疑,如果悉数排除客户或雇主的参与,要保证译出语质量评价的客观、公正无异于纸上谈兵。

严格地讲,在缺乏文本语言数据的情况下,人们同样也能对译出语效果进行研究,通行的做法是借助录音设备或者通过译员口述。一般而言,这种实验得出的文本语料属于"语料研究"。然而,本节所要揭示的是以实验为基础的研究与现场原始数据为依据研究之间的差别。为此,本文将采用真实的语料作为口译质量的研究方法。

语料研究

调查发现,口译质量研究文献无一例外都是围绕语料库展开的。Cokely（1992）是最早通过10个现场手势语语料库对译员的失误进行分析的学者。后来 Pöchhacker（1994）对5份译文中的干扰、犹豫、语误与连贯等问题展开研究。接着,Kalina（1998）根据语料库分析了译出语中的语调、干扰、错误自纠等问题。

上述例子说明,语料库研究同样有其局限性,因为仅凭语料库的研究人们难以获得全面的质量观。可见,质量评价的实质远没有得到有效地揭示。用笔记记录复杂的译出语有诸多不足之处,因为时限关系难免有这样或那样的删减或遗漏之处。这一点在同声传译的研究上特别明显:人们在研究同声传译时过分注重错误、遗漏这类量化问题,而对于交际过程中的复杂的心理因素全然忽略不计。

在社区口译文献中,用文本语料库量化分析的实例更是凤毛麟角（Ebden et al., 1988）。切莫说质量研究被束之高阁,就是定性研究也显捉襟见肘,尤其是语篇分析方面（Rehbein 1985, Roy 1993, Mason 1999）。只是近期人们才开始关注语篇分析,因为人们发现,单凭文本语料库很难对实战中的口译质量做出客观、全面的评价。

案例研究

质量是一个多维的社会心理与文本现象,它取决于特定的语境。要想客观、全面地研究质量,应该最大限度地收集个案数据。遗憾的是,这种综合各种观摩技巧的案例研究（Robson, 1993:5）目前在口译研究中并不多见。

口译质量案例研究的设计应该与语料库、访谈、听众反馈以及文字记录分析结果相结合,确保质量得到全面的评价。对此,已有学者开了先河。Gile(1990)通过问卷调查了解客户对译出语的反馈,不过,他并没有对语料系统地分析与评价。Marrone(1993)也采用类似的问卷调查,但同样缺乏对语料进行必要的分析。作为一名交传译员,他按照问卷参数的要求以旁观者的身份观察同行的译出语效果,可惜没有源语数据支撑。Pöchhacker(1994)使用语料库数据分析会议翻译案例、听众的笔记以及译员笔记情况,但美中不足的是缺乏客户的反馈。案例研究最成功的例子首推 Wadensjö(1998),她不仅记录同时也分析了现场语篇语料,她以观察员身份亲临口译现场,并且会后专访了与会听众。她主要侧重描述,对质量并未做评价。不过,她在评价译员的专业技能的发挥上使用了方法论。

全方位质量评价

综上所述,尽管本文对口译的概念与方法论进行了梳理,然而质量问题以及如何对它进行评价仍是一个棘手的问题。人们不难发现口译没有一成不变的定式,相反由于它的特殊性,语境不同产生的译出语也不尽相同,所以要想深入对口译质量全面评价绝非易事。不过有一点是肯定的,人们不能仅仅局限于语言层面来评价质量,而必须从特定的语境来审视它。正如 Wadensjö(1998)所言,"现实生活中没有绝对的、统一的口译模式。不同的目标、语境、关切、需求意味着对译员的要求也各不相同"。

虽然质量的属性复杂多变,但学者对于与之相关的基本概念、涉及的问题、使用的方法以及面临的问题仍有诸多共同之处。

共同点

无论文献多么纷繁复杂,但有一点是共同的:口译是沟通语言的桥梁、是文化的纽带、是满足某种需求的服务。译员服务所提供的产品是译出语,该产品的价值就在于它使不同语言背景的人们能顺利交流、无障碍地沟通。或许有人要问,会议与社区译员究竟如何才能当之无愧地成为一名副其实的文化使者,译出语的标准到底是什么?

鉴于互动交际的复杂性,人们不妨换位思考,人们应就质量达成统一的共识,即客户对服务与产品的满意度就是质量。人们还可从译员的角度考虑,如译员对其角色的定位、他的表现、他的不足等。甚至还可从雇主角度对提供服务的满意度着手。严格地说,对于这类问题口译界无不殚精竭虑一直在寻找答案,问卷式调查便是其中的一种。学者针对文本输出的特点进行了现场观摩、实证研究以及模拟训练等,可以说从不同的视角探究了现场社区口译与同声传译的质量。人们发现,若要深入地评价质量,收集服务与产品质量相关的语篇数据,并将两者结合进行分析将不失为一种行之有效的方法。

诚然,同传与社区口译的研究均面临挑战:研究人员不能全面获得客户的反馈,客户缺乏应有的热情,学者难以收集所需的数据;以点带面来研究抽象的质量概念难免有偏见之嫌,观摩与评价同事现场翻译的效果难免使人难堪;专职译员不能配合模拟实验,研究难以为质量标准获得具体的、可靠的指标等等。所有这些问题仍然困扰着学者以及实证研究的评价机制。

前景

既然人们无法回避口译质量,那么,对它展开深入的研究无疑成了当务之急、势在必行,特别是在当下日益职业化的社区口译发展的大背景下。只要人们积极探索口译质量跨学科研究,定能找到解决问题的方法,交叉学科之间也能优势互补,相得益彰。不过,在交叉学科研究过程中,人们难免受某些制度的约束(Marzocchi,1998),这是长期以来困扰社区口译研究的一大顽疾。同样,作为文化使者的译员(Kopczyski,1994),特别是交传译员,是当今同声传译研究的焦点。Kahane(2000)呼吁人们关注语境,拓宽研究领域,注重实用,切忌凭借纯语言来评价质量,这些观点耐人寻味。

Cambridge(1997)认为,社区口译研究可以从文本数据定量语言分析方法中找到答案,如把同声传译研究的视角延伸到被遗忘的社区口译研究之中。对于内容重复的领域,如耳语翻译,人们应探索相同点,分类进行研究。人们应该研究不同语境下的交传的动态效果、客户眼中合格译员形象等问题。

综上所述,就口译质量研究而言,人们并不缺乏足够的理论工具与方法。不过,人们仍需从不同的视觉与层面,紧密围绕译出语产品与服务来探讨质量。Mesa(1997)多领域、宽视角的调查方法,Vuorikoski(1993)形式多样的研究无疑为人们探讨质量开拓了新的视野。

结语

本节对各种概念与工具进行了梳理,目的在于引起译界对质量的高度重视,对质量进行全方位评价。本节呼吁人们通过实证研究与跨学科研究来评价口译质量。本节的出发点是通过重新审视口译类型、质量问题与评价方法,达到激发学者的研究热情。相信此举将有助于学者打破门户之见,促进共同交流来丰富各自研究领域的内涵。

第三节   语言描述与社会评价

精神论派

对翻译质量主观、直觉的评价由来已久。而且这一做派近来备受一些专家学者的追捧,他们热衷于"翻译应忠实原文""翻译应再现原文语气"等主张。不仅如此,它同时也受到新翻译解释派的青睐,这些人把翻译视为再创作,视翻译为建立在个人主观意志、文化艺术底蕴、翻译技巧与知识面基础上的再加工。他们甚至认为,文本(发言稿)没有固定不变的确切含义,文本意义与发言人的立场如影相随。

客观反应派

行为主义观

与主观直觉者们的观点截然相反,行为主义者对翻译评价则偏向"科学"性,他们把译员的思维视为神秘的"黑匣子"。这一观点受到了美国结构与行为主义的影响,与Nida(1964)的观点同出一辙。Nida把读者对翻译的评价反馈作为衡量翻译质量的首要标准,并为此制定了翻译原则,如翻译应具理解性、忠实性以及所谓"好"的译文应具有"对等"效应等。这一概念显然与他的"翻译动态对等说"不谋而合,即读者对译文的感受应与母语读者读原文的感受并无二致。Nida的对等是"信息量"或"理解度"都达到对等。人们不禁要问,如果这些系数不能量化,那么草率地把它定格为翻译评价标准未免太牵强。如果这样,即便用问卷、检测这类比较理想的评价机制,即便是评价程序再缜密,恐怕也枉然,也徒劳无益。因为它们没有抓住"翻译质量"这个复杂的本质。他们对源语一概忽略不计,将原文与译文相混淆。对原文与译文的特点,避而不谈。

功能主义,"目的"论

Reiss与Vermeer(1984)热衷于这一观点,他们提倡真正对翻译质量起决定性作用的不是别的,而是翻译目的。衡量翻译质量的试金石取决于翻译目的,取决于翻译是否忠实文化还是对文化悉数不计。具体地讲,决定新环境下翻译的功能是客户对译员翻译的满意度。令人遗憾的是,"功能"这一核心概念不仅没有得到揭示,更不用说被人们欣然接受。其实,它无异于现实生活对译文的影响。人们不解的是,目的论者究竟是如何给翻译"对等"与翻译"贴切"定性的? 他们对翻译目的的语言定性的标准是什么? 更值得玩味的是,这里的翻译目的说穿了就是将原文简单地归纳为"提供信息"。而所谓"提供信息"无非是要说明,译员可以根据自己的偏好随心所欲地解读源语并输出译出语。众所周知,人们不能脱离源语来评价译文,不能脱离语境来衡量译文,也不能脱离特定环境来奢谈译文。如果是这样,人们一旦借助最简单的双语互译,目的论难免显得苍白无力。

文本与语篇论

文献论:描述性翻译研究

按照Toury(1995)的解释,该理论的实质主要是针对译文,人们对翻译的评价主要依据目的语的文化、文献的形式与功能来确定的。原文在这里属于从属地位,所有的核心是"译文本身",也就是人们常说的翻译。

持这一观点的学者力求对译文特性的描述保持中立,他们把主动权交给听众,让听众评说。理由是,听众对译文与同等题材的文本比较之后自然会做出褒与贬的反应。不过,倘若人们必须对一篇标新立异的译文进行评价,一篇非某一文化"特有的",而是全"新"的译文,那么要对翻译做出客观、公正评价的可能性可想而知。值得一提的是,虽然文献论者有强有力的实证文献佐证,虽然文献涵盖了语境宏观与微观性,囊括了历时与共时的评价系统,持这一观点的人并没有为"特例"译文制定任何评价标准。换言之,人们如何断定译文甲是一篇合格的译文而译文乙却反之? 人们用何标准来评价甲乙译文的优劣?

后现代主义与解结构主义

推崇这一观点的学者 Venuti(1995)试图还翻译以公道,从心理学与社会体制来解读翻译,不过这样做未免有偏离翻译方向之嫌。为了使翻译"有可视性",能反映意识形态与政治制度,他们不惜以政治标准为准绳来衡量源语与译出语。这些人特别注重译文的遴选过程,为了某些权势和利益集团的利益,他们甚至可以蓄意篡改原文。这不能不说是一个"创举",因为译员可以凭借翻译的力量来对目的语文化与习俗施加其影响。最典型的例子莫过于后殖民论(Robinson,1997)与女权论(Von Flotow,1997),二者的思想路线对翻译的影响不可低估。然而,如果人们对原文与译文的分析比较只注重转换,只注重受意识形态影响后的篡改,只注重依靠理论评价与文本形式来研究翻译不同的轨迹,人们难免会指鹿为马。

语言派

早期对翻译质量评价产生重大影响的有 Catford (1965)、Reiss (1971)、Koller (1979)以及莱比锡城翻译学派的学者。不过,这些理论并没有对翻译质量的评价做出具体的规定。而 Baker (1992), Doherty(1993), Hatim & Mason (1997), Hickey (1998), Gerzymisch & Mudersbach (1998)以及 Steiner (1998)等人的翻译理论对翻译评价的探索做出了积极的贡献。他们的研究领域涉及了语言学、语用学、社会语言学、文体学以及语篇分析等。虽然他们的研究没有直接锁定翻译质量,但他们给翻译研究注入了新的活力,提供了新鲜视角。尽管语言学派强调源语与目的语译文的关系,但他们提供分析与评价的路径却有所不同。不过最值得称道的是,他们旗帜鲜明地承认语境与译文的关系。诚然,语言与现实生活的密切关系在意义与翻译上都是限定的。这种把翻译视为再语境化也是本作者所大力推崇的,也是本文重点介绍的实用功能评价模型(House, 1981, 1997)。

实用功能模型

源语与目的语的分析比较

该评价模型(House,1997)是在 Halliday 系统功能理论的基础上发展而来的,同时也从布拉格学派、言语行为学、语用学、语篇分析以及语料库中吸取了大量的养分。该模型的特点是它提供了三种源语与目的语分析比较层级:语言与文本、语域及流派。模型的核心是"翻译质量评价",它建立在传统的、人们日常对翻译认识基础之上的,即日常百姓眼中的翻译。更具体地说,在外行人眼里翻译充其量是对一种语言的再复制,当然这种复制具有对等价值。作为翻译概念的组成部分,"对等"是衡量翻译质量的基本尺度。Ivir(1996:155)从语言学角度解读翻译理论,把对等关系的内在本质揭示得入木三分:"对等是相对而并非绝对的。它是由多种语境因素相互作用决定的,它与语境如影相随。任何人都不可能事先规定A句必须译为B句或反之亦然"。

很明显,对等不可能完全从语言的正式性、语法、词汇等层面保持一一对等,因为任何一种语言都有其特有的委婉语与模糊性表达方式,毕竟不同的语言反映现实的方式也不尽相同。语言的委婉性人人皆知,要想完全理解它需要从不同角度来认识。这便是为什么功能对等这一概念长期以来能被比较语言学家所接受的原因,显然它是描述源语与目的语对等的最佳选择,这种对等最大限度地保留了两种语言的文化含义。保持这种含义便保留了语义、语用以及文本含义。翻译是通过语义、语用的对等使源语文本再语境化。如果目的语文本的功能与源语文本的功能恰巧等同,二者均包含了概念与社会关系的功能成分,那么它便具备了在特定的语境中能实际应用的可能。人们不应该将"文本"与"语境"割裂开来,文本发展通过社会环境、通过语言的功能有机的联系,这种联系自然包含了语境。为了使文本用于特定的环境,人们可以对语境进行分解,将这一宏观的概念进一步微观化,成为可以操作的部分如语场、语式以及语旨。

语场是指用专业的或大众熟悉的形式来揭示社会活动或表现某一主题,在遣词造句上它有一般与特殊差异之分。语旨是指与会者的特点,指发言人与听众之间的社会关系以及情感表达的程度。它包含发言人当时的社会背景以及他的知识面、情感的投入或个人观点。此外,语旨还反了映社会价值取向,即发言的风格是正式还是非正式。语式是指说与写的表达方式,它反映的是发言人与与会听众之间达成默契的程度。发言可以简单得像自言自语的独白,也可以复杂得像专门为特定听众量身打造的科技大会上的演讲。人们在谈到书面语与口头语之间的差异时,不能不提到Biber(1988)的口头语实证研究。Biber认为人们可以通过语言的选择来反映介质,如译出语的复杂与直白、明确与模糊、抽象与具体等。

人们用语场、语旨与语式来分析源语与目的语的语言特点时发现,它们之间的译文功能并非一一完全对等,但人们可以从语场、语旨与语式以及译文功能来分析体裁。人们借助体裁可以分析、比较任何一篇译文及其类型。体裁类型有助于人们更好地分析与评价,因为虽然语域(语场、语旨与语式)描述对于评价译文与语境之间的关系有帮助,但它们只局限于单个语言的表面现象。人们需要借助不同的概念来揭示译文的结构与模式的深层特点,这便是本文要用语域这一概念的原因。虽然语域只揭示了译文与微观语境的关系,但它用文本中的语言文化的宏观语境解读译文。语域与体裁都是通过语言来实现的符号系统,体裁、语域以及语言与文本之间的关系是一种符号平台的关系。

分析模型如图 10-3 所示：

图 10-3　A Scheme for Analysing and Comparing Original and Translation Texts

INDIVIDUAL TEXTUAL FUNCTION

REGISTER　　　　　　　GENRE

FIELD TENOR　　　　　　MODE

Subject matter　　participant relationship　　medium
　　　　　　　　　and social action

author's provenance　　simple/complex
　　　　　　　　　and stance
　　　　　　　　　participation

social role relationship　　simple/complex
　　　　　　social attitude
　　　　　　LANGUAGE/TEXT

　　总而言之,通过分析人们发现译文具有单个文本功能的特性。至于文本功能能否保持与如何保持,这取决原文对翻译的要求。下文将重点探讨显性与隐性翻译。

显性与隐性翻译

　　Schleiermacher 是最早区分显性与隐性翻译的学者。将显性与隐性区分开来不仅有利于人们将二者纳入到翻译质量的评价体系之中,同时还可以系统地描述与解释二者的功能。翻译质量评价常超越文本转换时空,框架、话语与文本的发展如影相随。框架是一个心理学概念,在某种意义上它是约定俗成的一种语境概念的心理坠饰,它给信息归类,规定人们的行为举止。框架以不言自明的形式无意识地作用。话语是指用某种方式解释意义的高级结构,就像话语行为需要言外行为价值一样。

　　通过把框架与话语概念应用到显性与隐性的翻译评价之中,显性译文便植入新的语言活动,赋予了新的框架。与语言使用相反,显性译文侧重语言叙述。把显性翻译概念与四级分析模型(功能—体裁—语言—译文)联系起来,原文与它的显性译文在语言、文本、语域以及体裁层面就达到了对等。这样,人们知道功能有了原文的话语或框架。由于这种理解需要用不同的语言表达,涉及不同文化,那么转换话语与框架便变得势在必行。具体地讲译文框架变了,它以自身的框架和话语规律运行,达到了仅次于功能的对等。这种对等是通过语言文本、语域以及体裁层面实现的。随着原文的框架与话语双双被激活,目的语听众同样也能欣赏到源语文本的功能。在显性翻译中,译员的工作不仅重要而且应是清晰可辨的。译员的任务就是使目的语听众了解源语,分享源语听众相同的感受,帮助目的语听众从外部来审视与品味该文本。

　　在隐性翻译中,译员需再营造一个对等的话语活动。这样,隐性翻译功能的原文框架与话语的功能在译文中才能得到复制重现。隐性翻译在框架与话语作用之下共同激活原文。从心理语言学层面来看,隐性翻译并不复杂,不过它比显性翻译更难以捉摸。由于翻译的目的是寻求功能对等,原文借助文化过滤便运行于语言、文本与语域层面。这种结果有可能导致它与原文相距甚远。虽然原文与隐性翻译不需与语言、文本与语域层面对等,但它们必须在体裁与单个文本的功能上保持对等。

人们在评价翻译质量时,必须考虑显性与隐性的关系,因为它们之间存在量的差异。忽略文化过滤就会对显性翻译质量的评价带来困难。显性翻译之所以直白是因为翻译源语时无需过滤。人们在评价隐性翻译质量时必须应用文化过滤以便区分隐性原文与隐性译文之间的差异。

文化过滤概念与功能

文化过滤是一种捕捉社会文化差异的手段,它是按照共同的行为准则与交际方式,按照双方约定俗成的词句风格与期望值来实现的。差异不受制于个人的直觉,而应该是建立在实证的、跨文化研究的基础上。鉴于交际的目标是达到隐性翻译功能的对等,那么在破解原文密码前,人们必须认真审视文化的差异。除非经证实这种差异不存在,否则无标记只能说明双方文化具有兼容性。就拿德、英两国语言文化为例,大量的实证研究与比较分析说明,文化过滤并非空穴来风。英语与德语都各有其词句顺序先后排列的习惯。大量的跨文化研究的数据、资料、学科以及方法论均显示,德语在遣词造句与交际行为方面有其独有的特征,而这些特征与英语大相径庭。最明显的莫过于说话人讲究直白、紧扣主题、直言不讳、刚直不阿(House,1998)。

由于显性与隐性翻译质量存在差异,文化转换只有在显性翻译中才成为可能,因为文化从L1转换到L2过程中有可能变味。隐性翻译不涉及文化转换,只是借助L2的平台给予L1文化补偿。

在畅谈文化过滤前,人们有必要对文化这一概念稍加梳理。鉴于后现代主义对文化所持的观点有所牵强,加之它是19世纪民族国家心态的产物,今天人们奢谈人类语言文化难免显得老调重弹。社会的变迁与演进使今天的文化也变得复杂化与多元化,作为一个概念它已失去了它原有的含义。Halliday(1999)提倡用文化来替代非本质主义、非物体化、弱势文化的观点值得商榷。不可否认,没有任何一个社会团体在如此重大的社会变革中能做到独善其身。那种自诩文化大统的说法无疑是天方夜谭。实际上,现代主义者的结论从来就缺乏逻辑。他们不可能阻止人们对异域文化的研究,也阻止不了文化作为解释工具对重大事件的描述。

译文与源语

明确了显性与隐性评价关系以后,人们还必须区分译文与源语的关系。这种区分并非可有可无,因为人们不分青红皂白把不对等的翻译统统归为译文,即便是译文功能与源语功能风马牛不相及,哪怕是完全脱离了原文的译文。译文允许特例,特别是译员为某个客户量体裁衣式的订做,比如科技翻译,这种情况下考虑完全对等只会有悖于客户的预期。虽然隐性翻译中的功能性对等貌似再创造，但脱离原文它只能是空中楼阁。值得一提的是，有时译员力求从词汇、意群、乃至句子层面保持隐性翻译的对应，其实他是在努力使源语与译出语保持对应，每一句对应的方式各不相同，这便是翻译的实质所在。只有当新的目的叠加到译文里，一个新的产品即译文才应运而生。

显性译文有两种形式：一是人们赋予译文特殊的功能，锁定特定的听众，如为儿童编写的简易读物、英语考试中的介词与词组填空、缩写本、大众普及读物等。二是翻译赋予特殊的目的如译本、个人履历与文献摘要等。

隐性译文的特点是，译员为了保持源语文本的功能随意使用文化过滤来操控原文。

谈到译文类型，人们不能陷入误区认为只有一种翻译标准，显性与隐性翻译要根据具体情况而定。出于不同的要求有时所有文本都有可能是显性翻译，这种译文有它独特的价值。

虽然对比语用学为客观评价隐性翻译做出了重要贡献，但把握好文化过滤评价应用的尺度仍然具有挑战性。鉴于社会文化、交际原则的动态性，加之人们对它们的研究相对滞后，因而人们对质量的评价需与时俱进。只有这样，人们才能对两种语言之间的差异做出恰如其分的评价。这一点从英语日渐上升的地位便可见一斑。

英语作为交际语

今天，随着全球一体化与国际化紧锣密鼓地进行，呼唤共同语的浪潮也此起彼伏。当下人们对翻译的需求量已超过以往历史任何时期，大量材料需要得到及时翻译。昔日对异国文化与文风采取文化过滤的做法恐怕难以维系。相反，随着英语日渐成为交际语的地位不断加强，这一形势将随之改变。在译文规范上特定的文化与文化一体化的矛盾会日渐突出。这里指的文化一体化是以北欧、北美盎格鲁—撒克逊文化为代表的模式。翻译标准的变化无疑将促使人们对这一新领域进行研究。和以往人们对隐性翻译文本使用文化过滤的做派不同，人们在翻译时会更多地考虑文化一体化或中立文化，一种集异域文化元素之大成的综合式译文将随之产生。如德语译文不再像昔日那样一味地注重突出中心，相反时下的译文会更强调人的情感、更加人性化、更加务实、更加具体化。正如 Biber(1988) 预测的那样，届时的译文将是口头与书面的混杂，这在以前是不可想象的。

虽然英语对译文的影响由来已久，并曾一度引起了德国与法国纯语言论学者的强烈抵触，但人们对英语在句法、语用以及话语对译文的影响方面却研究甚少，相形见绌。语风、译风以及交际习俗未能真正得到有效挖掘。译员往往凭借直觉去解读它的深层含义，这无形中为翻译质量评价带来了挑战。

不过，德国学者已经开始着手研究英语作为交际语对德语隐性翻译的影响（该研究后来延伸到法语与西班牙语）并力求用多种方法来评价翻译质量。该评价体系为翻译质量提供了详细的、可量化的案例分析。它强调功能对等取决于具体的译文与特定的语境，它避免一刀切的做法。人们对隐性翻译中的对等的评价是建立在源语与目的语交际的环境与语言的基础上，是在充分比较源语与目的语交际环境的特点之后做出的。众所周知,只有积累大量的同类型范文,人们才能从中找到客观规律。为了验证文化过滤的内容与语言分析的结果,人们可以借助内省法来揭示翻译过程。人们以往对翻译质量的评价只注重译文,而新评价体系则采用多项评价方法论:客户、发言人与译员。不仅如此,评价还考虑背景材料,比较同一体裁、同一内容的其他类似的译文。有时甚至借助计算机与语料库来对译文进行量化分析。

语言描述与社会舆论

评价翻译质量要正确处理语言分析与社会舆论之间的关系。换言之,也就是要区分对源语语言特点描述与解释之间的关系,尽量与相关目的语译文的语言特点相比较。切忌受目的语听众主观、个人情感、宗教信仰等因素的影响。实用功能模型也注重译文(输出语内省验证),但这并不意味对翻译质量做出了客观评价。评价翻译质量涉及诸多因素,重中之重是分析、比较,提供评价判断的基础是语言分析。

如前所述,选择显性与隐性翻译除了文本或译员因素之外,还取决于翻译的目的、与会的听众,甚至一些与翻译毫无关联的因素。这些因素的影响力有时远远超过语言本身或者译员本人。然而尽管外界的影响纷繁复杂,翻译是揭示语言的客观本质,因而它应该得到公正地描述、分析与评价。正是基于这个原因,本节认为翻译质量的评价应优先考虑对译文的分析与比较,而不应该提倡脱离译文来分析社会因素。语言描述与解释不应与社会、政治、道德或个人情感挂钩、相提并论。目前科学所崇尚的严谨学风常常受到社会、政治、个人情感或时尚潮流等的冲击。如果人们把翻译真正视为科学研究的对象,就应该认真对待翻译,唯翻译而翻译,毕竟翻译是语言文本的转换操作。

在评价全新文化对目的语的影响时人们发现,译文与其他(非对等的)多语文本转换操作并没有明确的界限之分。为了明确划分译文与其他文本的区别,界限的划分必须是建立在无争议的、功能对等的基础之上。

如果译文完全遵循个人与外界的价值取向,那么翻译质量将难以得到保证,即便是用科学方法来评价翻译质量也依然是徒劳无益。然而,人们不能因此认为研究翻译质量的方法就形同虚设,一无是处。对质量的评价必须灵活多变,要注意宏观与微观分析相结合,一切应从思想、功能、体裁、语域到单个语言文本的交际价值出发。有了这种宽泛的视角,人们才能对译文做出客观、公正的评价。即便最后得出近似结果,人们也不应该以此否认它的价值。质量评价的宗旨是吃透译文,找出差距并从中做出应对策略。只有具备这种态度的人,才能避免人为的、武断的一刀切的做法。

值得注意的是,人们常常忽略语言分析与价值评判之间的差异。虽然翻译质量评价中的语言与评价成分仍有不尽如人意之处,人们切忌将两者混为一谈,切忌脱离语言孤立地使用评价机制。

结语

综上所述,质量评价涉及两个基本的功能:概念功能与人际功能。二者在方法上又有其相对应的两个步骤：一是它是基于实证研究、语言结构与语言使用规范的语言分析、描述、解释以及比较。二是它的社会性与心理价值评判标准如道德品质、意识形态或宗教信仰，这两个步骤缺一不可。对翻译质量的鉴定既要根据科学的理论，根据实践已证明是行之有效的标准，又要立场鉴定，旗帜鲜明。按照原文详细分析比较译文的语言形式与功能是描述的基础，也是判断译文优劣的试金石。虽然人们难免夹杂个人主观的成分，但它并不影响客观评价的实质，相反这更加说明它的必要性。充分区分实证语言描述与社会行为规范之间的关系有助于人们进一步揭示翻译的本质。

第十一章

同声传译与文化

第一节　同声传译的文化问题

正如 Gile 所言，人们对于同声传译的研究仍然停留在认知以及相关的心理语言学层面，而对于同声传译的基本概念和翻译理论的研究几乎是凤毛麟角。然而 Stenzl (1983)的研究 却是一个例外。可以说，正是他运用了早期文本理论对同声传译开展了综合性研究。尽管 Stenzl 只是针对同声传译相关重要领域做了简明扼要的梳理，但这足以表明他已经继承并发展了 Vermeer (1983)早期的研究成果，并在此基础上构建了一个口笔译研究的理论框架。

Vermeer 的翻译理论在 Reiß 和 Vermeer（1984）一书中已有详述。与此同时，Holz-Manttari 也用同样的方法对之进行了阐释，该理论已成为同声传译翻译研究领域较成熟的理论模型。Pöchhacker（1992b）也不甘落后，纷纷发表自己的见解对其评述。集 Vermeer 的翻译目的论和 Holz-Manttari 的翻译行为论（Vermeer 1990）为一体而形成的翻译通论为人们提供了示范，因而它可以当之无愧地作为人们分析同声传译翻译行为的框架。

本文将集中论述翻译通论中的一个核心思想：即翻译的文化转换问题。通过这个问题，人们可以检验同声传译的译语输出究竟在多大程度上反映了"文化转换"这一原则。换言之，用 Reiß 和 Vermeer（1984:115）的话说，译文在多大程度上达到了目的语框架内的功能要求。通过实践来检验理论，人们就可以对同声传译中的文本概念进行深入细致的研究。该理论框架是以通论为基础，它同时也是建立在一个重大的研究项目成果基础之上。在此基础上，人们可以先建立一个具体的同声传译文本模型，用同声传译实例阐述它的意义。尽管规范这一概念为当代理论学家广泛运用，但翻译规范是否只限翻译行为的某一方面，还是它涵盖了包括语言在内所有的翻译现象，如遵守规范的遣词造句，目前人们尚不得而知。同样需要探究的是，人们是否接受了规范这个概念的基本含义，是否接受了诸如翻译及其相关的历史地位、应用、翻译原则等。

如果从文化的角度来看待翻译，人们有理由相信，语言是一个不可或缺的要素。无论理论的地位如何，实验研究表明语言因素在翻译中的作用是责无旁贷的，不过这不是本文探讨的重点。

如果说文化因素起关键作用，那么人们就可以坦言，翻译研究本身就是"文化学科"的一部分。那种认为翻译研究是一门界限清晰、相对独立的、是一门有自己研究的目标、理论、方法和系统定义的学科的观点是值得商榷的。因此，不论从文化的角度，还是从翻译实践与教学的角度来看，文化研究（描述性研究）是不可或缺的。

不过，在此本章要讨论的不是理论问题，而是探讨整个学科及其分支领域（如翻译培训、质量评估）的重要性。有一点值得肯定，那就是人们不可能将文化因素割裂开来，如果这样，人们的翻译充其量是空中楼阁，或是雾里看花式的翻译。事实上，只有更好地研究各种文化特性，人们才能为高效的翻译实践奠定基础，使之更有可预测性。由此可见,人们不仅需要文化,而且还要深入细致地研究文化以便找到最佳的、为人们所接受、受大众欢迎的翻译方式。值得庆幸的是,目前,译界对翻译的历史和历史学的重要性也引起了重视并给予了高度的关注,特别是共时的观点引起了业内人士的极大兴趣(Lambert 1978)。即使如此,重新发现文化因素绝非意味着为时已晚。翻译概念和其他的翻译理论无一不是以一定的文化历史环境为前提而提出来的。研究文学的学者看重的是翻译现象中的文化因素,并试图把自己和研究语言学的学者区别开来,几年前这还是颇为流行的做法。但如今,这种泾渭分明的做法已经鲜为人们推崇,这说明人们已经开始重新审视文化与翻译的关系,用更复杂的术语对文化进行重新界定。但无论如何,把文学和语言学人为地对立起来的做法是有悖历史发展潮流的,有悖科学原则。

翻译、文化和社会

值得注意的是,在坚持重新界定文化必要性的同时,人们有必要对文化和翻译之间的关系进行更透彻的分析。诚然,这样做意味着对翻译概念提出新的认识和思考。基于这一认识,本章将对文化与翻译之间或翻译与文化之间的关系作一次深入的探讨。本章反对翻译文学是所谓精英文化之说。因为翻译的指导思想(决定用译文而不是其他文本)很重要,它或多或少会影响译员的情绪以及最终的翻译效果。在一般情况下,译员的习惯和遣词造句会受到社会主流思潮的影响,特别是制度规范的影响。如一个国家对官方语言的规定、对外来语使用的限制不可避免地影响译员翻译行为。人们知道,译员是社会的一分子,译员如果离开社会这块土壤,他将无从吸收养分。实践证明,译员与社会联系得越紧密,所处的环境与科技融合越密切,他的翻译行为与公共言行越能趋于和谐一致,也越能被大众所接受。在许多理论与历史研究中,人们总倾向把文化问题仅仅看作翻译现象的一部分,如菜肴、专有名词、头衔等;而把相关语言看作自动的语言系统而不是非言语行为。更有甚者,文化在某些人眼里居然成了狭义的"高雅文化"。这些人所指的文化一般都是那些风格独特、题材各异、艺术性强、有文学价值的文化,是所谓阳春白雪,而不是主流文化、不是整个社会文化的主流。

人们知道,各种限制会影响输出诸如说、写、译等社会活动。有鉴于此,那么人们就有必要考虑可能出现的不同程度的制约。De Geest(1991)把这种制约称之为绝对制约(消极或者积极)和适度的制约两种形态。可以说,译员的遣词造句无一例外地要受社会的制约。从狭义上讲,他的行为要受社会行为道德规范的约束,他应该遵循社会所推崇、倡导的规范,他应该受社会或民间的"禁忌"约束。从广义上讲,译员的行为道德必须符合法律规范,必须遵纪守法。很难想象,在一个崇尚传统道德文化的国家比如中国,对女性畅谈性开放,这无疑是忌讳,难以被广大民众所接受的。对信奉伊斯兰教的阿拉伯国家的人,如果人们出言不逊,大肆诋毁或者诽谤穆汉默德,人们有可能犯下弥天大罪并将招徕灭顶之灾。同样,在西方社会大力宣扬共产主义,畅谈解放全人类,实现共产主义,不遗余力地贬低或者诽谤资本主义市场经济恐怕会招惹不屑一顾、嗤之以鼻的回应。对文化的规范应注重清晰可辨的、符合国情而有特色的而不是注重含蓄、模棱两可的、不加区分的笼统的模式。制度对翻译的影响远比突发事件、偶发事件的影响要大得多。风俗习惯对翻译的影响不仅仅是偶然的、临时性的，相反，它贯穿始末。不管人们接受与否，最终决定译员的翻译、译员的思想（直接的或间接的）以及客户的预期取决于社会环境。

上述观点听起来使人觉得本章在这里兜售集体主义，鼓吹宿命论观念，尤其是从传统的文学角度层面给人们的感觉更是如此。人们知道，并不是所有的人都赞同译员和译文要服从集体主义原则、听从组织安排。有些译员无不试图从规范的概念化中寻求特异性和个性差异。这些特异性或差异既不是来源于经验也不是来自任何的系统演示，而是更多出自人文主义和道德（文学）的考虑。倘若人们的翻译和交流仅仅追求特异、差异，人们就不可能获得好的解读，也不可能进行深入的研究。因为从逻辑上讲，对特异性的数据进行严格比较是不大可能的。反对系统这个概念，其实与反对规范本身的内涵有关，进而也会导致对规范所扮演的角色的错误理解。无论是什么制约，译员在选择规范时拥有很大空间。有很多规范层次（句法要求十分严格但措辞要求相当宽松），个人行为无论多少都将参与其中，不能将之悉数排除在外，它甚至还是交流的一部分。惯例和可预测性总是息息相关的，人们不应该苛求绝对的对等、匹配。因为即使是同一个译员，他的行为在某些方面也不可能做到完全相同，如句法或一个意思可以允许几种甚至多种表述。人们可以在实验观察的基础上总结出规范化行为，如果否认这种可能性，那人们无疑会自相矛盾。可预测性应该允许高低之分，不应该是绝对的，更不应该视为是根本不存在的。

在强调组织和机构作用的同时，人们不能只专一地考虑目的语发展的问题。尽管目前有不少学者纷纷撰文不遗余力地强调目的语、甚至二元对立如源语和目的语问题，但遗憾的是，人们对源语、目的语的转换所涉及的文化问题的研究仍然没有真正展开。如果从全球角度而言，这种情况绝非只局限于一个国家。人们很难设想，来中国投资办厂的跨国公司会把它本国的法律、法规全盘进口到中国，要求中国政府承认它的合法性。同样，到欧洲投资创业的中国企业绝不会把中国的规章制度移植到欧洲某个国家一样。要想和中国进行贸易往来的个体客商不会不知道中国的度量衡，也不会不懂人民币。反过来，到英国去学习、工作、生活的人不大可能会把一英镑当做一美元来使用。入乡随俗就是这个道理，人们要尊重目的语国家的法律法规、风俗习惯和风土人情。由此可见，不仅一个国家而且一个地区在总的大政方针的制定都无不扮演重要角色，也无不体现其传统的文化思想。以文学小说译本甚至是以经典文学作品为例，很显然，除了一些风格独特的文学模式外，约定俗成的社会文化模式无不渗透到文学作品当中并发挥它应有的作用。中国名著《红楼梦》里的众多人物不会因为外国人难读、难记，便迁就他们把这些名字全改成英语或者法语名，甚至是最常用的英、法人名。同样，人们翻译国外名著时也要尊重源语国的文化。人们不能把比萨饼译成馒头或者包子，反之亦然。值得注意的是，不论过去还是现在，上述观点也适用于经典文学作品。在日常生活中，人们不难发现，各国对电视、电影中的字幕根据国情规范也不尽相同，一般需符合该国社会主流文化。同样，杂志上的商业译文和小说翻译（这只是一种特殊的商业翻译，它依旧属于文学翻译）是经过编辑加工处理，修改和整理的。它必须反映出版社的企业形象、营销策略;它所代表的不是个人而是一个跨国集团或者一个企业的形象。

人们不难发现,各种制度框架既相互作用又彼此竞争,尤其是在时下全球经济大背景之下更为如此。很显然,本文这里所说的并不仅仅是政治制度。有时,同一篇译文本就会引发若干制度规定的冲突和争执。所以人们很难划清政治的界线,就拿欧共体为例,它已不再是一个严格意义上的经济组织。再如跨国公司,他们对语言的使用无不蕴含政治意义,这种政治意义不会被人们一时所感知,有时人们需要很长一段时间才能领悟其真实含义。同样,译员也不例外。严格地说译员的一举一动,一言一行完全代表他的委托人或为之服务的制度。

人们或许认为,这听起来很象典型的现代大众传媒的政策。为了使大众传媒现象不至于过分简单化,人们有必要追溯到20世纪下半叶。当时的译职人员和翻译公司完成了19世纪甚至18世纪以来的一系列名著的翻译工作。正如 Walter Ong(1982)所说,传媒科技绝不是现代社会的专利。

提及翻译原则,还有一个关键问题值得人们思考并有必要在此澄清:翻译原则究竟是由什么样的文化和制度决定的。人们可以设想,假如将来某个国家或某个翻译公司突然决定不再需要翻译或者提供翻译服务了,转而使用像英语这种国际性语言,尽管这是一个大胆的设想,但充其量是一个良好的愿望。与之相反,假如某国家或社会反而突然决定加大翻译力度(比利时便是一个有力的例子。比利时联邦成立后,有的地区就这样做的,之前他们严禁其他语言在比利时使用),那也是不现实。

为了更好地理解翻译原则,即使以少语种译文为例,人们务必要认识到特定情况下与之相关的文化,特别是制度的作用。然而问题在于,社会文化鲜有相同,所以人们必须理解不同的文化和不同的习俗。要想了解文化扮演的角色,人们不仅需要了解这种文化框架是如何运行的,特别是在某种特定的情形下,而且还要了解不同的制度所起的主导作用。就翻译而言,无人敢妄言这种文化规则一夜之间会变得面目全非。人们能否做出这样一个假设:一旦人们从一种文化切换到另一种文化,翻译规则就会随之发生变化? 文化不同,翻译策略和原则就必然不同吗? 时空变化是导致文化不同的必要条件吗? 上述问题已不仅仅是历史学家和哲学家研究的专利,如今它们也成了政界、经济学家、学者、通讯业关注的热点问题。因此,有必要对"文化"的"含义"作进一步探析。

"文化"的含义

何谓"文化"? 它的含义究竟是什么? 人们不能凭主观臆断和个人感情回答这个问题。最新的研究表明,不同背景的理论学家,对这个问题的回答也截然不同。他们的回答要么含糊其辞,要么有意回避,难道这不正好是人们研究文化学科需要的突破口吗?

20世纪末,民族问题和民族主义原则话题曾一度盛行一时,当时无人质疑它们对传统文化传承的影响。然而,时至今日,无论那些知名学者发表过何种高论,文化与民族的融合绝不是巧合而是其历史必然。某些历史学家和社会学家以西欧历史上某个特殊时期为切入点,把它与民族问题联系在一起,他们的理论不能不说有一定说服力。民族和文化间的联系是静止的,是一成不变的。有人曾对这种联系产生过质疑,他们以近代发生在古老欧洲大陆上的事件——民族制度一夜之间就被一种全新的,更为传统的文化制度所取代为例作为托词。

在一个国家,民族与民族之间的观点不尽相同,甚至自相矛盾这并不足为奇,即便在一个家庭中父子之间、母女之间、兄弟姐妹之间发生矛盾冲突也司空见惯。无论分歧有多大,20世纪末的历史表明民族和文化息息相关,不可拆分,两者是鱼和水的关系。

同样,人们并不知道语言在多大程度上能成为文化的一个决定性因素。语言和文化的联系显而易见,举足轻重。不过史学家们如 Hosbawm(1990)声称,语言因素在西欧社会的发展中所发挥的作用十分奇特,毫无系统性可言。然而,另一些社会学家和社会语言学家宣称,随着时间推移,语言和文化之间发生了更为复杂的联系,这种变化使得两者最后竟然能够共生共荣。人们所关心的问题是,译文在社会文化的发展中到底扮演了何种角色,这些定义目前仍然模糊不清。Lambert 曾有精辟的论述,他说翻译毕竟是出自于另一种语言,无论人们的翻译多么地道、到位,它很难摆脱翻译打下的烙印。由此可见,研究翻译文本的模糊性和文化特色问题就顺理成章。

从事市场经济学、心理学和人类学等学科研究的学者在涉及文化的概念时常常忽略语言要素,这一点实在让人不解。不可否认,不同学科之间存在界限,但不得不承认,没有公认的价值观、没有政治制度作保证,就不可能有社区文化。人们不妨回顾一下被沦为殖民地前的非洲:在缺乏统一的官方(书面)语言的情况下,非洲各国已共存了相当长的一段时间;然而到了近代,他们却要借用殖民主子的通用语言:难道他们的政治制度和标准化(书面)语言没有受到殖民化的影响吗?难道说人们现在对语言所持的观点就一定是欧洲中心论观点吗?

人们不能用过于简单化的态度去看待文化的区别性特征。那些把语言在统一文化中所起的重要作用一味抹杀和诋毁的做法是幼稚可笑的。人们必须承认对于某些人而言,语言问题是次要问题。但政界、商界对语言重要性的认识远远超出了专家学者们对语言重要性的认识。表面看起来,人们似乎偏离了翻译研究领域话题,而不停地在不同问题之间来回切换。其实,人们这么做是有一定用意的。人们要借此阐明翻译不可回避的一个问题。若从跨学科角度来看待翻译的话,翻译无疑也是其他学科领域所面临的问题。人们意识到,其他学科要么对翻译研究不屑一顾要么研究过分简单化。而人们关心的问题在于,如何使它在其他学科领域内同样发挥作用。这是一个有趣的悖论:除非借助翻译现象,否则人们对语言研究和语言发展的研究就无法进行,而只有当人们先意识到这一点,翻译和翻译研究的重要性才能得以彰显。上述论述适用于各种领域的研究:影视研究、学术领域以及文学与社会研究。这意味着,从人们把翻译定义为独立研究学科的那一刻起,这个学科就失去了它应有的生命力。如果翻译是文化问题或文化研究对象,那人们就不可能将它看作一个孤立的、独立的学科。

人们的结论同样还是一个悖论:翻译研究的魅力只有在翻译这个领域内进一步得到研究和探索方能得到彰显。人们的确有必要对翻译进行严肃认真的研究;只有其他人文学科均意识到,如若要更好地理解自己的研究对象,他们不能无视对翻译的研究。文化不仅是过去、现在而且将来都将是翻译研究的一部分,因为所有现象无不都与文化息息相关。不仅如此,人们应当把翻译作为文化的一部分来研究。

第二节　文化对翻译行为的影响

引言

本章探讨了跨文化交际中文化差异对译员的影响,诚然,任何涉及译员的交际都不可避免地涉及跨文化。跨文化交际需要具备三个条件,这三个条件缺一不可:意欲交流但又缺乏沟通共同语言的对话双方和能促成双方达成交流的译员。这三者之间译员被人们视为"隐身人",因为他不能对交际内容做出实质性贡献。然而,理论虽说如此,但在实际的操作过程中并非如此。正如 Wadensjö(1998:67)所指出的,有时译员在某些方面的行为经常超出隐身人的范围。在涉及交传和同传的国际会议与外交场合中,译员的作用自然受到一定限制,他没有机会施加任何的主观影响。然而,有些情况下译员可以"随心所欲",本章就此进行探讨。本章认为,在某些场合译员绝非是单纯的隐身人,相反,他不甘寂寞,他的所作所为某种意义上直接左右交际的走向。

笔者研究发现,文化因素对译员的影响不容忽视,它不仅影响译员的正常发挥,有时还起到相反的作用。本章拟从职业译员与非职业译员入手来揭示文化对译员行为表现的影响。本章第一部分侧重诠释译员的多元角色,阐明潜在的文化差异对其扮演的各种角色的影响。第二部分以非职业译员为例来证实职业译员和非职业译员的差别和使用不当导致的潜在危害。

文化与译员角色

加州医疗卫生翻译协会(2000)把译员的职责归纳总结为四点:信息传递、协调员、文化使者、患者维权。本章将在这四个定义的框架下来探讨文化对译员的影响。Gulliver(1979)曾经指出,参与谈判的第三方常常不甘寂寞,会不由自主地对交际施加这样或那样的影响,本章认为这个第三方不是别人正是译员本身。严格地讲,作为一名职业译员,他应是积极的参与者,应本能地意识到文化在翻译中的重要性。

译员作为信息传递员

所有职业译员无一例外地均需遵循相关的职业操守。翻译的"准确性"是译员坚守职业道德标准的试金石,新西兰主管民族事务部门早在1995年就明确规定:"译员应尽可能在语际转换中做到不折不扣地忠实原文,确保表达准确无误,做到不随意添加和擅自删减"。

表面上看,这项规定真金白银,无可厚非。然而,在实际操作过程中,尤其是在涉及文化因素时,它远非人们所想象的那么简单。这一点从加州医疗卫生翻译协会操作规程中便可见一斑。该规程规定译员的翻译必须做到准确、完整:

a. 在不改变原意的情况下,准确再现发言人口头与非口头信息以及其说话的语气。

b. 准确传达具有特定文化含义的非口头表达及手势语含义。

c.译员不仅要如实呈现发言人的信息同时还要再现其语气,即便是字里行间含有粗俗与不雅的言辞。值得注意的是:不同的文化对不雅、大不敬这类词句的理解与认识各不相同。译员面对这类表达常有为难情绪,甚至有抵触心理,这是人之常情。但译员在寻求对等表大时需要恪守意思准确、完整,这是第一要务。

d.错译时应立即纠正,不可将错就错。

e.表达力求言简意赅,理解做到准确无误,尤其是面临口音、方言土语、语域以及文化方面的差异时。

f.尽量保持发言人源语风格特征如正式或非正式(语域),必要时为了有助理解,确保交际成功,译员可在征得对方同意的前提下做适当调整。

g.译员应对可能出现的医学术语、专业词汇,以及英语或目的语均难以找到的对应表达向听众说明,译员可要求发言人用浅显易懂的词语表述或协助发言人解释其含义。

有时译员难免面临既直白又含混的尴尬场面。人们知道,在低语境文化里,大多数信息在字里行间里就已明确编码;而在高语境文化里,只是小部分信息以口头的形式编码,而大部意思需要根据上下文推测判断。做法庭翻译时,译员无权将含混的语言用直白的形式表述,正如 Wadensjö（1998）所言,"译员如擅自澄清律师有意识的模糊问题被视为无视法庭,缺乏专业的表现"。当然,在这样的情况下令人尴尬的不是别人而是译员,它使译员处于进退维谷的两难境地。汉语含糊其辞的表达屡见不鲜。比如某外国公司向中方某公司提出一项要求,而中方给出的答复只是"考虑考虑"。这句话既没有明确表示肯定,又没有完全否定,给人感觉模棱两可,不置可否。它给人的感觉更像是一种婉言谢绝（Kondo et al. 1997）。那么这句话的真实含义是什么呢?把它译成"我们将考虑考虑"会令人误解,对方会误认为稍后会得到明确的答复。反之如果说"对不起这事儿不行或办不到"便显得太直白甚至粗暴,万一中方有意识含糊其辞,故意搪塞了之。面对这种情况译员如能积极配合、努力调解,无疑有助于双方消除误解,打消疑虑。

同样,临床上这类事例也屡见不鲜,Kaufert（1999）的案例便是一个有力的例证。Kaufert 在其案例中记录了加拿大土著医务口译员的经历:一位年旬72岁的土著男子住院接受尿路感染检查,他只会说当地土话。于是就诊期间他的儿子便担任他的贴身翻译。医院安排他次日接受膀胱检查。考虑到可能出现的语言障碍问题,医院特地为他安排了一名翻译人员全程为他服务。不幸的是,译员临时有事需离开现场,而唯一能胜任该职的是一位28岁左右的女性。泌尿专家开始对患者问诊,不料她神色大变,迷惑不解,翻译时语无伦次,支支吾吾,好像有意躲闪。几番敦促无效后,医生无奈只好画了一张男性泌尿系统的草图,最后患者终于同意检查,不过坚持说他什么也不懂,但他同意签字因为他信任医生。对于译员的犹豫不决、配合不协调,Kaufert 这样解释道:

患者在协议上签字后,翻译便回到了办公室向上司说明了缘由。她解释道,她无法直接翻译专家对尿检过程的描述,对她来说这是一大禁忌,因为她的文化忌讳谈论异性生殖器这类话题。她补充道,她之所以犹豫不决是因为她慑于患者是一位德高望重之人。办公室主任告诫她说,一个称职的专业医务口译员应该客观、如实地翻译源语,即便含有某些忌讳词句。译员虽频频点头称是,不过仍辩解说,长者不会容忍在他看来是一种伤风败俗、大不敬的词语,尤其是当着一名年轻女子的面。主任理解她的苦衷,同意男翻译来时再进行尿检。

译员作为协调员

在翻译过程中,有一些不确定因素往往使得译员不得不求救于发言人,如:1)译员没有完全听懂,需要对方重复;2)译员意识到听众迷惑不解,不知所云,而译员实在是不折不扣地忠实了原文。这种情况的出现一般与文化息息相关。北爱尔兰医疗保健部针对可能出现的文化差异对译员作了这一规定:

为了确认患者的年龄,医护人员有可能要求其出示相关证件。虽然这一要求并不为过,但对个别患者而言它有可能意味着人们怀疑他的真实身份,因而会大为恼火甚至大动干戈。面对这种情况,译员应积极主动向客户解释、澄清事由。他还可以建议当事人出示其他证明其身份的证件如驾驶证等,并向医护人员做出解释。这样会使交际顺利、高效。但也有些情况人们无需明言但需要常识来推测判断:

有时从患者的角度出发,医生会要求他转院进行手术,而患者有可能左右为难,担心囊中羞涩难以承担昂贵的手术费,却又难以启齿。而医生则想当然地认为患者事先了解所有医疗制度。译员如能配合医生无疑将有助于消除患者疑虑,打破尴尬局面。当然,译员是否介入以及何时介入要看事态的发展。

译员作为文化使者

加州医疗卫生翻译协会对文化使者的职责作了如下规定:

文化使者的职责不能只简单地对词句进行翻译或解释,他的首要任务是帮助来自不同文化背景的对话双方顺利完成交际,尤其是对文化差异导致的、容易引起误解的词句应有高度的敏感性,做到随机应变,化解一切可能出现的矛盾。

曾有一位中国籍年轻母亲产后要求公司批一个月的产假。部门经理不解,于是就发生了争执。几番争执无果,经理最后说“如果你执意要休什么‘产假’的话,我看你休假后最好另谋高就”。假如当事人或译员向对方解释这是中国特有的文化,就完全有可能避免这种不必要的误会。有时译员需要解释交际方的行为动机:坐月子是中国传统文化,它可以追溯至西汉《礼记内则》,距今已有两千多年的历史,古人称之为“月内”,认为女性产后是人体气血最为虚弱的时期,需要一个月养护方能恢复健康,故称“坐月子”。其实现代医学认为,产后完全恢复需要更长的时间,现今产后年轻妈妈们除了准备大量营养补充身体外,还要准备一些护理用品,如产后收腹带、骨盆矫正带等以帮助产后生理快速恢复。

另有一名西班牙译员因翻译任务前往一家托儿所。医生问病人是否是来让她的男婴做包皮术,这位客户先是点头,然后若有所思并郑重其事地说,“我朋友的儿子曾经就在这家医院做过手术,医生给他的包皮割得太多,我不知道他现在情况如何。不过这次能否少割一点?”听起来,这位女士给人的感觉似在婉言谢绝,但又碍于面子不便直接拒绝。因为出于礼貌和对医生的尊重，拉丁美洲人不会轻易当面拒绝医生的建议，即便是十分不乐意或实在难为情。他们对医生历来唯命是从、逆来顺受，从不加质疑。这些患者初到美国不了解美国医疗制度的情况，也不知道手术前还需签字画押。只有那些熟悉了解美国文化的人，才会像美国人那样知道如何爱惜自己的身体，呵护自己的健康。后来译员做了解释之后，这位女士方才恍然大悟。

该例子表明，译员不仅是文化使者，而且还应是通晓目的语文化的人。时下，既通晓语言又深谙文化的译员是外贸部门竞相争夺的香饽饽。英国商务部翻译指南明确规定，译员应是商业信息的灵通人士，可见这一规定对翻译的概念赋予了新的内涵。在谈到译员担任维和与救援任务时，Edwards（2002）指出，"译员应擅长公共关系学，对当地情况了如指掌，是异族文化的好参谋、好向导；此外，他还是一个心细如发善于洞察一切细微变化的人。"Katan（1997）也曾经指出，合格的译员应是一名文化使者。目前，有些职业译员之所以难以找到称心的工作除了不够专业外，另一个原因则是对企业文化一无所知。因此，Katan鼓励译员转换角色，争取成为企业文化的行家里手。他建议译员1）在从事正式翻译前应首先熟悉企业各项业务，而企业应帮助他学会应对可能出现的跨文化交际问题；2）跨文化交际时一旦出现疑惑不解的情况，应立即请求暂停予以澄清以消除误解；3）在正式担任翻译任务前，务必做到准备充分，避免可能由于跨文化问题引起的不必要的误解。只有这样译员才不愧为一名合格的跨文化交际的使者，其实这也是译员自身发展的必然归宿。如今越来越多的大专院校已意识到它的重要性，中介在提供译员服务时不仅提供译员也提供跨文化交际服务。

然而，文化使者这一角色也有其难言之隐，正如Kaufert（1999）调查加拿大土著译员的结果显示，译员反感随意评价土著人对待生死的态度。同样，对医生提出的有关土著人居住的环境恶劣也不愿发表意见。每每碰到这类问题，他们只能找各种借口，如不了解这类情况不便妄加评论这样的托词。凡是涉及道德层面或客户受教育情况均属于个人隐私，无关人员不宜干涉。参与该项实验接受调查的2名译员这样解释道，面对这样的问题他们要么化繁为简，要么搪塞了之，因为不了解实情妄加评论有悖职业道德。译员应秉持"知之为知之不知为不知"的实事求是的精神。

译员为患者维权

加州医疗健康翻译协会为译员确定的四项规定中，其中一项便是维护患者的权利。规定指出：鉴于外来移民不了解美国现行的医疗制度，不了解有权享受免费医保，加之英语水平有限等原因不能充分享受医保赋予的各项权利，一经发生这种情况，作为知情的译员应主动维护患者权益。但是，考虑到医保本身的特殊性，即有可能为患者以及译员带来潜在的风险，译员须酌情把握维权的尺度。

Kaufert（1999）研究发现，加拿大土著语翻译协会对译员维权这一角色并没有硬性的规定。不过，他的被测试译员乐于协调员工作，用自身的优势在信息传递的过程中发挥正能量。比如，许多医务人员对土著人家庭过分干预患者的治疗颇感无奈，因为这样不仅侵犯了患者的切身权益，而且加重患者的病情，甚至导致生命危险。面对这种情形,译员应主动担负起其维权的义务,鼓励患者实施他们应有的权利。当然在处理此类事件中,译员应遵循职业操守、道德规范,力求保持客观中立。

使用非职业译员

在译员的使用上各国都有明确规定,除职业译员外一般不考虑非职业译员。然而,在实际操作过程中,特别是在涉及跨文化交际的非正式场合,会说双语充当译员的人并不在少数。本文将对此从正反两方面加以剖析说明其利弊的关系。

亲朋好友充当译员

在某些公共场合或社区的交际中,家庭成员充当翻译角色的现象司空见惯。有时它的确能起到积极的作用,这也是全家人的初衷。但有时则弄巧成拙,适得其反。如前所述的年届72岁患尿道感染的土著老人便是一例。Kaufert(1999)发现,一听到父亲患癌症的消息,儿子心急如焚立刻抢过话题,坚持自己来解释这一切。当译员向患者转述诊断结果时,他马上阻止,声言他这样做是保护父亲免受噩耗打击。

用家人充当翻译有害无益。曾有一名译员应约前往内科诊室担任翻译。与此同时,一位年龄在50岁上下的墨西哥农民妇女也一同走进了诊室。患者是这里的常客,但译员却是初次同她见面。由于儿子双语流利,自然便成了她的翻译。这次儿子因事不能一同前来,因此医院为她安排了专职译员。在走进诊室前,医生担心患者仍会乱说一气。这是她第三次来就诊,每次她描述的症状不是前后矛盾就是使人啼笑皆非。后来才知道,医生在她直肠中发现一根瘘管。她前几次来看病时因为儿子在场的缘故,不便说出实情。她告诉译员说她羞于启齿,只好瞎编一套。她承认她第一次来就诊时就理应服从医院的安排。

用儿童为亲朋好友做翻译的严重后果更应引起人们高度重视。Haffner(1992)就亲自经历过这样的场面:某医院有一项翻译任务需要她立即前往。她到达时,除了患者和她父亲不在场外,其余全体医护人员及患者家属都在病房。此时只见一名9岁的男孩站在医生旁边急得满头大汗,脸上布满愁云。医生见译员进来就连忙示意说,"赶紧,这儿正需要你!"孩子也连忙苦苦央求说,"求你了夫人,你帮帮我吧,这活儿我实在干不了!"可见,用孩子充当译员绝非儿戏。尽管他的英语说得流利,但只局限于一般的口头表达,如此专业的医务翻译绝非孩子可以胜任。这不仅不尊重孩子,而且置患者的安危于不顾。

21世纪的西班牙农村景色宜人,但民俗依旧。这里仍然沿袭原始公社后期形成的男性在经济及社会关系上占支配地位的制度,因此等级制度森严,长者和男性掌握绝对的话语权。成年男子唯父命是从,幼年男子唯成年男子马首是瞻。另外,拉丁美洲文化讲究家庭一切事务由长者做主,长者是绝对的权威,不容挑战。所以,用未成年孩子担当翻译无疑犯了禁忌。

切忌图方便随意雇佣译员

使用非职业译员担任译员的现象屡见不鲜，因为这些译员用起来顺手，能做到随叫随到。Knapp-Potthoff 与 Knapp（1987a, 1987b）的调查发现，非职业译员明知不够专业，但却从不服输，因此翻译场合不时能见到他们的身影。这难免带来两个问题：有时译员为了顾及脸面不是偷工减料就是添枝加叶，看似译得头头是道、津津有味，实质上译出语质量大打折扣。

曾经发生过这样一个案例。一个由 6 名成员组成的中国代表团应邀前往英国考察一家工程公司的总部。出访前中方已与该公司签订合同拟购置一批工程设备，此访的目的一则是对方发货前需检查设备质量，二是参加合同规定的终端用户的培训。该公司以前接待过若干个中国代表团，每次接待都免不了要聘请当地一所大学的一位中国籍在读博士生担任临时翻译。这名博士熟悉公司业务，公司对他的表现也赞赏有加。然而不巧，这次他正赶上答辩不能前来，为此他推荐了他们系另一名中国籍在读博士。但是，一系列麻烦便接踵而来。

干预不当

中英双方的初次会见开局良好。英方董事长亲自带队到代表团下榻的宾馆看望代表团成员以示欢迎。他先让英方成员一一做自我介绍，介绍完后，他请中方代表作介绍。这一下子便引起了骚动。团长先是迷惑不解，后转身询问其他成员，其中一位团员用中文请他代表全团向对方做介绍。过了一分钟团长这才反应过来，于是他不慌不忙，十分从容地掏出事先准备的发言稿开始发言。站在一旁的译员立刻过来阻止，用中文叫他先做自我介绍。大家面面相觑，不解地开始嘀咕起来，最后团员们终于做了自我介绍。中方代表团认为团长应代表全队向英方说几句客套话以示感谢，然后再开始自我介绍，他们不解为什么不能这么做。译员则觉得必须如实传达董事长的请求，为此他立刻打断团长宣读事先准备的发言稿。他没想到，商务洽谈属于正式场合，按照中国习惯团长需作简短发言．而他却强行要中方按照英方的节拍起舞。在英方看来，这显得多此一举。而在中方眼里，自我介绍前领队致词或讲几句客套话是惯例。而译员却固执己见，无视中方的习惯，给本来很顺利的场面蒙上了一层阴影，挫伤了团员的积极性。

消极怠慢

访问结束的前一天，英方安排全体成员去伦敦观光购物。而此时中方最关心的是零花钱问题，有了钱便可以在伦敦购物，机不可失。按照潜规则，英方应将培训结束所剩的费用一次性全部返还给中方代表。因此，中方便借此机会向英方索要这笔费用。然而尽管中方反复要求，译员只是置若罔闻，无动于衷。

中方向译员一连表达了数次请求，要求对方临行前结清所剩费用，这是一种委婉的表达方式。而译员无视中方再三请求，用到伦敦后需要到哪些地方观光这类句子搪塞了之。

人们不禁要问译员为何拒绝转达中方的合理请求？看得出译员感到尴尬，脸上露出为难之色。中国古语云："君子之交淡如水"，国人羞于谈及金钱，加之这种场合要求对方结清账目似乎欠正式。所以中方一再强调说结清费用而避免用零花钱这一字眼，团长不用第一人称"我们"反而用第三人称"他们"。译员羞于谈钱，一提到钱便难以启齿，感到没面子。而英方对此全然不知，等后来知道后则感到要求十分合理，英方领队立刻派人办理，很快就取回了现金。

在次日代表团启程前往机场前的欢送会上，钱的问题又摆到了桌面。团员们对余额总数心有疑虑，感到有负预期，于是向英方索要账目支出明细。同样，译员对中方的请求置之不理，约莫过了50分钟，在团员们再三请求下，译员才勉强把刚才的话转述了一遍。显而易见，无论是中方还是英方对于译员的表现都大打折扣。对中方而言他的翻译不仅过分简单，而且喧宾夺主。他的翻译总是给人感觉掐头去尾，缺斤少两。英方对他的表现也纷纷摇头，认为他的翻译太简单，原本五六句话到他嘴里只剩一两句，他给人的感觉不像是译员而更像代表团的领队。此次伦敦之行无人不对译员的表现怨声载道，他不应该无视中国习俗，回避翻译敏感性问题。

结语

本章的例子说明，语言与文化的有着千丝万缕的联系。上述例子从不同的侧面均反映出译员喧宾夺主给交际带来的不良影响。本章中的中方译员案例表明了中国传统文化对译员的潜意识影响：中国文化崇尚君子之交淡如水，君子视金钱如粪土，于是羞于谈钱，耻于言利成了中国人一贯引以为傲的美德。然而，如何摆脱文化的束缚使翻译客观、准确、完整地再现源语的精神实质，同时又兼顾不同文化因素这无疑对译员是一大挑战。本章建议有识之士对语言和文化方面的复杂性进行进一步深入研究，在跨文化交际活动中，尽量避免使用非职业译员。

第十二章

联合国与同声传译

第一节　联合国工作语言与同声传译

人们之所以不能有效区分同声传译与笔译之间的差别关键在于,它们两者表面上的相似掩盖了其本质的差别。然而,不少人自以为是,认为只要能在两种语言之间充当媒介的人都能胜任翻译工作,于是乎无论是笔译还是口译一概不加区分,将两者混为一谈。人们这么做并非没有原因,其实只有在联合国和其他知名的国际组织中,口译与笔译的区分才真正彰显了其在行政功能上的重要性。不过,这些大型国际组织对两者严格的区分并不仅仅是为了工作上的便利。

只要人们仔细观察就不难发现,它们两者的不同点远远大于相同点。因而,有必要对此进一步深入探讨。要说明一个问题最简便的方法莫过于用具有相同特质,大家都耳熟能详的现象来加以比较。如板球和棒球、双簧管和长笛、马匹和骆驼、蘑菇与伞菌,等等。它们之间虽然有相似之处,但也有本质的差别。

毕竟,本章的目的是针对同声传译译员服务的广大客户或"消费者"而言。不过,作为译员首先要提高自己对同声传译业本身的意识,否则就没有理由要求业外人士和自己一样有统一的认识。

人们之所以要对同声传译翻译的质量进行探讨,其中一个最重要原因是,十有八九客户的投诉无不来自翻译中的过失或错误。不过,人们必须知道,有时客户的批评难免过于偏激,有些"过失"并不足以称为错误,而无非译员在翻译中采用了与发言人不同的词语或表达方式而已,但这并不意味着翻译完全错了、不得体。即使人们的投诉或批评合情合理,但如若这些错误是发言稿本身的错误而非译员所为,那人们责怪译员的言行未免太莽撞。因为它毕竟不是因为译员的无知或疏忽所致,而是译员受制于同声传译超负荷信息转换的压力,加之发言人对译员的超强度工作及其特有的难度缺乏应有的理解和必要的配合造成的,而发言人的配合恰好是语际交流成功的重要保证。

因此,若在笔译定义的基础上给同声传译下定义的话,人们可以说,笔译有的难度同声传译同样具备,笔译没有的难度,同声传译同样有。一心多用、全神贯注、高负荷、心、脑、眼、耳、声同时并用,一气呵成等等,这一系列问题绝不仅仅是时间限制所为。出乎人们想象的是,同声传译不仅将类似于笔译人员翻译的材料口语化,还有更多材料本身的问题如修辞、论证、辛辣的文风、条理性缺乏、俗语、文化差异产生的歧义、模糊表达等数不胜数的问题等待译员在转瞬即逝的时间节点上处理。另外,译员的材料在形式上也与与笔译人员完全不同;笔译材料通常具有构思完整、逻辑严密、整体性强等特点。

这些不同点大致包括以下几方面:

1. 听觉:口译材料的输入形式是通过听觉,而非视觉。

2. 口述:即译语或加工后的材料将通过口述的形式传达给终端用户或消费者,他们再通过听觉器接受信息。

3. 同步性：要求同声传译译员具有快速反应的能力，能承受超负荷的压力。

4. 活力性：同声传译讲究现场气氛，活跃、积极参与是同声传译的本质，同声传译环节是一个互动性强的工作环境，这些都与笔译的静态单调的本质截然相反。

5. 语言多样性：这一点和最后一点有关，但又有区别。同声传译环境中的语言多样性长期未受到应有的关注，而它与笔译工作者的双语功能和工作环境大相径庭。人们甚至可以说，如果不是因为这个原因，有可能不存在同声传译一说，更谈不上在特定场合下取代交传。

6. 无标点：同声传译译员缺乏精心设计的标点，而正是因为有了这些符号人们的书面语才显得易读易懂，为人们消除了歧义。

7. 其他语言的使用：其他语言的使用也是一种普遍现象，并且这一现象一直未能引起人们足够的重视。比如在欧盟举行的大型国际会议上，发言人不是用他的母语发言，反而用其他语言——非母语即正式官方语发言。当然，这种情况不仅仅局限于欧盟，其他国际性大型会议也同样存在，但本文要借此来说明并探讨同声传译特有的功能，即不同寻常的挑战性。

口译与笔译的最大区别在于：同声传译译员不落俗套，不拘泥形式，勇于打破常规。人们知道，翻译最忌讳的是一知半解；最棘手的莫过于在没有充分理解整个句子、整段话、整个章节乃至整部作品之前便匆忙挥毫泼墨。换言之，人们只有充分理解、把握原文的精神实质，翻译才有可能准确、到位。

与同声传译相比，交传和笔译工作者有一个共同的优势，即他们均能提前了解翻译材料的内容，因而有足够的时间来推敲、斟酌词句。而同声传译译员必须打破这种常规，尤其是在两种语言之间的句法结构不同的情况下。事实上，语法结构越是不同，同声传译译员越要加大力度打破这种常规。

同声传译的关键远比同步这一词要复杂得多，它绝非一般意义上的同步。它的复杂就在于译员无从知晓句子何时结束，也很难知道发言人下一句话的话题。所以，在所有必要信息到来之前，或在"另一只鞋"落地之前，译员必须迅速调整、理顺、转换其译语。

同声传译的特点关键在于它的"同步性"，这也是它区分其他翻译形式的标志。殊不知在其背后，它掩盖了另一个重要的特点，也是独一无二的特点：它还打破了"黄金规则"。人们只要打破"同步性"的垄断地位和消除由此产生的误解，就能清楚地知道"听说同时进行"仅仅是一方面，而"注意力分散"则是关键或唯一区分同声传译与其他形式翻译的特点。寻求一个词来形容这一特点是必要的，但并不是唯一的，更不是区分同声传译与笔译差别最贴切的。在此，人们姑且把它叫做"悬心翻译"（借用于"守候另一只鞋掉下来"的故事）。同声传译的确当之无愧具备打破了"黄金规则"这一特点，但是即便人们掌握了它"听、说同步"的技巧，它仍旧保持了无可争辩的独特一面。

句法差异对同声传译影响尤为突出，句法差别大的语言对译员构成的挑战自然不言而喻，它集中表现在词序上。以下所列的是一些有较大"句法差异"的国际语言和它们之间的关系：

1. 汉语的句法结构不同于任何西欧国家语言的句法结构；
2. 俄语的句法结构有别于任何西欧国家语言的句法结构；
3. 德语和英语句法结构相距甚远；
4. 西班牙语与英语句法结构差异很大；
5. 法语与西班牙语的句法结构各有不同。

西班牙和英语的句法差异不如俄语和主要西欧国家语言的差异。当然，这不能完全归咎于俄语的多曲折性，曲折性是俄语的一个基本特征。除此之外，还有其他一些原因。英语是严格遵循"主谓宾"（SVO）结构的语言，西班牙语与英语则正好相反，它的句式结构是OVS，外加一些其它"绝对"或者"特殊"句型。这种句型受拉丁语的影响，但缺乏拉丁语的曲折变化，因为拉丁语的变位反而使句法联系得更紧密、意思更清晰明了。以宾语开始时的拉丁句子，往往以宾格形式出现。而西班牙语句子以宾语开始时，特别是在译员翻译过程中，除了在人称或半人称用介词作宾语a，否则在所有信息补充完整之前，译员唯一的杀手铜就是猜测。译员面临的另一困难是句子开头频繁使用动词的被动式、无人称和反身代词等句式。如法语中的"se pretende...que..."。还有一种情况是由一个连词引导的从句的频繁使用，常以"que"引导并紧跟一个虚拟语气的动词，英语没有类似的句型，如"querer que..."。与法语不同，动词和代词搭配在西班牙语里不多见。此外，最让人伤脑筋的莫过于在第二、第三人称上的含混不清，因此，看似简单的"su casa"一句能表示"他的""她的""它的""他们的"或"你的"房子。以上这些问题无不使译员焦头烂额，也往往使得他的译语输出模棱两可。这里，本书权且引用列宁《kto kogo?》的一句名言，"在西班牙语里最要紧是要知道谁在对谁做了什么"。（拧句）

在西班牙语的句法中，另一个易犯的错误是用作关系从句主语中的"que"和关系从句宾语的"que"的区别。法语里的"qui"和"que"之间的功能分工明确，但是在西班牙语却很难区分"que"在关系从句里究竟代表的是主语还是宾语。俄语和英语的区别在于，俄语的曲折变化着实让人苦不堪言，俄语变位丰富，而英语里的变位有限，可谓屈指可数。奇怪的是，提起变位，与邻国和其他欧洲国家相比，英语和汉语有许多相似之处。而俄语则不然。例如：如果你想用形容词голубой /goluboi [«blue»]和'blue'比较，你要知道的词汇或词形居然达36个之多。

幸亏英语摆脱了德语和法语曲折变化的束缚，成为像汉语同样的单纯"分析性"语言，否则，学习英语的难度要远远超出人们现在所耗费的精力。为说明这一点，人们不妨用英语的动词"walk"与其相同意思的德语中的"marcher"为例来进行比较。英语爱好者要想做到灵活掌握这个动词，他需要记住它的各种不同的词形，如"walk"一词，他就需要记住"walk""walked""walking"和"walks"4种词性。反之，如果他要掌握德语中"marcher"一词，则需要记住它的30～40个不同的词形。（陈述句中的4个时态，加上虚拟语气中2种时态乘以6，人称的数、单数和复数。外加过去分词的4种不同词形、阴性词、阳性词、单、复数形式）。

英语曲折变化的消逝使词序变成了句法意义的重要标志。因此，在残留下来的少量代词中，即便人们不遵循语法规则，对曲折变化一窍不通，恐怕绝大多数人不会把

"him loves she"理解为女人爱上男人。

口译与笔译之间最大不同点是前者的表演功能，至少是在联合国和其他机构的一系列同声传译会议中是这样。正因为这个特点，同声传译堪称综合艺术，介于表演艺术和职业运动之间，这两个领域都与口译功能不谋而合。如就像演员在舞台上表演时不得不克服"怯场"感，运动员每个动作必须保持应有的姿势，必须做到纹丝不动，对于一个笔译工作者来说，他从来不用考虑这些棘手的问题。在舞台上，除非是特殊情况，很少有演员只需展露声音，而译员却要直面观众，这是两者不同之处。另一方面，和演员不同的是，译员不可能像演员上台前对自己的台词做到了倒背如流，知道自己所扮演的角色。所以，译员的焦虑更接近于一名即将比赛的网球运动员，他无法判断对方的球路。这一点和跳高又不一样，跳高运动员是向一项既定的高度发起冲击，挑战规定的高度，他与其他选手的竞争是间接的。而网球则在比赛中一天内有两种变数：选手本身的状态和对手的竞技状态。这两种因素的结合往往决定了比赛结果。假如比赛那天一名网球选手发挥失常，但却意外地击败了对手，这说明对手并没有对他构成太大的威胁。所以如果一名译员在状态欠佳的一天中仍应付自如，这就要归功于发言人没有太为难这名译员或者说该译员运气不错。反之，即使译员状态极佳，如果发言人总出难题，他也难逃败运而最终被迫"败下阵来"。

人们不妨借助另一个比喻来进一步解释。职业音乐家有时难免会遇到发挥欠佳的情况，但却很少因为音乐太难而演奏失败。然而，音乐家拥有两个恰恰是译员所缺乏的有利因素：首先他可以自主选择他演奏的曲目，其次他可以演奏他滚瓜烂熟的乐曲，即使不能完全控制自己紧张的情绪，他同样可以尽情演奏下去，直至把一首乐曲演奏完毕。

翻译的难度来自需加工的材料内容，并为之受限。口译的难度则源于紧张感。曾有一位译员如此感叹道："主观上来讲，1967中东战争爆发令我终生难忘，安理会随即召开了无休止的讨论会。当时给时任前苏维埃大使 Jacob Malik 做口译的难度极大，它远远超过几年后在洛杉矶召开的小型能源会议上的翻译工作。如果翻译材料能白纸黑字可以呈现在桌面，译员无疑会轻松得多。这就如同你在地面上画一条 6 英寸宽 20 英尺长的狭长线条，你需要沿着线条往前走，你不大可能偏离线路。但同样的线条如果放在 50 英尺的高空中，也许无人愿意一试。这个例子说明为 Jacob Malik 做口译的难度可想而知。事实上，每当我事后听他当时的讲话录音，我仍不明白他说的话会如此的难译"。

语言组

联合国有 6 种官方语言：阿拉伯语、汉语、英语、法语、俄语和西班牙语。除了阿拉伯语和汉语的译员外，联合国要求其他所有译员务必掌握两种官方语言并能自如地将其译成第三种语言——译员的母语。中国译员则在阿拉伯语和英语以及阿拉伯语和法语之间来回切换。译员翻译时输入语和输出语的所涉及范围就称作该译员的语言组。

尽管它对笔译的影响不明显，但不同的语言组对口译的影响无疑是潜在的。因为联合国译员经常需要迅速从一主题切换到另一主题。因此，快速理解熟悉新题材与内容就显得尤为重要。由于英语是6种官方语言中目前使用最广的一种语言,一旦别的译员分配给一组他不熟悉主题讨论会时,此时英语译员便占了先机。他可以听到发言人用自己的母语讨论主题,他在译成目的语之前有充分的时间熟悉发言内容,并做到胸有成竹。和英语译员截然相反,中国译员则不得不直接硬着头皮译一份陌生的材料,啃硬骨头。他有可能全然听不到中国代表的发言,因而无从了解汉语的专业术语,更不能做到译语脱口而出。事实上,中国译员经常只为一个代表团或一位代表做口译工作,这主要是因为其他各国代表无须听懂英语译成汉语。与此相反,英语译员则有大批的听众,他们的理解全仰仗译员的翻译。法语、西班牙语和俄语的译员则处于这两者之间的中间位置。

结构差别与其他语言差别

联合国各工作语言都有其固有的结构差别,有些结构使口译更简单而有些则更难。至于哪种语言翻译时最难,曾在联大工作过的译员异口同声称,发言人的口音要大大超过语言本身的难度。虽然西班牙语在许多方面比俄语更接近英语,但西班牙代表比俄国代表给译员带来的麻烦要多得多。汉语和俄语在结构和词序上与英语风马牛不相及:俄语,曲折变化丰富;汉语则完全没有曲折变化,没有关系代词,所以信息前载。西欧国家语言特别是英语,完全倚赖词序来标明谁在对谁做什么。传统上讲,虽然人们不敢保证这种情况是否存在于西班牙语中,但在英语和法语的"Dog bites man"这一句话中,人们会因词序而知道谁咬了谁。在俄语这种高屈折语言中,主语和补语的位置很难确定,多数情况下出现在句末,但根据语义有时又出现在句子其他不同的位置。因此,俄语与汉语的差别是汉语缺乏关系从句,汉语一句话可以将大量主语和宾语展示在译员前,而丝毫不加区分。这种差异让译员长期处于两难境地之中。

进退两难

困扰译员的另一个问题是,他要积累大量的有关句子或主、从句的信息,即便他根本不知道主语所指,也不知道该信息是否与主语有关。如果译员希望将这些信息转化为一个符合语言习惯、易于理解的英语句子,他就必须等待直到主语到来为止,但在主语正式出现之前他无从知道他要积累多少信息,也不知道这些信息需要保留多长时间。更糟糕的是,他有时难免遗忘甚至曲解某条信息,因为此时译员只能将部分注意力放在信息的储存上,他必须集中主要精力总揽全局,捕捉这个捉摸不定的主语。在分配注意力的同时,他还必须按照主语顺序来调整转换他已储存的信息。

有时不得已译员只好根据自己多年的经验用一个临时、勉强的方法来应对,即重组信息和译语。这样,译员就不用为储存信息而消耗更多的精力,他可以采用一种灵活的翻译方法,一方面吸纳任何潜在的主语,另一方面又能兼顾英语语法规则。还有另一个办法,这也要求译员需要根据自己多年的经验,即灵活理性地预测。这样做的优势在于,译员不仅将桥梁的角色发挥得淋漓尽致,而且还提供了一个似乎合乎情理的主语。不过这种翻译方法有它的有利一面,但也存在一定风险。

还有一种情况,一旦万般无奈,走投无路,译员只好抛出他的杀手锏,不过这一招也是翻译"技巧"的一种。也就是把球踢给与会人员,具体说将未经过处理转换的源语直接译给听众,让听众自己进行加工处理。这种技巧曾风靡一时,备受译员青睐,这种翻译形式人们有时在塔斯社报道苏联领导人会见外国元首时看到。现在,人们不妨试看以下一个典型的俄语句子:

"(The) having been (undertaken/held) from Jan 9 to 11 1989 in the capital of the Ukrainian SSR, the city of Kiev, on orders from the General Secretary of the Central Committee of the CPSU and Chairman of the Council of Ministers of the USSR, in response to vigorous demands by numerous work units and public organizations, 19th plenary session of the CP of the Ukraine was pronounced a great success"。

转述

除了口译和语言组之外,还有一种常用的翻译方式那就是"转述"。本文前面提到在6种官方语言中,译员只需将其中两种语言译成第三种语言。但在实际工作中,译员有可能将三种语言译成第四种语言。虽然译员经常以小组为单位工作,一组一般由2～3人组成如前文提到的汉语和阿拉伯语翻译组,这样做的目的是为了尽可能分摊工作量及扩大语言覆盖面。通常情况下,一个翻译团队里有两名译员目的语是英语,一名译员的工作专门翻译法语和俄语,另一名译员则负责法语和西班牙语,而有可能阿拉伯语和中文会无人问津。当发言人用阿拉伯语发言时,阿拉伯译员将源语译成法语,然后由英语译员将它"转述"成英语,或者阿拉伯译员译成英语,要么由法语译员"转述"成法语。实际上,联合国所用语言,除了英语之外,都需"转述"成其他语言,很少有直接译成目的语的情况。

这种操作对语言组与同声传译译员的分配不合理。由此造成的结果是,中国译员只负责汉译英,若发言人不用英语而用其他语言发言时,中国译员只能听英国译员的翻译而不是发言人的发言,并将英国译员的译语转译成汉语。如此"转述"中国译员不得不花费三分之一的时间。与中国译员截然相反,英语译员则非常悠闲自得。一般而言,英语译员只是在把阿拉伯语译成法语时才倚赖转述。当发言人说中文时,除英语以外的所有译员都必须将英语译语"转述"成他们的本国语。一旦发言人用俄语发言,西班牙语译员必须转述,而当发言人操法语和西班牙语时,俄语译员有时同样也需要转述。

"转述"对译员来说是不得已而为之的权宜之计,它犹如一名钢琴家在铺上地毯的琴键上隔着地毯演奏一般。而听众的尴尬也丝毫不亚于译员,他需要克服信息从源语到最后传入他耳际那种间隔和滞留感。尤其是发言人的幽默和部分专有名词通过"转述"后破坏了它的原汁原味。比如,如果一场阿拉伯语的发言需要译成法语,那么原本中国译员依赖的英语译本就会再被转述成法语。长期以来,联合国一直在致力于将这场全球聚会游戏中最怪诞的多余语种删减,无奈,迄今为止还未找到切实可行的办法。

官方语言选择的影响：母语和"其他"语言

联合国对官方语言的确立受历史的局限。其实当时只确定了5种官方语言,后来在此基础上又增添了1种,现在一共有6种官方语言。诚然,人们无权对其当时的抉择横加指责。但有一点是毋庸置疑的,这个决定对后来的翻译工作的影响意义深远,而这种影响所产生的负面效应越来越明显。原因很简单,联合国有191个成员国,而只有6种指定语言,这其中汉语几乎只有一个成员国使用,俄语也只有一个国家把它作为第一语言使用。无怪乎,大多数前来出席联大会议的代表们纷纷用所谓的官方语言而不用自己的母语发言。代表们对其他语言的掌握毕竟不如自己母语那样轻车熟路。因而他们的表达力将大打折扣。这样,人们无法做到畅所欲言,不能做到知而不言,言而不尽。其结果可想而知:自身表达不到位,听众不知所云。

人们也知道,公开演讲是外交官面临的新的挑战。在联合国成立之前,外交官的外交事务不外乎限于一般的私下拜会,秘密交谈之类的交际。除了演讲速度有快慢之分外,公开演讲与私下交谈是完全不同的两个概念,而且并非人人都擅长此举。

即使发言人用译员的母语发言,他也并不轻松。要想了解译员的窘迫,人们不妨看看克林顿前后的几位总统的记者招待会便一目了然。出乎译员意外的是,持相同语言的发言人在发表政治演说时居然也会如此随意且语无伦次。照实说,这位译员听力健全,但翻译起来却叫苦不迭。如果译员用不折不扣的直译法,他无论如何也无法让听众享受一场政治演讲的听觉盛宴。发言人演说起来津津有味,而听众对发言却一知半解,欲等发言人把意思讲全,若不能也只好作罢。而译员不可能哑口无言,默默无语,他必须要作出必要的反映,产生互动,但同时必须做到他的反映与发言人要表达的无重大出入,没有明显嫌疑才行。例如,美国总统里根曾经这样回应以下问题:

"Do you think there could be a battlefield (nuclear) exchange without escalation into full-scale nuclear war?"

"Well I would — if they realized that we — if we went back to that stalemate only because our retaliatory power, our seconds or our strike at them after they first strike would be so destructive that they can afford it, that would hold them off".

又如1991年10月26关于减税问题答记者问,美国总统布什是这样回答的:

"I think it's understandable when you have a bad - economic numbers come in from time to time mixed I must happily say with some reasonably good ones other people get concerned I'm, but I don't want to do — take — I don't want to say to them they shouldn't come in with concerned proposals。"

众所周知,如要用母语即兴发言除非他经过专门训练,否则他很难保证做到发言井井有条,逻辑分明,更何况用第二语言或其他本不太精通的语言发言,其难度可想而知。这一点笔译人员也不例外。他没有充分把握之前绝对不会把一篇语无伦次,错误百出的译文轻易交给客户。

悖行

　　联合国有一个不成文的规定，允许除巴西之外的大多数拉丁美洲代表在联大用英语发言。由于历史和教育的原因，巴西不在此列。这样，来自那些本国语言不属于联合国官方语言之列的其他国家和地区的代表，也同样由于历史、地理以及社会原因，则不得不饱受非语言区国家之苦，他们不能随意用本国语言发言。

　　语言分配的方式更显得怪异。在库尔特·瓦尔德海姆任联合国秘书长时，德意志民主共和国大使弗罗林任安全理会主席期间，他们对语言的分配竟然就在安理会的秘密会议里通过了，更有甚者，他们认为这是天经地义的事。秘书长为此提交了一份报告，是按他一贯的作风用英语起草的。接着，瓦尔德海姆与弗罗林进行了长时间的交谈，互相交换意见。当时弗罗林操的是俄语。有趣的是，两个母语同为德语的联合国高级官员，居然一个用带德语口音的英语，另一个则操德语口音的俄语交谈，而且他们还必须借助译员的帮助。其实，如果他们双方都用德语交谈远比通过中介要方便得多。也许有人要问为什么在联合国要用译员，十有八九的回答会是：这样做是因为说不同语言的国家可以相互沟通。那么以上这个例子是属于个案呢，还是联合国的宗旨？不管怎样有一点是明确的，这套语言系统的规定在某种意义上防碍了操相同语言的人的相互交流。当然，这是一个深层次问题。

第二节　同源语的使用

　　除了上面提到的怪异现象，还有一个更糟糕的问题，即发言人使用同源或相关的语言问题。如，巴西人使用西班牙语，意大利人使用法语，捷克人或保加利亚人使用俄语等。人们为何使用同源语而不使用母语，这是一个复杂的问题。原因之一是一些临近官方语言国家的小国，自以为他的语言和邻国语言相近，只要付出少许精力便能说好用好邻国的语言。在这样的心态支配之下，他们便主观臆断，自以为是，认为自己享有得天独厚的条件，只要想学不可能学不好。而那些非官方语言区的国家，他们懂得唯有付出努力才能学好一门外语。这一现象酷似"伦敦塔综合征"的变体。如果你住在伦敦，你就没必要真的去观赏伦敦塔，因为你想去随时既可前往。但一旦一位外国朋友问起，你不见得会否认你没有去过，离伦敦塔如此近，而未能前往似乎让人不可思议。如果你远道而来来伦敦观光旅游，你肯定会尽力慕名前往，而伦敦居民反而懒得费神光顾。虽然有很多荷兰人操德语，不少保加利亚人会讲俄语，意大利人讲的法语甚至不亚于法国人，但绝大多数人只是相信他们会讲而已。由此可见，无论你来自何处，只要一登上联大发言席，你最好用母语，千万别自以为是。原因是用母语发言只会使你的意思表达更透彻。一个最恰当的例子莫过于一位说俄语的捷克人和说俄语的蒙古人，他们深谙日常用语，但深入沟通时为难之色便暴露无遗。同源语中容易混淆的问题涉及词汇、语法、句法、发音、语音以及重音。重音是俄语一个标志性特点，一位操俄语的捷克人能讲流利的俄语,他的语法、词汇、发音均不可挑剔,但只要他重音把握欠妥同样会出洋相。

并不是所有的联大会议都是各国外交官参加的政治性会议,在联大召开的也有学术研讨会。学术研讨会是检验语言功底的试金石。那些本国语言是官方语言之一的国家自然会派出优秀专家。而非官方语言的国家不得不限制专家的资格,只有那些语言无任何障碍的专家才有资格前往。

30年前,有一位西班牙专家参加了在日内瓦举办的易腐食品的界定标准会议。这次会议是由欧洲经济委员会主办,当时欧经办是由英法两国主宰,因此与会者的报告规定只能用英语或法语发言。由于当时无人告诉他发言必须用英语或法语,也没人提醒他不能讲西班牙语。如果他当时用西班牙语作报告,即使那些对西班牙语一窍不通的译员都有可能把他的观点如实用英语转述给观众,可惜这位专家一意孤行,偏偏选择自己并不擅长的法语发言,其结果可想而知。

另有一次,一位意大利房产、建筑和规划专家用法语发言,他的发言并不算很糟糕,但他从头至尾使用了"ajournement"这个和英语单词"adjournment(休会)"相同的法语单词,而该词与整体内容无任何关联。人们知道,联合国的休会是针对联大会议而言的,但这名专家休会所指的对象却是文件和报告之类的东西。后来才知,这位发言人说的"ajournement"实际上是意大利语中的"aggiornamiento"这个词。原来那位发言人真正想要表达的是"update(更新)"文件和报告的内容。

另一个由同源语的使用带来的误解虽然微不足道但却能给人以启示。一次,一位保加利亚代表异常热心,急于与其他代表"reinforce the camps加强阵营"。他发言时使用的是俄语,他的真实意图是要求其他代表"supporting their position支持他的立场"。

由此可见,同源语如果使用得当会收到意想不到的效果。相反,如果没有十足的把握倒不如用自己早已习惯的母语,毕竟人们说母语要比外语自然、贴切、生动有趣得多。现在来透视影响同声传译的其他因素,相信这些因素不会掀起翻译界平静海面的波澜。

1. 影响同声传译的因素之一是连续体,即从"内容密集型"到"语音密集型"。对于译员来说,若要弄懂源语含义,他要么靠内容,要么靠语音。而语音密集型是指提供的内容很少或完全不提供语言信息,也就是人们常说的非语义学或无信息学。

2. 非语义因素。非语义因素是指一些图表和数字,由于它给同声传译译员带来了不少麻烦,因而它便背上了"臭名昭著绊脚石"的骂名。与非语义因素有关的还包括缩写词、专有名词、"第三"语言(在以下章节本文还要详细叙述)和广为流传的术语和行话等。

它们的共同特点是缺乏真正的语义内容。这些数字和专有名词一看便知,无须过多辨认。但专业术语、行话和"第三"语言并不象数字和专有名词那么显而易见。当然,如果它们真的没有语义,那么人们在字典里就难以找到它的含义,而实际上人们能够找到。无论是单纯从学术角度,还是它在同声传译具有的实际意义上看,语义和无信息成分的差别都是密切相关的。这种差别在"内容密集型"和"语音密集型"的图谱上最为明白。不知人们是否有过这样的经历,人们拼命从尚未删除的电话录音中寻找那时隔久远、模糊不清、隐隐约约似曾相识的某个名字和号码,而其余的信息人们仍旧记忆犹新,仍旧清晰可辨,这种差异和本书刚才提及的差异十分相似。这个例子说明,除非在听辨和理解上投入 100% 的注意力而不是 50% 的注意力,否则人们仍旧似懂非懂。

现在人们不妨举例来说明这种区别。关于"内容密集型"最典型的例子莫过于播音员现场报道体育赛事实况。播音员每每宣读各参赛队的成绩时,会情不自禁地、连珠炮般的说出一连串意思相近或相同的词,甚至还发明创新其他的同义词来如"defeat""beat" 或 "win""knock off""rip""nip""blank""pound""edge""drop""upset""blast" 等等。这个例子说明,由于赛事内容单一,播音员为了使报道生动有趣、扣人心弦,所以他选择了 "defeat"或"beat"的其他同义词。与之相反的是"语音密集型",在这种情况下,信息的含义完全依赖语音,而此时内容不能提供任何线索。正是出于这一原因,原本具有语义内容的术语和行话对同声传译译员已无任何语义可言了,因为同声传译环境中的输入和输出是无比紧凑,译员的大脑缺乏足够氧气来正常工作,因此,即使是最普通的概念都会在此刻变得信息全无。

例如,人们知道在联合国旗下有不少制裁委员会,因为它有授权职责,委员会经常下发一些文件。文件内容无非都是围绕实施"制裁"之类的言辞,以及对违反制裁国所采取的进一步强制执行措施等。翻译这类术语使译员又重回到数词和专有名词的空白之中,无奈 他只能完全依赖语音环境。结果是,不能正确译出这些术语和数字的后果远比语义出错的后果严重。像"black calico for nuns habits"和"bicycle pump valves"这类词语会冷不丁地出现然后即刻消失。不过严格地讲,这些词语并不像数词和专有名称那样无信息含量,但是,一旦它们只作为清单被列举,便变成了无信息词。因为,该清单上的条目和其他条目之间没有任何语义或句法上的关联。

这种情况打乱了正常的翻译程序,造成了额外的干扰。同声传译的实质完全在于发言人和译员之间的时间差。造成这种时间差由诸多因素所致,如译员凭借自身的知识从转瞬即逝的只言片语中迅速作出的预测能力和推断力。无信息的问题在于它不属于语义链中的一部分,而是毫不相干的松散的链接,难以凭借语义做出推断和预测。"语音密集型"成分的获得只有在译员没有遵循习惯性滞后的原则基础上,紧跟发言人不停翻译的时候才能捕捉到,才能再现语音信息。如果译员习惯性地遵循滞后一两秒钟的规则,他也许对发言人的"...to be held in the capital of my country"这句话理解不会有问题,但如果他不能及时在"Ouagadougou"说出来的那一刹那听到这个词,那么在随后的一两秒,他就会发现这个语音就很快消失,最后剩下的只是咧嘴傻笑的柴郡猫。

前文所描述的"第三语言"有两种主要形式。第一种是植入式,是指持官方语言的发言人把从其他材料中引用部分植入其发言稿中,材料语言属于官方语言中的一种或者是其他语种。最常见的、引用较多的莫过于拉丁语或一些名言警句。即使译员碰巧熟悉该语种,他也要有运气方可以从快速的发言中把它识别出来。译员也许能从一名讲俄语的保加利亚人或讲法语的越南人发言中识别它,但他不见得能通顺地将其准确地翻译出来,因为大部分拉丁名言警句非常晦涩难懂,而且它们是萃取而来,表面的意思只是原意的冰山一角而已。如果人们对此有任何怀疑,不妨试译"habeas corpus"或"posse [comitatus]"。另一种是指非母语发言人所用的工作语中经常引用母语的现象。

引用大多来自发言人本国的一些著名的政坛领袖或文豪的语录。最常见是发言人在他的俄语或西班牙语发言稿中不时插入一个英语单词或短语,而又没有考虑英语的音值、重音或语调,硬是把这个单词或短语塞进原文的句子中间。如:

1993年3月16日,在社会发展会议的筹备委员会上,时任主席是智利人,他在发言中这样说:"···seria interesante tener un fil acerca de esa reunion···(他觉得这次会议很有意义)"。到了晚上才弄明白,原来他把"feel(感觉)"说成fil,音值不到位。在1992年7月一次国际公务员制度委员会会上,主席是阿尔及利亚人,当时他用法语发言:"...on n'a meme pas fait un clear as dandruff...(这句话的大意是我们甚至还没有一个明确的头皮屑)"。会后人们才发现,他原来想表达的是:"clearance draft"。又如在1992年11月27日召开的联合国安理会关于安哥拉局势的会议中,俄罗斯沃龙佐夫大使在发言中谈到了派系斗争,他说:"...[dzhoking]..."。会后回想起来,他似乎想说的是英语里的jockeying "图谋"这个词。只从语音角度上看,译员发现这不是俄语词,而是一个英语单词,他有可能联想到"joking 开玩笑",因为jockeying这个单词的意思更接近"joking 开玩笑"。人们知道"jockeying"常和介词"for"习惯搭配后跟一个宾语,例如,"...for power"。由此可见,与笔译工作人员不同的是,译员至少面临以下3个障碍:

1. 话语突如其来,毫无任何口头暗示。
2. 语音带有浓厚的本国口音,最典型的像俄语这样的语言。
3. 用法错误,不完整、欠规范、生僻。

数字或图表最容易被误读或遗漏,特别是一连串的大数更使这种情况雪上加霜。译员一旦碰上其译语被一些数据打断而被迫放慢速度来处理这些数据时,结果往往无功而返。手忙脚乱的译员不仅数据译错,有可能前后的语义顺序也会弄颠倒,影响整句译语输出。

专有名词尤其是地名的连续出现也会对译语产生同样的影响,不仅专有名词本身就连其周围无辜的语义部分都要受牵连。此时发言人可以作出选择,究竟是直呼其名还是采取通用的、易于理解的做法来表达同一个意思,这种情况下他应该选择后者。他应该选择 The Ambassador of my country "我国的大使"而不是选择"Senor Garcia Fernandez de Terremoto"又如 the capital of my country "我国的首都"而不是 Tegucigalpa 特古西加尔巴。这种语言混杂的现象长期以来一直困扰着译员,更有甚者,这一情形反而越演越烈。究其原因主要是,有相当数量的代表在联大的发言并没有使用他们的本国语。由于他们不用母语发言,所以人名、地名发音难免不到位。译员听到那些陌生的名字,无法将它纠正,所以这些名字传入最终用户——听众的耳里就变得格外骇人听闻。

有时发言人常引用报刊,可是援引报刊名称不当给同声传译带来的麻烦同样不可小视。有一次一名越南代表用法语发言,他居然将简单的"人民日报"说成"中国(北京)报纸"。

还有一次,在第五届联大会议上,保加利亚代表用俄语发言。讨论的议题是预算第10条的"印刷和出版"部分,除了主语"UPHO"或"无法识别语音物",译员大体上理解了发言人的意思。最后,发言人滔滔不绝,神采飞扬地结束了他的发言。不料,在场的英语译员连同所有英语听众全明白他的意思，但唯独不知道"UPHO"所指。原来这位保加利亚代表所指的是一本当时联合国出版的法语刊物"L'Oeil"。当然，这似乎是个笑话，可这样的笑话对译员来说实在是开大了点。

非母语发言人对官方语的驾驭是打折扣的。译员为听懂意思主要依靠的语言元素，无外乎通过语音、口音、语调、重音、文法、语法和词汇等方面。对于发言人来说，他用官方语言发言无可厚非，但问题是他被动地使用他不熟悉的"外国"语言，他不能有效地组织搭配这些语言元素，结果他的听众往往弄得晕头转向，不知所云。还有一种情况。即英语不是母语的发言人常常会出现发音错误。当他很可能想发"w"时，结果意外地把它读成了"v"，而他说的"起飞(offs)"，其实是指"办公室(office)"。另外，他的音调有时令人啼笑皆非，该用升调的地方反用降调；尤其是提问，听众有时难以分辨出他用的是问句还是陈述句。他说"混乱(muddle)"，其实意思是"中间(middle)"，他说"埋葬(inter)"时，其实是指"输入，进入(enter)"，或说该用"通过(by)"他却用了"直至(until)"。他本来想用时态甲，结果反而用了时态乙；又如把"标准(standard)"说成"总机(switch-board)"等等。

下面要探讨的是两个相对独立但又相互联系的因素，一种是"动态"的现场对话；另一种是多语言因素。

1. 在一次维也纳举行的会议上，当时担任当月欧盟轮值主席国是西班牙。代表团团长代表欧盟作了如下发言："…no vender la piel del oso antes de haberlo cazado."当时的同声传译译员第一反应是："鸡没孵出之前，不能算数(不要过于乐观)。"这种译法是笔译表达最接近原意而且也符合笔译的手法。相反，这位译员画蛇添足了："熊没有抓到之前，你别想剥取它的熊皮(大事未成时，莫开庆功宴)"。按照惯例，上午刚做完一场同声传译，理应下午的会议会由另一名译员承担。事有凑巧，会议举办方又派这位译员出场。他原来担心的一幕终于发生了。

第一位发言的代表来自阿尔及利亚，他的开场白就谈到了上午那位西班牙代表提到的那句话。这位译员悬着的心总算落了下来，法语和西班牙语的比喻竟如此惊人的相似，他居然也同样用起了"熊"与"剥皮"的比喻来了。

要是译员没有参加上午的会议，猛然听到西班牙代表这么比喻，无疑会一头雾水，不知所云。午餐期间各国代表纷纷示好，表现出高姿态。下午的发言异常活跃，各代表尽展各自的语言才能，发言中用了各种各样的比喻，甚至还有打情骂俏的言词。很难想象一个没有亲自参加过上午会议的译员，下午翻译时会很顺利。假如上午那位译员是说英语并恰当地将那句原西班牙语译成了英语："鸡没孵出之前，不能算数(不要过于乐观)"，英语听众自然会记忆犹新。不料，话题又译回到"鸡"和"蛋"之说，而不是"熊"和"熊皮"了。当然，这还要看西班牙语译员是否参加了上午的会议，是否听取了发言。

2. 还有一个例子，该例子可以追溯到前苏联时期。当时苏联人的口头禅是"narodnaya mudrost人民的智慧"（或"大众智慧"援引自克雷洛夫的寓言，俄罗斯伊索）之类的词语，它也常常是讨论中争论的焦点。而美方代表则把它誉为"bugbear怪物的东西"。奇怪的是在随后的会上，苏联代表居然莫名其妙地开始讨论所谓熊（"宝宝熊"/"小熊")的事宜,并且还津津乐道地谈起熊是如何最喜欢蜂蜜之类的话题。很显然,俄语译员误译了"bugbear"这个关键词,这样一来,美国代表的脸上个个露出迷惑不解的神色来。美方代表一发言,便立刻声明他从未提及任何年龄段的熊,也看不出来熊与此次会谈有什么必然的联系。后来与会人员才恍然大悟,误译的原因是俄语同声传译译员误解了"bugbear"一词,所以便产生了上述误解。幸亏,其他与会代表发言时没有像美方代表那样专门就这一事件纠缠不休,发表声明。如果是那样的话,当天的议事日程只能围绕"怪物的东西——荒诞"来进行讨论了。

上述这些例子只不过是冰山一角罢了。不过,它从另一个则面清楚地反映出多语言带来的弊端。

3. 同声传译的特点在于它的"动态"性,译员和发言人以及整个会场的环境能产生互动。众所周知,联合国安理会规定,联合国轮值主席每月由其成员国轮流担任,任期为一个月。担任主席的委内瑞拉大使主持了当天下午3点钟召开的例会。按惯例,当月轮值主席应宴请他的同事们共进午餐。下午3点时分,应邀嘉宾陆续进入会议厅。和往常一样,席间嘉宾们无不面带笑容相互致意,整个会议洋溢着轻松、友好、和谐的气氛。但这并不预示着同声传译翻译工作就能顺利进行。主席终于带着他乌木雕刻的大手杖走进房间,他话音很洪亮。他张口的第一句话就提到了"牙签"或"小棍"之类的东西,很明显他提到的是肯定与他们即将一同参加的一次活动有关。然而对于译员来说,这好比是丈二和尚莫不着头脑。只是当这位主席继续谈到具有同样神秘感的"幸运饼"时,人们才慢慢明白他在说什么,因为凡是到中国餐馆就过餐的人都知道,主食上桌前,服务员会在每人桌前摆上一块小饼干,饼干里夹带一张小纸片,每张小纸片上面有不同的祝福、吉祥之类的词句。但是,译员如果能够听懂委内瑞拉主席的发音并能不费力地翻译出他的意思,这将是一个依赖语音来捕捉信息最成功的例子。果然,会后委员会全体成员们前往这家中餐馆用餐,当他们终于看到排放得整整齐齐的"牙签"时,人们这才恍然大悟,他原来一直反复提到的"牙签"或"小棍"之类的东西不是别的而是"筷子"。时至今日,他那乌木雕刻的手杖的作用与功能对人们仍然是个不解之谜。试想,如果没有亲临现场感觉现场的气氛,译员恐怕做梦也不会把牙签和筷子连在一起。

第十三章

通用英语与同声传译

第一节　论英语全球化

全球化背景下,英语语言学与应用语言学研究竟将语言学理论与全球化割裂开来(Jacquemet 2005; Bruthiaux 2008; Mufwene 2008),将全球经济、政治、社会科学与文化研究的全球化主流理论忽略不计(Held, McGrew et al. 1999)。有鉴于此,本文提出从语域、方言和语体方面来揭示"语义多元化"(Halliday 2002),鉴于语义多元化是直接通过词义、语音与语法体现的,因此,对这个问题的深入研究对我们弄清这些语言功能对全球英语、世界英语和通用英语所产生的影将大有裨益。同样,这些体现了政治、经济、社会与文化层面的"全球化""本土化"和"全球本土化"的多元英语又与主流全球化思维中的"超全球化学派""怀疑论者"和"转换语法学家"一脉相承。因此,本文建议,人们应将全球化与语言学多元性作为研究基础,以此来解读新千年全球背景下社会语言学的现象,推动全球应用语言学更加深入广泛的研究。

引言

近年来,(社会)语言学文献中涌现出大量关于英语全球化的文章,对全球化提出了多种解释并一致呼吁建立一个可操作的模型,以便更好地解读英语在全球范围内的传播、演变及广泛使用(Phillipson 1992; Crystal1997; Brutt-Griffler 2002)。各个领域相继出现了诸如地理语言学、教育语言学、批评应用语言学等相关研究文献。然而,这些将英语作为一种(社会)语言学现象进行分析的研究有一个共同点,就是他们一致认同当代英语的发展与全球化进程紧密相连,息息相关。无独有偶,与此类似且相对独立的研究犹如雨后春笋般从多视角研究英语与全球化的关系如有从批判话语分析角度的(Fairclough 2006)、从政治社会学的角度(de Swaan 2001),抑或从生态学角度的等等(Muhlhausler1996)。此外,也有一些关注英语在全球化背景下的未来发展的研究(Graddol 1997; 2006)。

不仅如此,研究政治、经济、社会学领域的全球化理论极少关注语言与语言学问题,更不用说将英语作为一门语言加以研究,甚至在"文化全球化"这样的大背景之下竟熟视无睹,充耳不闻。相反,人们对政治、经济、社会、意识形态、生态和军事方面的全球化却情有独钟(代表人物有 Held et al. 1999)。这些理论对文化全球化的关注主要集中在消费文化和大众媒体方面(Held at al. 1999; Steger 2003),而那些从文化研究视角出发的全球化理论对语言却视而不见(Appadurai 1996年的文化全球化理论涉及了"种族景观""媒体景观""技术景观""金融景观"和"意识形态景观",唯独没有提及"语言景观")。但也有例外,Steger(2003)在论述"语言的数量""人类活动""外语学习与旅游""网络语言"以及"国际科学出版物"等几个关键词时却不经意地提到了"语言全球化"问题(2003: 82-84)。

尽管这些不同的研究范例相互共存,但迄今为止,无人将英语发展、语言与全球化的关系或全球化本身融为一体加以研究,以扩大人们视野,增强人们的鉴赏力。与此相反,本研究立足现实,致力于为未来的研究指明方向。具体而言,就是通过社会语言学的多元性(如语义的多元性 Halliday 2007),直接和语言变体的类型相结合进行研究,把语言变体与其结构融为一体加以研究,特别是将这些结构—功能复合体与主流全球化理论相联系来进行深入探讨研究。

全球化、本土化、全球本土化

在讨论英语、语言与全球化以及全球化本身的扩张性问题时,人们都不由自主地采用了"全球化""本土化"和"全球本土化"这一概念三分法(Robertson 1992),以此来解释这些变化过程与空间位置上的联系。大体上讲,全球化指语言的同化,本土化强调语言的多元性,全球本土化表明语言的混杂特点,这三个概念是英语发展演变过程中各种变体相互作用的产物。

例如,在上述提到的对语言的研究中,Phillipson, Brutt-Griffler, Fairclough 与 Muhlhasler 等人主要关注"全球化"语言的国际同化问题;Crystal, McArthur 和 de Swaan 则侧重英语扩张语言多样化的影响;而 Kirkpatrick 和 Pennycook 主要关注"全球化"与"本土化"相互影响下的语言混杂现象。更具体地说,"全球主义者"对未来的"语言多元化"(Halliday 2007)持悲观消极态度,因为英语的主导地位正导致全球不同地区多语种的消亡。而"本土主义者"则看到了英语扩张的积极面,指出自殖民时期以来全球有多种代代相传的语种非但没有消亡,反而得到了延续发展;"全球本土主义者"尤其关注全球与本土作用下英语语言与文化的碰撞,也就是人们常见的全球性跨语言、跨文化交融。这三种研究的典型代表分别是 Phillipson(1992)针对英语的"语言霸权主义"提出的"全球主义者"模型;Schneider(2006)针对"后殖民英语"在世界范围内的发展提出的"本土主义者"模型;以及 Pennycook(2007)在分析全球化和本土化的同时,尤其是在英语嘻哈亚文化的跨语言交流的基础上提出的"全球本土主义者"模型。

然而,有趣的是,与这些思想并驾齐驱的是全球化理论中的主流概念,这些概念同样佐证了"全球化""本土化"和"全球本土化"三分法的存在。鉴于对全球化的定义有可能是基于"创新、推广、延伸以及加强全世界的相互依赖与交流,同时强化人们本土与世界联系的意识的多维过程"(Steger 2003:13),事实上,正如 Held et al.(1999)清楚地表明,研究全球化理论者属于三种不同的思想流派,即"超全球化学派""怀疑论者"和"转换语法学派",每一个流派针对全球化在以下方面进都行了论证和总结:概念、因果、经济社会影响、国家权力和治理含义以及历史发展轨迹等(Held et al. 1999:3)。

至于全球化的一般特征,"超全球化学派"认为,当代的全球化开拓了一个崭新的时代,人类正日益接受市场规则的约束;"怀疑论者"则认为全球化就本质而言是一个不解之谜,它掩盖了国际经济日益分割为三大区域集团的事实,其中政府依然发挥着重要作用;而"转换语法学派"认为,当代的全球化模式历史上前所未有,世界各国与地区一方面正在经历深刻变革,另一方面又在极力适应这个日益相互依赖、充满不确定因素的世界(Held et al. 1999)。"超全球化学派"认为全球化充其量是一种与社会学有关联的经济现象(Albrow 1996);而 Hirst 与 Thompson(1996)等"怀疑论者"仅把全球化解释为一种"经济主义";"转换语法学派"则把全球化视为一系列影响深远的社会进程(Giddens 1990;Rosenau 1997)。

这三种流派也以自己特定的方式对文化全球化进行了阐释。例如,Held et al.等人总结道:"'超全球化学派'把世界同化现象描述为受美国大众文化和西方消费主义观影响的结果;'怀疑论者'将全球文化的空洞与虚假与民族文化相比较,认为这一切归咎于由来已久、日益增长的世界主要文明地缘政治断层引起的文化差异与文化冲突的结果;'转换语法学派'认为文化和种族的交融形成了文化的混杂,产生了新的全球文化(1999:327)。"

至此,人们对"全球主义者""本土主义者"和"全球本土主义者"从语言学角度对全球化概念的定义,从社会科学角度对"超全球化学派""怀疑论者"和"转换语法学派"所进行的阐释有了明确的认识。现将上述讨论归纳总结如下:

语言学理论角度:	全球主义者	本土主义者	全球本土主义者
社会科学理论角度:	超全球化学派	怀疑论者	转换语法学派
全球化概念:	同化	多样化	混杂性

全球化对社会语言和社会政治的影响

前面对世界英语的讨论已经提到了全球化对社会语言的影响,即同化、多样化和混杂性,并使用了一系列不同的术语为这种新兴的语言进行界定,如"国际英语""新式英语""全球英语""世界英语""通用英语"等。至于语言的多样化和混杂性现象,本书借用社会语言的"本土化"和"克里奥尔化"来揭示其语言结构的内涵。此外,Kachru(1985)提出的具有悠久历史的、基于地理语言的世界英语模型"内部""外部"和"扩张"三个层次的模型在本文中受到严重质疑,因为该模型未能再现全球化语言所带来的崭新的社会语言风貌(Modiano 1999; Bruthiaux 2003)。

按照Pennycook(2008)的观点,英语是一门全球化语言,一门可译的语言,因此他对社会语言产生的影响倍加关注,而这些影响是通过同化、多样化和混杂化呈现出来的(不过他本人并没有使用这三个术语)。他提出了所谓的"语言壁垒"一说,以此倡导语言的多元性(主要是欧洲语言),使其免遭语言向心力的影响。更直白地说,就是避免受英语霸权与同化的侵害,这一观点与Phillipson(2003)不谋而合;他同时参照了各地区和各国的"区域对象",主要是殖民地时代以后诞生的世界英语,这些英语变体的形成强化了英语语言多元性的向心力和同化作用,(如Kachru and Nelson 2006);他还提出了英语通用语这一概念,正如Jenkins(2006)和Seidlhofer(2001)在他们的著作中极力推崇这一概念一样,事实上,这个概念含有全球本土混杂特点,并且使这一观点逐渐传播开来(2008:36-40)。英语全球化对社会语言的影响所示如下(Pennycook 2008):

社会语言和社会政治影响:语言壁垒　　　　地区对象　　　　通用语

然而，另一方面，Pennycook（2008）告诫人们要谨防受这种语言多元性向心力的影响："在英语风靡全球之际，这三种语言多样性概念大都只关注形式而非意义，并且三者是建立在英语本质是否稳定的前提下"。他对此总结道，本研究意义深远，不论是对本国语言与文化的保护，还是对作为通用语的英语的描述，抑或对英语变体的关注，都不足以解决语义多元化的问题。意义的多样性，即语义多元性这个核心问题前文已有所涉及，下面本书将进行更为深入的探讨。

全球化进程中的英语：全球英语、世界英语和通用英语

给国际英语定义并进行分类难免有沽名钓誉之嫌。但尽管如此，本书认为有必要对全球化进程中的英语变体进行三分，这样便可以与上文从语言角度与社会学角度提出的对全球化概念的三分法相吻合。鉴于有至少三个涉及全球化进程及其影响的概念，语言也应有三种对应的表现形式，这样才能彰显"人类相互依赖与交流""多维的全球化进程"特点（Steger）。人们可以把前面 Pennycook 所提出的"地区对象"称为"世界英语"，因为他本人对此喜闻乐道，"通用语"姑且称之为"通用英语"，而导致"语言壁垒"同化的或正在同化的英语权且称作"全球英语"。

全球英语

人们常见的、备受争议的是英语的日益全球化，它以其主导地位影响全球语言，它也是被上述"全球主义者"指责为对语言多元性构成威胁的语言，（代表人物有 Phillipson 1992）。它是美国企图凭借其美式英语通过其政治、军事、意识形态在全球进行扩张与渗透，并通过其国际媒体和通讯机器大肆传播，加之"全球主义者"打着美国流行文化和西方消费主义观的旗号兜售所谓的文化同化，如"麦当娜化"和"可口可乐化"。这种英语可以名正言顺地称之为"全球英语"，虽然其确切的语言定义仍有待商榷（例如，它是否完全以美国英语为基础？是否真的存在所谓的"国际"结构影响一说？等等）。

然而，与此相关还有新自由主义经济学也可以被称为"全球英语"，持这一论点学者的理由是，市场可以自我调节，国家和政府的职能是推动市场化，而不是横加干涉市场运行（Fairclough 2006）。在社会学方面，人们有必要对"全球主义"（Beck 2000; Steger 2003, 2005）和全球化两个概念加以区分，"全球主义"指赋予全球化概念以新自由主义价值观的一种意识形态，而全球化则是"强化全球相互依赖性的社会过程"（（Steger 2003）。"全球主义"的新自由主义论"主要依靠位于北半球强大的社会势力进行散布传播，这种社会力量包括企业高管、大型跨国公司高层、公司说客、媒体、公关专家、文人、国家官僚和政客（Steger 2003）。从语言学角度上看，作为全球化载体的全球主义论，似乎会随着语言的商品化、公共关系经济化和语言使用的对话化齐头并进（Chouliaraki and Fairclough 1999;Fairclough 2006）。

对全球英语的第三种解释是把英语视为一种"虚拟语言"，这种"虚拟语言""作为一门国际语言得到了广为传播，它通过自主的语域发展，保证了全球学术界的交流"

（Widdowson 1997）；从这个意义上讲，"作为国际语言的英语是一种有特殊含义的语言"（1997：144）。

其实，人们只要从社会语言学角度仔细观察，全球英语的三个解释有很多共同之处。全球化的语言蕴藏与承载了新的表达方式，赋予了新的含义，增添了新的词汇（现有的词汇赋予了新的内涵）。也就是说，创造了全球性表达方式，填补了语义的空白。语言无论是被用来兜售美国的文化价值观，或者体现个人或公共关系和社会活动中的商业价值观，抑或被用于专家学者们的专题讨论中，它都具有符号指令系统的特点，主要表现特定语境内的文本和信息意义。

世界英语

"世界英语"这一术语广泛用于社会语言学文献中，常指上世纪以来伴随英美殖民主义而发展起来的英语变体，它不包括白人定居点的殖民地内部的英语变体，如澳大利亚、加拿大、新西兰和南非等国的英语。从地理的角度而言，这些英语变体专指一些特定国家（印度英语）或区域（南亚英语）的语言，经过不同程度的规范或当地习俗的融合（属于 Kachru 三层模型中的外层）而形成的，它通过普及和宣传已深入人心。该术语不包括英语派生出的洋泾浜语和克里奥尔语。有人也认为"世界英语"也包括那些当地发展起来而非从英美殖民时期衍生而来的英语变体，如"中式英语""韩式英语""日式英语"等，这些属于 Kachru 三层模型中的"扩张层"。新旧世界英语的并存与发展随着全球化进程而得到进一步发扬光大，在全球化的进程中这些英语变体又得到了进一步融合（为加深对世界英语的了解，请参阅 McArthur，2002）。世界英语的存在反映出学界对英语多样化进程普遍持积极的态度，如上述提到的"本土主义"语言学派与社会学"怀疑论者"。它具有浓郁的地域色彩，在当地被视为"得体""本国化的"或"本土化的"英语，以其别样的结构和符号备受使用者津津乐道，语言学往往称它们为英式英语和美式英语的地域变体。它们体现了英语的多样性，功能上展示了英语的特异性。这些语言标志着国家或地区的谱系，构成表达了用户身份的符号特征。

通用英语

在最近的研究中人们发现，母语为非英语人数远远超过了英国、美国和澳大利亚等国母语为英语人数的总和，而且，母语为非英语者之间的英语交流的频繁度远远超过母语为英语者之间的交流，也超过了母语为非英语者和母语为英语者之间的交流（Graddol 1997）。这一潮流有力促进了通用英语研究的蓬勃发展，可见，通用英语是自主与不自主选择而作为共同语使用的语言（Seidlhofer, Breiteneder and Pitzl 2006）。虽然按惯例，对英语的研究理应集中在母语为非英语的使用者，但语言研究并不排斥母语为非英语与母语为英语使用者之间的人群。从全球化的角度看，通用英语就概念而言与上面提到的"转换语法派"的观点颇有相似之处（Dewey 2007），两者都崇尚语言"全球主义"，通过源自并超越地域语言限制，用当地不可替代的用语来应对语言全球表达的趋势。严格地讲，本土化包含通用语使用中的各种语境，它并非锁定某一特定的地理位置。然而，在这种语境下使用的语言反映了一种文化"混杂"现象，其实质是"描述了一种打破疆界过程的有效途径"（Tomlinson 1999），是"一个基于普通文化条件下传播全球现代化过程"（Tomlinson1999: 148）。实际上，这种跨疆界或越地域的英语和通用英语别无二致，在其他有关晚期现代社会学框架领域中已得到了分析研究（James 2008）。作为无限使用语境的语言表现形式，通用英语可被视为全球化的或正全球化跨文化语言资源。

因此，人们不妨用三分法来给这类英语分类：

全球化英语：全球英语　　　世界英语　　　　通用英语

语义多元性：语域、方言、语体

这类英语的分类与上述全球三分法不谋而合，有鉴于此，人们有必要从（社会）语学角度进一步探讨它们的结构特征，以此来确定它们与目前已确立的概念的相互关系。House（2006）面临语义多元性的挑战曾有过以下描述："当今英语使用的领域之广、功能之强在语言交流史上是空前的、是前所未有的。为此，人们急需建立新的理论框架，重新审视现有的研究角度来充分反映这一客观现实"。

学术界就此达成了广泛的共识，认为对于英语三种变体可以用一般性描述来加以区分以彰显其全球性语言表达的符号。因此，在 Halliday（1978）最初提出的"语域"与"方言"二分法的基础上，本文进行了进一步扩展，囊括了"语体"这一概念。对通用英语进行的实证研究显示，这门国际语言至少能体现三个符号序列中的其中一个，但从规范的角度而言，它是三者的混合体（James 2005; 2006 ; 2008）。

从语言结构层次出发，如前所述，"语域"主要是通过词义呈现；"方言"通过语音再现；"语体"则是通过语法的形式加以表现。在语言群体方面，"语域"表达了一种"话语族群"；"方言"代表的是"言语群体"；"语体"反映的是"行为群体"（James 2006）。"话语群体"在概念上最接近社会语言学文献中采用的"实践群体"概念（Lave、Wenger 1991）。

现将三分法归纳如下：

变体：	语域	方言	语体
主要定义：	用途	用户	使用
主要结构表现形式：	词义	语音	语法
群体：	话语	言语	行为

目前全球化讨论大背景下的所谓全球化英语主要指它的语域特色而言，它的每一种解释都体现了语言结构的词义特色，这种语言结构以英语随美国文化、商务谈判和特殊用途英语的传播为核心（Widdowson 1997最早提出了"语域"这一概念）。事实上，这种新的表达方式（词汇意义混杂）在前面已有所涉及。语言的"使用"与特定话语群体息息相关，与它的文化、商业、职业等有着千丝万缕的联系，这正是语言设计的初衷。

在世界英语中，独领风骚的显然是它的方言特色：世界英语变体的形成与语言的使用者密不可分，因为它们具有表明国籍，表明该言语群体成员地域身份的功能。它们具有识别功能,结构上体现了词汇和语音特定的含义。

通用英语的一大特征是它语体。语体表现了语言使用的行为目的,表现了跨语言的交际功能,即履行交际任务。在这里,词汇和语法的合理选择对于交际任务顺利完成至关重要。然而,值得指出的是,作为国际交际语言的英语有可能同时表现出三种变体,每种变体都有呈现它全部结构或符号的可能(James 2005, 2008)。因此,三个结构分别与各自相对应的三种全球化英语形式相呼应。

假定人们把全球化英语视为对一种语言表达的投资,它便与上面提到了"语料库"、"资源库"和"资源"三个概念正好吻合。全球英语语域向人们提供了一个文本型的表达库,世界英语方言为发言人提供了不同的资源库(即准代码),通用英语语体为听众提供了直接的资源。详见总结如下:

| 全球化英语: | 语料库 | 资源库 | 资源 |
| 交际: | 文本形 | 说话人 | 听众 |

无独有偶,Fairclough（2003, 2006)对语言变体三分法也饶有兴趣。在他的"社会结构""社会实践"和"社会事件"语言理论的"社会结构"中,他区分了"话语""风格"和"语体"三个概念。他认为"话语"重表达,"风格"重客观现实,而"语体"重行为;他的"社会事件"分别指"识别""代表"和"行为"三个概念,这三者本身可以被视为文本含义的元素。很明显,他的"话语"等同于本文的"语体","风格"相当于"方言","语体"等同"语体"。Fairclough(2006)还讨论了文本的"互为话语"概念 ,即现在的变体/结构选择/符号组合,他得出的结论是:"人们在特定的文本中,可以识别特定的话语、语体和风格。"他的分类描述可总结如下(Fairclough 2003, 2006):

| 社会实践: | 话语 | 风格 | 语体 |
| 事件/文本意义: | 代表 | 识别 | 行为 |

全球化与英语:象征及其他

本文对全球化的论述旨在表明,人们可以把全球化的本质理解为政治、经济、社会和文化过程,也可将它理解为语言融合过程。为此本文建议,应把英语当下在全球的地位理解为这一过程中的一个主被动过程。具体而言,对全球化分类使人们在英语语义多元性中找到了现成的答案,尽管就用户、用途以及使用而言,其结构功能复合特征仍有挑战性。但可以坦言,本书对Blommaert(2003)提出的在社会语言学视觉下解读全球化的倡议做出了直接的回应,"人们需要将他的认识从语言转移到语言变体和语料库之中,被全球化的语言并不是一种抽象的语言,而是具体的言语、语体、风格与认知实践形式。"正是基于这一点的认识,本书对这一命题展开了上述讨论。

批判社会语言学家反对将英语或语言本身在全球化讨论中过度具体化(Makoni、Pennycook 2007),他们更倾向"交际实践"这一概念(Hanks 1996),即通过语言代码把握语义多元性表达,因此他们关注的是"施事与语场之间社会约定俗成的关系(Hanks 1996)。"在此,本文称这类"实践"为符号组合与变体,施事通过语域、方言、语体的选择产生了这些符号组合与变体,而语言学中的"语料库""资源库"和"资源"分别与社会场域中的"代表""识别"和"行为"相对应。因此,施事和结构相互作用,从而直接将"语言结构"表现为一种"语言交际事件"和"更广阔的社会过程和结构"之间的方言关系(Giddens 1984)。

Jacquemet(2005)呼吁人们应对"全球化进程中的人口流动、语言交融以及信息共享所带来的交际实践与社会形态进行研究。"为此,他引入"跨习语实践"这个概念来描述在交际中不同语言和交际码的互动。值得一提的是,本文对语言全球化的讨论只局限英语。人们知道,缺乏多语言使用语境的研究,将难以使人们认识它在全球化进程中的突显地位。正如此前Pennycook(2008)所提出的,"作为语言,英语的可译性是无止境的"。它的可译之处在于,它能不断地在语言多元化领域内自我重组,自我重塑。同样,它在语义多元化的领域内也需进行重组,为此,本书已进行了尝试、展开了深入分析。

第二节　通用英语与同声传译

本书从多视角、多维度对英语作为通用语进行了分析与透视。研究显示,尽管通用语这一概念日益深入人心,正被人们广泛接受,但业内人士,尤其是职业译员对其产生的抵触情绪不可小觑。通过分析它的历程以及它扮演的角色发现,业界对通用语所持的态度褒贬不一。为了探明通用语与同声传译的关系,本文先简明扼要分析通用语的优劣,而后从译员的角度对其进行了探讨。研究发现,译员对通用语所持的消极态度除了其工作性质外还与经济与心理因素有关。结果显示,在同等技术交流环境下,母语为英语发言人的发言比英语为外语发言人的发言更有助于提升译员翻译质量,更利于听众的听辨理解。

引言

英语无可争辩地成了时下全球最重要的通用语、交际最广的国际语。政治、经济、教育、科学技术领域它无所不包,无处不在。作为交际工具,它被越来越多的不同语言背景的人广泛使用,如今将英语作为外语使用的人数已超过四分之三。这一空前的发展态势表明,它在国际交往中举足轻重,正日益影响人们的生活。

与之相反,英语为外的语发言人却成了初涉译坛的众矢之的,尤其是当他们操一口单调蹩脚的英语发言时,译员无不叫苦不迭。译员纷纷抱怨,即使全神贯注、百倍努力,但仍难以保证输出令人满意的译出语,结果是听众乘兴而来、败兴而归,而译员则是哑巴吃黄连有口难辩。这种额外的压力早已在二语习得中得到了广泛深入的研究。本书将从不同的角度揭示其背后的深层原因,即一反以往将研究重心聚焦译员与外国口音的关系上,从听众角度来审视英语为外语发言人与对其听辨理解的影响,以此来证实它对同声传译译出语质量的影响。

现状分析

无疑,通用语对于来自不同语言背景的人而言是一门辅助语,正如 Crystal(1992)曾指出,通用语是一门"交际者用来作为国际交流、贸易洽谈、知识传播的工具,虽然将其作为母语的人并不占多数。"作为通用语,英语已成为学术界使用最广泛的语言,因而人们对它的名称也说法不一,如全球英语、世界英语、国际英语等,不过这些称谓都从不同的角度表达了通用语这一基本概念(Seidlhofer 2004)。

虽然很难准确统计英语使用者的确切人数,但人们一致公认英语是当今最重要的通用语。Crystal(1992)早年对这一数字做了粗略统计,现在看来这个统计有些保守。他认为说英语的人数在8亿左右,而使用英语的人数已达15亿之多,这其中将英语作为第一语言的人数仅有3.5亿。这个数字表明,英语在英语为外语者之间的使用远远超过了英语为母语的使用者。也就是说,只有1/4的人母语是英语(Seidlhofer2005)。如此以来,英语使用最广泛的人并不是英语为母语者,而是英语为外语者。根据 Jenner(1997)的统计,超过70%的英语交际是在英语为外语之间进行的。

英语如此这般普及既有自上而下的原因也有自下而上的因素。前者与曾一度主宰全球的英帝国殖民统治分不开,与美国近代在政治,经济、科学技术的强势与霸主地位紧密相连(Dollerup 1996, Mauranen2003);后者与美国大肆兜售的新闻媒体、快餐文化、娱乐与广告密不可分(Dollerup 1996)。这一点,Phillipson(2003)对英语在当今世界的声誉,与之相关的创新以及科学技术津津乐道,大加赞赏。的确,在全球化紧锣密鼓的进程中,英语可以视为出席学术会议、贸易洽谈、政治磋商与科学研究必不可少的通行证。更有甚者,Carmichael(2000)甚至认为,在欧洲工业化时代的当下,不懂英语的人不能算是一个真正的文化人。

通用语与政治、经济、科技

随着经济全球化的推进,英语已成为经贸洽谈不可或缺的工具。凡是从事经贸往来的人们无不面临学习英语的紧迫性和重要性(Gnutzmann、Intemann 2005)。不仅如此,一些跨国公司早已规定英语是唯一内部员工交流的媒介,即便是公司总部设在英语为非母语国家。对于从事经贸的人而言,会议交流、业务洽谈、邮件往来使用英语的现象早已司空见惯。虽然,在某种程度上它的确给交际带来一定困难,偶尔也会增加不必要的成本(Vollstedt 2002),但被使用者们奢华的语言纷纷抵消。通用语研究显示,在经贸洽谈中,作为通用语的英语往往能成功地完成交际任务(Pitzl 2005, Bohrn 2008)。然而,这些研究主要侧重商贸洽谈的对话交际,并未针对经贸推介会中的同声传译研究。

科技领域的情形也大同小异。一百多年前的今天,德语是科学技术与医疗卫生的首选,二战后这一格局发生了逆转,英语一跃在学术研究中独占鳌头。究其原因,主要是由于英语全球的影响力以及其语言的规范化程度(Mauranen 2006),这样英语又堂而皇之地跻身欧洲各大学的百家讲坛,成了主要的教学用语(Phillipson 2003)。英语不仅独霸大学讲台,而且也成了学者获得国际认可与影响力必须的学术出版语言。更有甚者,用其他语种发表的期刊或出版的学术专著往往被束之高阁,不屑一顾。这一情况早在1992年的一项研究中便得以证实,研究显示84%的专家学者首选英语作为文章发表以及著作出版的语言。他们之所以这么做是因为,首先他们看中的是英语提供的信息全球共享平台。第二个因素与人们心理有关,人们不由得认为倘若"苦心研究的成果不能得到国际同行们的认可,这一切努力将化为乌有,前功尽弃"(Skudlik 1992)。第三个原因是英语已是名副其实的科技语言,因此,它在科技学术会议中自然独领风骚,成为该领域唯一的工作语言,有时甚至使得译员都显多余。

翻开欧盟的发展史,人们发现英语对政治的影响不容忽视,欧盟云集了当今全球译员最多,机构最集中的地方。尽管成员国官方语这一多语种制早在罗马欧盟条约签署前已有规定,但从未得到遵照执行(Tosi 2005)。在欧盟委员会与欧洲央行这类机构中,除英语外其他语种基本上有名无实。而英语的使用率占了机构所有语言使用的96%,在其中8家机构中英语是唯一的工作语言。在所有官方语言中英语是欧洲理事会与欧盟议会全会的首选(He 2006)。按规定,理事会有义务根据需要为个别代表团提供翻译服务,即有特殊需求的代表团可申请英语以外的其他语言服务(Gazzola 2006)。欧盟理事会负责翻译事务的一项调查显示,只有57%的与会代表直接听母语,而75%代表则直接听英语,由此可见英语的特殊地位(SCIC 2010)。

不仅如此,英语已名副其实地成为欧盟文件起草语言(Phillipson 2003)。这意味着即便在有翻译的情况下,会议讨论仍以英语起草的文本为主。另一点值得注意的是,英语在欧盟所扮演的角色不以官方意志为转移。英语已悄然成为茶歇间的闲聊与网络聊天必不可少的工具。但尽管这样,政府间与国际机构间的相互交往仍离不开翻译(Hasibeder 2010)。

利弊

这一场史无前例的语言潮掀起了不同的反响,对它的褒贬智者见智仁者见仁。说本族语的人担心自己的本国语会因此受到威胁,而英语为母语者则担心莎士比亚英语会走样,会变得面目全非以至于对话双方不知所云(Widdowson 1994)。然而,英语为外语者对全球英语的泛滥也予以声讨称,英语无孔不入,最典型的是年轻人受之影响以致母语听上去竟不土不洋。有人还认为,英语为母语者在谈判、商务推介以及劳务市场开了方便之门,增加了不平等的竞争机会(Knapp 2002, Van Parijs 2004)。此外,还有人称通用语使人一头雾水,甚至一些大型国际会议由于通用语的使用不得不因故取消或延期举行(Harmer 2009)。

客观地说,如果通用语不能完成其交际目的,它将无法实现历史赋予它的使命。研究通用语的学者认为,作为通用语英语当之无愧地做到了这一点(Seidlhofer 2001)。值得一提的是,通用语的研究始于上个世纪90年代,因此该领域仍有广阔的探索空间,急需成熟的理论与方法论加以论证(Lesznyák 2004)。不过,有些理论在业界已基本上得到认可即"勉强凑合"说。这一原则允许英语为外语使用者在语法以及发音上偏离标准英语,也就是使用者的"表达能使对方明白即可"(Firth 1996)。人们普遍认为,通用语具有一种特殊的优势,一种合作精神即它能促进相互理解(Meierkord 2000)。Jenkins(2006)指出,说母语者出现的错误尚被人们视为想当然,人们更没有理由计较英语为外语者的过错,将两者混为一谈没有可比性。

译员的观点

会议举办方对英语的使用也起了推波助澜的作用,他们不遗余力地将英语作为首选,作为唯一的工作语言(Kurz 2005, Skudlik 1992)。他们的理由是,即便是绝大多数的与会代表母语不是英语,而英语为母语者的代表仍占多数,因此英语在众多的外语中仍为主流语言。

实证研究表明,口音重的发言对翻译质量的影响不可小觑。Kodrnja(2001)的实证研究显示,译员在翻译英语为外语发言人的发言时信息丢失远远超过母语为英语的发言。Kodrnja 将她的实验人员分成两组,第一组翻译母语为英语发言人朗读的发言稿的前半部分,第二组翻译母语为外语发言人朗读的后半部分,译完后将两者进行了比较。随后的问卷调查和回访显示,译员一致感受非母语发言人的速度明显快于母语发言人。值得一提的是,该实验人数相对偏少(n=10),而且实验对象只限学生译员。

Sabatini(2000)要求被测试人员完成 3 项任务:听力理解、影子跟读与翻译,刺激材料来源于 2 篇口音重发言人朗读的文本(印度口音和美国音)。不出所料,口音浓的段落出现了省译与理解偏差。本次实验规模同样偏小(n=10),实验对象为学生译员。

Basel(2009)在她的实验中发现,听、译英语为外语发言人的发言时信息丢失远远高于母语发言人的发言。值得注意的是,职业译员在应对非标准英语比初涉译坛的新手要显得更从容自信。与非母语发言人共享同一母语的译员在应对语法与词汇方面的困难时更能应付自如。熟知发言人的母语知识有助于理解这在二语习得中已有广泛的研究(Bent, Bradlow 2003),尽管不能一概而论。与所有借助译员进行的实证研究一样,Basel(2002)的实验对象人数偏少(12 名新手译员,6 名职业译员),因此研究结果值得商榷。

Taylor(1989)的研究结果与上述结论截然相反。他在研究中发现,在同一篇分别由意大利籍与英语为母语者朗读的文本中,他的学生译员对前者的发挥反而超过后者。他对这一结果解释道,意大利籍人士朗读的速度要慢于英语为母语者的速度,朗读者与学生译员的母语同属意大利语,如前所述,听辨同一语言能有效降低理解难度。遗憾的是,本次实验属典型的均值抽样,研究者既未说明具体被测试人员的数量又没有详细解释实验设计目的。Proffitt(1997)的结果同样出人意料。她的 6 个被测试人都是职业译员,有多年从事联合国大会同声传译经验。实验显示,他们听、译口音重的发言时的表现要超过英语为母语者的发言。不仅如此,英语为外语者朗读的文本全是来自联合国会议文件的原始录音,这些材料无论在句子结构、发言人宣读时的语音语调都被一致公认具有一定难度。然而,自动检测结果显示,译员在理解与信息获取的得分要高出一般水平。作者对此的解释是,被测试人员听辨非母语英语的发言时精力异常集中,灵活运用了自上而下的技巧,故此发挥出色。

　　尽管研究结果不尽相同,但译员对英语为外语者的口音仍心有余悸、谈虎色变(Wooding 2002),对通用语的"泛滥"人人叫苦,个个自危。人们不禁要问,为什么普通人听起来习以为常的外国口音译员竟如此恐慌,如临大敌? 要回答这个问题,人们只要将英语作为外语的研究与译员的实际工作环境相比较便一目了然。英语作为外语的研究侧重的是小组讨论、业务洽谈、或商务推介这类交际事件,所有这些都是在面对面的情况下进行的,交谈气氛宽松。而译员所处的工作环境是一个相对封闭的、几乎没有任何互动、一个完全由发言人从头至尾唱独角戏的场景。在这种场合下,英语为外语所倡导的讨论式发言无疑是天方夜谭。身处这种情况下的译员无法利用前文所提的"勉强凑合"原则,因为面对源源不断的发言,他不可能沉默不语,也不可能掐头去尾。

　　另一个给听、译英语为外语的发言带来的挑战是译员缺乏可以借以预测、推断的必要提示,而这些提示在某种意义上是译员应对同声传译的杀手锏(Pöchhacker 2004)。英语为外语发言人时常情不自禁地发明习语与即兴比喻(Pitzl 2009),这使译员更是措手不及。上述这些事实说明,译员对英语为外语发言人敬而远之并非空穴来风。

　　译员对外国口音以及通用语所持的消极态度也与他的收入、心理因素有关。Pöchhacker(2004)指出,如若所有的语言都具备了通用语的交际功能,译员的作用便自然失去了它的价值。一些学者将这种成本的消减归功于通用语传播的优势(Van Parijs 2004)。一项针对职业译员对通用语所持的态度的调查显示,时下译员进退维谷,处于两难境地:他不仅要应对额外的压力,而且还要倾其全力提供高质量服务。眼下译员高薪受聘的主要原因是他能胜任高科技、高端学术会议的同传工作,而这些会议中英语为非母语发言人以及通用语带来的口音司空见惯。更有甚者,时下僧多粥少,译员为了争夺翻译任务不得不煞费苦心。人们时常听到译员无奈的感叹,客户与其花高薪聘用同传译员不如提高与会发言人自身的语言素质。

　　客户对同声传译日益失去信心也是一个重要原因。具体表现在即便会议举办方提供同传业务,与会代表宁愿用蹩脚的英语发言而不愿借助译员的帮助(Kurz and Basel 2009)。与此相反,超过85.5%的欧盟代表认为翻译必不可少,他们对翻译质量表示了高度的认可。而那些选择用英语发言的10%人称,他们之所以用英语发言是因为他们担心译员难以完整再现他们的原意(SCIC 2010)。由此可见,那种担心用户对译员失去信心并无充足的理由。

　　总而言之,译员所持的消极悲观态度的原因是多种多样的。它不仅与日益紧张的工作压力有关,同时也与同声传译这一职业本身潜在的危机有关。在这种背景下,译员希望用实证来证明他们目前面临的窘境,以此洗刷不白之冤。

实证研究

　　在通用语给翻译不断增加附加值的情况下,人们有必要重新审视会议翻译唯英语论的观点。这一点会议主办方难辞其咎,他们不遗余力地推崇英语,大力标榜英语的优势。他们的理由是,会议发言以独白居多,其他语言难以取而代之。人们知道,这不过是一种托词。对于与会代表而言,大多数只是将信将疑,但明知如此却又有苦难言。

一部分译员认为,对于欠规范的、英语为外语的发言稿他们有能力在原来的基础上进一步改进完善,比如通过借助"预测推断机制来弥补外国口音重的发言所带来的理解上的困难,使译文比原文更易于理解"(Kurz and Basel 2009)。然而,这种说法的可信度有待进一步验证。如前所述,本书将从听众的角度对英语作为通用语所产生的影响进行分析探讨。本书的目的是将外国口音发言和同传译员的译文质量进行比较,通过此举来验证外国口音与译员译文对听众理解的影响。

实验对象与材料

参加本次实验的听众由58名德国籍专家组成,他们的英语水平与德语相差无几。实验是一个模拟的大会发言,被测试人按要求听一篇他们本专业有关的发言稿并根据内容回答问题。被测试人分成两组:第一组意大利籍,负责倾听发言,第二组专听译出语德语。被测试人员是维也纳大学商学院学生,根据平时学习成绩及英语水平将他们分成小组。发言人是意大利人,是该校商学院负责教授商务学的一名教授,工作语言为英语。会上,他即兴做了一次题为创新营销策略的演讲。发言人的讲演与适度性由46名口译与通用语专家单独做出考核评价。

译员已事先知道发言内容,全场翻译是无稿同传,并不是提前准备好的可逐字逐句照念的同传稿,发言人的母语为意大利语。模拟会议是维也纳大学翻译中心的一间同传室,与正式的会议设备大同小异。发言稿屏幕上清晰可见。被测试人通过耳机接听大会发言,第一组听的是源语,第二组听到的是事先录制的译文。为了制造假象营造真实效果,专门邀请一名译员端坐在同传间里佯装翻译。

实验要求被测试人根据发言内容回答7个理解性问题,8道多项选择题,3道自选题。所有问题及答案包括错误选择都一一记录在案。实验人员将原文与译文进行了比对,以此来检验被测试人的分析能力与判断能力,本次实验不考虑被测试人员的记忆力。用于本次试验的仪器在专家指导下进行了认知面试预测试,满分为19分。

结果

通过对两组平均分的比较人们发现:听外国口音的第一组平均分为8.07,而听翻译的第二组平均分则达到了11.98。T检验显示该结果在5%的水平,(t=-4,006, df=56, p=0,000),表明该统计结果显著。这一结果可以解读为:即便是在被测试人的英语水平与专业知识均属一流的情况下,听录音这一组对内容的理解要超过专听现场发言组。这证实了上述提到的观点,好的译文能弥补外国口音带来的理解上的困难,能使发言更易于理解。

值得一提的是,本次研究结果有一定局限性,实验只针对个别外国口音。人们应具体情况具体分析,切忌生搬硬套。不过,本次试验所显示的结果得到了印证,在与此同时进行的另外两项小规模实验中得到了进一步求证,分别为(n=50)与(n=31)。

结语

当下,英语已日益成为不同语言间交流不可或缺的工具,特别是在重大场合下它的优势尤为突出,而且这种趋势有增无减。对于译员而言其意义不言而喻,它意味着他的工作环境压力加大、用武之地受限,收入受到影响。但有一点是肯定的,通用语以及用于克服语言障碍的翻译两者并非相互排斥,并非水火不相容。通用语与翻译的效度主要取决跨文化交际环境。倘若交际是以对话为核心,无疑通用语可以满足基本的交际诉求。而在独白、单向交流等特殊情况下,正如本文实验所显示的,同声传译不失为最有效的媒介。然而,值得强调的是,只有具备了高质量的传译技能与专业知识才能真正做到以不变应万变。为了确保即便是在外国口音重的不利情况下仍能保证高质量传译,译员必须更新知识,戒骄戒躁,努力适应并以积极的心态欣赏各种外国口音(Kurz and Basel 2009, Proffitt 1997)。在此,有必要特别提醒并告诫学生译员,必须满腔热情地投身到这一不变的现实中。诚然,有译员会抱怨这一新形势带来的挑战,渴望重回昔日的年代。但对通用语持积极态度的译员他不但不会消沉,反而会大显身手,变不利为有利。因为他们可以向世人表明,面对如此纷繁复杂的通用语环境,身处高科技日新月异与知识爆炸的时代,只有他们才是一只可信、过硬的能打硬仗的生力军。

第三节　英语多元化对译员的挑战

引言

毋庸置疑,英语是全球最具影响力的语言。时下,无论是在政界、商界还是学术界乃至其他公共事务,人们无不借助英语来进行交际。它为来自不同语言背景的人们提供畅所欲言,自由交流的平台。可见,英语已成为世界上最重要的交际语,成为国际间合作交流、贸易洽谈与知识传播不可或缺的工具,也是语言学界广泛使用的语种,尽管英语作为母语(以下简称L1)的人口只占全球人口的三分之一(Crystal,1992:35)。

然而,问题也因此油然而生。毕竟把英语作为第二语言的(以下简称L2)人数要明显超过英语为母语的(简称L1)的人数。用英语交流的绝大多数不是来自英语本土国家而是来自非英语国家。据Alexander(1999:35)研究统计,约70%至80%的人来自非英语国家。

英语作为交际语有其深刻的历史渊源,它与曾经盛行一时的拉丁语与法语的情况颇有相似之处。英语作为交际语的趋势背后,很大程度上与操这门语言国家的政治和经济实力密不可分。英语的兴起与当时不可一世的日不落帝国密切相关,二战迅速崛起的美国又起了推波助澜的作用。加之英语特有的魅力,如在娱乐界、影视界以及大众文化的传播方面,它大胆重拳出击,勇于创新。

英语在诸多领域的作用变得责无旁贷,必不可少。全球一体化客观上使操不同语言的民族需要有一个统一的、通用的语言作为媒介。如今,即便是跨国公司之间,公司内部之间的交流均离不开英语。更有甚者,即便是在非英语国家,人们同样借助英语进行贸易洽谈、商品交易。学术界也不例外,无论是大型还是小型学术会,来自不同国家的专家学者无不用英语交流,全球颇具影响的刊物、出版社也无不是英语占主导地位。令人费解的是,用其他语种发表的学术论文、出版的专著、译著无论质量多高,居然得不到学术界应有的认可。

商界如此,政界也不例外。特别是国际峰会、高层对话,来自不同语言国的代表必须借助译员的帮助。不仅如此,即便是在非正式场合,人们也习惯性地借助英语交流。最典型的莫过于一年一度的欧盟领导人峰会。人们知道,欧盟翻译理事会按规定必须为与会的国家元首及政府首脑提供多语种翻译服务,他们所接听的语言必须被译成他们本国的官方语。其他的小型会议对语言的要求则相对宽松,参加这类会议的与会代表听讲并不是自己的母语。欧盟负责翻译事务委员会的一项调查显示(该委员会除了为议会与法庭提供翻译服务外,全权负责欧盟的各种翻译事务),75%的与会代表需要借助英语来交流,英语的强势可见一斑。即便是在休会期间,尤其是在会议大厅外的长廊,与会代表的闲谈无一例操的是清一色英语。

反响

通用语的使用由来已久,不足为奇,但作为媒介其使用范围如此之广实属空前。这种史无前例的发展在赢得高度赞誉与追捧的同时,也受到了各界的批评。一方面,人们指责标准英语不再标准规范,甚至蹩脚得使人听后一头雾水,不知所云。更有甚者,它变得不仅不能有助于交流反而妨碍了交流。也有人指责英语的特殊地位给英语作为母语的使用者一种特殊的、不公正的特权,比如谈判或求职面试等。

另一方面人们不得不承认,作为交际语的英语的确在诸多方面发挥了不可替代的作用。研究通用语的学者发现,在多数用英语作为通用语的交际场合中,交际双方均表现出了积极的合作态度,尽管他们的交流有悖于理想的标准英语如语法欠规范、语音语调不准确等。学者们把这一现象解释为一种正常现象并美其名曰"勉强凑合原则"(Firth,1996)。多年研究通用语的学者认为,交际的失败应归咎于偶然而不是常态。学者呼吁对此类现象应予以包容,认为只要交流双方交际无明显障碍,人们不应该过分挑剔交际双方词句使用的规范与否。

通用语与同传

目前,对通用语的"泛滥"持批评态度的译员不在少数。有趣的是,与会代表戴上耳麦能听到的是译员"优雅"的翻译,但间歇之余更多的却是译员的抱怨声。他们对蹩脚的英语怨声载道,甚至公然指责发言人"玷污"了标准英语。当然,这背后有其深层次的原因。

时下,除了会议举办国的官方语言外,把英语作为工作语言是大势所趋也是历史的选择(Kurz, 2009:61)。这意味着为了节省成本,越来越多的会议举办方宁可减少或者不聘译员。有人对此大加赞赏,称这是通用语发展至今的必然趋势。无疑,通用语的普及某种程度上降低了对译员的需求,甚至还会影响译界的生存与发展。根据 Altman (1990:28)对译员进行的一项调查发现,被调查对象曾大声惊呼"英语如此发展下去,迟早有一天我们会丢掉饭碗"。尽管这一谶语没有兑现,但这说明译员已经有了危机感,他再也不能像以前那样有恃无恐,无所顾忌。相反,在时隔20年的一次针对译员的专访调查中发现,被测试人员一致认为,他们需不断在两者之间寻求平衡:一方面他们必须面临空前的工作压力,另一方面他们不得不倾其全力提供优质服务来维系生存。他们应对的是高端的科技会议,面对的是来自非英语国家的发言人,在这样的情况下如要保证高质量的翻译效果,其难度可想而知。不仅如此,他们还必须面对行业激烈竞争的压力,他们必须凭实力打动客户,他们必须说服客户没有他们听众将难以享受一次听觉盛宴。

除了以上经济与心理两大因素外,工作环境的压力也不容小视。学者发现,长期以来浓厚的口音是造成译员工作压力的主要原因。这当中的最大挑战莫过于发言人发言时带浓厚的本国音,另外就是快速照本宣读发言稿(Harmer, 2009:171)。

持这种观点的不是个别学者,相反,它赢得了专家学者广泛的认同。Cooper et al (1982)对职业译员的工作压力进行了一项全方位调查。他们根据33项采访内容起草了一份长达14页的问卷调查,并将问卷人手一份分发给译员。800多份问卷调查得出了惊人的结果:在工作主要压力一项中,65%被调查对象认为口音是最大的压力。这个百分比仅次于内容陌生一项,该项占78%。在来自发言人压力一项调查中,有78%人称逐字逐句宣读发言稿是主要的压力;也有80%人认为发言人语速过快是压力的罪魁祸首。

Mackintosh(2002)对 AIIC(国际口译者协会)译员的工作环境进行了调查。600份调查问卷显示,口音是译员谈虎色变的重要原因,其次分别是语速过快以及朗读发言稿。

Neff(2008)对2005至2006影响 AIIC 译员表现的主要因素做了统计,他的资料分析得出了相同的结果。影响译员发挥的因素首推快速发言,该项占70%以上,其次是口音,占50%。除此之外,针对在职翻译硕士研究生的一项调查几乎得出了相似的结果。除了以上提到的压力因素外,语音语调与术语的运用对译员的译出语质量影响也不容忽视。

Kurz(2009)进行了一项实验,他把被实验人员分成两组,每组分别翻译一篇由L1与由L2发言人朗读的发言稿。结果表明,听、译L2的发言人朗读的文稿信息丢失要远远超过L1发言人朗读的文稿。此外,在后续的追踪采访得出的结果也显示,译员甚至认为L2发言人的语速明显要快于L1发言人,虽然有时也有例外。不过,该实验对象的数量相对较少(n=10),而且实验对象是在学生译员。

Sabatini(2000)要求她的实验对象完成3项任务,翻译2篇带印度与美国口音发言人朗读的发言稿。3项任务分别涵盖听力理解、影子跟读与翻译。她的结果显示,译员听、译口音重的发言人丢失信息严重,理解不到位。不过,该实验规模小,只涉及了10名学生译员。

Basel(2009)的实验也得出了相同的结论。译员翻译口音重且语句欠规范的发言时遗漏的信息要远远高于口音重但语句较规范的发言。毋庸置疑,职业译员驾驭这种情况的能力比学生译员略胜一筹。Basel 的研究发人深省,即英语为 L1 发言人的母语对译员译出语质量的影响。研究发现,熟悉 L1 发言人母语的译员更能从容应对发言人的语法以及词汇方面的困难。但是该实验是在小范围内进行,只涉及 12 名学生译员,6 名职业译员。

不过,也有学者得出了与上述实验相反的结果。Taylor(1989)的实验要求学生译员分别翻译两篇由 L2 与 L1 朗读的发言稿。研究发现,学生译员在翻译 L2 人朗读的篇章时出现的错误要少于 L1 的发言人。作者承认,L2 的朗读语速较慢,且译员的母语正好与发言人的母语是同一语种,客观上它帮助了译员的理解。遗憾的是,作者没能对被测试人员以及实验结果进行详细的分析。

Proffitt(1997)的实验耐人寻味。她聘请 6 名经验丰富的联合国译员翻译大会发言稿。前一半发言稿由 L1 发言人朗读,后一半的朗读者是 L2 发言人。后者的发音是大家一致公认的、令人头痛的口音。然而结果却出人意料,被测试人员翻译 L2 朗读的文本时的效果居然异常出色,这一点就连朗读者本人也百思不得其解。作者对此的解释是,L2 朗读者能使译员倾其全力高度集中,并且他们善于运用从上至下的应对策略。因而,如此表现不足为奇。

研究还发现,也有译员宁可为 L2 的发言人充当译员,因为这类发言人所掌握的成语与句法难度不如 L1 发言人那么丰富多样。Stajic(2010)发现,担任波黑法庭的译员更愿意为 L2 的客户翻译。L2 发言简单明了、语句直白,不像 L1 的发言晦涩难懂。

试验

为了验证 L1 与 L2 发言人的区别以及对译出语的影响,本章进行了一项实验。实验对象是 60 名英语专业大四的学生,要求他们听、译 3 篇长约 600 字的视频录音,发言人分别是联合国秘书长潘基文、南非总统祖玛以及联合国气候变化框架协议执行秘书菲格雷斯。秘书长潘基文、南非总统祖玛的发言带各自的口音,执行秘书菲格雷斯的口音接近 BBC 标准音。60 名实验对象年龄均在 20—22 岁之间,他们是英语专业大四的 180 名学生中遴选出来的优秀生,参加实验的学生均通过了英语专业 8 级考试。其中 45 名女性,15 名男性。刺激材料是 2011 年 9 月 6 日在南非 Durban 举行的气候峰会上的发言。结果证实了此前的假说,即执行秘书菲格雷斯的发言听、译准确率最高,达到 85%以上,其次分别是南非总统祖玛和联合国秘书长潘基文,分别是 82%与 72%。在分析此次结果时被测人员的共同感受是,菲格雷斯的发言最清晰,无任何障碍;南非总统祖玛的发音比较接近菲格雷斯但仍有口音,而潘基文的发音则难懂,其中不少音读得难以分辨。导致这一结果的主要原因首先是口音,其次是语速。

综上所述,尽管上述实证研究设计的目的各不相同,L2 发言人给译员带来的压力也有轻有重,但发言人的口音与发言速度仍难辞其咎。

L2 与理解

为了探索有效应对 L2 口音发言的方法，有一点必须明确，即人们不应将 L2 群体混为一谈。发言人的英语水平以及受母语影响的程度因人而异，不能一概而论。此外，L2 发言人英语欠规范的情况也同样各有千秋。不过，人们可以从中找到一些共同点来研究二语习得与多元化视觉下的英语作为交际语的特点。

研究还发现，外语初学者常常不经意地、人为地发明一种混合语，这种混合语的特点是用自己的发音来代替规范的目标语发音（Selingker,1972:214）。有学者认为，初学者发音不到位不能一概视为错误，而应该理解为是在学习某种外语过程中的一种自然现象。它的明显特征是说外语时受母语的影响。有关母语对学外语者的影响的研究可谓名目繁多。Tarone（1984）在给混合语界定时指出，人工语最显著的特征就是惯用综合、释义或者删减手法。维也纳牛津英语大辞典收录了同传数以万计的词条，目前正收集交际语中常用的核心词。编撰者们认为，尽管它与标准英语有一定差距，但译员一旦掌握这些核心词至少能保证他正常地交流。所收集的 100 万条词汇大致反映了 L2 者使用的规律，比如单数第三人称后 s 的省略、关系代词 who、which 之间的混用、冠词的省略、主语无单、复数区别之分等。

通过归纳总结人们发现，欠规范用法首当其冲的是语音语调，它是影响交流的罪魁祸首。它与人们正常交流相似，听众理解的好坏并非完全取决于发言人，理解强弱与听众的心智及精力集中息息相关。所以，人们在分析 L2 口音的发言时，还需考虑诸如非语义与副语言等因素。

有译员认为，翻译时译员的母语若与 L2 发言人享有同一母语，译员的听、译则要相对容易。这一点得到了 Basel 以及其他学者的印证。Bent/Bradlow（2003）发明了一个所谓"标准语与混合语配对"法，以此来探究两者的关系。这一做法有助于听众更好地理解同种语言中的元音、辅音、语音语调的发音规律。不过其他研究得出的结论正好相反，译员母语的优势不一定有助于其理解。对此有学者解释称，人的口音特点因人而异，不能以点带面，一刀切，而真正有助于理解是熟知程度。熟悉口音有助于理解与翻译得到了其他学者研究的证实。

有一种观点认为，比较而言 L2 听众更容易听懂与他共享同一背景发言人的发言。对此 Bent/Bradlow 的解释是，L2 听众熟悉这类发言人常用的表达习惯，因为任何语言都有它自身独特的语音语调，因而理解起来相对容易。

如前所述，导致接听困难的原因主要有 L2 发言人语速太快，尤其是发言人朗读事先准备的书面发言稿时，译员难以跟上其节奏。Anderson-Hsieh/Koehler（1988）的实验显示，L2 发言人的语速是影响听、译效果的主要原因，而 Derwing/Munro（1997）的研究却得出相反的结论。他们认为，语速快、难以听懂纯属译员的主观感受，甚至是错觉，真正的罪魁祸首是口音。

译员的背景知识与理解是成正比的关系。研究发现，背景知识了解的多寡是直接决定译员能否理解 L1 发言的真正原因。如果某一行业的专家讨论的内容恰好是双方都已熟知的，自然这会降低翻译难度，也会避免翻译不连贯或缺乏逻辑性带来的尴尬。另外,文本本身的难度也有可能影响译员的理解。这一点译员务必保持清醒的头脑,因为听、译L2口音的发言今后将是一种常态。

结语

英语已成为当今最重要的交流工具这已是不争的事实,而且,种种迹象表明这一势头仍有增无减。对于译员而言它更是意义深远,英语的普及与推广预示着他将面临生存与发展的双重压力。

有一点是肯定的,译员这一职业并非因此而过时,即便是L1场合也同样离不开译员。不过新形势下译员必须学会打破常规,适应各种口音。为了确保服务到位,译员必须随时更新应对策略。如前所述,熟知L2发言人的口音是译出语质量保证的前提。所以,学生译员应当尽可能地熟悉各种口音,那种纯英语的发言如今已不再是常态,而是一种额外的享受。此外,译员还需熟悉L2发言人的语速,并做到泰然处之。学生译员更需要适应这种变化,那种抱怨非但于事无补,反而害人害己,因为L2口音发言人占压倒性多数。译员应学会包容,积极应对这种变化,这样才会减少压力,不受外界干扰。老道的译员更应懂得如何应对自如,做到游刃有余。如能坦然应对这种变化,译员不仅不显多余反而更能赢得客户的青睐,更能自如地在传译场上驰骋。

第十四章

同声传译发展趋势

第一节　国外同声传译现状与发展趋势

国外翻译硕士研究生课程可谓种类繁多,不胜枚举,仅欧洲就达60门之多。然而,这些培训机构分布不匀,训练水平也参差不齐。如何才能使译员的培养顺应时代潮流的发展,应对新的挑战,这是当今从事翻译教育工作的有识之士挥之不去的一个问题,也是他们面临的历史使命。

人们知道,衡量翻译课程质量的标准要看培养的毕业生是否满足了市场需求,是否做到了学以致用,是否掌握了必要的技能,能否最终能提供上乘的口译服务。然而,纵观现状,形势不容乐观。

众所周知,翻译硕士课程是专为培养职业译员而设计的,课程设计的成功与否将直接影响译员的实际工作能力。然而,在最近一次对译员的招聘面试中发现,行业对译员的要求与译员所学的知识严重脱节。应聘人员虽踊跃有加,但真正顺利通过考试的应试者却寥寥无几,导致许多职位仍束之高阁。究其原因,无外乎是大多数求职者缺乏应有的实践经验。据有关统计显示,前来应聘的译员合格率仅为20%,这反映了译员的培训与现实严重脱节的问题。

随着英语作为通用语地位的不断上升,各种新技术日新月异,人们不禁要问翻译硕士的课程设计是否真正做到了与时俱进。互联网的普及拓宽了人们的视野,丰富了人们的知识,提供一流快捷的资讯,这对译员而言无疑是福音,这一切是否都囊括在课程的设计里?特别是在不远的将来,视频会议、远程口译或电话翻译将进入人们日常生活,这一切将极大改变人们的交流方式。在这种新的挑战面前,教育工作者很难做到独善其身,敬而远之。

新的挑战意味着教育工作者必须具备高度的求真务实的态度,译员需要有高度的责任感、使命感,需要不断更新自己的知识,提高业务水平,树立终身学习的思想。这对大专院校的课程设计提出了新的要求。我们的译员如何应对未来?我们的教育如何为译员提供必要的工具来提升他的语言能力,如何为他们提供一个开放的、灵活多样的机制来满足其背景知识的诉求?答案是尽可能地让译员脱离封闭式学习训练,积极投身社会实践,参加各种翻译实践活动,这才是以不变应万变之策。

语言

英语作为通用语对译界产生的影响日益深远,这一点在世界经合组织和北大西洋公约组织的工作中尤为突出。在这些机构中,英语已当之无愧地成了法国代表团外与会代表们的唯一交际语。无疑,这为人们学习何种语言、培养什么译员指明了方向。当下,英语的强势如此突显以至于有代表为自己不能用英语发言而感内疚与自责,甚至直言不讳地向与会人员道歉。其实这并非值得称道,因为这样人们不但不能享受翻译带来的乐趣,反而它却成了人们的负担,使人尴尬难堪。

时下,国际会议已成了家常便饭。能操一口流利英语的人已不再是令人羡慕的技能,能流利地讲几种语言的人也不再是少数。译员再也不像从前那样因为语言的优势便备受追捧,令人仰视。现在人们眼里的译员除非他确实出类拔萃、学识渊博,能对各种场合应对自如、驾轻就熟,否则他很难赢得人们的尊敬。

来自交际语的另一个挑战是译员必须直面英语各种口音甚至方言的压力。据有识之士推测,一种新型的"国际英语"正悄然兴起。如果这一天真的到来,译员需改变其原有的听辨、分析技能,他再也不能躺在功劳簿上,他需奋起直追否则将难以适应这一变化。由此看来,我们的研究生课程开设不仅应形式多样,内容丰富,而且还要做到未雨绸缪,有前瞻性。译员需更新自己现有的知识,夯实语言功底。教育工作者需提供形式多样、内容丰富的教学环境,鼓励学生走出校门加强与校外交流,邀请校外不同背景、行业的人士来校演讲发言,营造一个学生与社会互动的良性机制。

现在口译市场的发展越来越倾向单一性即本国语外加英语的组合,这无疑要求译员具有扎实的双语功底。这一点应引起教育工作者的高度重视,它直接涉及课程的设计和教育质量。

通用语带来的第三个挑战是,今后国际组织对译员的需求不但不紧缺反而将呈下降态势,要想维持生计,译员必需另辟蹊径。不过,就目前的形势来看这种情况尚能勉强维持,有些地方的确出现了译员紧缺的现象,尤其是新加盟的成员国他们对英语的需求有增无减。据预测,除了英语外,法语、德语、意大利语,中文、葡萄牙语等仍将享有一席之地。然而,欧盟服役的法德专职译员有超过30%的现已年过五旬,近40%欧盟译员接近六旬,57%荷兰语译员超过五旬,这一情况堪忧。

通过面试人们还发现,课程设计与语言组合结构失调。这并非源自教育与市场的脱节,而是大专院校心有余而力不足,缺乏必要的人力物力。人们知道,短期培训尽管有其种种优势,但它毕竟耗费财力物力。导致目前这一局面的有教育也有社会原因,比如学校没有把外语学习置于战略地位考虑,社会缺乏对译员应有的重视,加之国际组织对于语言的需求不确定性等原因。尽管新加盟的成员国仍有增无减,但未来的发展对语言需求仍不明朗。这些大型的国际组织仍旧坚持原来的老一套即多语种制,而时下新形势对译员的需求则是一个灵活多样的开放模式。诚然,国际组织不失为译员的理想就业之路,而市场为译员提供的广阔空间、前所未有的机遇,这一点教育工作者不可熟视无睹。

教育部门面临的尴尬是缺乏人力物力,不过他们墨守成规生怕打破常规的做派恐怕是问题的根源。

口译的变化

时下,国际会议名目繁多,五花八门,口译已成了国际会议司空见惯的现象。这对译员的需求前所未有:它要求译员不仅需要具备扎实的语言功底,他还须拥有敏捷的思维、沉着冷静、遇事不惊的工作态度、如饥似渴的求知欲望。因为他的职业牵动着高层决策、专家学者的智慧;他代表的是政策导向、学术动态,他的言行对社会、行业将产生重大影响。所以,合格的译员应学会完整再现所译内容,绝不可任意偷工减料或添枝加叶。它与社区翻译不同,会议口译员是桥梁,他的作用是帮助与会人员搭建交流平台,他无权擅自歪曲篡改交际内容。不仅如此,它还要求译员除具备必要的专业知识外,还须具备高尚的职业道德,以及勇于吃苦、顽强拼搏的精神。可见,这对译员的要求十分严苛。如何才能培养出这样高质量的合格之才对教育工作者无疑是一大考验。如前所述,现在的口译就业形势不容乐观。Seleskovitch(1999)对译界面临的尴尬曾有这样精辟的论述:"只要是吃香的工作唾手可得,只要是译员的社会地位还原地踏步,人们很难指望天资过人、通晓两种语言的年轻人涉足翻译这一行业。"

译员也面临同样的挑战,他明显有了危机感,再也不像昔日众星捧月般地受人追捧。其实这不足为奇,在同声传译问世之初,交传译员曾一度感到岌岌可危,寝食难安,人们对它尽大肆诋毁、百般诅咒之能事(Baigorri Jalon, 1999)。今天人们的担心更多的是该行业过分女性化。统计显示,担任 AIIC 的译员中只有四分之一为男性。Lim(1995)对这一现象感叹不已:"男女译员性比严重失调,令人担忧。要想提高译员的地位,除非打破译界娘子军一统天下的局面。"

招聘渠道变得多元化。如今的译员不再是那些出自高贵门第的外交官宦子弟,也不是跨国公司高管的公子、千金。昔日国外生活学习对于大多数人而言可望而不可即,如今平常百姓出国深造已不再望洋兴叹,译员不再是凤毛麟角。50 名接受采访的译员对于以下问题的答案耐人寻味:

- 你认为译员的地位在过去的 20 年里发生变化了吗? 变化表现在哪些方面?
- 你会向亲朋好友推荐译员这一职业吗?

调查结果出人意料,译员对该行业前景忧心忡忡,如履薄冰,选择这一行业的人寥寥无几。不过值得庆幸的是,年轻译员们却初生牛犊不怕虎,他们对翻译工作充满激情。可见,同声传译不再是精英垄断的职场,也不再是可望而不可即的事。英语作为交际语以及远程翻译的普及正逐渐改变人们对翻译乃至译员的态度。这是否意味着译员失去了成就感,人们降低了对译员的要求?

事实证明,这种担心是多余的,无异于杞人忧天。如今活跃在欧洲译界的年轻译员激情四射,精神可嘉,他们获得的报酬也不菲。译员在大型国际峰会上的出色表现赢得了人们的一致赞誉。译员仍被人们仰止、刮目相看。总而言之,同声传译行业的魅力仍不减当年,它富有挑战性的课程设置、严谨治学的教学理念仍令莘莘学子心神向往。不过,书本知识只是成功的一个方面,译员在实际工作中如何保持高质量的翻译水平、高尚的道德情操以及乐于合作的精神这些问题都值得我们重视。正如 Dejean 所言,如果口译质量得到保证并在一定程度上再上一层楼,口译行业便由此可保值。

科学技术

据 I.O.的报告显示,译员所学的课程与实际工作需求之间仍严重脱节。具体表现在他们对新鲜事物缺乏足够的认识如视频会议、电话会议等新兴的翻译模式。人们知道,时下新技术日新月异无处不在，口译也不例外。互联网的问世为译员准备会议获得必要的背景知识提供了便捷。而昔日的译员往往不得不花大气力，查阅各式文献资料，仍免不了无功而返的尴尬局面。反观现在，数据如云，唾手可得。但如何梳理如此纷繁复杂的资讯对教育工作者又提出了新的挑战，因此课程设计必须顺应这一变化，学生必须转变对互联网资讯原有的偏见，充分发挥它的优势，特别是在线资料查询的便捷。尽管互联网还有待完善，但相对于传统的文献而言，它仍不失为教授口译的良师益友。学生可以借助网络平台，下载各类发言稿自我训练来提升语言水平。

远程口译将是今后发展的一大趋势，它不仅节省大量的人力物力，而且还有利于环境的保护。这一点欧盟已率先垂范，欧盟已经制定往返其成员国航班的最低碳排放量标准。正如一则广告所言"视频取代国际会议功在当代利在千秋"。总而言之，该行业仍存在许多不确定因素，就像人们最初对它的质疑那样，担心交传译员也会丢了饭碗（Mouzourakis，1996）。现在人们更担心的是，如何克服译员将被排斥在会议现场之外，降格为幕后人的尴尬局面，在这一点上译员务必保持清醒的头脑。

任何新鲜事物都不可能一帆风顺。如同人们当初对同传所持的偏见一样，对于远程翻译人们难免也会持怀疑、否定甚至诋毁的态度。但无论如何，学生需要了解这一趋势，有条件的院校应尝试视频与远程翻译这种特殊的训练模式，借助它来教授口译，使之成为教学的得力帮手。有一点是肯定的，一旦人们了解它的优势定会感受到它无穷的魅力。

结语

时代的迅猛发展要求口译课程的设计与时俱进，顺势而上。师资队伍的建设应注重理论与实践相结合。译员应做到互通有无，交流经验、取长补短，保持旺盛的求知欲。校际之间需要加强合作做到优势互补。只有这样，译员才能以开放的胸襟迎接新鲜事物的挑战。

第二节　首届 Forli 口译研讨会

历史的变迁把我们带入了 21 世纪，而变化的世纪给人们日常生活带来了日新月异的变化。学术领域也不例外，译界则更明显，变化呼吁译员与时俱进，与时代同呼吸共命运，更新知识，提高自身素质，最终提高服务质量。

正是在这样变革的大背景下，翻译界迎来了首届 Forlì 口译研讨会。本届研讨会以全球口译发展、变化为主题，深入探讨了 21 世纪同声传译所面临的职业教育和译员培训带来的挑战。与会专家回顾并总结了同声传译的发展历程，分析讨论了同声传译的发展变化，同时对同声传译新形势下的发展提出了更高的要求，对同声传译未来的前景作了展望。

本届口译大会的召开不仅使与会代表受益匪浅,同时也为广大的口译爱好者带来了福音,为同声传译的发展指明了方。主办方对大会议程以及嘉宾简短介绍之后,大会随即进入了主旨发言。发言围绕科研、同声传译以及译员培训三个主题展开。会议结束时,大会作了总结发言。

Alessandra Riccardi 代表科研组首先宣读了题为同声传译发展研究一文。Riccardi不仅对同声传译领域研究的最新成果作了全面的回顾,而且也与代表们分享了翻译材料研究所取得的突破。他对翻译材料提出了自己独到的见解,他提倡译界根据翻译材料的特点建立新的研究方法。文章最后呼吁加强同声传译的质量以及口译战略的研究。

同属科研组的 Robin Setton、Marco Cencini 和 Guy Aston 等人的发言分别就语料库建设和对语料库研究的具体措施做了精彩的演讲。Setton 建议把语料分析纳入翻译质量范畴。Cencini 和 Aston 提议建立翻译数据公开共享机制。

毫不夸张地说,他们的观点为破译文本密码提供了新视角,他们还根据文本破译策略为读者提供了破译文本的范例。Gun-Viol Vik-Tuovinen 和 Peter Mead 在实证研究的基础上,全面分析了同声传译研究的工具问题。Vik-Tuovinen 对职业译员与非职业译员以及初学者之间进行了深入细致的研究。他倡导展开实证研究,特别是重视现场同声传译信息的整理与收集,以便获得对同声传译进行量化和质量评估的第一手资料。

模拟现场对于课堂教学而言不失为一种大胆的尝试,如将职业译员请进课堂进行现场演示等。此举不仅避免了教师照本宣科传统的教学法,更重要的是它使学生译员开阔了视野,增长了知识,培养了才干。Peter Mead 在会上与专家分享了他研究的最新成果——交传中的停顿。文章中,他根据自身的亲身经历和实践经验提出停顿效率的最大化说,即交传过程中如何充分发挥停顿的作用。同时,他通过源语和译语输出分析比较后发现,流畅的译出语与译员本身的语言素质和非语言因素密不可分。

译员训练是本次研讨会的重头戏,因此许多专家对此展开了热烈的讨论,这其中Laura Salmon Kovarski 研究最令人瞩目。她研究发现,译员翻译过程中面对俄语人名、缩写词、谚语时束手无策,莫衷一是,她呼吁译员在跨文化领域方面拓宽知识,建议课堂增加更多的交际情景训练。

质量问题是一个永恒的话题,因此这次研讨会上有三篇论文对此进行了深入地探讨。Franz Pöchhacker 向与会人员演示的口译和质量概念模型给人以耳目一新之感,他对质量研究现状的分析总结使人为之眼前一亮。他围绕口译社会交际的重要性深入分析,他的结论是,无论口译形式如何,会议口译也好,社区翻译也罢,交际的成功与否是决定质量的试金石。最后,Pöchhacker 号召有识之士拓宽知识面,展开对多学科、跨学科翻译的研究。

Giuliana Garzone 的发言以全新的视角对质量赋予了新的内涵,他提出质量研究应引入标准规范机制。他指出,质量应是合格译员的行为准则,质量标准应做到可模仿,可示范。他的观点新颖之处还在于,质量和标准并非绝对、一成不变,评价质量的优劣应根据译员所处的具体环境和客观条件。

Sylvia Kalina 的演讲全面回顾了近年来同声传译质量的研究成果。Kalina 把口译界定为"互动交际"的过程,为此她列举了大量有关影响质量的因素。与 Pöchhacker 和 Garzone 不谋而合,Kalina 也强调译界应采取多种方式对交际质量问题进行研究。以上三人的发言的共同点都不约而同地围绕口译并非是会议翻译的专利这一概念,强调会议之外,翻译之余知识积累的重要性。

Helge Niska 的发言介绍了瑞士译员的训练情况,尤其是社区译员的培训现状、目前存在的问题以及对今后的展望。Niska 强调译员训练从实际出发的重要性,对翻译质量问题的界定应本着具体情况具体分析的原则。Erik Hertog 的演讲针对的是法庭翻译,发言中他强调了翻译应在保护人权中发挥积极作用。Hertog 同时介绍了欧盟对法律翻译的规章制度以及 GROTIUS 项目情况,GROTIUS 是国际法律翻译指南。Hertog 在发言中呼吁欧盟有识之士与译界携起手来,共同迎接法律翻译所面临的挑战。

Bernd Meyer 的发言揭示了医务翻译带来的挑战。无独有偶,如同法律翻译一样人们对医务翻译的研究略显捉襟见肘。时下,由于战火引发的难民潮波及欧盟各国,如何使难民的权益得到保证,如何使他们享受应有的医疗医保服务成了各国政府关注的问题。自然,医务翻译也由此提到了议事日程上来。鉴于医务翻译的特殊性,Meyer 呼吁人们对医务翻译的复杂性进行研究。

本次研讨会精彩纷呈,其中不乏对手势语的研究。Cynthia Jane 与 Kellet Bidoli 的发言别出心裁,他们不仅对意大利手势语的发展作了全面的回顾,更有趣的是,他们不遗余力地研究了口语与手势语翻译的差异并产生了一批成果。他们的中心思想与此前的观点不谋而合,即无论翻译形式如何多样,翻译的出发点与落脚点是促使来自不同语言、不同的文化背景的人成功地实现交流。

Claudia Monacelli 发言以意大利战地译员训练为契机,强调了译员训练的重要性。他首次提出了"动态平衡"这一概念。在他看来译员的行动无不是在动态中寻求平衡,尤其是处于高度戒备状态之下的军事行动。Monacelli 指出,强化译员的训练是保证成功交际的关键,因此无论如何强调其重要性都不过分。研究显示,训练有素的译员对"动态平衡"的把握要胜过未经严格训练或缺乏训练的译员。

大会同时还讨论了视频翻译。Ingrid Kurz 提出了一个饶有兴趣的问题:即视频同声传译的压力是否要超过会议同声传译固有的压力。Kurz 列举了一系列影响视频翻译的各种因素并辅之以试验结果。该结果以生理试验为基础,有力地说明视频同声传译的挑战远远大于会议同声传译。

Gabriele Mack 的发言提出了一个发人深省的问题,即"口译是否受社会活动的制约"。为此,他用 Dell Hymes 框架来分析交际功能,得出如下结论:视频同声传译与会议同声传译虽属翻译但相距甚远。他呼吁建立视频同声传译翻译质量评价体系,他提倡对译员的培训应建立在高效交际和应变能力训练为基础。

Delia Chiaro 的发言同样是围绕视频同声传译,不过他的发言别出心裁,他从案例分析为切入点探究听众的态度与预期。在研究听众对视频译员的容忍度时他发现,译员的亲和力至关重要,亲和力强的译员能感染听众,甚至影响他们的判断力。因此,明知译员出现明显的译出语错误,听众不但不指责,反而还尽包容之能事。

译员训练是本次大会讨论的第三大议题,可见译员训练的重要性。Sergio Viaggio 是本议题首位发言人,他呼吁专家学者、有识之士、大专院校翻译硕士研究生本着求真务实,锐意进取的精神,用"指南"武装自己。他强调指出,译员需要进一步夯实自己的语言与文化功底,译界应该对会议翻译进行深入细致地研究以便出台有针对性的训练方法,毕竟"译员的使命是促使两种语言的有效勾通"。要想做到这一点,学生译员需时刻牢记自己肩负的责任。

只有目的明确,人们才有可能全力以赴地在译出语上下工夫。为此,Viaggio 强调学生译员应加强从认知与实用角度提高译出语的质量。Salvador Pippa 和 Mariachiara Russo 的发言富有建设性,他们倡议通过释义来检验会议翻译质量。两位专家同时还介绍了各国口、笔译资格的考试情况。

Francesca Santulli 的演讲强调了语言学在翻译中的重要性,他建议将语言学纳入翻译硕士研究生基础课程。他的理由是,译员和语言的关系犹如鱼和水,两者缺一不可。译员对语言必须做到驾轻就熟、游刃有余。他同时还建议用交传笔记作为第三语言研究,为此他列举了第三语言的特征,强调第三语言的知识有助于提高笔记技巧。

Christopher John Garwood 的发言聚焦翻译文本。他认为,译员必须了解并深谙各种文本的特点并在实际操作过程中做到胸中有数。职业译员不仅需要弄懂文本内容,还需了解文本与文本间的关系,只有这样才能把握源语文本的精神实质。为此,他通过专职译员译文与新手译文的比较进行了演示。

21世纪是信息的时代,而信息则须通过网络传播。自然,网络在译员的训练中起着举足轻重的作用。Laura Gran, Angela Carabelli 和 Raffaela Merlini 的发言分别列举了在线培训的优势,指出互联网不仅有助于译员个性化的发展,同时还有助于译员更好地了解并利用 IRIS。IRIS 是口、笔译材料数据库,InterprIT 项目是专为译员如何提高笔记效率、发挥笔记优势而设计的。

本届研讨会的中心思想突出强调了翻译的本质。大会一致认为,为了使口译与时俱进,翻译理论工作者需要对科研、职业发展和培训等展开深入、广泛的研究,特别是要在理顺各翻译领域之间的关系上下工夫,做到术业有专攻。正如 Sergio Viaggio 发言中指出的那样"(我们必须)采取强有力的措施,使翻译能顺应时代潮流,适应社会的发展变化,为各种文化的沟通搭建语言的桥梁"。

第三节　解读新世纪翻译大师

人类翻译活动可追溯到古罗马。罗马人从公元前3世纪开始,就大规模地翻译古希腊的文学著作。我国的翻译史可以追溯到2千年前,始于汉译佛典论(公元前2年)。许多佛典论已具有文学作品特点。但是真正将大量作品介绍到中国来是在近代。从整体来看,20世纪中国译坛人才荟萃,这是自汉唐以来罕见的多元文化人文景观,充分说明了中华民族在多元文化交流中的智慧和翻译潜能。如林纾、鲁迅、周作人、傅雷、季羡林、王道乾、冰心、徐志摩、巴金、萧乾、杨绛、冯志、卞之琳等大师，他们不仅创作文学，同时还翻译文学，个个都是集文学创作与文学翻译于一身的大家。这些人中有不少人的文学创作水平甚至超过了一般的作家创作水平。

不仅如此，五彩缤纷的翻译也香溢中国译界。大师们还纷纷根据自己的理解和心得揭示了翻译的内涵，如宋僧法云"如翻锦绣，两面俱华"；鸠摩罗什的"有似嚼饭与人，非徒失味，乃令呕哕也"；老舍的"翻译不是结结巴巴的学舌，而是漂漂亮亮的再创造"；傅雷的"翻译如临画，如伯乐相马""重神似，不重形似"；萧乾的"翻译好像走钢丝，实在很难……"可见，其翻译各具特色，五彩斑斓，其中突出了一个翻译中的"难"字。无疑，这些大家们的翻译对沟通中华文明和世界文明，促进人类先进文化交流和传播起了先导的作用，为促进中华文化传播、加强中西文化交流做出了杰出的贡献。

更值得称道的是，这些大师们的成长恰逢中华民族的深重灾难岁月，可以说越是到了民族危亡关头，我们的翻译大师越是奋不顾身，表现出崇高的民族豪情和气节。翻译界前辈们的敬业精神和孜孜不倦的探索与追求更是为后人留下了宝贵的财富。今天，每当我们捧读《资本论》《小逻辑》《民约论》《批判力批判》《战争与和平》《莎士比亚全集》《复活》《简·爱》等不朽作品时，无不感叹这些译作里的字里行间处处闪耀着他们的智慧、倾注、流淌着他们全部的心血与汗水。然而，当人们绘声绘色地解析与陶醉、沉浸在这些不朽的文学作品并为大师们的超凡的翻译技巧叫绝的同时，有一个问题始终萦绕在人们的脑海中挥之不去，人们不禁要问翻译行业是否与时俱进，真正做到了与时代同呼吸、共命运了？

一、我国翻译界现状

纵观20世纪的翻译历程不难看出，译著大多以文学素材为主。诚然，文学翻译在一定程度上确实能反映译者的双语功底和文化底蕴，但它同时也反映了我们翻译作品的单一性。这不仅使我们的译著呈一边倒的态势，就连我国的翻译理论与教学也陷入了这一误区。因此，中国目前的翻译家纷纷把精力放在文学翻译教学上，翻译教学内容紧紧围绕着文学名著，在翻译课堂上教授翻译课的教师无不为此津津乐道、眉飞色舞地畅谈、解读翻译风格和语言特色。我们的翻译理论也紧紧围绕"如何译"问题的讨论和研究，多数研究充其量是个人翻译实践的体会和经验总结而已，鲜有理论层面上的创新和突破。王佐良先生曾在一次专题翻译讨论会上说过一番十分耐人寻味的话："严复的历史功绩不可没。'信、达、雅'是很好的经验总结，说法精炼之至，所以能持久地吸引人。但时至今日，仍然津津于这三个字，则只能说明我们后人的停顿不前。"由于人们过分追捧文学翻译，过分崇拜"信、达、雅"，我们翻译行为的一言一行，一举一动都必须遵循这"三字经"原则，很难摆脱这一羁绊。正因为如此，我国各大专院校的英语专业硕士研究生招生考试的翻译部分，虽然各学校不尽相同，但归结起来无一不是紧紧围绕古汉语、文学和散文之类的翻译；我国专业八级考试翻译部分与此也大同小异。这样给人们造成了一个错觉，似乎只有文学作品才能彰显翻译的价值，唯有文学作品才是真正的翻译,独有文学才能真正展现翻译大师的风范。

在当今信息、科学技术的浪潮推动下,呼吁新型翻译大师的浪潮一浪高过一浪。目前,我国的翻译状况几乎处于青黄不接和断层阶段,有不少翻译人员他们通晓翻译理论,熟知翻译技巧,却仍旧无法胜任翻译工作,甚至有许多有名的翻译大师也遇到这样那样的问题。他们虽然有着多年的人生阅历和书本知识、坚持不懈地学习现代文化科学知识,但发现涉及专业问题出现的新问题更多,如环境、金融、就业、保险、法律、商业贸易、低碳经济等也越突出。

根据《文汇报》的最新统计数据,目前90%以上的译者所做的无一例外都是非文学翻译。从要求字斟句酌、务求严密的法律典籍,到表述维妙维肖、暗藏机关的外交文件;从专业艰深的科技论文,到复杂繁多的商务文本等。随着全球化进程的加快,中国经济与世界经济的融合,非文学类的翻译量与日俱增。这样一来,文学翻译在翻译总量中所占的比例已不足10%。这就表明了在占整个翻译比例90%的其他类型的翻译中,同样需要高端人才,需要翻译大家,同样应当给有成就、有贡献的翻译工作者相应的尊重和荣誉,及其定位。

更令人担忧的是,翻译界正面临着前所未有的人才匮乏的尴尬局面。据《中国青年报》日前报道,专业化翻译人才频频告急。据报道,最近在上海举办的一次翻译大赛上,由于缺乏出色译作,一等奖只能空缺,二等奖则由一位新加坡参赛者获得。我国高水平专业化翻译人才的匮乏,已成为不争的严酷现实。中国翻译协会提供的数据显示,目前全国有职业翻译6万多人,相关从业人员超过50万人,但高水平、受过专业训练的翻译人才却寥寥无几,缺口高达90%以上。专家估计,如果按每个省、市、自治区有5—10名高级口译、每个地级以上城市有2—3名高级口译员的话,仅高级英语口译人才我国的缺口就达500人,而真正合格的、高级笔译人才的缺口更大。如果进一步细分,国内市场需求量较大、人才紧缺的专业翻译人才主要有以下5个方向:一是会议口译。会议口译在各种口译中处于高端项目,包含交替传译和同声传译两种口译技能。二是法庭口译。国际诉讼、仲裁事务日益增多,对法庭口译人才的需求也日益凸显。三是商务口译。比会议口译的要求虽然稍低一些,但企业在国际贸易、谈判等过程中需要大量商务口译人才。四是联络陪同口译。企业、政府机构都有大量的外事接待事务,联络陪同口译的任务就是在接待、旅游等事务中担任口译工作。五是文书翻译。它包括商业文书翻译和涉外公文证书翻译等。

二、面临的挑战

21世纪是信息迅猛更新的时代,在堆积如山的资料面前,翻译工作者鲜有像他们前辈那样,有充足的时间对原文中的每一个词和每一句话反复推敲,字斟句酌。尤其是在翻译信息资料的时候,将原句逐字逐句地翻译出来的做法已不常见。

中国自20世纪80年代以来,翻译工作就呈现出"专业化、学术化、服务化、用途多样化、实物化、科技化六大趋势"。全球经济一体化,世界文化趋向多元化,中国的成功入世,我国国际商务活动和语言文化活动日益增多,国际交流空前频繁,以上六大特点更加突显，综合素质、精通专业、扎实的外语基本功、出色的翻译能力是一个译员必须具备的素质。正如季羡林先生曾指出的那样："在人类历史发展的长河中，在世界多元文化的交流、融汇与碰撞中，在中华民族伟大复兴的进程中，翻译始终起着不可或缺的先导作用。"国际间的频繁交流，为中国的翻译市场创造了新的市场需求，赢得了新的商机，也为广大翻译者提供了前所未有的机遇。

翻译涉及两种语言，要想运用一种语言把另一种语言所表达的内容忠实地再现出来，译员就必须具备较高的语言素质。翻译工作者应具备的语言素质包括本族语的语言素质和外语的语言素质。现在对译员素质的要求不仅英语的听说能力要强，英汉两种语言的语音、语调出众，思维敏捷，反应迅速快捷，同时还要通晓国际时事政治、文化科学知识，总之知识面要广。另外，同声传译译员的专业知识、灵活应变能力、心理素质、身体素质等要求更是严格异常。且要对金融、经济、工农业、加工制造业、环保各个领域有所了解，此外还要对母语为非英语的人的口音有一定了解，如拉美人、印巴人和亚洲某些国家的人说英语的特点要有所了解。

三、同声传译人才的要求和翻译家定位

认真审视翻译界的现状和面临的挑战，笔者以为，21世纪的经济全球化、政治多样化、文化多元化、科技现代化既是翻译界的机遇，也是翻译工作者和翻译界面临的挑战。在新的世纪，人类不仅应与自然环境和谐相处，还应构建多元文化相互交融的文化环境。而作为翻译界同声传译人才要求基础的翻译人员，不能只掌握单一学科的发展研究，还必须有多学科综合、跨学科领域相互渗透的理论知识和胸襟。随着信息量的不断增多，现在很难做到独立完成一部鸿篇巨著，这就要求我们不仅需要复合型人才，还需要广泛知识的整合与人才的兼并、重组。合作是最好的选择，具体说就是不同研究领域的专家学者共同合作。当然，翻译界的结构转型和专业方向细分是发展的必然趋势。这意味着，"术业有专攻"的趋势逐渐加大了。

21世纪翻译家的任务是极其艰巨的，挑战也是严峻异常。不仅要在理论与体系上不断完善翻译，更重要的是把外界文化的过去、现在和未来，系统地、全面地向中国展示，同时把整个中国经济、文化、教育等各个领域的成就，确切、完整地展示给全世界，让世界了解中国，促使中国的文化融合并带动全球文化的发展。

在这些信息的传递过程中，传统的笔译和口译不能更好地满足当今社会的需求，作为翻译的媒介——同声传译，扮演了责无旁贷的角色，起到独特的作用，担当了历史的重任。它为缩短会议时间，提高工作效率，节省人力物力资源，提供了最快捷的交流方式。

可见，同声传译是时代的产物，它是当今信息时代不可缺少的一种职业。因此，它越来越受到世界各国的青睐。它能使各国与会代表、谈判者用母语发言，它能使会议按计划进程。研究表明：一场本来用同声传译45分钟便可以完成的翻译工作，而如果用传统的交替传译译则不得不花费90分钟甚至更长的时间，由此便可以看出它的优势。

同声传译和交传虽然有许多相同之处，两者都是将英语转换为汉语或将汉语转换

为英语,但前者挑战性远远大于后者。同声传译几乎需要与发言人相同的速度,眼、耳、脑相互配合,最后通过口头输出译语,所有这些活动都要求译员一气呵成。交传译员则听完一句话或一段话之后才译,从而提前获得了发言或演讲的内容和大意,并且有一定的时间来组织、思考或斟酌。他有足够的时间预测、推敲,加之笔记的辅助作用,他有较强的整体感。此外,同声传译翻译所需的大量信息超出了交传译员的记忆负荷。

同声传译译员面临的另一个问题是一对一的句子翻译。同声传译中一个突出的特点是专业词汇大大超出了日常词汇。人们知道,在实际生活中人们所使用的专业术语要大大低于人们的日常生活词汇。因此,翻译起来显然不如日常词汇那么便捷、迅速,信手拈来。再则,文学文献资料的数量远远多于科技文献资料,这给同声传译翻译工作带来了额外的难度。

同声传译与笔译更是风马牛不相及的。笔译工作者可以尽情地反复斟酌、推敲一个词一个句,直到他满意为止。而同声传译译员即使对刚译出的一句不太满意,他必须全神贯注集中精力倾听下一句;他必须根据已有的知识对发言人下一句的意思迅速预测,力求发言人话音未落,他的译语也将输出完毕。同时,他还必须在极其有限的时间里,找机会将错译或漏译纠正和补充完整,这对译员的随机应变的能力的要求可想而知。

同声传译涉及的难度和笔译涉及的难度不分上下,笔译有的难度,同声传译有,笔译没有的难度,同声传译同样有。同声传译不仅仅要把笔译人员翻译的正式材料口语化,还有更多关于材料本身的问题需要他处理,如修辞、论证、辛辣的文风、俗语、文化差异产生的歧义、模糊表达等,数不胜数。另外,同声传译译员的材料在形式方面也与笔译人员完全不同;笔译材料通常具有完整构思,逻辑严密,整体性强等特点。

四、结语

值得庆幸的是,在翻译专业化不断发展的今天,口译工作者的贡献也不断被人们所认可,尤其是高水平的同声传译人才。如上所述,达到同声传译水平的高端口译人才要同时具备过硬的中英双语能力、丰富的知识储备、敏捷的思维、迅速的反应、超凡的心理素质,在有限的时间内同步翻译出精确的译文的能力。因此,他们需要不断学习各个专业的知识,需要上知天文下知地理、博古通今,这样才能在翻译的过程中避免错译或者误译。可见,同传译员必须是一个全面发展的见多识广的人才。

很显然,英语听力口语要求极高,且中文驾驭能力极强,同时具备百科知识和良好反应能力的同声传译人才,人们是否可以把他们列为21世纪新型翻译家或者翻译大师的范畴?这个问题值得人们深思,值得人们进一步探讨。

第十五章

机器与人工同声传译

第一节　同声传译与大脑激活

在当今多语种时代,适当了解翻译过程中的认知与神经功能的作用无疑有助于人们更好地认清语言的本质。同声传译是一门对认知要求极高的学科,它即涉及心理语言学,又涉及神经系统。它同时也是一种时间紧、难度大的语言交际转换活动,要求译员在听辩源语发言的同时,借助已有的主题知识迅速完成对源语信息的预测、理解、记忆、转换和目的语的筹措、组织、表达、监听与调整等一系列活动,最后同步输出目的语。但遗憾的是,人们对同声传译认识仍然只停留在表面,而对与之相关的神经方面的知识更是知之甚少。曾有学者推测,同声传译对左右大脑半球前后部分均产生激活作用。然而,经过研究人员借助脑电图对译员现场翻译时大脑活动时的监测发现,译出语为外语时译员右半球脑电波产生强波,这说明翻译吃力、难度大。值得指出的是,此项研究是在局部范围内进行,规模小而且只涉及3名被测试人,加之当时研究者对神经元知识的局限性,所以研究结果的可信度还值得商榷。

过去,人们用正电子成像术对大脑在翻译时的激活研究主要局限词汇层面,从未涉猎同声传译领域。然而,就在这些为数不多的研究中,人们发现研究结果出人意料,大相径庭。Klein等人的研究显示,英译法单词对译主要激活左背外侧的前额叶皮质(使用同音词与同义词效果大致相同)。然而,当研究人员用同样的方法在对德译英词汇的实验中却发现,结果与之大相径庭。在此项实验中前扣带回激活明显增加,而壳核以及尾状核头部,颞顶叶皮质呈下降态势。

为了进一步探究大脑被激活的规律,研究人员新近又进行了一次实验。参加本次实验的有8名被测试人员,男女各4名,均为职业译员。被测试人员为芬兰籍人士,英语为第二语言,平均年龄为36岁。实验人员分别用正电子成像术对芬译英、跟读、无声状态时大脑被激活的情况进行了扫描检测。

图 15-1　同声传译大脑激活

Table 1
Significant activations associated with simultaneous interpreting[a]

Region	Side	Coordinates			Z-score
		x	y	z	
English to Finnish					
(BA 6) premotor cortex	Left	−20	6	56	5.00
(BA 46) dorsolateral frontal cortex	Left	−52	22	24	4.34
Finnish to English					
(BA 45) ventrolateral frontal cortex	Left	−58	20	4	4.86
(BA 20/28) inferior temporal cortex	Left	−32	−20	−28	4.45
(BA 6) premotor cortex	Left	−18	6	52	4.36
Cerebellum	Right	10	−62	−52	4.36

[a] BA, Brodmann's area. Coordinates are from SPM 96.

8名被测试人员本科专业均为英语，毕业后先后获得了英语翻译硕士学位证，具有5至20年不等的会议口译经验，目前正从事欧盟委员会专职翻译工作。实验用的刺激材料是常见的时事政治性话题，研究人员此前对刺激材料的适度性与难易程度进行了认真筛选。本次测试用录音机播放，要求被测试人员头戴耳机。测试任务共5项，每项任务播放两遍，其中4项任务的设计是用拉丁方，每一个被测试人员分别接受了10次扫描。

研究人员用GE扫描仪对局部脑血流进行了扫描，扫描间距为4.25毫米，共35个横断面。测试开始前15秒，被测试人员均按要求静脉注入10毫升200 MBq O-warter（造影剂）。数据编成90秒单帧，图像分析使用统计参数映像软件（SPM96）。每一个O-15-water的扫描均用MNI模板重新排列，确保标准统一。被测试人员总的活动差被协方差分析代替(ANCOVA)。研究人员进行了两项不同的减法分析：第一项包括翻译以及跟读。超过临界值Z=3.09(P<0.001)，具备约200三位像素的(P<0.05经多次比较之后更正过)表明激活加大。在第二项分析中，研究人员通过减法来比较激活之后认知的细微变化，具体步骤是芬译英减去芬兰语跟读，减去英译芬再减去英语跟读。研究人员用统计标准对结果进行分析（高临界Z=2.33(P<0.01)和规格>20三位像素）。

跟读与翻译的质量分别由两位阅卷人单独评审，阅卷评审人员对被测人员的输出部分与刺激材料从语义角度进行分析比较，评价的结果是0.91(Pearson's r)。英语跟读部分平均准确率为96.6%，芬兰语跟读为99.8%，英译芬同传为94.4%，芬译英同传为98.00%。为了进一步揭示同传对大脑的激活情况，研究人员还对同传英译芬与英语跟读进行了比较。比较结果显示，左大脑额叶激活增加，布罗德曼在6至46区间。同传芬译英与芬兰语跟读的比较显示，左额激活剧增，出现重叠现象（布罗德曼区位于6至45)，集中在左侧区域（布罗德曼区20/28和右小脑，图15-2B，图15-2）。通过芬兰语、英语跟读与平躺双眼睁开时大脑活动的情况比较人们发现，聆听、大声发言与后额区以及小脑有明显双边激活迹象。此外，研究人员还用临界Z=2.33(P<0.01)以及未经调整的>20三位像素做比较，以此探究在较为宽松的临界下两种同传对大脑的刺激情况（芬英互译）。比较显示，布罗卡氏区激活大幅增加（Brodmann区44）。

图 15-2

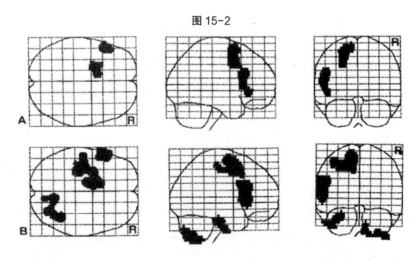

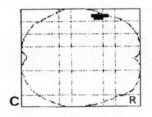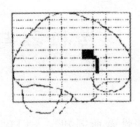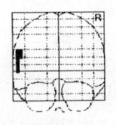

图 15-2 同传时 rCBF 的区域明显增大。在(1)比较英译芬与英语跟读,(2)芬译英与芬兰语跟读(3)以及(芬译英减去芬兰语跟读)减去(英译芬减去英语跟读)后,rCBF 平均 PET 区域明显扩大。另外,比较还显示了 Broadman 区 44 的活动(坐标 x =-60,y =8,z =24)。(AB)三位像素激活明显,因为他们超越了 Z =3.09(P<0.001)高临界,属于 200 三位像素(P <0.05,经过调整)。(3)更加宽松的统计标准(高临界 Z =2.33(P<0.01)>及比例 >20 的三位像素)。

　　与跟读比较相同,译出语为芬兰语时,激活只涉及布罗卡氏前部区域与左补充区。左前额激活区包括 46 区,该区域主要负责语言解码与工作记忆。这些区域在执行任务时需要耗费精力,保留语义信息时大脑被激活。与此前实验只侧重单词对译不同,本研究主要针对同传过程中职业译员语义处理活动。新增的左补充区域与译出语输出有关。研究发现,译出语为外语(英语)时,左前额区激活剧增。此外,研究还发现了左次暂时活动情形,该区域属于暂时语言区,其主要职能是负责词汇搜索和语义处理。此次研究对小脑的激活是否产生影响,人们不得而知。但是在有限的研究中人们发现,脑的活动反映了小脑的横向联系。本次研究的最大收获是,芬译英时,左半球布罗卡氏区活动明显加强,而英译芬时,该活动区域则明显减弱。此前,Paul Broca 曾有过活动区位于中心区域的说法。最新研究发现,该区域与工作记忆、词句处理以及语义分析密切相关。此研究进一步证实了同声传译的难度。

　　本研究结果与 Klein 等人的词汇对译实验相吻合,两项研究均揭示出左前额背外侧皮层被激活的状况。本研究的结果与 Klein 等学者研究结果的不同点是,翻译任务的不同导致的结果也不尽相同。如前所述,后者研究的重点是词的对译。人们知道,在实验过程中一旦搜寻匹配对应词失败,程序将拒绝执行,任务便由此而终止。左侧额下回是一个重要环节,翻译任务的差异是否对其产生抑制作用有待进一步研究,因为正如 Price 等所指出的,它能导致前扣带回皮层下激活增加。另外需要强调的一点是任务本身:本研究与 Klein 等人的研究均启用听觉语言的重复作为刺激材料,而 Price 等用单词朗读作为刺激材料。值得一提的是,被测试人员的语言能力在某种程度上与上述差异有关。

　　研究显示,译出语不同对同传时大脑被激活的程度也不尽相同。译出语为外语时,主管语言的半球活动剧烈,即便是双语能做到驾轻就熟、游刃有余的译员在译出语为外语时,(也就是人们常说的积极口译与被动口译)他仍感如履薄冰,不堪重负。通过使用正电子成像术来研究同传时大脑被激活的情况,人们不仅对同声传译有更直观的了解,更重要的是它有助于人们进一步清醒认识同声传译的艰巨性与复杂性,从而为专家学者、译员探索有效途径加以应对奠定了基础。

第二节 同传机器与人工翻译

引言

毋庸置疑，同声传译的挑战性众所周知。人们知道，译员在翻译过程中必须应对源语独有的特点，如术语、复合词、成语、方言、新词、缩写、缩略词、专有名词、风格以及标点差异停顿的长短等。不仅如此，译出语并非而且也很难做到和源语一一对应。同传的挑战性在于，它要求译员把原文一句话或一个意思重新组织转换后再用目的语自然流畅地输出。时下，雇用职业译员较多的主要是联合国、欧盟和非洲联盟等大型国际性机构。这当中，聘用译员最多的非欧洲议会莫属。2006年，欧洲议会花费多达3亿欧元用于会议翻译，占整个预算的30%。仅此一项，欧盟每年要拿出多达11亿欧元，占欧盟预算的1% (Volker Steinbiss)。如此庞大巨额的经费开支使得欧盟财政不堪重负，于是有识之士便纷纷把目光转向具有人工智能的机器翻译，以寻求更为经济、高效的翻译。本文试图探讨机器翻译和人工翻译的优势以及两者的翻译质量的比较。

人工翻译

Al-Khanji等指出，从事心理学、语言学及翻译学研究的学者无不认同同声传译是一门对认知极具挑战的学科，它涉及了诸多心理语言过程。同传是一种受制于时间难度极高的语际转换活动，它要求译员在听辩源语发言的同时，借助已有的主题知识迅速完成对源语信息的预测、理解、记忆、转换和目的语的筹措、组织、表达、监听与纠正等，最后同步输出目的语译文。不仅如此，译员还饱受疲劳、紧张之苦，而过分疲劳或紧张又会导致译员译出语质量的下降。早在1998年，有学者就对同传译员应对的疲劳进行了研究。该研究要求4名职业译员在没有助手替换的情况下，连续不断地把几篇内容相同的演讲稿分别译成目的语，实验从早上8点一直延续到下午4点，中间只休息20分钟。结果显示，在下午的头10分钟里译员的译出语便不由自主地出现错误，而译员却熟视无睹。30分钟后，译员无意义句子的数量便接踵而至。60分钟后，所有4名被测试人员无一例外地出现了32.5个有实际意义的错误。

由于听众不可能事先知道发言稿中的具体内容，而只能通过翻译效果来评价同传译出语的好坏，因此，翻译的流畅性便显得格外重要。根据Kopczynski一项针对发言人和听众眼中质量要求的报告显示，除了内容、术语之外，紧接着是译出语的流利度与风格，在排序的重点上位居第三。按照Yagi对同传质量的定义，他认为翻译应力求自然、到位，这就是说译员不但要尽量避免人为的停顿、犹豫以及抢先说，还要再现发言人的语速，做到轻重缓急、游刃有余。另外值得注意的一点是听、译的时差问题。由于源语和目的语的差别，听、译时差也不尽相同。比如，说话的语速、信息密度、赘词的数量、语序以及句法结构等。听众最忌讳的是长时间的停顿，因为停顿太长会使与会人员感到不安,左顾右盼,影响会议气氛。

机器同传翻译

与人工翻译相比较,在使用机器翻译之前人们需要考虑两个因素:翻译质量和翻译成本。较人工翻译而言,机器翻译的优势在于它能连续不断地工作,不知疲倦;但它的劣势在于其译出语输出的质量很难有所保证。目前的高科技设备无论多么先进,然而,如若发言人语速太快智能机器同样力不从心,爱莫能助。不过,机器翻译也有另一个优势那就是它的短时记忆。对于电脑系统而言,无论源语的句子多长存储起来都轻而易举。同样,不管源语语速多快,无须考虑补偿机制。然而,由于机器的翻译速度,延迟便成了一个不容忽视的问题。人们知道,译员可以做到在不改变原意的情况下合理调整句子结构、打乱语序,做必要的归纳总结,而机器翻译却难以做到这一点。

人工翻译的特点对于终端用户而言是价格昂贵,尤其是同时需要两名译员的情况下。而且,译员需要提前熟悉材料内容,还需配备隔音室和必要的设备,这些都加大了成本。不过,同传翻译系统也需要时间来设置和启用目的语语言程序和域名。一旦调试完毕,它便可以随时随地方便使用。另外,源语和目的语文本可以免费交流,资源共享。

同传翻译系统

下表1介绍的是同传翻译系统的基本原理。讲稿通过麦克风输送后录制,再经过语言辨认器(ASR)处理。语言辨认器先进行句子拆分,对语义边界进行必要整合、重组,而后再一次将句子划分为意群。划分后的意群传输到一个或者多个翻译系统中,每一组语言一个系统,再通过不同的技术输出译出语。

人们知道,人为地评价译文难免存在片面性和主观性。机器翻译为人们提供了比较客观、公正的评价。学术界对译出语质量的评价通常采用两种通行的做法:首先衡量源语信息在译文中的保留程度,其次是确定翻译是否流畅、通顺,易于理解。近年来,一些国家先后推出了几款机器翻译机。目前在市场上比较流行的有JANUS、Verbmobil、TC-STAR等。图15-3介绍了整个同传翻译系统的原理与信息流程。长方形表示系统的主体部分,椭圆为模型的部分,圆柱体表示不同的输出形式。

图 15-3

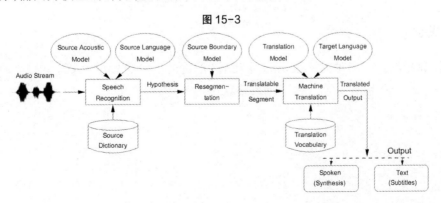

众所周知，只有对源语和目标语的译出语进行比较，人们才能分辨出译员和机器翻译的差异。为此，实验人员借助 TC-STAR 系统来进行实验。刺激材料是发言用讲稿，发言内容涉及语言处理，要求译员将发言稿用英语译成西班牙语。实验者分别从讲稿中摘选了两篇文章作为数据。每一篇有三段，每一段长约 6 分钟，内容涉及不同的话题。第一篇数据与语言有关，第二篇是一段关于欧洲语言研究项目的描述，两篇文章的朗读者为同一人，篇长约 7200 字。另外，两名译员分别笔头翻译了实验用的部分作为 ASR 评价时的参考。这样，研究者便有了两种不同的译文版本。最后，一名译员再翻译一次作为评价用参考。译出语是通过翻译系统的语音合成制作的。

实验对整体和局部分别进行了客观、公正，系统地评价。ASR 部分是通过计算单词错误率 Word Error Rate（WER）来评价的。对 SLT（口译）评价是建立在 ASR 翻译输出后的译文与两份手工译文文本基础上进行的。对 ASR 评价主要采取 BLEU 与 mWER 两种公制。人工翻译采用了 White 和 O'Connell 的贴切性和流利性理论进行评价的。评审人员在评价贴切性时，分别把目的语中的每一句与译文参考中的每一句进行了一一对比。在评价流利性时，评审员主要侧重译出语质量。评审人员对贴切和流利评价分别进行了评价，先判断流利后评价贴切性。在评价流利性时，评审员主要看重译文行文是否流畅。在评价贴切性时，评审员需考虑原文和译文信息是否对等。评价采用了五分制，只对有价值部分评价。每一句译出语由三个不同的评审人员评判，为了不致使评审员受上下文影响，评判的句子是随意筛选的。评审员一共 10 名，负责 100 个句子。评审员由两部分组成：一部分是该领域的专家，另一部分是外行人士。

实验对源语和译出语句子分别进行了一对一的对照和评价。评价分两步：第一步是通过问卷来计算信息保留程度。问卷所涉及的问题全部来自原文，问题与答案事先由译员译成了西班牙语。评审员听完目的语译文后针对问题一一作答。第二步分析答案，评审员根据每一句译文的对错打分并以此计算出信息的保留量。同时，为了形式多样，问卷采用了三种题型：一般性问题（70%），肯定否定回答，（20%），列表（10%）。通过一对一句子对比还检验了译出语质量。译出语质量评价部分要求评审人员对译文质量总体进行评价打分，等级分为 5 级，5 级是优秀为最高级。机器翻译和人工翻译的译出语均使用同样的方法进行评判。评审员有专家也有外行，但与口译评审员稍有差别。评审员共有 20 名，评审段落共 12 段，每一段评判 10 次，每一个评审员平均评判 6 次。评审员对机器翻译和人工翻译的评判各占一半。

结果分析

机器翻译的译文是通过人工译文来比较、评价的。评价结果表明，总的单词错误率占 11.9%。表 15-1 显示了每一段单词的错误率。

Excerpts	WER [%]
L043-1	14.5
L043-2	14.5
L043-3	9.6
T036-1	11.3
T036-2	11.7
T036-3	9.2
Overall	11.9

表 15-1　语言自动辨认评价结果

与 TO36 段相比 L043 段要相对容易,因为前者涉及的专业术语较少。

人工评价

每一个句子平均评判了 4 次,每一次由不同评审员评审。选用不同评审员有助于人们比较准确地获得评价的一致性。一致性是通过 Cohen 的 Kappa 系数来计算的(Cohen,1996)。评价结果显示,流利性占 0.64,贴切性占 0.52。表 15-2 是评审员评价的总体结果。专业人士和非专业人士的评价结果十分接近,分别为 0.30 和 0.28。

	All judges	Experts	Non experts
Fluency	3.13	2.84	3.42
Adequacy	3.26	3.21	3.31

表 15-2　人工评价平均率 [1<5]。

从表 15-2 人们不难发现,流利和贴切两项均超出了平均值。专家评审的分数要低于非专业评审员,这有可能源于专家评审员对该领域更加熟悉,因而,把握的尺度更严。从每个评审员的评价详情来看,非专业评审员的评价结果要低与专家评审员。

机器评价

评价得分是经过十进位计算出来的,表 15-3 是每段评价的结果。

Excerpts	BLEU [%]	mWER [%]
L043-1	25.62	58.46
L043-2	22.60	62.47
L043-3	28.73	62.64
T036-1	34.46	55.13
T036-2	29.41	59.91
T036-3	35.17	50.77
Overall	28.94	58.66

表 15-3　SLT 的机器评价结果

机器评价的平均分较低,mWER 仅为 58.66%,这意味着只有一半以上的翻译达到要求。T036 段的翻译较 L043 容易,因为 L043 专业性更强。

一致性评价

如前所述,实验中每段分别由 10 名评审人员评审。为了获得评审员评价的一致性,用 Kappa 计算了总的系数,该系数能显示各评审员评审总的一致性。人们知道,获得总的一致性便意味着结果大大超出了克恩(Kohen)的 Kappa 系数。然而,对于系数低的原因人们同样不能忽略,实验要求每一对评审员用 Kappa 系数再评审一次。Kappa 系数计算能使人们了解评审员评审的偏差。现在我们设 m 为评审员,设 n 为评价,设 r 为条件,那么 kappa 系数计算公式则为:

$$k = 1 - \frac{nm^2 - \sum_{i=1}^{n} \sum_{j=1}^{r} X_{ij}^2}{nm(m-1)\sum_{j=1}^{r} P_j(1 - P_j)}$$

其中

$$P_j = \frac{\sum_{i=1}^{n} X_{ij}^2}{nm}$$

X_{ij}^2 是在第 i 次评估中运用标准 j 的评审员人数。质量评价(n = 6, m = 10, r = 5),译员(k = 0.07)和机器翻译(k = 0.01)的 Kappa 值均相对低,这说明评审员一致性非常低。这一点在部分评价过的段落中很明显,评价暴露了较强的主观任意性。在分析每一对评审员和 kappa 系数本身时,人们发现一致性较少,因为多数 Kappa 值为零。不过,有几对评审员表现出了较好的一致性,其他几对评审员的一致性相对适度。通过观察发现,评审员并没有采用所有的标准,这样得出的 Kappa 系数便缺乏足够的说服力。对理解部分的评价(n = 60, m = 10, r = 2)有所不同,因为所给的标准不是对就是错。机器翻译的 Kappa 值是 0.28,译员译文的 Kappa 值为 0.30。根据 Landis 和 Koch(1977)的评价标准,这些值显示评审员基本上趋于一致。为了取得更好的一致性,研究人员用 Kappa 系数计算了每一对评审员的评价结果。结果显示,译员翻译略优于机器翻译,多数结果介于 0.20 和 0.40 之间,这表明基本趋于一致。

人们通过进一步观察还发现,在 120 对句子中,取得一致性的有 20 个(译员评价 16,机器翻译评价 4,不一致有 6 个(前者有 1 人,后者有 5 人)。这说明译员的翻译要比机器翻译的译文更容易理解。

质量评价

表 15-4 是译员翻译和机器翻译评价结果的比较。

Samples	Interpreter	Automatic system
L043-1	3.1	1.6
L043-2	2.9	2.3
L043-3	2.4	2.1
T036-1	3.6	3.1
T036-2	2.7	2.5
T036-3	3.5	2.5
Mean	3.03	2.35

表 15-4　译员翻译和机器翻译评价结果的比较[1<5]。

如表 15-4 所示,3.03 的平均分充分说明,即便是译员翻译这些段落仍感吃力。尤其是表中 L043 段,它比 T036 段更专业。L043-3 段专业性最强,它涉及了公式的运算与人体发音各器官的描述。L043 段涉及的是一般性介绍,随后是进一步展开。从 3 段质量评价得分上人们可以看出,3.1 和 2.4 说明了难度在递增。T036 段的译文比较流畅原因是发言中所含专业术语较少。T036-2 和 T036-3 段得分较低主要是由于发言涉及了数据收集和机构名称,译员翻译起来有一定困难,加之读音也欠准确,如 "Grenoble" 和 "scenario" 等词读音不到位,而且有些音读音前后不一致,这说明译员受了发言人影响。其他错误主要集中在单词拖长,如("seeeeñales")、音节之间的停顿、读音用气不当("caracterís...ticas") 语误("probibilidad"),翻译后纠正、修复等。

与译员翻译结果相比,机器翻译中的 T036 段得分要高于 L043 段。不过,L043-1 段得分最低。这在很大程度上与发言中的术语有关,发言是有关发音系统,而且涵盖了较多医学词汇,加之发言人还带有口音。虽然译员能比较轻松地应对较熟悉的段落,但对于 L043-3 段仍感到头疼,主要是由于这一部分专业术语的原因。然而,机器翻译却正好相反,对前者感到复杂而对后者反而感到轻松。这说明,译员必须理解 L043-3 段里的内容才能应对自如。

T036 段得分较高。诚然,这部分词汇重复率高,虽然有大量的专有名词,受过专门训练的译员一般都能应对。然而,在碰到外国人名时机器翻译却遇到了困难,翻译后不知所云。T036-1 和 T036 段的区别主要在于话题发生了变化。虽然前者普通词汇居多(对项目的描述),但其余两段涉及了数据收集、评价指标等,这样无形增加了难度。一般来说,机器翻译质量的得分主要来自翻译部分,本次实验自辨部分得分较低。机器翻译过程中单词漏译现象比较突出,如 "bush" "keyboards" "speaking" 等。另外,有时词序混乱,如 "how we solve it" 这句话。对复合词的翻译特别是较长的复合词尤其混乱,如 "speech recognition system"。这类错误有时人们难以分辨出它的意思。

TTS(机器译出语输出)部分与输出的质量低有关。比较突出的是韵律部分的句子,它让人听起来不自然。虽然,词与词之间的停顿并不频繁,但听起来像换气声,而它与译员翻译时换气不同,译员换气有规律。比如,机器翻译无法将名词和冠词有机地连接。机器翻译的另一个特点是所重复的词的读音千篇一律,听众听起来单调、乏味。

理解评价

表15-5和表15-6显示的是译员和机器翻译理解部分的评价结果。

如前所述，为保证实验的有效性，人工翻译和机器翻译采用的是相同的数据。另外还分别进行了主、客观分析。先由评审员对译员翻译和机器翻译进行一对一的对照、检查后进行统计，最后再进行客观评价。客观评价要求评审员核对音频译文是否和译员翻译的译文相符。比如，有些信息有可能对译员来说无任何意义，因而译员便有意遗漏或者忽略不译，我们把这一结果称之为客观评价。实验对人工翻译和机器翻译中的每一段译文采取了一对一对照检查。同时，为了证实哪些信息在自动系统翻译过程中被丢失，研究人员还核对了全部译文（ASR译文，SLT译文，"fair E2E"（客观一对一）栏中的TTS合成）。

Excerpts	subj. E2E	fair E2E
L043-1	69	90
L043-2	75	80
L043-3	72	60
T036-1	80	100
T036-2	73	80
T036-3	76	100
Mean	74	85

表 15-5　译员[%]理解评价结果

从表15-5人们不难看出，译员翻译过程中遗漏了15%信息。5段翻译正确率高出80%，而评审员在其余6段中发现准确率只达70%。而表15-6自动系统翻译结果显示只有50%信息得到了保留，也就是说准确率在一半稍多一点。准确率最低的是L043-1段，只有25%，准确率最高的是T036-1段，它占了76%，这与质量评价的结果一致。分析表明，信息遗漏比较严重，特别是SLT部分，这部分中有35%信息丢失。不过，TTS部分也有信息遗漏现象，对于遗漏部分评审员不能做出相应的评价。在ASR部分里有17%信息丢失。这些结果与本实验所用的专业术语有关。

Excerpts	subj. E2E	fair E2E	SLT	ASR
L043-1	25	30	30	70
L043-2	62	70	80	70
L043-3	43	40	60	100
T036-1	76	80	90	100
T036-2	61	70	60	80
T036-3	47	60	70	80
Mean	52	58	65	83

表 15-6　自动系统理解评价结果[%]

研究人员用译员译文来对译员和自动翻译系统的结果进行主、客观比较，如表5中"subj.E2E"（主观一对一），"fair E2E"（客观一对一）所示。具体措施是将对应后的翻译总体质量与译员的翻译质量进行比较。本文的假设是基于译员翻译时只注重译出重要信息,而遗漏了那些原文中在他看来不重要的信息。本次实验的目的是检验自动系统相对译员翻译而言在多大程度上保留了这些信息。其余三部分也进行了类似的实验,结果参见表15-7、表15-8。

Excerpts	subj. E2E	fair E2E	SLT	ASR
L043-1	27	33	33	78
L043-2	65	75	88	75
L043-3	37	67	83	100
T036-1	76	80	90	100
T036-2	69	88	75	100
T036-3	47	60	70	80
Mean	53	60	70	80

表15-7 译员译文自动系统的评价结果[%]

人们发现,通过自动系统和译员的翻译比较,在译员翻译正确之处自动系统只保留40%的信息,这些结果证实ASR遗漏了20%的信息,SLT与TTS分别丢失10%的信息,说明评审员对于客观结果意见一致。

Excerpts	subj. E2E
L043-1	66
L043-2	90
L043-3	88
T036-1	80
T036-2	81
T036-3	76
Mean	80

表15-8 译员译文评价结果 [%]

主观评价结果与先前的结果一致(80% 对 74%)。这说明译员发挥良好,机器翻译中的98%信息在译员的翻译中同样有所显示。结果表明,译员发挥优于自动翻译系统。然而,译员在主观评价中丢失的信息要多于自动翻译系统。

结语

研究结果显示,与人工翻译比较,智能机器翻译的质量仍有较大差距。人工翻译可以不受条件的限制,可以做到即兴、即席、随时随地。而机器翻译受制于特定的条件限制。通过对机器翻译和人工翻译的译出语一对一的比较人们发现,如若要使机器翻译达到理想的翻译效果,至少事先必须使之"掌握"材料的内容。本实验证明,机器翻译对于不懂源语的听众仍有一定帮助,对于进一步开发、利用、完善仍有开发、利用的前景。

第三节　电话传译

背景描述

早在1973年澳大利亚移民局就成立了首家电传服务机构,自此便拉开了电传业发展的序幕。当时多数国家只有一家服务机构,而从事这一行业的机构往往与政府有关如荷兰、瑞典等国。英国的电传业属慈善性质,而美国的电传业则起源于1981年的社区语言连线(Kelly,2008)。上世纪的80—90年代,电传得到迅速的发展。一些诸如医院这样的机构最初将其用于内部员工间的联系,以便节省门诊之间,病房之间以及医院与外界之间不必要的往返穿梭浪费的时间(Angelelli,2004)。

电传有力见证了电讯业的发展。当时从事大语种翻译的译员没有话务中心,小语种译员分散在异地他乡。由于市话费用高昂,人们不轻易选择长话,故此客户倾向选择本地译员。这无疑妨碍了电传业的健康发展,这一状况一直延续到20世纪90年代中期,直到电讯业本身作为一个领域开始发生根本变革时,电传业才焕发了青春。

电讯革命

作为经济增长的引擎,电讯业具有上下游优势、全球性及创新性等特点。它曾一度是国家高度垄断的行业,现如今已市场化。由此可见,电传的研究意义可见一斑。促使这一变革的首推移动通信,它的问世改变了电话的应用和市场格局。这不仅是电讯的变革,也是对广大传统意识的挑战。由于固话基础设施建设成本高,因此各国政府自然而然地将其置于自己的掌控和垄断之中。移动电讯、网络电讯技术以及这些领域的创新打破了政府的垄断,昂首进入市场。虽然移动电话的出现对电传产生了一定的影响,但是固话价格的下调才是真正的推手。

电传的发展归功于革新,革新使原有的固话价格松了绑。移动通信的崛起和价格的竞争优势以及新技术带来的光纤、宽带等的发展大大降低了固话成本。Herbert Ungerer (2005),一名欧盟委员会电讯业人士称,这些变化打破了电讯一统天下的局面,推动了电传业的发展。将电传从地域限制、高昂价格的束缚中解救了出来。自此,电传犹如一匹脱缰的野马跨越疆界,穿越国界。

电传业

经济技术促使了电传业的高速发展。首先是超大型运营商的兴起如美国的语言联盟等。Kelly & DePalma (2009) 根据翻译和口译市场的调查,将全球排行榜在前十五名电传公司统计如下:

排名	公司名称	国家	营业额	公司性质
1	Language line services	美国	236.39	私营
2	Cyracom	美国	24.80	私营
3	Manpower Business Solutions	荷兰	20.93	公立
4	Thebigword Group	UK	19.70	私营
5	Pacific Interpreters	美国	19.70	私营
6	Language Services Associates	美国	18.5	私营
7	Semantix	瑞典	15.02	私营
8	Telelanguage	美国	15.00	私营
9	Certified Languages International	美国	10.0	私营
10	LLE	美国	7.00	私营
11	CanTalk	加拿大	5.60	私营
12	LyricLabs	印度	2.80	私营
13	ISM Interprétariat	法国	2.74	私营
14	Lionbridge	美国	2.40	公立
15	CTS Language Link	美国	2.00	私营

表 15-9 电传供应商前十五名排行榜

上述收益专指电传,表中有些公司既提供笔译也提供口译服务。这里的"公有"指的是上市公司(非政府控股),"私有"指未公开的上市公司。但是法国ISM翻译公司是一家公私合营的慈善机构,而瑞典的 Semantix 公司前身是移民局语言服务部。澳大利亚的 TIS(Translating & Interpreting Service)公司没有出现在上述排行榜中。该 TIS 公司成立于1973年,是一家老牌专门提供电传服务的公司,现仍由澳大利亚移民与公民事务办(DIAC)主管,是为数不多的公益语言服务机构(Ozolins, Pointon & Doucouliagos, 2002)。据2009-2010的年度报告显示,该机构每年提供近百万次服务,来自电传的收入仅次于语言联盟,位居第二。不过,这里所指的"收益"并非真正意义上的盈利,正如前面所提到的电传服务属于慈善性质。具有同类性质的服务行业也包括公立医院、药店、移民安置服务中心、议会、工会与地方政府机关等。

如果说大型电传公司的兴起是电传发展的必然产物,那么,成本的松绑与通讯基础设施的改进才真正降低了小型公司与代理商的准入门槛。自此,20世纪90年代那种电传一统天下、独家经营的格局已宣告打破。

技术是驱动器?

虽然移动通讯技术推动了电传业的发展,但起决定性作用的是译员的管理成本。出于对传译音质、隐私、成本等的考虑,代理商禁止译员通过移动电话进行传译工作,因为移动电话音质不如固话音质。正规的电传公司规定员工工作时配戴耳机,在指定的电话服务中心或办公场所进行电传工作。虽然工作站配有电脑以方便工作人员查找资料，但译员不得使用网络语音电话系统代替固话。

用移动电话进行电传的劣势是它容易泄密，尤其是在大庭广众与公共场所的情况下，这一点大型公司有严格规定。所以出于保密原因，一般不提倡译员用移动电话进行传译（Kelly 2008）。但凡事均有例外，一旦在紧急状况下译员身边没有固定电话，一旦临时无法找到胜任小语种翻译的译员的情况下除外。

电传业的发展受到成本与通讯技术两方面的影响。一般来讲，移动电话的使用成本要高于固定电话。固定电话不但不受时限，反而还享受相应的激励机制。可见它有明显的价格优势，这就是为什么代理商一般不考虑使用移动电话进行传译的原因所在。其次是用移动电话联系译员涉及的成本，如预约译员担任某场翻译。为节约成本，多数电传服务商采用短信形式或者直接通过电子邮箱与译员预约。但在译员回复前，服务商仍需拨打译员移动电话加以确认。大公司在各地均有一批译员队伍与固定电话，但这种情在业务量大的城市较为常见。而对于业务量少的中小城市，译员要么选择进入大公司要么另谋出路（Lee, 2007）。由于工作不稳定，这些译员不太可能安装固定电话。

Ozolins (2010)认为，决定传译的发展是语言的多样性，如全球范围的移民潮、逃离战火的难民及历史原因造成的欠发达国家人口涌入发达国家等。这无形之中使语言变得纷繁复杂起来。它给语言服务机构带来的挑战同样是不言而喻的：它意味着需要培养更多的合格译员、制定出规范的标准、译员知识的更新等。

电传与传译技术

电传效率与电传的传译质量是该行业面临的两大棘手问题。在深入此问题之前，人们有必要对三个概念加以澄清。这恰好说明电传在口译领域中的特殊性以及人们对其了解的局限性。迄今为止，人们对电传的研究仍停留在蜻蜓点水层面，有限的研究不仅规模小，而且参考资料捉襟见肘。其次是人们对电传的偏见，它妨碍了学者对该领域的有效探讨。最后是人们忽略理论与方法在电传研究的中所起的重要作用。

电传的现状

相比会议、医疗、法庭口译而言，人们对电传缺乏应有的重视，导致概念或实证欠缺，致使人们对电传的效度、电传技巧与技术之间的关系研究不足，而现有的研究显得杯水车薪。

为了进行实证研究，Rosenberg (2007)在分析总结了1876宗英译西案例的基础上，结合 Oviatt & Cohen(1992) 与 Wadensjö(1999)等人的研究，以及 Hopper(1992)对普通电话交流与面对面交流的差异分析取得了新的突破。这些电话资料有三分之二涉及医疗卫生，三分之一与商务有关。Rosenberg发现，电传的相互作用是其一大特点，其独特之处不是来自电话交流与面对面交流语言之间的差别，而是源自环境与超语言因素，即外部条件越多对译员的干扰就越大（Rosenberg, 2007）。

他发现，最明显的语言外因素是西语译员缺乏必要的电传知识、准确定位，导致译员迷茫，电传质量不但"欠佳而且还失去了传道作用"。他们扮演的角色与其说是译员倒不如说普通闲聊人员，与社区的闲聊有过之而无不及。正因如此，他有力驳斥了 Oviatt & Cohen (1992) 与 Wadensjö (1999) 等的研究结果。前者强调电传必须使用第三人称，后者仅对同一译员在相同的两起移民案例翻译中下结论称，电传流畅度低，传译过程中重复的现象严重。

Rosenberg 对此臆断提出了批评，他指出，"研究样本不仅小，而且给人的错觉是所有的电传质量均难以摆脱此厄运。至于流畅度低的原因，归根结底是面对面交流时那种司空见惯的现象而已"。Rosenberg 引用 Hopper (1992) 的实例进一步反驳道，尽管电传缺乏视觉感，但在语言的输入和输出上它与普通电话交流与面对面交流相差无几。在 Rosenberg 看来，造成这一局面的原因不仅说明西班牙译员缺乏对电传的认知，同时也说明技术的掣肘。对此，Rosenberg 的研究着重涉及电传的技术问题，即电传的模式。为此他列出了三种模式：

一是三方交谈式。交流三方各使用一部电话。服务商、客户、译员三方在平等的基础上轮流、有序发言，这种交流方式是迄今为止的最佳模式。

二是甲乙双方借助对讲机进行远程传译。该模式的缺点是音质难以得到保证，常伴有背景噪音，因此影响听、译效果。

三是接力赛式电话传递。甲乙双方同在一个场所，交流时相互传递听筒。Rosenberg 将这种方式喻为一场由译员充当信使的平等对话。该模式的不足之处是，事先准备的问题得不到圆满解答便不了了之，常常导致问题被打断，译员尚未全部译完某个句子听筒就被另一方夺走。Rosenberg 的分门别类涉及了许多技术性问题，比如电传中第一或第三人称的使用问题。在他提到的三方交谈式传译中，第三人称的使用率高达 82%，而使用对讲机电传时，该数字上升到 85%，接力赛式的电话传递时高达 100%。需要指出的是，Rosenberg 的数据是个人经验之谈，而非他人的研究。Rosenberg 认为，与交传相比，电传对译员要求更高，难度更大，这个难度主要来自语境。传译内容包罗万象涉及的内容从银行、金融、保险到医疗卫生，甚至还包括鸡毛蒜皮的小事，可谓应有尽有。Rosenberg 呼吁对该领域展开深层研究，以消除人们对电传的偏见。

他认为，人们有必要开展语义研究找出影响译员翻译质量的深层原因，研究远程传译与参照物欠缺对口译的影响。人们不应片面强调影响传译质量的表象，而应考虑译员面临的语言外部条件，比如操不同口音的客户等。

Lee (2007) 对 20 名韩国籍电传译员调查时发现，语境的重要性不可低估。在这一点上，她与 Rosenberg 的见解不谋而合，与 Oviatt 与 Cohen (1992) 的提法也有相似之处。Oviatt 与 Cohen 认为，译员在对话的组织上有相对主动权，几乎承担了独立代理人的职责 (Lee, 2007)。而 Lee 根据自己的研究发现，译员在职责、介入与协调度等问题上显得拘谨，无所适从。

Lee 的被测试对象一半是资深职业译员，一半是自由职业译员。被测试人多数是女性，普遍都具有一至五年的口译经验。他们认为电传既有吸引力又有挑战性：诱人之处在于它便捷灵活、译员可足不出户、无需亲临现场；挑战之处是远程翻译，译员不能直面客户，缺乏参照物如肢体语言等帮助。此外便是技术与报酬，被测试人反映报酬普遍偏低，缺乏诱惑力。

译员对电传的态度不仅表现在形式上，也反映在电传过程中对人称的使用上：译员对第一人称还是第三人称的使用感到模棱两可。Lee发现40%被测试人员倾向用第一人称，15%选择第三人称，而45%游离于两者之间。Lee还发现译员对选择第三人称缺乏自信，为此她深感茫然。在她看来，人们对第一人称的青睐早已在业内根深蒂固，是译员早期接受训练的产物，是口译教学中衡量翻译是否专业的试金石(Lee,2007)。译员缺乏自信说明他们对电传这一新兴行业持消极态度，对前景担忧，对所扮演的角色缺乏统一认识。一位译员一语道破天机说"我在电传中常处于被动状态，由于不能直面对方，因此很难断定对方是否真正听懂"(Lee, 2007)。其他反映较为普遍的问题是他们会不由自主地打断对方。Lee解释道，"多数译员除了担任译员角色外，还承担组织引领交际的任务。一遇问题或理解有误，为确保交际任务的顺利完成，他们只好打断对方进行必要的解释或催促对方加以重复"。

译员不仅对人称的使用感到困惑，他们对是否插话这一问题也莫衷一是。严格地讲，打断对方有悖职业道德。正如一位译员坦言道："在我尽力解释确保对方明白无疑时，不免觉得有背弃职业道德之嫌。"(Lee, 2007)Lee发现，她的调查对象对于电传的发展悲观消极，缺乏献身精神。他们认为，电传与传统的交传相比显得逊色，缺乏成就感。

尽管电传的低成本与其便捷优势赢得了用户的青睐，但它并没有激发译员应有的热情。半数调查对象不看好这一职业，纷纷表示改弦更张。这一切归咎于电传本身的难度与微薄的报酬(Lee, 2007)。Lee研究发现，译员不喜欢电传而更热衷交传。当然，这一观点有片面性。Angelelli (2004)对加利福尼亚一所大医院的译员进行了研究，可以说该研究是迄今为止最富争议的实证研究之一。研究主要针对门诊电传、访谈，而对于电传的本质却轻描淡写。她置电传本身引发的问题于不顾，将交传与电传混为一谈，只是偶尔提及交传与电传在组织形式的不同而已。更有甚者，她对电传的学理只字未提。在她看来，在医院这种特殊的环境下电传与交传的特点不言自明。

如若人们只片面追求人称的使用、外部视觉感、硬件、报酬、话语、义务等表象而忽略电传的内在本质，这只能说明人们缺乏创新力、理论意识淡薄。

对电传所持的偏见

人们之所以对电传产生误解其中一个重要原因是，研究得出的数据不充分，缺乏实证基础，致使人们的研究仍停留在个人感性层面。加之人们对它无端指责（有时莫须有），因而对它深入细致研究的学者便屈指可数。Kelly (2008) 指出了电传的五大"弊端"，不过她的指责缺乏理论依据，有独家争鸣之嫌。她声称电传缺乏非语言信息、译员遴选机制不健全、质量意识淡薄、电传与交传鱼目混珠、缺乏保密意识。Kelly将非语言信息缺乏造成的质量问题归咎于电传的听辨力。她认为电传译员需具备十分敏锐的听辨力,甚至盲译能力。在她看来,电传的最大优势是译员避免了因肤色、个人缺陷等因素而屡遭歧视的尴尬。迄今为止人们仍持有色眼镜看待它,只有深入研究才能拨乱反正,才能对它做出客观公正的评价。

Kelly(2008)反对"老人、儿童、听力有障碍或精神病患者这类人群使用电传服务"。她还建议译员"用耳机"以避免背景噪音的干扰。她认为,即使像这样不理想的情况下,电传仍能派上用场,实现交际目的。

Kelly还认为,保密不严是译员工作时的疏忽大意造成的,而移动电话难辞其咎。不过,除了对移动电话进行无端指责外,她并未说出所以然。她建议译员尽量在正规的公司用座机处理电传业务。对于大公司而言这固然轻而易举,但遗憾的是,人们对固话与使用手机所造成的质量差异仍缺乏必要的认识。值得一提的是,Kelly所指的电传服务商是美国知名的语言联盟。这里云集大量的译员,他们要么在话务中心要么在家庭办公室工作。这些译员均经过严格的训练,通晓电传操作规程,背后有强大团队支撑。尽管缺乏国家级口译认证资格,但不乏有自己一套专门的认证系统。这与Lee描绘的那种电传译员消极悲观、与世隔绝的情形大相径庭。

其实,美国市场之所以如此活跃,是因为西班牙这一大语种的特殊优势造成的。西班牙语使其他语种的需求相形见绌,这自然而然地使得有关部门提高了译员的准入条件,强化了质量标准。从这个意义上讲,美国的情况与无明显优势的多语种的国家的情形不同,因此要对这些国家的译员进行监管,统一标准绝非易事。就全球形势来看,电传的普及与Lee和Wadensjö所描述的惨淡景象相差无几,而Kelly案例纯属个案。

理论的迫切性

由此可见,对上述问题的研究已经到了刻不容缓的地步,建立理论框架已是燃眉之急。就此,本文想谈谈自己的观点。

就方法论而言,除了Lee间接提到质量认证外,对于电传译员背景的研究仍杯水车薪。鉴于当下缺乏必要的资质鉴定加之译员对电传的认识尚停留在初始阶段,人们不妨通过对译员资质的认定、译员背景、参与方对电传的认知入手来探讨电传的变数与翻译质量问题。这一点Kelly(2008)表示反对,她认为,并不是所有经验丰富的交传译员都能胜任电传,许多对视觉感习以为常的译员在做电传时反而摈弃对它的依赖。她还指出,从未从事过交传但经过严格训练的译员同样能胜任电传工作。时下,各种资格认证考试将电传悉数排除在外,尽管Lee个案中的译员都有交传资格证,但做电传时却显得力不从心。由此看来,人们有必要开展交传与电传翻译质量的比较研究。

除了强调方法论外,建立电传理论研究也迫在眉睫。因为理论基础是研究电传的核心,它与技术息息相关。这一点手语给了人们启示。Pollitt & Haddon (2005)等在观察译员为一名失聪人士边接听电话边做手语翻译时受到启发。他们研究发现,电话接听人既要扮演决策人,话务员,接线员,信息发出的角色,又要兼顾手语译员的翻译角色,可谓身兼数职。

这项研究的社会意义自然不言而喻。Pollitt & Haddon (2005)等顺应历史潮流,以敏锐的眼光捕捉到了"电讯业的发展与其提供服务的前景"，他们将这一发展态势美其名曰"公共交际语"。值得一提的是，电讯业的发展与电话的普及给失聪者带来的问题同样不可小觑。当今电话无处不在，失聪者反而深受其害。同时它给操小语种者也带来了挑战，它的问世打破了主流文化常规。操小语种者本来可以按照传统方式用主流语交际，而如今处理家庭和个人事务不得不借助电传。

就技术层面而言，Pollitt & Haddon 提出了一个交际原则问题。人们知道，语用规范是保证交际顺利进行的前提。虽然对方操不同的语言，但尊重与完整再现对方的原意是译员责无旁贷的义务。严格地讲，和此前的手语译员一样，译员的作用已远远超出一个普通的接线员或译员的职责。规范用语为我们研究电传指明了方向。Pollitt & Haddon 批评 Venuti 放大第一人称的功能，使人产生错觉，"营造了一个虚拟的乌托邦"语境。Kelly 规定电传译员必须而且只能用第一人称的观点恰好是 Pollitt & Haddon 严厉评论的对象。而 Wadensjö (1998) 提出的"翻译"与"协调"则揭示了译员的内涵。他认为，人们需要着力解决电传中的协调性问题，需认真研究区分两者之间的关系。

协调的重要性不言而喻。人们对电话普及而引发的道德层面的问题不可熟视无睹。研究显示，在电话接通之前译员各自为政，不知所措的情况非常突出。这一点，从 Kelly (2008) 的例子便可见一斑。每当代理公司接到一桩小语种翻译业务时，公司员工会在第一时间联系电传译员，而译员此刻却杳无音信。客户必需耐心等待，经几番周转后才接通译员。但 Kelly 的另一个例子也同样发人深省：某社区急需小语种电传服务，社区立刻帮客户联系电传服务商，电话接通时，译员早已待命等候。同一种服务却导致两种截然相反的结果。

译员借助电话与客户闲聊，探听客户需求电传业务的用意，这种做法有悖职业操守。对此 Kelly 提出应严格禁止电传译员与客户攀谈闲聊的做法。译员的职责应恪守中立，不折不扣地忠实再现客户的愿意和真实感受。

如果这一提法可行，人们有必要出台相应的规章来规范译员的言行。或许有人担心一旦对方不甘寂寞主动攀谈，译员是否应该置之不理。毋庸置疑，译员在空闲之余享有支配时间的自由这无可厚非，但在电话接通期间尤其是电传还在继续进行时，此刻享受个人自由是值得商榷的。双方在线闲聊在所难免，如一方置之不理则有失礼仪。交传时人们可借助肢体语言传递感情，长时间沉默不语会给双方带来尴尬。电传时的沉默会给人造成对方要么在听音乐，要么在发短信的错觉。因此，人们急需系统地研究译员在等待的时间里的行为准则与言行举止。

Kelly 对电传的未来充满信心。她认为，视频和数字技术的革新将彻底改变电传的现状。远程电传的普及这一天已为期不远。届时，终端用户不仅控制视频同时还掌控音频输入，而且在必要时根据情况可随意开启或关闭视觉功能。译员则可以通过扫描或短信的发送来协助远程视译。随着新兴科技的日新月异，语言服务领域将迎来一场革新 (Kelly, 2008)。

结语

同声传译以其快捷、高效、低成本赢得了人们青睐,现已逐渐取代交替传译成为会议翻译首选。人们有理由相信,借助电话人们不仅可以进行交替传译同时还可进行同声传译。届时,远在天边、天各一方的客户可以足不出户便可成功地实现交际。而这一天的到来也需要理论工作者不懈的努力。

参考书目

1. AIIC.1982: *Practical Guide for Professional Interpreters*, Geneva, Association Internationale des Interprètes de Conférence.

2. AIIC. 2010. Directory. Geneva: International Association of Conference Interpreters

3. AIIC Homepage: Facts and Figures; Code of Ethics — http://www.aiic.net (12.04.2010)

4. Alberecht, J. 1973. Linguistik und Übersetzung. Tübingen, Niemeyer.

5. Albl-Mikasa, Michaela. 2007. Notationssprache und Notizentext. Ein kognitiv-linguistisches Struggling to Express Themselves?" Michaela Albl-Mikasa, Sabine Braun, Sylvia Kalina (eds): Modell für das Konsekutivdolmetschen. (Language in Performance 35.) Tübingen: Narr.

6. Albl-Mikasa, Michaela. 2008. (Non-)Sense in Note-Taking for Consecutive Interpreting." Interpreting 10 [2]: 197-231.

7. Alexieva, Bistra. 1988. Analysis of the simultaneous interpreter's output. In: Nekeman, Paul (ed.). *Translation, our future. Proceedings. XIth World Congress of FIT*, 484-488. The Netherlands, Maastricht: Euroterm. Interpreter Training", in *Teaching Translation and Interpreting*. Ed. by C. Dollerup and A. *Understanding the Source Language Text in Simultaneous Interpreting* 59 Loddegaard, Amsterdam-Philadelphia, John Benjamins, pp. 221- 229.

8. Alexieva, Bistra. 1994. Types of texts and intertextuality in simultaneous interpreting. In: Snell Hornby, Mary; Pöchhacker, Franz & Kaindl, Klaus (eds.) *Translation Studies - an Interdiscipline. Selected papers from the Translation Studies Congress, Vienna, 9 - 12 September 1992*, 179-187. Amsterdam / Philadelphia: John Benjamins Publishing Company.

9. Anderson, Richard & Pichert, James. 1978. Recall of previously unrecallable information following a shift in perspective. *Journal of verbal learning and verbal behavior* 17, 1-12.

10. Arrojo, R. 1994. "Deconstruction and the Teaching of Translation". TEXTconTEXT, 1-12.

11. Arrup H. 1993. "Theory and practice in the teaching of interpreting", *Perspectives* 2, pp. 167-174.

12. Atkinson, Richard M. and Shiffrin, Richard M. 1971. "The control of short-term memory". *Scientific American* 225: 82-90.

13. Austin, J.L. 1962. *How to do Things with Words*. Oxford University Press.

14. Baddeley, Alan D.1990. *Human Memory. Theory and Practice*. London: Lawrence Erlbaum Associates.

15. Baddeley, Alan D. 2002. "Is working memory still working?" *European Psychologist7* (2): 85-97.

16. Baddeley, Alan D. and Hitch, Graham J. 1974. "Working memory". *In The Psychology of Learning and Motivation*: Advances in Research and Theory, Vol. 8, G. Bower (ed). New York: Academic Press. 47-89.

17. Baddeley, Alan D. and Logie, Robert H. 1999. "Working memory: The multiple-component model". In *Models of Working Memory. Mechanisms of Active Maintenance and Executive Control*, A. Miyake and P. Shah (eds). Cambridge: Cambridge University Press. 28-61.

18. Baddeley, Alan D., Thomson, Neil and Buchanan, Mary. 1975. "Word length and the structure of short-term memory". *Journal of Verbal Learning and Verbal Behavior* 14: 575-589.

19. Baigorri-Jalón,Jesús. 1999. Conference Interpreting:from modern times to space technology. Interpreting,4 (1),29-40.

20. Baigorri-Jalón,Jesús. 2000. La interpretación de conferencias:el nacimiento de una profesión. De París a

Nuremberg.Granada:Editorial Comares.

21. Bajo, María Teresa, Padilla, Francisca and Padilla, Presentación. 2000. "Comprehension processes in simultaneous interpreting". In *Translation in Context*, A. Chesterman, N. Gallardo San Salvador and Y. Gambier (eds). Amsterdam/Philadelphia: John Benjamins. 127-142.

22. Baker, M. 1992. In Other Words. *A Coursebook on Translation*[M]. London: Routledge.

23. Barik, H. C. 1971. "A Description of Various Types of Omissions, Additions and Errors of Translation Encountered in Simultaneous Interpretation," *Meta*, 16-4, pp. 199-210.

24. Barik, H. C. 1973. "Simultaneous Interpretation: Temporal and quantitative data", *Language and speech*. Vol. 16, pp. 237-270.

25. Basel, Elvira. 2002. English as Lingua Franca: Non-Native Elocution in International Communication. A Case Study of Information Transfer in Simultaneous Interpretation. Unpublished PhD thesis. Wien: Universität Wien.

26. Bassnett, S. and LEFEVERE, A. ed. 1990. Translation, History and Culture. London, Pinter.

27. Beaugrande, Robert de 1985. General Constraints on Process Models of Language. In: Aitkenhead, A. M. & Slack, J. M. (eds.). *Issues in Cognitive Modeling*, 161-174. London:Lawrence Erlbaum Associates, Publishers.

28. Beaugrande, Robert de (forthc.). Sentence first, verdict afterwards: On the remarkable career of the "sentence". To appear in *Word, Journal of the International Linguistic Association*.

29. Beaugrande, Robert de & Dressler, Wolfgang. 1981. *Introduction to Text Linguistics*. Longman.

30. Bell, Roger T. 1991. *Translation and Translating: Theory and Practice*. London/New York: Longman.

31. Berk-Seligson, S. 1988. "The Impact of Politeness in Witness Testimony: the Influence of the Court Interpreter," *Multilingua*, 7-4, pp. 411-439.

32. Berman, A. 1995. Pour une critique des traductions: John Donne. Paris, Gallimard.

33. Bertone, Laura. 2006. The Hidden Side of Babel: Unveiling Cognition, Intelligence and Sense, ISBN 987-21049-1-3 Evolucion, Organización intercultural

34. Bhatia, Vijay K. 1993. *Analyzing Genre. Language Use in Professional Settings*. London & New York: Longman.

35. Bhabha, H. 1994. The Location of Culture. London / New York, Routledge.

36. Biber, D. 1988. *Variation Across Speech and Writing*[M]. Cambridge: Cambridge University Press.

37. Bolaños, S. 1990. "La traducción: explicación lingüística del proceso". In Glotta, vol.5, No.1, 28-37.

38. Brazil, David. 1975. *Discourse intonation*. Birmingham: Birmingham Univ., English language research.

39. Broek, R. van den. 1985. "Second Thoughts on Translation Criticism. A Model of its Analytic Function". In T. Hermans (ed) The Manipulation of Literature. London, Croom-Helm, 54-62.

40. Buehner, Markus, Krumm, Stefan and Pick, Marion. 2005. "Reasoning is working memory is not attention". *Intelligence* 33: 251-272.

41. Bühler, H. 1986. "Linguistic (Semantic) and Extra-linguistic (Pragmatic) Criteria for the Evaluation of Conference Interpretation and Interpreters," *Multilingua*, 5-4, pp. 231-235.

42. Bühler H. 1989. "Discourse Analysis and the Spoken Text - A Critical Analysis of the Performance of Advanced Interpretation Students", in *The Theoretical and Practical Aspects of Teaching Interpretation. Proceedings of the Trieste Symposium, 1986*. Ed. by L. Gran & J. Dodds, Udine, Campanotto Editore, pp. 131-137.

43. Bühler, Karl. 1934/1965. *Sprachteheorie. Die Darstellungsfunktion der Sprache*. Jena: Fischer.

44. Call, M.E. 1985: "Auditory Short-Term Memory, Listening Comprehension, and the Input Hypothesis," *TESOL*

Quarterly, 19-4, pp. 765-781.

45. Cambridge, J. 1997. *Information Exchange in Bilingual Medical Interviews*, dissertation, University of Manchester.

46. Caretllieri, C. 1983. "The Inescapable Dilemma: Quality and/or Quantity in Interpreting," *Babel*, 29, pp. 209-213.

47. Carstens, W. A. M. 1997. *Afrikaanse tekslinguistiek – 'n inleiding*. Pretoria: J. L. van Schaik Akademies.

48. Catford, J. 1965. *A Linguistic Theory of Translation*[M]. Oxford: Oxford University Press.

49. Celce-Murcia, M. (Ed.) 1991. Teaching English as a Second or Foreign Language, Boston, Heinle & Heinle Publishers.

50. Cenkova, Ivana 1989. L'importance des pauses en interprétation simultanée. In: *Mélanges de phonétique générale et expérimentale offerts à Péla Simon,* réunis par André Bothorelet etc. Publications de l'Institut de Phonétique de Strasbourg 1989, 249-260.

51. Chafe, W. 1988. "Punctuation and the Prosody of Written Language," *Written Communication*, 5, pp. 395-426. ——(1980): "Some Reasons for Hesitating," *Temporal Variables in Speech: Studies in Honour of Frieda Goldman-Eisler* (Hans W. Dechert and Manfred Raupach, eds.), The Hague, Mouton.

52. Chernov, G. V. 1985. Interpretation Research in the Soviet Union: Results and Prospects. In: Bühler, Hildegund (ed.). *Der Übersetzer und seine Stellung in der Öffentlichkeit. Kongressakte. X. Weltkongress der FIT*. Wien: Wilhelm Braumüller.

53. Chernov, G.V. 1994. Message redundancy and message anticipation in simultaneous interpreting. In: S. Lambert & B. Moser-Mercer (eds.) *Bridging the Gap: Empirical Research in Simultaneous Interpretation*. Amsterdam/ Philadelphia: John Benjamins.

54. Cheyfitz, E. 1991. The Poetics of Imperialism. New York/Oxford: Oxford UP.

55. Chincotta, Dino & Geoffrey Underwood. 1998. Simultaneous Interpreters and the effect of concurrent articulation on immediate memory. In *Interpreting* 3(1). 1-20.

56. Chincotta, Dino and Underwood, Geoffrey. 1998. "Simultaneous interpreters and the effect of concurrent articulation on immediate memory. A bilingual digit span study". *Interpreting* 3 (1): 1-20.

57. Christoffels, Ingrid. 2004. *Cognitive Studies in Simultaneous Interpreting*. Ipskamp/Enschede: PrintPartners.

58. Chuzhakin, Andrei. 2007. "Applied Theory of Interpretation and Note-Taking", "Mir Perevoda 1 to 7", Ustny Perevod, Posledovatelny Perevod, Ace Perevoda Mir Perevoda .

59. Cogo, Alessia. 2009. "Accommodating Differences in ELF Conversations: A Study of Pragmatic Strategies." Anna Mauranen, Elina Ranta (eds): English as a Lingua Franca: Studies and Findings. Newcastle: Cambridge Scholars Publishing, 254-273.

60. Cokely, Dennis. 1984. *Towards a Sociolinguistic Model of the Interpreting Process: Focus on ASL and English*. Unpubl. diss. Washington D.C.: Georgetown University. (Ann Arbor, MI: UMI)

61. Cokely, Dennis. 1992. *Interpretation: A Sociolinguistic Model*, Burtonsville, Linstok Press.

62. Collados Ais, Á. 1998. *La evaluación de la calidad en interpretación simultánea. La importancia de la comunicación no verbal*, Granada, Editorial Comares.

63. Colom, Roberto, Rebollo, Irene, Abad, Francisco J. and Shih, Pei Chun. 2006. "Complex span tasks, simple span tasks, and cognitive abilities: A reanalysis of key studies". *Memory and Cognition* 34 (1): 158-171.

64. Conway, Andrew R.A. and Engle, Randall W. 1994. "Working memory and retrieval: A resource-dependent inhibition model". *Journal of Experimental Psychology: General* 123 (4): 354-373.

65. Conway, Andrew R.A., Cowan, Nelson, Bunting, Michael F., Therriault, David J. and Minkoff, Scott R.B. 2002. "A latent variable analysis of working memory capacity, short-term memory capacity, processing

speed, and general fluid intelligence". *Intelligence* 30: 163-183.

66. Coseriu, E. 1977. "Lo errado y lo acertado en la teoría de la traducción". In El hombre y su lenguaje. Estudios de teoría y metodología lingüística, Madrid, Gredos.

67. Coughlin J. 1989. "Interpreters versus Psychologists: A Case of Context", in *Coming of Age. Proceedings of the 30th Annual Conference of the ATA*. Ed. by D.L. Hammond, N.J. Medford, Learned Information, pp. 105-113.

68. Cowan, Nelson. 1995. *Attention and Memory. An Integrated Framework.* New York/Oxford: Oxford University Press.

69. Cowan, Nelson. 1999. "An embedded-processes model of working memory". In *Models of Working Memory. Mechanisms of Active Maintenance and Executive Control*, A. Miyake and P. Shah (eds). Cambridge: Cambridge University Press. 62-101.

70. Cowan, Nelson., Elliott, Emily M., Saults, J. Scott, Morey, Candice C., Mattox, Sam, Hismajatullina, Anna and Conway, Andrew R.A. 2005. "On the capacity of attention: Its estimation and its role in working memory and cognitive aptitudes". *Cognitive Psychology* 51: 42-100.

71. Crystal, David. 1969. *Prosodic Systems and Intonation in English*, Cambridge, Cambridge University Press.

72. Crystal, David. 2003. English as a Global Language. 2nd edition. Cambridge: Cambridge University Press.

73. Daneman, Meredyth and Carpenter, Patricia A. 1980. "Individual differences in working memory and reading". *Journal of Verbal Learning and Verbal Behavior* 19: 450-466.

74. Darò, Valeria. 1989. "The role of memory and attention in simultaneous interpretation: A neurolinguistic approach". *The Interpreters' Newsletter* 2: 50-56.

75. Darò, Valeria and Fabbro, Franco. 1994. "Verbal memory during simultaneous interpretation: Effects of phonological interference". *Applied Linguistics* 15 (4): 365-381.

76. Dawrant, Andrew. 1996. *Word Order in Chinese-English Simultaneous Interpretation: an Initial Exploration.* Unpublished M.A. thesis, Fu Jen University.

77. De Geest, Dirk 1991, The Notion of "System": Its Theoretical Importance and its Methological Implications for a Functionist Theory, in: H. Kittle (ed.) Geschcher System, Literarische Obersetzung, Histories, Systems, Literary Translations. Berlin: Schmidt, 32-45.

78. De Groot,A.M.B. 2000. A complex-skill approach to translation and interpreting.In S. Tirkkonen-Condit&R. J??skel?inen(Eds.),Tapping and Mapping the processes of translation and interpreting.(pp.53-68).Amsterdam: John Benjamins.

79. Déjean LeFéal, Karla. 1978. *Léctures et improvisations - Incidences de la forme de l'énonciation sur la traduction simultanée.* Unpublished doctoral dissertation, Université de Paris III.

80. Déjean LeFéal, Karla. 1990. "Some Thoughts on the Evaluation of Simultaneous Interpretation," *Interpreting— Yesterday, Today, and Tomorrow* (D. and M. Bowen, eds), Binghamton NY, SUNY, pp. 154-160.

81. Derrida, J. 1985. "Roundtable on Translation". In C.V. MacDonald (ed). The Ear of the Other: Autobiography, Transference, Translation. New York, Schocken.

82. Dillinger, Michael. 1989. *Component Processes of Simultaneous Interpreting.* Unpubl. diss. McGill University. (Ann Arbor, MI: UMI)

83. Doherty, M. 1993. "*Parametrisierte Perspektive. [J]*" Zeitschrift für Sprachwisssenschaft, 12, S. 3-38.

84. Doherty, M. 1996. "Introduction". Linguistics 34, 441-457.

85. Ebden, P., A. Bhatt, O. J. Carey and B. Harrison. 1988. "The bilingual consultation," *The Lancet*, February 13, 1988 [8581], p. 347.

86. Ehrenreich, Susanne. 2009. "English as a Lingua Franca in Multinational Corporations—Exploring Business Communities of Practice." Anna Mauranen, Elina Ranta (eds): English as a Lingua Franca: Studies and Findings. Newcastle upon Tyne: Cambridge Scholars Publishing, 126-151.

87. EMCI:http://www.emcinterpreting.org/admission.php last consulted on 25 August 2010

88. Engle, Randall W. 2002. "Working memory capacity as executive attention". *Current Directions in Psychological Science* 11 (1): 19-23.

89. Engle, Randall W. and Kane, Michael J. 2004. "Executive attention, working memory capacity, and a two-factor theory of cognitive control". In *The Psychology of Learning and Motivation: Advances in research and theory*, Vol.44, B. Ross (ed). New York: Academic Press. 145-199.

90. Engle, Randall W., Tuholski, Stephen W., Laughlin, James E. and Conway, Andrew R.A. 1999. "Working memory, short-term memory, and general fulid intelligence: A latent-variable approach". *Journal of Experimental Psychology: General* 128 (3): 309-331.

91. Enkvist, Nils Erik. 1982. Impromptu speech, structure, and process. In: Enkvist, Nils Erik (ed.) *Impromptu Speech: A Symposium.* Åbo: Åbo Akademi.

92. Ericsson,K.Anders. 2000/01. Expertise in interpreting.Interpreting,5(2),187-220.

93. Ericsson, K. Anders. 2009. Discovering deliberate practice activities that overcome plateaus and limits on improvement of performance. Paper presented at the Procedings of the International Symposium on Performance Science, Utrecht, The Netherlands.

94. Ericsson, K. Anders & Charness, Neil. 1994. Expert performance. American Psychologist, 49(8), 725-747.

95. Ericsson, K. Anders and Delaney, Peter F. 1998. "Working memory and expert performance". In *Working Memory and Thinking*, R.H. Logie and K.J. Gilhooly (eds). Hove: Psychology Press. 93-114.

96. Ericsson, K. Anders and Delaney, Peter F. 1999. "Long-term working memory as an alternative to capacity models of working memory in everyday skilled performance". In *Models of Working Memory. Mechanisms of Active Maintenance and Executive Control*, A. Miyake and P. Shah (eds). Cambridge: Cambridge University Press. 257-297.

97. Ericsson, K. Anders and Kintsch, Walter. 1995. "Long-term working memory". *Psychological Review* 102 (2): 211-245.

98. Ericsson, K. Anders, Krampe, Ralf Th. & Tesch-R? mer, Clemens. 1993. The role of deliberate practice in the acquisition of expert performance. Psychological Review,100(3), 363-406.

99. Ericsson, K. Anders &Lehmann, A. C. 1996. Expert and exceptional performance: evidence of maximal adaptation to task constraints. Annual Review of Psychology, 47, 273-305.

100. Ericsson, K. Anders, Nandagopal, Kiruthiga & Roring, Roy W. 2009. Toward a science of exceptional achievement. Attaining superior performance through deliberate practice. Longevity, Regeneration and Optimal Health, 1172, 199-217.

101. Ericsson, K. Anders, Roring, Roy W. & Nandagopal, Kiruthiga. 2007. Giftedness and evidence for reproducibly superior performance: an account based on the expert performance framework. High Ability Studies, 18(1), 3-56.

102. Even-Zohar, I. 1990. "Polysystem Studies". Special Issue of *Poetics Today* 11,1.

103. Even-Zohar, I. and TOURY, G. 1981. "Theory of Translation and Intercultural Relations", Special Issue of *Poetics Today* 2, 4.

104. Færch, C. & Kasper G. 1984. "Two Ways of Defining Communication Strategies", *Language Learning*, 34, pp. 45-63.

105. Feldman Barrett, Lisa, Tugade, Michele M. and Engle, Randall W. 2004. "Individual differences in working

memory capacity and dual-process theories of the mind". *Psychological Bulletin* 130 (4): 553-573.

106. Feldweg, E. 1996. *Der Konferenzdolmetscher im internationalen Kommunikationsprozeß*, Heidelberg, Julius Groos.

107. Firth, Alan. 1996. "The Discursive Accomplishment of Normality. On 'Lingua Franca' English and Conversation Analysis." Journal of Pragmatics 26 [3]: 237-259

108. Flotow, L. von. 1997. *Translation and Gender* [M]. Manchester: St. Jerome.

109. Frauenfelder, Uli & Herbert Schriefers. 1997. A psycholinguistic perspective on Simultaneous Interpretation. In *Interpreting* 2(1-2). 55-89.

110. Frederiksen, C. 1989. Text comprehension in functional task domains. In: Bloom, D. (ed.) *Learning to use literacy in educational settings*. Norwood, NJ: Ablex.

111. Fukuii, Haruhiro & Tasuke Asano. 1961. *Eigotsuuyaku no jissai. An English Interpreter's Manual*. Tokyo. Kenkyusha.

112. Gaiba, F. 1998. *The Origins of Simultaneous Interpretation: The Nuremberg Trial.* University of Ottawa Press.

113. Garber, N. and L. A. Mauffette-Leenders. 1997. "Obtaining Feedback from Non-English Speakers," *The Critical Link: Interpreters in the Community* (S.E. Carr, R. Roberts, A. Dufour and D. Steyn, eds), Amsterdam and Philadelphia, John Benjamins, pp. 131-143.

114. Garcia-Landa, M. 1985. L'Oralité de la traduction orale. *META*, 30, 1, Mar, 30-36.

115. Garzone, G. and M. Viezzi (Eds.) (2002): *Interpreting in the 21st Century: Challenges and Opportunities. Selected papers from the 1st Forlì Conference on Interpreting Studies, 9-11 November 2000*, Amsterdam/ Philadelphia, John Benjamins

116. Garman, M. 1990. *Psycholinguistic*, Cambridge: Cambridge University Press.

117. Garvin P.L. 1972. *On Machine Translation*, The Hague-Paris, Mouton.

118. Geese, Lilian-Astrid. 2009. "Rezension zu Jürgen Stähle (2009): Vom Übersetzen zum Simultandolmetschen: Handwerk und Kunst des zweitältesten Gewerbes der Welt. Stuttgart: Franz Steiner." Mitteilungen für Dolmetscher und Übersetzer [5]: 52-53

119. Gentile, Adolfo 1988. *Types of Oral Translation in the Australian Context.* Cited in Kurz (1996).

120. Gentner, Stefanie. 2008. "Beispiel Porsche: Sprache in Firmen: Schlechtes Deutsch besser als gutes Englisch." Süddeutsche Zeitung, 11.3.2008 – besser-als-gutes-englisch-1.292633 (05.04.2010)

121. Gerver, David. 1975. "A psychological approach to simultaneous interpreting". *Meta* 20 (2): 119-128.

122. Gerver, David. 1976. "Empirical studies of simultaneous interpretation: A review and a model". In *Translation. Application and Research*, R.W. Brislin (ed). New York: Garden Press. 165-207.

123. Gerver, David. & Sinaiko, H. Wallace (eds.) 1978. *Language Interpretation and Communication*. New York: Plenum Press.

124. Gerzymisch-Arbogast, H. 1994. Übersetzungswissenschaftliches Propädeutikum. Tübingen, Francke.

125. Gerzymisch-Arbogast H. & Mudersbach K. 1998. *Methoden des wissenschaftlichen Übersetzens*. UTB für Wissenschaft. Tübingen, Francke.

126. Gile, Daniel. 1997. Conference Interpreting as a Cognitive Management Problem. In Danks, Joseph E., Gregory M. Shreve, Stephen B. Fountain, Michael K. McBeath (eds) (1997). *Cognitive Processes in Translation and Interpreting*, Thousand Oaks, London and New Delhi: Sage Publications. 196-214.

127. Gile, Daniel. 1999. Variability in the perception of fidelity in simultaneous interpretation. In *Hermes* 22. 51-80.

128. Gillies, Andrew. 2005. Note-taking for Consecutive Interpreting, ISBN 1-900650-82-7 .

129. Goldman-Eisler, Frieda. 1968. *Psycholinguistics: Experiments in Spontaneous Speech*, London, Academic Press. — (1972): "Segmentation of Input in Simultaneous Translation," *Journal of Psycholinguistic Research*, 1-2, pp. 127-140.

130. Goldman-Eisler, Frieda. 1972. La mésure des pauses: Un outil pour l'étude des processus cognitifs dans la production verbale. *Bulletin de Psychologie* 1972/1973, 26 (304), 383-390.

131. Goldman-Eisler, Frieda & Cohen, Michele. 1974. An experimental study of interference between receptive and productive processes relating to simultaneous translation. *Language & Speech*, Vol. 17(1) , 1-10, Jan, 1974.

132. Graddol, David. 1997. The Future of English? London: The British Council

133. Gran, Laura & Beatrice Bellini. 1996. Short-Term memory and Simultaneous Interpretation An Experimental Study on Verbatim Recall. In *The Interpreter's Newsletter* 7. 103-112.

134. Gran, Laura & Fabbro, Franco. 1987. Cerebral Lateralization in Simultaneous Interpreting. In: Kummer, K. (ed.) *Across the language gap. Proceedings of the 28th annual conference of the American Translators' Association.* Medford, NJ: Learned Information Inc., 323-331.

135. Granacher, Martin. 1996. *Das Modèle d'Efforts des Simultandolmetschens von Daniel Gile. Versuch einer Evaluierung auf der Grundlage einer Fallstudie.* Diplomarbeit, Universität Heidelberg.

136. Grice, H.P. 1975. Logic and Conversation. In: Cole, P. & Morgan, J.L. (eds.) *Syntax and Semantics, Vol. III: Speech Acts.* New York: Academic Press, 41-58.

137. Griffiths, R. 1990. "Speech rate and NNS comprehension: A preliminary study in time-benefit analysis", *Language Learning*, 40 (3), pp. 311-336.

138. Gross-Dinter, Ursula. 2009. "Konferenzdolmetschen und Community Interpreting: Schritte zu einer Partnerschaft." Wolfram Baur, Sylvia Kalina, Felix Mayer, Jutta Witzel (eds): Übersetzen in die Zukunft. Herausforderungen der Globalisierung für Dolmetscher und Übersetzer. Tagungsband der internationalen Fachkonferenz des Bundesverbandes der Dolmetscher und Übersetzer e.V. (BDÜ) in Berlin, 11.-13.09.2009. Berlin: BDÜ, 354-362.

139. Halliday, M.A.K. 1985. *Introduction to functional grammar.* London: Arnold.

140. Halliday, M.A.K. 1987. Spoken and Written Modes of Meaning. In: Horowitz, Rosalind & Samuels, S. Jay (eds.) *Comprehending Oral and Written Language.*

141. Halliday, M.A.K. & Hasan, Ruqaiya. 1976. *Cohesion in English.* London: Longman.

142. HARRIS, B. 1990. English Norms in interpretation TARGET, 2(1), 115-119

143. Harris B. & Sherwood B. 1978. "Translating as an Innate Skill", in *Language Interpretation and Communication.* Ed. by D. Gerver and H.W. Sinaiko, New York, Plenum Press, pp. 155-170.

144. Hartmann, P. 1971. "Texte als linguistisches Objekt. In Beiträge zur Textlinguistik. Hrsg. W. D. Stempel, München, 1971.

145. Hatano,Giyoo&Inagaki,Kayoko. 1986. Two courses of expertise.In Stevenson,H.,Azuma, H.&Hakuta,K. (Ed.),Child development and education in Japan(pp.263-272).San Francisco:Freeman.

146. Hatim, B. and I. MASON. 1990. Discourse and the translator. London, Longman.

147. Hatim, B. and I. Mason. 1997. *The Translator as Communicator*[M. London: Routledge.

148. Hearn, J. 1981. *The Unrecognized Professionals*, Melbourne, Education Research and Development Committee.

149. Hegels B. 1993. *Die Notation beim Konsekutivdolmetschen*, Unpublished graduation thesis, University of Heidelberg, Institute for Translation and Interpreting.

150. Heinemann, Wolfgang & Viehweger, Dieter. 1991. *Textlinguistik. Eine Einführung.* Tübingen: Niemeyer.

151. Helbig, G. 1986. Entwicklung der Sprachwissenschaft seit 1970. Leipzig, VEB Bibliographisches Institut.

152. Herbert, Jean. 1952. *Le manuel de l'interprète*. Genève: Georg.

153. Hermans, T. (ed). 1985. The Manipulation of Literature. Studies in Literary Translation. London, Croom Helm.

154. Hester, Robert and Garavan, Hugh. 2005. "Working memory and executive function: The influence of content and load on the control of attention". *Memory and Cognition* 33 (2): 221-233:

155. Hickey, L., ed. 1998. *The Pragmatics of Translation*[M]. Clevedon: Multilingual Matters.

156. Hinsley, Francis Harry. 1963/1985. Power and the Pursuit of Peace. Theory and Practice in the History of Relations between States. Cambridge: Cambridge University Press.

157. Hismajatullina, Anna and Conway, Andrew R.A. 2005. "On the capacity of attention: Its estimation and its role in working memory and cognitive aptitudes". *Cognitive Psychology* 51: 42-100.

158. Hitch, Graham J. 2005. "Working memory". In *Cognitive Psychology*, N. Braisby and A. Gellatly (eds). Oxford: Oxford University Press. 307-341.

159. Hofer, Gertrud. 2007. "Behörden- und Gerichtsdolmetschen: Die Einschätzung von Dolmetschleistungen durch Auftraggeber und Dolmetscher." Peter A. Schmitt (ed.): Translationsqualität. Leipzig: Lang, 256-266.

160. Holliday, A. 1999. "*Small cultures*[J]" Applied Linguistics: 20, pp. 237-264.

161. Holz-Mänttäri, J. 1984. Translatorisches Handeln. Theorie und Methode. Helsinki, Anales Academicae Scentiarum Fennicae.

162. Hönig, H. 1997. Konstruktives Übersetzen. Tübingen, Stauffenburg.

163. Hosbawn, E. J. 1990. Nations and Nationalism since 1780. Programme, Myth, Reality. New York: Camrbidge University Press.

164. House, Juliane. 2003. "English as a Lingua Franca: A Threat to Multilingualism?" Journal of Sociolinguistics 7 [4]: 556-579.

165. House, Juliane. 2010. "The Pragmatics of English as a Lingua Franca." Anna Trosborg (ed.): Handbook of Pragmatics. Vol. 7: Across Languages and Cultures. Berlin: Mouton, 363-387.

166. Ilg, G. 1980. "L'interprétation consécutive. Les fondements", *Parallèles*, 3, pp. 109-136.

167. Ilg, G, 1988. "La Prise de Notes en Consécutive:Les Fondements" , Parallèles 9.15-41

168. Isham, William P. 1994. Memory For Sentence Form After Simultaneous Interpretation: Evidence Both For And Against Deverbalization. In: Lambert, Sylvie & Moser-Mercer, Barbara (eds) *Bridging the Gap: Empirical Research in Simultaneous interpretation*, 191-211. Amsterdam/Philadelphia: John Benjamins Publishing Company.

169. Ivir, V. 1996. "*A Case for Linguistics in Translation Theory*[J]." Target, 8, pp. 149-156.

170. Jacoby L.L. 1991. "A Process Dissociation Framework: Separating Automatic from Intentional Use of Memory", *Journal of Memory and Language*, 30, pp. 513-41.

171. Jäger, G. 1989. "Möglichkeiten und Grenzen des Äquivalenzbeziehungsmodells bei der Erklärung der Translation". In Linguistische Arbeitsberichte 67. Sektion Theoretische und Angewandte Sprachwissenschaft. Leipzig, Karl-Marx-Universität.

172. James, William. 1890. *The Principles of Psychology*. New York: Henry Holt.

173. Jarrold, Chris and Towse, John N. 2006. "Individual differences in working memory". *Neuroscience* 139: 39-50.

174. Jarvella, Robert J. 1971. Syntactic Processing of Connected Speech. *Journal of Verbal Learning and Verbal Behavior*, 10; 4; 409-416.

175. Jenkins, Jennifer. 2000. The Phonology of English as an International Language. Oxford: Oxford University

Press.

176. Jenkins, Jennifer. 2007. English as a Lingua Franca: Attitude and Identity. Oxford: Oxford University Press.

177. Johnson-Laird P.N. 1981. *Comprehension as the Construction of Mental Models*, The Psychological Mechanisms of Language, Philosophical Transactions of the Royal Society of London, The Royal Society and the British Academy.

178. Jones, R. 1998. *Conference Interpreting Explained*, Manchester, St. Jerome Publishing.

179. Jumpet, P. A. 1985. ‘SI: A Note on the Error Typologies and the Possibilities of Gaining Insight in Mental Processes’, *Meta* 30: 106-113.

180. Kade, Otto. [1968]1981. “Kommunikationswissenschaftliche Probleme der Translation”, *Beihefte zur Zeitschrift Fremdsprachen* II, Leipzig, VEB Verlag, pp. 3-19. And in *Übersetzungswissenschaft*. Ed. by W. Wilss, Darmstadt, Wissenschaftliche Buchgesellschaft, pp. 199-218.

181. Kade, Otto. & Claus Cartellieri. 1971. Some methodological aspects of simultaneous interpreting. In *Babel* 17 (2). 12-16.

182. Kadric, M. 2000. *Dolmetschen bei Gericht. Eine interdisziplinäre Untersuchung unter besonderer Berücksichtigung der Lage in Österreich*, Dissertation, Universität Wien.

183. Kahane, E. 2000. “Thoughts on the Quality of Interpretation,” <http://www.aiic.net/ViewPage. cfm/page197. htm> (13.05.2000).

184. Kalina, Sylvia. 2006. “Zur Dokumentation von Maßnahmen der Qualitätssicherung beim Konferenzdolmetschen.” Carmen Heine, Klaus Schubert, Heidrun Gerzymisch-Arbogast (eds): Text and Translation. Theory and Methodology of Translation. (Jahrbuch Übersetzen und Dolmetschen 6.) Tübingen: Narr, 253-268.

185. Kalina, Sylvia. 2009. “Das Modell der gemittelten Kommunikation in interkulturell geprägten Settings.” Michaela Albl-Mikasa, Sabine Braun, Sylvia Kalina (eds): Dimensionen der Zweitsprachenforschung / Dimensions of Second Language Research. Festschrift für Kurt Kohn. Tübingen: Narr, 159-181.

186. Kiewra, Kenneth A. and Benton, Stephen L. 1988. “The relationship between information-processing ability and notetaking”. *Contemporary Educational Psychology* 13: 33-44.

187. Kilgannon, Corey. 2005-03-15. “ Queens Hospitals Learn Many Ways to Say ’Ah’ ”. The New York Times : pp. B1.

188. King J. and Just M.A. 1991. “Individual Differences in Syntactic Processing: The Role of Working Memory”, *Journal of Memory and Language*. Vol. 30, No. 5, pp. 580-602.

189. Kintsch, Walter. 1998. *Comprehension. A Paradigm for Cognition*. Cambridge: Cambridge University Press.

190. Kintsch, Walter. & van Dijk, Teun. 1978. Toward a Model of Text Comprehension and Production. In: *Psychological Review*, 85: 363-394.

191. Kiraly D.C. 1997. “Think-aloud Protocols and the Construction of a Professional Translator Self-Concept”, in *Cognitive Processes in Translation and Interpreting*. Applied Psychology Vol. 3. Ed. by J. Danks *et al.*, Thousand Oaks, London/New Delhi, Sage Publications, pp. 137-160.

192. Kirchhoff, H.1976. “Das dreigliedrige, tweisprachige Kummunikationssystem Dolmetschen”. Le Langage er l’Homme 31.155-170

193. Koch A. 1992. “Übersetzen und Dolmetschen im ersten Nürnberger Kriegsverbrecherprozeß”, *Lebende Sprachen* 37/1, pp. 1-7.

194. Kohn, Kurt. 2007. “Englisch als globale Lingua Franca: Eine Herausforderung für die Schule.” Tanja Anstatt (ed.): Mehrsprachigkeit bei Kindern und Erwachsenen. Tübingen: Narr, 207- 222.

195. Kohn, Kurt. 2011. “English as a Lingua Franca and the Standard English Misunderstanding.” Annick De Houwer, Antje Wilton (eds): English in Europe Today. Sociocultural and Educational Perspectives.

Amsterdam etc.: Benjamins, 72-94.

196. Kohn, Kurt. & Kalina S. 1996. "The strategic dimension of interpreting", *Meta*, 41/1, pp. 118-138. Koller, W. 1979. *Einführung in die Übersetzungswissenschaft*[M]. Heidelberg: Quelle und Meyer.

197. Koller, W. 1977. "Äquivalenz in kontrastiver Linguistik und Üersetungswissenschaft". In Theory and Practice of Translation. Nobel Symposium 39. L. Grähs, G. Korlén, B. Malberg (eds). Bern, Peter Lang.

198. Kondo, M, 1990. "What Conference Interpreters Should Not be Expected to do". The Interpreters' Newsletter 3. 59-65

199. Kopczynski, A. 1994. "Quality in Conference Interpreting: Some Pragmatic Problems," *Translation Studies—An Interdiscipline* (M. Snell-Hornby, F. Pöchhacker and K. Kaindl, eds), Amsterdam and Philadelphia, John Benjamins, pp. 189-198.

200. Koskela Merja & Vik-Tuovinen, Gun-Viol. 1994. Tema och rema vid simultantolkning. In: *Fackspråk och översättningsteori*, VAKKI-symposium XIV, Vörå 12-13.2.1994, pp. 126-137. Vasa.

201. Kotler, P. and G. Armstrong. 1994. *Principles of Marketing*, 6th ed., Englewood Cliffs (NJ), Prentice-Hall.

202. K.pke, Barbara and Nespoulous, Jean-Luc. 2006. "Working memory performance in expert and novice interpreters". *Interpreting* 8 (1): 1-23.

203. Krippendorff, Klaus. 1986. "A Dictionary of Cybernetics". Incorporated in *Web Dictionary of Cybernetics and Systems* <http://pespmc1.vub.ac.be/ASC/indexASC.html>

204. Krings H.P. 1986. "Translation Problems and Translation Strategies of Advanced German Learners of French (L2)", in *Interlingual and Intercultural Communication*. Ed. by J. Juliane House & S. Blum- Kulka, Tübingen, Gunter Narr, pp. 263-276.

205. Krings H.P. 1992. "Bilinguismus und Übersetzen: Eine Antwort an Brian Harris", *Target*, (4)1, pp. 105-110.

206. Kurz, Ingrid. 2008. "The Impact of Non-Native English on Students' Interpreting Performance." Gyde Hansen, Andrew Chesterman, Heidrun Gerzymisch-Arbogast (eds): Efforts and Models in Interpreting and Translation Research. Amsterdam etc.: Benjamins, 179-192.

207. Kurz, Ingrid; Elvira Basel. 2009. "The Impact of Non-Native English on Information Transfer in SI." Forum 7 [2]: 187-212.

208. Kutz W. 1990. "Zur Überwindung aktueller Entsprechungslücken - Zu einer dol-metschspezifischen Fähigkeit", in: *Übersetzungswissenschaft und Sprachmittleraus-bildung. Akten der 1. Internationalen Konferenz 'Übersetzungswissenschaft und Sprachmittlerausbildung, 17.-19.5.1988*. Ed. by H. Salevsky, Berlin, Humboldt Universität, pp. 405-408.

209. Kußmaul P. 1993. "Empirische Grundlagen einer Übersetzungsdidaktik: Kreativität im Übersetzungsprozeß", in *Traducere Navem. Festschrift für Katharina Reiß zum 70. Geburtstag*. Studia translatologica ser. A, vol.3. Ed. by J. Holz-Mänttäri und C. Nord, Tampere, Tampereen Yliopisto, pp. 275-286

210. Kyllonen, Patrick C. and Christal, Raymond E. 1990. "Reasoning ability is little more than working memory capacity?". *Intelligence* 14: 389-433.

211. Lahdenmäki, Sirpa. 1989. Understanding of special language texts - translator's viewpoint. In: Porter, Gerald & Stenfors, Juhani (toim.) *Erikoiskielet ja käännösteoria. VAKKI-seminaari IX. Vöyri 11.-12.2.1989*. Vaasa: Vaasan yliopisto.

212. Lamberger-Felber, Heike. 1998. *Der Einfluss kontextueller Faktoren auf das Simultandolmetschen. Eine Fallstudie am Beispiel gelesener Reden*. Unpublished doctoral dissertation, Karl-Franzens-Universität Graz.

213. Lambert, Sylvie. 1988. Information Processing among Conference Interpreters: A Test of the Depth-of-Processing Hypothesis. *META*, 33, 3, Sept, 377-387.

214. Lambert, Sylvie. 1995. Foreword. In Lambert, Sylvie and Barbaras Moser-Mercer (eds) (1995). *Bridging*

the Gap. *Empirical research in simultaneous interpretation.* Amsterdam/Philadelphia: John Benjamins. 5-14.

215. le Ny, Jean-Francois. 1978. Introductory report: Semantic aspects of memory. *International Journal of Psycholinguistics*, Vol 5(2) [10] , 7-16.

216. Lederer, M. 1978. "Simultaneous Interpretation: Units of Meaning and Other Features," *Language Interpretation and Communication* (David Gerver and H. Wallace Sinaiko, ed.), New York and London, Plenum Press, pp. 323-332.

217. Lee, Tae-Hyung. 1999a. "Speech Proportion and Accuracy in Simultaneous Interpretation from English into Korean," *Meta*, 44-2, pp. 260-267.

218. Lehtonen, Jaakko. 1982. Non-verbal aspects of impromptu speech. In: Enkvist, Nils Erik (ed.) *Impromptu Speech: A Symposium.* Åbo: Åbo Akademi.

219. Lépine, Rapha.lle, Bernardin, Sophie and Barrouillet, Pierre. 2005. "Attention switching and working memory spans". *European Journal of Cognitive Psychology* 17 (3): 329-345.

220. Linell, Per. 1982. *The Written Language Bias in Linguistics.* (SIC 2.) Tema Kommunikation, Linköping University. Available at URL

221. Liu, Minhua. 2001. *Expertise in Simultaneous Interpreting: A Working Memory Analysis.* Unpublished doctoral dissertation, the University of Texas at Austin.

222. Liu, Minhua, Schallert, Diane L. and Carroll, Patrick J. 2004. "Working memory and expertise in simultaneous interpreting". *Interpreting* 6 (1): 19-42.

223. Longley, Patricia E. 1968. Conference Interpreting. London: Sir Isaac Pitman& Sons Ltd.

224. Longley, Patricia E. 1989. The Use of Aptitude Testing in the Selection of Students for Conference Interpretation Training. In Gran, Laura& Dodds, John(Ed.),The Theoretical and Practical Aspects of Teaching Conference Interpretation(pp. 105-108).Udine: Campanotto Editore.

225. Lörscher W. 1991. *Translation Performance, Translation Process, and Translation Strategies – A Psycholinguistic Investigation.* Tübingen, Gunter Narr.

226. Mack, G. 2002. "Die Beurteilung professioneller Dolmetschleistungen." Joanna Best, Sylvia Kalina (eds): Übersetzen und Dolmetschen. Tübingen: Francke, 110-119

227. Mack, G. and L. Cattaruzza. 1995. "User Surveys in Simultaneous Interpretation: A Means of Learning about Quality and/or Raising some Reasonable Doubts," *Topics in Interpreting Research* (J. Tommola, ed.), Turku, University of Turku, pp. 51-68.

228. Mackintosh, Jennifer. 1999. "Interpreters are made not born"In: Interpreting, Vol.4, No 1., 67-80.

229. Mackintosh, Jennifer. 2002. Workload Study: What It Tells Us about Our Job. AIIC (Association Internationale des interprètes de conference) - http://www.aiic.net/ViewPage.cfm/article659 (07 April 2010)

230. Marrone, S. 1993. "Quality: A Shared Objective," *The Interpreters' Newsletter*, 5, pp. 35-41.

231. Marzocchi, C. 1998. "The Case for an Institution-Specific Component in Interpreting Research," *The Interpreters' Newsletter*, 8, pp. 51-74.

232. Mason, I., ed. 1999. *The Translator*, 5-2, special issue «Dialogue Interpreting», Manchester, St. Jerome Publishing.

233. Massaro, D. & Shlesinger, M. 1997. Information processing and a computational approach to the study of simultaneous interpretation.Interpreting,2(1/2),13-53.

234. Massaro, Dominic W. & Miriam Shlesinger. 1997. Information processing and a computational approach to the study of simultaneous interpretation. In *Interpreting* 2(1-2). 13-53.

235. Matyssek H. 1989. *Handbuch der Notizentechnik für Dolmetscher. Ein Weg zur sprachunabhängigen Notation. Teil 1 und Teil 2.* Heidelberg, Julius Groos.

236. Mauranen, Anna. 2006. "Signaling and Preventing Misunderstanding in English as Lingua Franca Communication." International Journal of the Sociology of Language [177]: 123-150.

237. Mazzetti, Andrea. 1999. "The Influence of Segmental and Prosodic Deviations on Source-Text Comprehension in Simultaneous Interpretation." The Interpreters' Newsletter 9: 125-147.

238. Mesa, A.-M. 1997. L'interprète culturel: un professionel apprécié. Étude sur les services d'interprétation: le point de vue des clients, des intervenants et des interprètes, Montréal, Régie régionale de la santé et des services sociaux de Montréal-Centre.

239. Meyer B. (in press): "Dolmetschen im medizinischen Aufklärungsgespräch", Kultur und Translation: Methodologische Probleme des Kulturtransfers—mit ausgewählten Beiträgen des Saarbrücker Symposiums 1999, Arbeitsberichte des Advanced Translation Research Center (ATCR) an der Universität des Saarlandes. Ed. by H. Gerzymisch-Arbogast et al., St. Ingbert, Röhrig Universitätsverlag.

240. Miller G.A. 1951. Language and Communication, McGraw-Hill Book Company, Inc.

241. Miller, George A. 1956. "The magical number seven plus or minus two: Some limits on our capacity for processing information". Psychological Review 63: 81-97.

242. Mizuno, Akira. 1994. The Dynamic Model of Simultaneous Interpretation (I). In Interpreting Research 7(IV/2). 13-25. (in Japanese)

243. Mizuno, Akira. 1995. The Dynamic Model of Simultaneous Interpretation (II): A Pilot Study on the Convergence of Translation Patterns. In Interpreting Research 8 (5/1). 9-26. (in Japanese)

244. Monteiro, Maria & Rösler, Dietmar. 1993. Eine Vorlesung ist nicht nur eine Vor-Lesung: Überlegungen zur Beschreibung eines kommunikativen Ereignisses in der Lehre an Hochschulen. Fachsprache, International Journal of LSP, 15. Jahrgang, Heft 1-2/1993.

245. Morris, C, 1946 .Signs, Language and Behavior .Englewood cliffs: Prentice Hall. Morris, R, 1989. "Court Interpretation: The Trial of Ivan John Demjanjuk. A case study". The Interpreters' Newsletter 2, 27-37

246. Morris, R. 1995. "The Moral Dilemmas of Court Interpreting," The Translator, 1-1, pp. 25-46.

247. Moser-Mercer, Barbara. 2005. "Simultaneous interpreting and cognitive limitations. The acquisition of expertise as a process of circumventing constraints". Keynote delivered at the Workshop on "Cognitive aspects of simultaneous interpreting", 19-20 mai 2005 / May, 19-20, 2005, Université de Toulouse-Le Mirail.

248. Moser-Mercer,Barbara. 2008. Skill acquisition in interpreting. The Interpreter and Translator Trainer,2(1), 1-28.

249.Moser-Mercer,Barbara,Frauenfelder,Uli,Casado,Beatriz&Künzli,Alexander.2000. "Searching to define expertise in interpreting" In: Hyltenstam, K. & Englund-Dimitrova, B., Language Processing and Simultaneous Interpreting, Amsterdam: John Benjamins,107-132.

250. Mounin, G. 1963. Les problèmes théoriques de la traduction. Paris, Gallimard. Spanish translation by J. Lago (1971) Los problemas teóricos de la traducción. Madrid, Gredos. NEUBERT, A. and G SHREVE. Translation and Text. Kent, The Kent State University Press.

251. Neff, Jacquy. 2007. Deutsch als Konferenzsprache in der Europäischen Union. Eine dolmetschwissenschaftliche Untersuchung. Hamburg: Dr. Kova? Pöchhacker, Franz. 1994. Simultandolmetschen als komplexes Handeln. Tübingen: Narr Pöchhacker, Franz. 2000/2007. Dolmetschen. Konzeptuelle Grundlagen und descriptive Untersuchungen. Tübingen: Stauffenburg

252. Neubert, Albrecht. 1994. "Competence in translation: a complex skill, how to study and how to teach it", in Translation Studies - An Interdiscipline. Selected Papers from the Translation Studies Congress, Vienna, Interpreting Competences as a Basis and a Goal for Teaching 31 9-12 September 1992. Ed. by M.

Snell-Hornby *et al.*, Amsterdam-Philadelphia, John Benjamins, pp. 411-420.

253. Neubert, Albrecht. & Shreve, George. 1992. *Translation as text.* Kent, OH: Kent State University Press.

254. Ng, B. C. 1992. "End Users' Subjective Reaction to the Performance of Student Interpreters," *The Interpreters' Newsletter*, Special Issue 1, pp. 35-41.

255. Nida, E. 1964. *Toward a Science of Translation*[M]. Leiden: Brill.

256. Nida, E. and C.R. TABER. 1969. The Theory and Practice of Translation. Leiden, Brill.

257. Niedzielski, Henri. 1988. Prolégomènes à la typologie de textes en interprétation simultanée. *META*, 33, 4, 1988, 491-496.

258. Niranjana; T. 1992. Siting Translation. Berkeley / Los Angeles / Oxford: University of California Press.

259. Niska, H., coord. 1999. "Quality Issues in Remote Interpreting," *Anovar/Anosar estudios de traducción e interpretación* (A. Álvarez Lugrís and A. Fernández Ocampo, eds), Vigo, Universidade de Vigo, vol. I, pp. 109-121.

260. Niska, Nelge (forthc.). *Creativity in interpretation: Strategies for interpreting neologisms.* Paper read at the symposium Cognition and Translation, Savonlinna, October 2-3 1998.

261. Nord C. 1996. "'Wer nimmt denn mal den ersten Satz?' Überlegungen zu neuen Arbeitsformen im Übersetzungsunterricht", in *Übersetzungswissenschaft im Umbruch. Festschrift für Wolfram Wilss zum 70. Geburtstag.* Ed. by A. Lauer *et al.* Tübingen, Gunter Narr, pp. 313-327.

262. Nordet, Lilian and Voegtlin, Lara. 1998. *Les tests d' aptitude pour l' interprétation de conférence. La mémoire.* Mémoire pour l' obtention du Dipl.me de Traducteur, école de Traduction et d' Interprétation, Université de Genève.

263. Oberauer, Klaus. 2002. "Access to information in working memory: Exploring the focus of attention". *Journal of Experimental Psychology: Learning, Memory, and Cognition* 28 (3): 411-421.

264. Oberauer, Klaus. 2006. "Is the focus of attention in working memory expanded through practice?" *Journal of Experimental Psychology: Learning, Memory and Cognition* 32 (2): 197-214.

265. Oberauer, Klaus and G.the, Katrin. 2006. "Dual-task effects in working memory: Interference between two processing tasks, between two memory demands, and between storage and processing". *European Journal of Cognitive Psychology* 18 (4): 493-519.

266. Oléron, P. et H. Nanpon. 1964. «Recherches sur la traduction simultanée», Journal de psychologie normale et pathologique, 62-1, p. 73-94.

267. Ong, Walter J. 1982. *Orality and literacy: the technologizing of the word.* London: Methuen: Routledge.

268. Osaka, Mariko. 1994. Riidingu Supan no kenkyuu (5) - Doojitsuuyaku tesuto to waakingu memori (Simultaneous interpreting tests and working memory). In *Nihon shinri gakkai dai 58 kai taikai ronbunshuu (Proceedings of the 58th Convention of the Japan Psychological Society).* 710.

269. Padilla, Presentación. 1995. *Procesos de memoria y atención en la interpretación de lenguas.* Tesis doctoral, Universidad de Granada, Departamento de Filología Inglesa.

270. Padilla, Presentación, Bajo, María Teresa, Cañas, José Juan and Padilla, Francisca. 1995. "Cognitive processes of memory in simultaneous interpretation". In *Topics in Interpreting Research*, J. Tommola (ed). Turku: University of Turku Press. 61-71.

271. Paepke, F. 1986. "Textverstehen-Textübersetzen-Übersetzungskritik". In Snell-Hornby ed. Übersetzungswissenschaft. Eine Neuorientierung. Tübingen: Francke, 106-132.

272. Paneth, Eva. 1957. *An investigation into Conference Interpretation: an Exploratory Study.* M.A. thesis, University of London.[unpublished]

273. Paradis, Michel. 1994. Toward a neurolinguistic theory of simultaneous translation: The framework.

In *International Journal of Psycholinguistics* 10(3). 319-335.

274. Pearl S. 1995. "Lacuna, myth and shibboleth in the teaching of simultaneous interpreting", *Perspectives*, 3/2, pp. 161-190.

275. Piirainen-Marsh, Arja 1987. Huomioita luentomonologin diskurssirakenteesta. In: Sajavaara, Kari (ed.) *Discourse analysis: openings*. Reports from the Department of English, University of Jyväskylä 9, 125-137.

276. Pinter (Kurz), Ingrid 1969. *Der Einfluss der Übung und Konzentrazion aif Simultanes Sprechen und Hören*. Unpublished doctoral dissertation, Universität Wien.

277. Pöchhacker, Franz. 1999. "Teaching practices in simultaneous interpreting", *The Interpreters' Newsletter*, 9, pp. 157-176.

278. Pöchhacker, Franz. 2004. Introducing Interpreting Studies. London etc.: Routledge Reithofer, Karin (forthc.): "English as a Lingua Franca vs. Interpreting – Battleground or Peaceful Co-existence." The Interpreters' Newsletter 15

279. Rabadan, R. 1991. Equivalencia y traducción. Problemática de la equivalencia translémica inglés-español. Universidad de León.

280. Ranganath, Charan and Blumenfeld, Robert S. 2005. "Doubts about double dissociations between short- and long-term memory". *Trends in Cognitive Sciences* 9 (8): 374-380.

281. Read, Stuart & Sarasvathy, Saras. 2005. Knowing What to Do and Doing What You Know: Effectuation as a Form of Entrepreneurial Expertise. Journal of Private Equity,9(1),45-62.

282. Redick, Thomas S. and Engle, Randall W. 2006. "Working memory capacity and attention network test performance". *Applied Cognitive Psychology* 20: 713-721.

283. Reeves, T. C. & Reeves, P. M. 1997. Effective Dimensions of Interactive Learning on the World Wide Web. In Badrul H. Khan(Eds.),Web based Instruction. Englewood Cliffs(NJ):Educational Technology Publications,59-66.

284. Rehbein, J. 1985. "Ein ungleiches Paar——Verfahren des Sprachmittelns in der medizinischen Beratung," *Interkulturelle Kommunikation* (J. Rehbein, Hrsg.), Tübingen, Gunter Narr, pp. 420-448.

285. Reiss, Katharina. 1971. *Möglichkeiten und Grenzen der Übersetzungskritik*[M]. München: Hueber.

286. Reiss, Katharina. 1976. Texttypen, Übersetzungstypen und die Beurteilung von Übersetzungen. *Lebende Sprachen*, 22, 3, 97-100.

287. Reiss, Katharina & Vermeer, Hans V. 1984. *Grundlegung einer allgemeinen Translationstheorie*. Tübingen: Niemeyer.

288. Reiß K. 1974. "Didaktik des Übersetzens. Probleme und Perspektiven", *Le Langage et l' Homme*, 9/3, pp. 32-40.

289. Reiß K. & Vermeer H.J. 1984/²1991. *Grundlegung einer allgemeinen Translationstheorie*. Linguistische Arbeiten 147. Tübingen, Max Niemeyer.

290. Renkema, Jan. 1993. *Discourse Studies: An Introductory Textbook*. Amsterdam/Philadelphia: John Benjamins.

291. Repov., Grega and Baddeley, Alan. 2006. "The multi-component model of working memory: Explorations in experimental cognitive psychology". *Neuroscience* 139: 5-21.

292. Robinson, D. 1997. *Translation and Empire: Postcolonial Theories Explained* [M]. Manchester: St. Jerome.

293. Robson, C. 1993. *Real World Research*, Oxford, Blackwell.

294. Roy, C. 1993. "A Sociolinguistic Analysis of the Interpreter's Role in Simultaneous Talk in Interpreted Interaction," *Multilingua*, 12-4, pp. 341-363.

295. Rozan, Jean-Francois. 1956. *La prise de notes en interprétation consécutive*. Genève: Georg.

296. Ruchkin, Daniel S., Grafman, Jordan, Cameron, Katherine and Berndt, Rita S. 2003. "Working memory

retention systems: A state of activated long-term memory". *Behavioral and Brain Sciences* 26: 709-777.

297. Sabatini, Elisabetta. 1998. *Comprehension difficulties in simultaneous interpretation from "non-standard" English.* Unpublished graduation thesis, SSLMIT Forli, Universita degli Studi di Bologna.

298. Sabatini, Elisabetta. 2000/2001. "Listening Comprehension, Shadowing and Simultaneous Interpreting of two 'Non-Standard' English Speeches." Interpreting 5 [1]: 25-48.

299. Schjoldager, Anne. 1993. "Empirical Investigations into Simultaneous Interpreting Skills: Methodological and Didactic Reflections", *Perspectives*, 2, pp. 175-186.

300. Schjoldager, Anne. 1996. *Simultaneous Interpreting: Empirical Investigation into Target-text Source-text Relations.* Unpublished PhD dissertation, Aarhus school of Business, Faculty of Modern Languages.

301. Schweda Nicholson N. 1990. "The Role of Shadowing in Interpreter Training", *The Interpreters' Newsletter*, 3, pp. 33-37.

302. Scott R.B. 2002. "A latent variable analysis of working memory capacity, short-term memory capacity, processing speed, and general fluid intelligence". *Intelligence* 30: 163-183.

303. Searle, John R. 1965. What is a Speech Act? In: M. Black (ed.), *Philosophy in America*, 221-239. Reprinted in S. Davis (ed.) (1991): *Pragmatics. A Reader.* New York/Oxford, 254-264.

304. Searle, John R. 1969. *Speech Acts. An Essay in the Philosophy of Language.* London: Cambridge University Press.

305. Seidlhofer, Barbara. 2009. "Accommodation and the Idiom Principle in English as a Lingua Franca." Intercultural Pragmatics 6 [2]: 195-215

306. Seleskovitch, Danica. 1984. Zur Theorie des Dolmetschens. In: Kapp, Volker (Hg.). *Übersetzer und Dolmetscher.* München.

307. Seleskovitch, Danica. 1996. "Interpretation and Verbal Communication." Angelika Lauer, Heidrun Gerzymisch-Arbogast, Johann Haller, Erich Steiner (eds): Übersetzungswissenschaft im Umbruch. Festschrift für Wolfram Wilss zum 70. Geburtstag. Tübingen: Narr, 301-306.

308. Seleskovitch, Danica & Lederer, Marianne. 1986. *Interpréter pour traduire.* Paris: Didier Érudition.

309. Seleskovitch D. & Lederer, Marianne. 1989. *Pédagogie raisonnée de l'interprétation.* Collection "Traductologie" 4, Paris, Didier Erudition.

310, Seleskovitch,Danica, Lederer, Marianne. 2001. Interpréter pour traduire(4 ed.).Paris: Didierérudition. er, Miriam. 1990. Factors Affecting the Applicability of the Oral-Literate Continuum to Interpretation Research. In: *Hebrew Linguistics*, 28-30, Jan, XLIX-LVI.

311. Setton, Robin. 1997. *A Pragmatic Theory of Simultaneous Interpretation.* Unpublished doctoral dissertation, The Chinese University of Hong Kong, Graduate Division of English/Applied Linguistics.

312. Shiryaev A.F. 1979. *Sinhronnii perevod*, Moskva, 1979.

313. Shlesing[205] Seidlhofer, Barbara.2001. "Closing a Conceptual Gap: The Case for a Description of English as a Lingua Franca." International Journal of Applied Linguistics 11 [2]: 133-158

314. Shlesinger, Miriam. 1994. Intonation in the Production and Perception of Simultaneous Interpretation. In: Lambert, Sylvie, & Moser-Mercer, Barbara (eds.) *Bridging the gap: empirical research in simultaneous interpretation.* Amsterdam: Benjamins, 225-236.

315. Shlesinger, Miriam. 1995. Shifts in Cohesion in Simultaneous Interpreting. In: *Translator* 1995, 1, 2, Nov, 193-214.

316. Skerra V. 1989. *Gedächtnis und Notation beim Konsekutivdolmetschen*, Unpublished graduation thesis, University of Heidelberg, Institute for Translation and Interpreting.

317. Snell-hornby, M; HÖNIG, H.G; KUSSMAUL, P; SCHMIDT, P (ed). 1999. Handbuch Translation.

Tübingen, Stauffenburg Verlag.

318. Spivak, G. 1988. "Can the Subaltern Speak?" Nelson Cary / Gossberg, Lawrence (ed) Marxism and the Interpretation of Culture. London, MacMillan, 271-313.

319. Stähle, Jürgen. 2009. Vom Übersetzen zum Simultandolmetschen: Handwerk und Kunst des zweitältesten Gewerbes der Welt. Stuttgart: Franz Steiner.

320. Steiner, E. 1998. "A Register-Based Translation Evaluation: *An Advertisement as a Case in Point*" [J]. Target, 10, pp. 291-318.

321. Stenzl, C. 1983. *Simultaneous Interpretation. Groundwork towards a Comprehensive Model*, dissertation, University of London.

322. Stenzl C. 1989. "From theory to practice and from practice to theory", in *The Theoretical and Practical Aspects of Teaching Conference Interpretation*. Ed. by L. Gran and J. Dodds, Udine, Campanotto, pp. 23-26.

323. Stolze, R. 1992. Hermeneutisches Übersetzen. Linguistische Kategorien des Verstehens und Formulierens beim Übersetzen. Tübingen, Narr.

324. Strolz B. 1997. 壹 n "On Media and Court Interpreting" by David Snelling. In *Conference Interpreting: Current Trends in Research*. Ed. by Y. Gambier, D. Gile and C. Taylor, Amsterdam-Philadelphia, John Benjamins, pp. 194-197.

325. Strong, M. and S. Fritsch-Rudser. 1992. "The Subjective Assessment of Sign Language Interpreters," *Sign Language Interpreters and Interpreting* (D. Cokely, ed.), Burtonsville (MD), Linstok Press, pp. 1-14.

326. Swales J.M. 1990. *Genre Analysis: English in Academic and Research Settings*, Cambridge, Cambridge University Press.

327. Sørensen, Henrik Selsøe. 1992. Oversætterens viden som parameter ved oversættelse af faglige tekster. In: Jakobsen, Arnt Lykke (red.), *Oversættelse af fagsproglige tekster. Indleg fra Sandbjergkonferencen den 21.-22. november 1991*. (ARK 65 april 1992, Sproginstitutternes Arbejdspapir). København: Det erhvervssproglige Fakultet, Handelshøjskolen i København.

328. Tae-hyung Lee. 1990. *A Psycholinguistic Analysis of English into Korean Simultaneous Interpretation* (in Korean), unpublished Doctoral Dissertation, Hanyang University, Korea.

329. Taylor-Bouladon, Valerie. 2007. Conference Interpreting — Principles and Practice, 2nd Edition ISBN 1-4196-6069-1 . Most non-native speakers of English use the term "sworn interpreter" which is calqued from a civil-law position title common throughout the world. However, there is no common law country that uses this term.

330. Timarová, Sárka. 2007. *Measuring Working Memory in Interpreters*. Unpublished DEA thesis, ETI, University of Geneva.

331. Tirkkonen-Condit, Sonja 1985. *Argumentative Text Structure and Translation*. Jyväskylä: University of Jyväskylä.

332. Tirkkonen-Condit, Sonja. 1986. *Empirical Studies in Translation. Textlinguistic and Psycholinguistic Perspectives*. Studies in Languages. N:o 8. Joensuu: University of Joensuu, Faculty of Arts.

333. Tommola, Jorma and J. Lindholm. 1995. "Experimental Research on Interpreting: Which Dependent Variable?," *Topics in Interpreting Research* (J. Tommola, ed.), pp. 121-133, Turku, University of Turku Centre for Translation and Interpreting.

334. Tommola Jorma & Niemi, P. 1986. *Mental load in simultaneous interpreting: an on-line pilot study*. In: Evensen, L. (ed.) Nordic Research in Text Linguistics and Discourse Analysis. Trondheim: Tapir, 171-184.

335. Toury, Gideon. 1995. *Descriptive Translation Studies and Beyond*. Amsterdam-Philadelphia: John Benjamins.

336. Treisman, A.M. 1965. "The Effects of Redundancy and Familiarity on Translating and Repeating Back a Foreign and a Native Language," *British Journal of Psychology*, 56-3, pp. 369-379.

337. Vamling, Karina. 1982. Experiment med simultantolkning. In: Kulick, Don, Helgesson, Jan-Erik & Vamling, Karina (red.). *Om tolkning*. Praktisk lingvistik 7. Lund: Lunds universitet, Institutionen för lingvistik.

338. van Dijk, Teun A. 1977. *Text and context: explorations in the semantics and pragmatics of discourse.* London: Longman.

339. van Dijk, Teun A. 1980. *Macrostructures: an interdisciplinary study of global structures in discourse, interaction, and cognition.* Hillsdale, N.J.: Lawrence Erlbaum Assoc.

340. van Dijk, Teun A. & Kintsch, Walter. 1983. *Strategies of Discourse Comprehension*. Orlando: Academic Press.

341. Vehmas-Lehto, Inkeri. 1989. *Quasi-correctness. A critical study of Finnish translations of Russian journalistic texts.* Helsinki: Neuvostoliittoinstituutti.

342. Venuti, L. 1995. The Translator's Invisibility. *A History of Translation* [M]. London: Routledge.

343. Venuti, L. 1998. The Scandals of Translation. Towards an Ethics of the Difference. London & New York, Routledge.

344. Vermeer, Hans J. 1983. Aufsdrze zur Translationstceorie. Herdelberg: Selbstverlag.

345. Vermeer, Hans J. 1990. Texttheorie and Translatorisches Handela. Target 2. 219-242.

346. Viezzi, M. 1996. *Aspetti della Qualità in Interpretazione*, Trieste, SSLMIT.

347. Vik-Tuovinen, Gun-Viol. 1993. *Simultantolkningsprestationer. En bedömning av fyra studerandes utveckling.* Fil. lic.avh. Vasa universitet.

348. Vik-Tuovinen, Gun-Viol. 1995. Progress in Simultaneous Interpreting - an Evaluation of the Development of four Students. *Hermes, Journal of Linguistics*, Århus Business School, no. 14 1995, 55 - 64.

349. Vochmina, L.L. "Opredelenie rechevoi situatsii v teorii i metodike obuchenija jaziku". In Russkii jazik dlja studentov inostrantsev. Cbornik metodicheskix statei. Moskva, "Russkii jazik".

350. Vuorikoski, A.-R. 1993. "Simultaneous interpretation—User experience and expectation," in C. Picken (ed.), *Translation—the vital link. Proceedings of the XIIIth World Congress of FIT* (vol. 1, pp.317-327), London, Institute of Translation and Interpreting. — (1998): "User Responses to Simultaneous Interpreting," *Unity in Diversity? Current Trends in Translation Studies* (L. Bowker, M. Cronin, D. Kenny and J. Pearson, eds.), Manchester, St. Jerome Publishing, pp. 184-197.

351. Wadensjø C. 1998. *Interpreting as Interaction*, Harlow, Addison Wesley Longman.

352. Weber, W. 1990. Improved Ways of Teaching Consecutive Interpretation. In Gran, Laura & John Doods (eds). The Theretical and Practical Aspects of Teaching Conference Interpretation. Udine: Capanotto Editore. 161-166.

353. Weber, W. K. 1990. "The importance of sight translation in an interpreter training program", in D.M. Bowen (Ed.), *Interpreting — Yesterday, Today, and Tomorrow*, American Translators Association Scholarly Monograph Series Vol. IV., New York, State University of New York at Binghamton, pp. 44-52.

354. Weischedel G. 1977. "The conference interpreter - a tentative psycholinguistic investigation", *Lebende Sprachen*, 22/3, pp. 101-102.

355. Weller, G. 1991. "The Influence of Comprehension Input on Simultaneous Interpreter's Output", *Proceedings of the 12th World Congress of FIT*, pp. 391-401.

356. Weller, G. (1991): "The Influence of Comprehension Input on Simultaneous Interpreter's Output", *Proceedings of the 12th World Congress of FIT*, pp. 391-401.

357. Whittlesea B.W.A., Jacoby L.L., Girard K. 1990. "Illusions of Immediate Memory: Evidence of an

Attributional Basis for Feelings of Familiarity and Perceptual Quality", *Journal of Memory and Language*, 29, pp. 716-732.

358. Williams, Sarah. 1995. Observations on Anomalous Stress in Interpreting. *Translator* 1995, 1, 1, Apr, 47-64.

359. Wills,Wolfram. 1999. Translation and Interpreting in the 21st century.Focus on German.Amsterdam/ Philadelphia:John Benjamins.

360. Wilss, W. 1977. Übersetzungswissenschaft. Probleme und Methoden. Stuttgart, Klett. übersetzungspraktischen Begriff. Tübingen, Narr.

361. Wilss W. 1984. "Perspektiven der Angewandten Übersetzungs-wissenschaft", in Aldea,Bogdan. 2008. Self-study in intepreter training. A few methodological guidelines. In RevueInternationaled' EtudesenLangues Modernes Appliquées,no.1,Cluj-Napoca:Risoprint,.

362. Yagi, Sane M. 1999. "Computational Discourse Analysis for Interpretation," *Meta*, 44-2, pp. 268-279.

363. Yagi, Sane M. 2000. *Studying Style in Simultaneous Interpreting*. Meta, vol. 45, p. 520-547.

364. Zipf, H.P. 1949. *Human Behaviour and the Principle of Least Effort*. Cambridge, Massachusetts: Addison-Wesley.

365. 戴炜华,2007.《新编英汉语言学词典》[M],上海:上海外语教育出版社

366.《翻译行业正在结构转型,"翻译大师"该重新定义》,2010年03月24日,《文汇报》

367. 孙迎春,《张若谷翻译艺术研究》北京:中国对外翻译公司出版社,2004年9月

368. 温秀颖,翻译批评——从理论到实践. 天津:南开大学出版社,2007年

369. 曾传生,《英语同声传译理论与实践》,北京:北京大学出版社,2010年

370. 曾传生,2001,《英语弱读》[D],英国雷丁大学硕士学位论文

371. 中国翻译事业的成就与面临的挑战. 2004年11月11日,新华网

372. http://blog.sina.com.cn

373. http://tieba.baidu.com

374. http://yolloo.com/news

375. Http://www.barinas.com

376. http://www.kuleuven.be/cetra/papers/papers.html